W0089185

DuMont Dokumente

Eine Sammlung von Originaltexten,
Dokumenten und grundsätzlichen Arbeiten
zur Kunstgeschichte, Archäologie,
Musikgeschichte und Geisteswissenschaft

In der vorderen Umschlagklappe: Karte von Attika

In der hinteren Umschlagklappe: Plan der Akropolis

Lambert Schneider
Christoph Höcker

Die Akropolis von Athen

Antikes Heiligtum
und modernes Reiseziel

DuMont Buchverlag Köln

Umschlagvorderseite: Die Akropolis von Athen, Blick vom Philopappos-Hügel

Umschlaginnenklappe: Restaurierungsarbeiten auf der Akropolis, 1988

Umschlagrückseite: Ansicht des Erechtheion, Aquarell von L. F. Cassas, Ende 18. Jh., Athen, Benaki-Museum

Frontispiz: Die wiedererrichtete Ruine des Athena Nike-Tempels, 1836

CIP-Titelaufnahme der Deutschen Bibliothek

Die **Akropolis von Athen:** antikes Heiligtum und modernes
Reiseziel / Lambert Schneider; Christoph Höcker. –
Köln: DuMont, 1990
  (DuMont-Dokumente)
  ISBN 3-7701-2416-2
NE: Schneider, Lambert A. [Mitverf.]; Höcker, Christoph [Mitverf.]

Satz, Druck und buchbinderische Verarbeitung: Boss-Druck, Kleve

Printed in Germany   ISBN 3-7701-2416-2

Inhalt

Einführung

Die Akropolis, der Stadtberg von Athen, war zur Zeit ihrer Ausgestaltung mit den Gebäuden, die man noch heute in Teilen sehen kann, eines der wichtigsten Zentren politischen und religiösen Lebens der antiken Welt. Nach der Beseitigung von Adelsherrschaft und Tyrannis verkörperte die Akropolis des 5. Jh. v. Chr. in ihren Bauten, Skulpturen und Bildern das Selbstbewußtsein und die Anschauungen der Bürger der modernsten Gesellschaft damaliger Zeit: der athenischen Demokratie. Schon in den folgenden Jahrhunderten der Antike wurde der Burgberg zum Touristenziel; man glaubte sich mit ihm im Besitz eines ›klassischen‹ Vorbilds. Zur Bildungs- und Kunststätte erklärt, wirkte die nun bereits museale Akropolis fast ein Jahrtausend lang auf die Kunstproduktion der hellenistischen und römischen Welt. Auf den Bedeutungswandel des Burgberges im byzantinischen und islamischen Mittelalter und die fast völlige Vergessenheit, in die er schließlich versank, folgten Generationen moderner Aneignung. Erneut wurde die Akropolis zum Vorbild und Wahrzeichen, diesmal für freiheitliche Sehnsüchte zunächst einzelner Aristokraten und dann des Bürgertums. Der Geschmack an der klassisch-griechischen Antike und ganz speziell an den Ruinen der Akropolis verbreitete sich im Nu weit über die Grenzen Griechenlands. Ein wahrer Antike-Boom brach aus: Häuser begannen dem Erechtheion zu ähneln, Justiz- und Bankgebäude zitierten Parthenon und Propyläen. Wieder wurde die Akropolis zum begehrten Reiseziel. Zugleich aber führte ihre neue Berühmtheit zu der heute viel beklagten Plünderung der Bauten von ihrem Skulpturenschmuck.

Im Vergleich zu früher hat es der heutige Tourist leicht, nach Athen zu gelangen, aber er ist gegenüber den Reisenden der letzten Jahrhunderte auch im Nachteil: Zwischen Massen anderer Besucher nimmt er jetzt eine zwar beeindruckende, aber zugleich auch deprimierende Ruinenlandschaft wahr. Häufig unter dem Druck eines fremden oder eigenen Anspruchs stehend, meint man, angesichts dieser weltberühmten Trümmer etwas für sich selbst Wichtiges erleben zu müssen. Doch Ernüchterung bleibt nicht aus. Verschiedene Bauten sind eingerüstet und nur teilweise sichtbar, da gewaltige Restaurierungsarbeiten vorgenommen werden müssen, um die erhaltenen Reste vor der endgültigen Zerstörung durch Umwelteinflüsse zu bewahren (s. Abb. Umschlaginnenklappe). Auch kann sich der Besucher seit einer Reihe von Jahren nicht mehr frei auf der Akropolis bewegen. Große Areale sind abgesperrt, denn der Tourist selbst ist mittlerweile zum ›Schädling‹ geworden, vor dem die Antike ›geschützt‹ werden muß.

Und doch steht an Bausubstanz so viel, daß sich auch der Nicht-Archäologe noch eine Vorstellung vom ehemaligen Aussehen der Gebäude machen kann – besser, als dies bei den meisten anderen Ruinenstätten der antiken Welt möglich ist. Wenn heute die Akropolis Aufmerksamkeit auf sich zieht, dann nicht mehr in erster Linie, weil ihre Ruinen als wertvoll an sich verehrt werden, sondern weil wir in ihnen Spuren von vergangenem Leben suchen. Von wem wurden die Bauten, deren Ruinen man heute sieht, errichtet? Welche Absichten standen hinter ihrer Planung und Konzeption? Wie waren die Arbeitsschritte des Bauvorgangs im einzelnen gestaltet? Was hat die Beschaffenheit und das Aussehen der fertigen Gebäude mit ihrem bildlichen Schmuck in den Augen der Zeitgenossen einmal bedeutet? Tatsächlich sind auf der Akropolis viele sichtbare Zeichen solcher Lebensvorgänge erhalten, doch erschließen sie sich auch dem interessierten Betrachter nur mit Hilfe von Informationen, die die Monumente allein nicht preisgeben – Steine sprechen nicht.

Die archäologische Forschung hat zwar eine schier unübersehbare Fülle von Fachliteratur zu Problemen, die die Akropolis betreffen, hervorgebracht, doch trotzdem ist das, was die Wissenschaft über den Burgberg heute weiß, viel weniger und viel umstrittener, als seine Berühmtheit es vermuten läßt. Aus der Sicht des Spezialisten sind zahlreiche Fragen nicht abschließend geklärt. Selbst um scheinbar einfache Sachverhalte wie etwa die Frage nach der Zahl der Vorgängerbauten des Parthenon dreht sich noch heute eine leidenschaftlich geführte Kontroverse. So will dieses Buch dem Leser auch nicht alles vielleicht Wißbare über die Akropolis vermitteln, sondern diesen einzigartigen Platz als Ganzes in seinem geschichtlichen Wandlungsprozeß darstellen und dabei Anregungen für die eigene Auseinandersetzung mit vergangenen Lebenswirklichkeiten bieten.

Die Akropolis von Athen ist keine Sache, die man schlicht beschreiben und von ihren antiken Ursprüngen her erklären könnte, denn was der Tourist heute vorfindet, ist nicht einfach ein Rest von Antike, sondern etwas, das erst im Laufe der modernen Geschichte zu dem gemacht worden ist, was man heute sieht: eine künstliche Ruinenlandschaft. Deshalb beginnt dieses Buch nicht mit einer Beschreibung der antiken Reste und ihrer historischen Erklärung, sondern mit der Betrachtung der modernen Ruine Akropolis und ihrer Entstehung in der neuzeitlichen Geschichte. Erst dann werden die antiken Lebenszusammenhänge, in denen die Bauten und Skulpturen einst gewirkt haben und denen sie ihre Entstehung verdanken, rekonstruiert. Am Ende mündet diese historisch-chronologische Schilderung, die von der frühesten Besiedlung über das Ende der Antike bis zum Mittelalter reicht, in die eingangs betrachtete neuzeitliche Gestaltung der Akropolis und die dahinter verborgenen wissenschaftlichen und außerwissenschaftlichen Interessen. So verläuft unser Weg nicht linear, sondern kreis- bzw. spiralförmig: von der Gegenwart zur Vergangenheit und wieder zurück zu dem, was heute daraus geworden ist – nun jedoch unter verändertem Blickwinkel.

Wo kann man, außer am Ort selbst und aus Büchern, etwas über die Akropolis erfahren?
- **Athen, Makryanni-Museum** im Süden der Akropolis: Das Museum enthält Abgüsse der klassischen Bauskulpturen und eine umfangreiche Fotodokumentation der Restaurierungsarbeiten sowie aufgrund neuerer Forschungen hergestellte farbige Gipsmodelle der Akropolis aus verschiedenen geschichtlichen Phasen.
- **Athen, Agora-Museum:** Älteres Gipsmodell der klassischen Akropolis.

- **Athen, Nationalmuseum:** Einzelne Funde von der Akropolis; römisch-kaiserzeitliche Marmorkopie der Athena Parthenos.
- **Athen, Epigraphisches Museum** (in einem Flügel des Nationalmuseums): Zahlreiche Steininschriften von der Akropolis.
- **Athen, Benaki-Museum:** Alte Ansichten der Akropolis auf Ölbildern und in Stichen.
- **Athen/Piräus, Archäologisches Museum:** Römisch-kaiserzeitliche Marmorkopien nach Reliefs auf dem Schild der Athena Parthenos.
- **Basel, Skulpturenhalle:** Die wohl umfassendste Dokumentation, insbesondere des Parthenon, in Abgüssen, Modellen und Rekonstruktionen.
- **London, Britisches Museum:** Die berühmten ›Elgin Marbles‹, d. h. der größte Teil der besser erhaltenen Skulpturen vom Parthenon; eine Säule und eine Trägerfigur vom Erechtheion; römisch-kaiserzeitliche Kopie der Athena Parthenos und ihres Schildes.
- **Moskau, Alexander Puschkin-Museum:** Der Museumsbau selbst ist außen wie innen eine maßgleiche Adaption verschiedener Teile des Erechtheion. Außerdem enthält das Museum einen Abguß der gesamten Korenhalle sowie von mehreren Bauteilen und Skulpturen des Parthenon.
- **Paris, Louvre:** Einige originale Skulpturen vom Parthenon.
- **Toronto, Royal Ontario Museum:** Modelle der Akropolis; große farbige Modellrekonstruktion der Athena Parthenos; zahlreiche, ebenfalls farbig gefaßte Abgüsse von Skulpturen.

Von den vielen Personen, die uns bei unseren Recherchen unterstützt und dieses Buch durch ihre Kritik und ihre Anregungen bereichert haben, möchten wir wenigstens einige hier nennen: in Athen den leitenden Architekten der Restaurierungsarbeiten auf der Akropolis, Manolis Korres, vom Deutschen Archäologischen Institut Athen Hans Rupprecht Goette und Thomas Schäfer, vom Benaki-Museum in Athen Stamatis Lymperopoulos, vom Alexander Puschkin-Museum in Moskau Michail Treister, von der Universität Hamburg unsere Kollegen Dieter L. Bürkel, Burkhard Fehr, Rainer Felsch, Klaus-Heinrich Meyer, Hans Georg Niemeyer und Peter Zazoff, schließlich vom DuMont Buchverlag Susanne Tschirner und Winfried Konnertz, ohne die Text und Bilder nicht das geworden wären, was nun vorliegt. Ihnen und allen, die zu diesem Buch beigetragen haben, gilt unser herzlicher Dank.

Entstehung einer modernen Ruine

Während sich einem Besucher der Akropolis vor nicht einmal 200 Jahren noch ein vielfältiges Bild der jahrtausendealten Geschichte dieses Platzes bot, findet der Tourist heute eine kahle Ruinenlandschaft auf nacktem Felsen vor. Es ist kaum faßbar, daß aus der farbigen Überlagerung geschichtlicher Epochen und einem gewachsenen Lebenszusammenhang in so kurzer Zeit das werden konnte, was wir heute sehen. Der moderne Reisende, der nicht nur Monumente und Museen sucht, wäre sicherlich fasziniert von einer Akropolis, wie sie noch im frühen 19. Jh. bestand: Über vorgeschichtlichen Resten lagerten griechische und römische Bauten, Skulpturen und weitere Gegenstände aus verschiedenen Jahrhunderten. Parthenon und Erechtheion trugen noch die Spuren ihrer Weiterverwendung als byzantinische Kirchen und später als Moschee und Palast mit Harem. Die Funktionen der Akropolis als Festung und Schloß traten baulich durch hohe Mauern, Zinnen und Türme in Erscheinung, dazwischen duckten sich spätmittelalterliche und türkische Wohnhäuser zu seiten gewundener Gäßchen. Der Burgberg war bewohnt (s. auch Abb. 11 u. 146).

Erst in der Folgezeit, im Zuge des neuzeitlichen Interesses an der antiken Akropolis, räumte man mit alledem gründlich auf. Unklassisches wurde zum Schutt erklärt und beiseite geschafft. Die vorhandene materielle Realität wurde dabei den eigenen modernen Wunschvorstellungen so weit angepaßt, daß am Ende nur noch eine Ansammlung herauspräparierter Monumente übrig blieb: eine künstliche Ruine. Im einzelnen wie auch als Ensemble von Gebäuden vermittelt sie nun einen Eindruck, wie es ihn zu keiner Zeit vorher gegeben hat. Was uns heute auf den ersten Blick als authentischer Rest der Vergangenheit erscheint, ist in Wirklichkeit neu Gestaltetes, ein modernes Konstrukt. Wie ist es dazu gekommen?

Wiederentdeckung der Akropolis in der Neuzeit

Zu Beginn der Neuzeit war Athen, am Rande des Byzantinischen Reiches gelegen und fern aller Handelsstraßen und Pilgerwege ins Heilige Land, ein gänzlich bedeutungsloses Provinzstädtchen. Die einst berühmten Bauten und Denkmäler der antiken Akropolis waren im Bewußtsein dieser Zeit kaum präsent, weder im östlichen Byzanz noch in Westeuropa. Zwar hatten mittelalterliche Mönche umfangreiche altgriechische Texte und darunter auch solche über Athen studiert und durch Abschreiben vervielfältigt, aber diese Mönche kannten weder die Akropolis noch andere griechische Heiligtümer, deren Ruinen damals zum Teil noch unverschüttet über der Erde standen – und es gab für sie auch keinen Grund, dies alles zu kennen, denn die ursprüngliche heidnisch-religiöse Bedeutung der Akropolis konnte aus christlicher

1   Die Akropolis um 1800. Aquatintatafel aus E. Dodwell, Views in Greece (1821).
2   Die Akropolis im 20. Jh.

Sicht nur negativ bewertet werden. Wichtig war Athen im Mittelalter und in der frühen Neuzeit lediglich als Gedanke, als abstraktes Symbol für Philosophie, Literatur und Wissenschaft.

Als ein solches Symbol wird die Stadt in Chroniken des späten 15. und frühen 16. Jh. zuweilen sogar zeichnerisch dargestellt, aber eben als allgemeine Chiffre einer mittelalterlichen Stadt mit Kirche, Häusern, Mauern und Toren, ununterscheidbar von Nürnberg, Augsburg oder auch damals unbekannten Städten wie z. B. Alexandria. Alle spezifischen Merkmale Athens, vor allem die Akropolis mit ihren Bauten, fehlen auf diesen Bildern. So erscheint dort das literarische Symbol ›Athen‹ ausschließlich als Bestandteil der eigenen spätmittelalterlichen und frühneuzeitlichen Lebenswirklichkeit. Die antiken Bauten der Akropolis dagegen waren in Vergessenheit geraten.

Spärliche Nachrichten einiger weniger Reisender, die tatsächlich nach Athen gelangen – etwa der Bericht von einem eintägigen Aufenthalt eines dorthin am Ende des 14. Jh. verschlagenen Pilgers – bleiben ohne weitere Wirkung. Auch der erste westliche Besucher der Neuzeit, Cyriacus de Piccicolle, der – nun fast 1000 Jahre nach dem Ende der Antike – die Stadt wegen ihrer historischen Vergangenheit besucht, richtet seine Neugier auf Inschriften, d. h. auf sprachliche Zeugnisse der Antike. Dieser wohlhabende Kaufmann aus Ancona sammelte bereits im 15. Jh. antike Inschriften in seinem Heimatland Italien und darüber hinaus im

3   Athen als flandrische Stadt. Aus der Chronik des
Jean de Courcy, 1473. Nachstich von M. Gaucherel.

Jnachus

Linea cristi
Esrom

Aram

Hie entspringt das reich der kriechen. do ynachus ein sun (als sie sagen) des meers vnd der erden um.lj.iar von ysaacs gepurt bey den kriechen in thessalia erster künig zeregirn angefangen hat. dasselb reich hat geweret. vᶜ.xliiij.iar. Aber Cecrops der egyptier hat im.rcnij.iar der uldischen dienstperkeit der kriechē rach verlassē. vn erster bey in athemern.l.iar zeregiret Athene was ein berümbte stat in Attica. der doch wenig füßstappfen bliben sind. Cicero spricht. sie sey erstlich von Abalando gepawet. Plato sagt.dz Amasis der künig egypti dieselben stat gepawt vnd it nach egyptischem gezünge gegeben hab einen namen der nach kriechyscher sprach Athena genant sey. Etlich sagen der künig Cecrops hab die gepawet vnnd von gehlinger erscheinung eins ölpawms minerua genent. die derselb pawm bedeütet vnd in kriechyscher zungen athena heyßt. Aber ander sprechen. das dise stat von ime nit gepawet sünder allain geauffet oder geneeret sey zu den zeiten als athena bey in für ain göttin geeret wardt. Dise stat was ein nerein der freyen künst vnd vil der philozophorum vnd liebhaber der weyßhait. aber auß teüflischer laychcrey wardt sie ein abgöttische ererin. Augustinus von der stat gotes aui.xviij.buch schreibt macherlay von diser stat. als Cecrops der künig zu athena dieselben stat pawet do wer dz wasser pald an einer stat auffgesprochen vnd an einem andern ort ein ölpawm erschinen. als nu appollo der abgot vmb disz wunderzaichen gefragt worden wer. was man da bey versteen solt. do antwürtet er. das der ölpawm minerua vnnd das wasser neptunum bedeüdtet. vnd das in derselben burger willen stünde nach derselben eynem dise stat zenennen. do summelt sich alles volck. vnd die mañ hiengen neptuno. vnd die frawen minerua an. vñ die frawen erlangten die stat nach it Minerua zenennen. vnd also hiessen die kriechen dise stat athenaz. das zu latein souil als minerua lawtet. darüb wardt neptunus zu zorn geraizt also dz er mit außlawffende des meers der athenern land verderbet. als nu die athener sich mit neptuno zebefriden begerten do müsten sie ire weiber mit trefinger straff beschweren. zu erst das sie nymmerme in gemaynen reten gegenwertig sein solten. Zum andern. so sol kein gepomer seinen zunamen von der müter nemen. Zum dritten solt nymat sein töchter athenas haissē. Der rvij. vnnd it letster künig was Codrus zo den zeiten samuelis. vnnd wiewol dise stat erwen großmechtig vnd hohberümbt gewesen ist so ist sie doch yezo ein vnachtper stattlein. das daa ui florentiner dem inachomet übergeben hat. darümb drs it der walhen hilff langzeit begeret. vnnd doch nit erlangen mocht.

Athene oder Minerua

4 Holzschnitt aus H. Schedels Weltchronik (27 recto) mit Phantasieansicht von Athen. Das liber chronicarum des Hartmann Schedel war das größte Buchunternehmen der Dürer-Zeit. Eine lateinische und eine leicht veränderte deutsche Fassung (›Buch der Chroniken‹) erschienen beide 1493 bei Anton Koberger in Nürnberg; bald darauf kursierte auch ein verkleinerter Raubdruck. Athen wird in diesem reich illustrierten Buch exakt gleich dargestellt wie Amazonien (!), Pavia in Oberitalien, Alexandria, Kärnten und Preußen. Auch die Bildunterschrift »Athene oder Minerva« – nur die Göttin, niemals die Stadt trug diesen Namen – verrät das ausschließlich literarische Interesse. Der zugehörige Text fußt auf vielfältigen antiken und byzantinischen literarischen Quellen über die mythische Geschichte Athens, aber nicht seiner Bauten. Athen wird bei Schedel beschrieben als »ein(e) nererin der freyen künst und vil der philosophorum und liebhaber der weyßhait. aber auch teuflischer laycherey [Sophisterei, Betrügerei] ward sie ein(e) abgöttische (ver)ehrerin.« Von der Stadt als Baulichkeit bemerkt der Autor zu Beginn des Abschnittes lediglich, daß »Athene was ein berümbt stat in Attica, der doch wenig füßstappfen bliben sind«, und nennt sie zum Schluß noch einmal ein »yetzo ... unachtper stattlein«.

13

ganzen östlichen Mittelmeergebiet. Auf solcher Spurensuche kam der für seine Zeit ganz ungewöhnliche Reisende zweimal für kurze Zeit auch nach Athen, wo er eine Fülle von Inschriften abschrieb. Bei seiner ersten Ankunft im Jahre 1436 erblickte er »die ungeheuren, überall vom Alter zerfallenen Mauern und in der Stadt wie auf den Feldern unglaubliche Marmorbauten, Häuser und heilige Tempel, vielerlei Bildwerke von Dingen, durch bewundernswerte Kunst ausgezeichnet, aber all dies zu großen Trümmermassen zerstört.«

Nur ein Nebenprodukt seiner historisch-literarischen Beschäftigung mit der griechischen Antike ist die flüchtige Skizze der Westfront des Parthenon, die er bei seinem einzigen Besuch der Akropolis im März 1447 anfertigte. Wenn in jener Zeit überhaupt Athener Bauwerke Interesse hervorriefen, so waren es Ruinen, die in den lokalen Überlieferungen mit den antiken Philosophen und Dichtern in Verbindung gebracht wurden, z. B. das ›Haus des Aristoteles‹ oder ›Platons Akademie‹, die man in den Trümmern zu sehen glaubte.

Nördlich der Alpen besaß man gänzlich nebelhafte Vorstellungen von Athen. So wendet sich der Tübinger Professor der Klassischen Literatur Crusius – mit bürgerlichem Namen hieß er Martin Kraus – im Jahre 1573 an befreundete Geistliche in Konstantinopel mit der Frage, ob die Stadt überhaupt noch existiere. Deutsche Geschichtsschreiber hätten nämlich behauptet,

5   Cyriacus von Ancona, Skizze der Westfront des Parthenon, 1447. Die Figurenszene unten stellt Teile des Frieses über der Cella dar.

daß jene »Mutter aller Wissenschaft« bis auf einige Fischerhütten nicht mehr bestehe. Nach Jahren erhält er Antwort; einer der Angeschriebenen weiß zu berichten, daß es Athen mit seiner Akropolis zwar noch gebe, daß aber »bloß Muselmänner auf der Burg wohnen« (Athen war seit der Mitte des 15. Jh. Bestandteil des Osmanischen Reiches) und daß »dort die Kirche des unbekannten Gottes« sei. Ein anderer Geistlicher aus Konstantinopel übermittelt Crusius sogar eine vage Beschreibung der Akropolis, die aber offenbar nur auf Hörensagen beruht und mehr Verwirrung als Klarheit schafft: Den Parthenon verwechselt er mit einem »Pantheon« – ob mit dem von antiken Schriftstellern beschriebenen Pantheon in der Unterstadt von Athen oder gar mit dem berühmten Kuppelbau in Rom, ist unklar. Sein Bericht schließt mit dem traurigen Fazit, Athen gleiche einem Tier, von dem nur noch das Fell übriggeblieben, das Leben aber gewichen sei.

Nicht ein allgemeines Desinteresse an antiken Monumenten war der Grund für die Vergessenheit Athens in dieser Zeit, nur galt eben Rom und nicht Athen die ganze Aufmerksamkeit. Schon im Mittelalter war Rom anstelle von Athen als Repräsentant der Antike aufgetreten, im Westen ebenso wie im byzantinischen Osten. Herrscher vom frühen Mittelalter bis in die jüngste Vergangenheit hinein haben sich immer wieder durch den Bezug auf imperiale Machthaber Roms legitimiert: Könige und Kirchenfürsten stellten sich als Nachfolger und Erben römischer Kaiser dar. So hat schon im 10. Jh. ein Herrscher auf einem goldenen Vortragekreuz – dem sogenannten Lotharkreuz im Domschatz zu Aachen – einen antiken, damals schon fast 1000 Jahre alten Edelstein mit dem Bildnis des römischen Kaisers Augustus (Regierungszeit 27 v. Chr. – 14 n. Chr.) anbringen lassen. Die Integration des Augustus-Cameo in das mittelalterliche Kreuz sollte ausdrücken, daß sein Stifter als legitimer Nachfolger des römischen Kaisertums, dessen Begründer Augustus war, gesehen werden wollte.

Den gleichen Gedanken der Nachfolge antiken Herrschertums stellen die zahlreichen Galerien römischer Kaiserporträts in Büstenform an den europäischen Fürsten- und Königshöfen vor Augen. Noch heute zieren nachgebaute römische Triumphbögen und nachgemachte oder auch erbeutete echte ägyptische Obelisken westliche Hauptstädte mit imperialem Anspruch wie Paris oder London. Selbst Mussolinis Nutzung der antiken Bauten Roms als Kulisse für die Inszenierung seiner faschistischen Aufmärsche steht in dieser langen Tradition. Rom, Ägypten und der Alte Orient boten sich als Vorbilder zentralistischer, straff organisierter Herrschaftsausübung für entsprechende politische und religiöse Repräsentationszwecke an. Die Denkmäler Athens dagegen waren hierfür ungeeignet; als Sinnbilder der Demokratie sollten sie erst später und in anderen Nutzungszusammenhängen Aktualität gewinnen.

Während in Italien schon seit dem 13. Jh. und später auch nördlich der Alpen eine intensive künstlerische und wissenschaftliche Auseinandersetzung mit der Antike einsetzte, blieben die materiellen Relikte der griechischen Kultur noch weithin unbekannt. Dies lag nicht an den außenpolitischen Umständen; eine Einwirkung der Akropolis auf die italienische Kunst des 14. und 15. Jh. wäre an sich möglich gewesen, denn Athen stand seit dem 13. Jh. unter westlicher, von 1394 an sogar unter florentinischer und venetianischer Herrschaft, bis es von den Türken im Jahre 1458 erobert wurde. Ein vitales Interesse an griechischer Architektur und Bildkunst, das Voraussetzung für eine Rezeption im Westen gewesen wäre, existierte jedoch

6   Paris, Rom und Ägypten in einer Blickachse. Im Vordergrund der Arc de Triomphe du Carroussel,
    1806–1808 zur Feier der napoleonischen Siege errichtet und dem antiken Bogen des Septimius Severus
    in Rom nachgebildet. Dahinter ein echter altägyptischer Obelisk (1836 auf der Place de la Concorde
    aufgestellt), ganz im Hintergrund der Arc de Triomphe am Ende der Champs Elysées (1806–1836).
    In diese Achse wurden zur 200 Jahr-Feier der Französischen Revolution 1989 noch zwei Baukomplexe
    F. Mitterands einbezogen: Vor dem Arc de Triomphe du Carroussel die Eingangspyramiden des
    Louvre und ca. 5 km hinter dem Arc de Triomphe der gigantische Arc de la Défense.

noch nicht. Die italienische Renaissance zitiert in ihren Bauwerken und Bildern mit Stolz die
Antike Italiens, die als Vorbild und als Vorläuferin der eigenen Kultur gesehen wird. Das
Interesse an Griechenland dagegen blieb ein bloß literarisches. So gestaltete Raphael in seinem
berühmten Gemälde ›Die Schule von Athen‹, in dessen Zentrum die athenischen Philosophen Platon und Aristoteles dargestellt sind, den Handlungsort als eine Phantasiearchitektur,
die eher an Thermenanlagen des alten Rom erinnert, mit Bauwerken Athens hingegen nichts
gemeinsam hat.

  Das jahrhundertelange Desinteresse an den antiken Überresten der Akropolis hat sich auf
ihre Erhaltung eher günstig ausgewirkt. Zwar wurden die antiken Baudenkmäler während
ihrer langen Vergessenheit immer wieder vielfältigen Veränderungen unterworfen – so war

7 Raphael, ›Die Schule von Athen‹ (1509–1511). Wandgemälde in der Stanza Segnatura. Rom, Vatikan, Päpstlicher Palast. Breite ca. 7,70 m. Das von Papst Julius II. in Auftrag gegebene Fresko zeigt eine imaginäre Versammlung griechischer Geistesgrößen und ihrer Schüler. Der dargestellten Architektur liegen Entwürfe des Architekten Bramante zugrunde.

der Burgberg unter Verwendung der alten Bauteile zur Festung und zum Schloß ausgebaut worden –, aber diese unbefangene Nutzung hat die antiken Bauwerke nur wenig beeinträchtigt. Das jeweils Neue rankte sich um Vorhandenes und integrierte es in den neuen Bau- und Nutzungszusammenhang. Selbst die Eroberung Athens durch die Türken im Jahr 1458 änderte hieran kaum etwas. Anders als bei der Brandschatzung Konstantinopels durch die westlichen Heere gut 200 Jahre zuvor verlief die Einnahme Athens durch die Türken ohne mutwillige Zerstörung und Plünderungen. Betrachtet man den Eroberer, so verwundert dies nicht: Sultan Mehmet II. war alles andere als ein abenteuerlustiger Freibeuter. Dieser erfahrene Politiker sticht mit seiner hohen Bildung deutlich von den vorhergehenden westlichen Fürsten auf der Akropolis ab. Mehmet sprach neben Türkisch Altgriechisch, Latein, Arabisch und Persisch, las antike und byzantinische Autoren. In seiner Hochschätzung der klassischen Literatur besichtigte er gleich nach seinem Sieg die Altertümer der Akropolis und ließ einen seiner Hofschreiber hymnische Worte über sie verfassen. Mehmet II. blieb nach der Einnahme

Athens nicht in der Stadt, sondern zog zunächst weiter durch Griechenland und ließ seinen General Pasha Omar mit einer Besatzungstruppe in Athen zurück. Omar nahm seine Residenz in den Propyläen, die von den vorhergehenden Besatzern bereits zum Schloß ausgestaltet worden waren.

Den Parthenon – seit dem 5. Jh. christliche Kirche – bauen die neuen Herren nun zur Moschee um. Der christliche Altar wird demontiert, die byzantinischen Wandmalereien werden übertüncht, da der Islam eine bildliche Darstellung des Heiligen in menschlicher Gestalt verbietet. Im Innern wird der Minbar (eine Art Kanzel) aufgestellt und der Mihrab (die Gebetsnische) eingerichtet: streng gen Osten, nach Mekka, orientiert. Im Westen des Parthenon erhebt sich nun ein hohes Minarett; sein Treppenaufgang und ein Teil des Mauerwerkes sind noch heute erhalten. Eine solche Verwandlung von Gestalt und Funktion ist an kaum einem anderen Bauwerk der Welt zu beobachten: Fast 1000 Jahre beherbergte der Parthenon das Bild der jungfräulichen griechischen Göttin Athena, um dann in eine Kultstätte der Gottesmutter Maria umgeformt zu werden, und wiederum fast 1000 Jahre später dient der Bau nun der Religion Mohammeds.

Seit der türkischen Eroberung lag Griechenland und speziell die Akropolis von Athen wie hinter einem ›eisernen Vorhang‹. Das Reisen war für Personen aus dem Westen gefahrvoll und wurde durch zeitraubende Kontrollen der Besatzer immer wieder erschwert und behin-

8   Die Akropolis vor 1670 mit den Propyläen als Festung und dem Parthenon als Moschee.
Sepiazeichnung, Bonn, Akademisches Kunstmuseum.

dert. Auch hatte der Burgberg von Athen mittlerweile in regionaler Hinsicht eine gewisse politische und militärische Bedeutung erlangt: Er war Sitz einer Verwaltung sowie Waffen- und Pulvermagazin geworden. Ein solcher Ort konnte natürlich nicht für jedermann zugänglich sein, und das Mißtrauen, das die Türken neugierigen Ausländern entgegenbrachten, erscheint deshalb verständlich. (Ja es war sogar, wie sich noch zeigen sollte, durchaus berechtigt.) Im übrigen war Athen innerhalb des von westlichen Zeitgenossen ohnehin als rückständig empfundenen Osmanischen Reiches ein rechtes Provinznest geworden. Die handeltreibende Bourgeoisie, die ein Minimum an Komfort für den ausländischen Besucher bieten konnte, fand man in Griechenland eher in den weltoffeneren Städten wie Monemvassia, Negroponte (dem heutigen Chalkis) oder Patras, d. h. in Orten, die schon den Venetianern als Handelsniederlassungen gedient hatten und die über eine vergleichsweise gute Infrastruktur verfügten. Athen war dagegen für Reisende eine ganz und gar unattraktive Stadt, kein Ort zum Verweilen.

So erstaunt es nicht, daß trotz des nun erwachenden Interesses der westlichen Welt an der antiken Akropolis sich zunächst noch sehr selten Europäer nach Athen wagten. 1645 gelangten französische Jesuiten und Kapuziner in die Stadt. Sogleich kauften sie den Türken das Denkmal des Lysikrates ab, ein Theatermonument unten in der Stadt, am Nordabhang der Akropolis (vgl. S. 221). Die antike Architektur wurde vermessen, gezeichnet und als Lesestube und Bücherarchiv in den entstehenden Klosterbau mit einbezogen. Dabei deutet sich ein Wunsch nach materieller Inbesitznahme von Antiken auf der einen und ihrer wissenschaftlichen Befragung auf der anderen Seite an – ein Drang, der in der Folgezeit noch wachsen sollte. Über die Akropolis und ihre Monumente aber war in Westeuropa weiterhin nur mühsam überhaupt etwas in Erfahrung zu bringen.

Vielmehr kursierten gerade aufgrund der fabulösen Berichte dieser Mönche in Frankreich alle möglichen Erzählungen, die, in romanhafter Ausschmückung in Büchern publiziert, weite Verbreitung fanden. Besonders eine ausschließlich auf Hörensagen basierende ›Reisebeschreibung‹ des populären französischen Unterhaltungsschriftstellers Guillet de St. Georges, unter einem Pseudonym um 1665 in mehreren Auflagen veröffentlicht, brachte mehr Verwirrung als Information über die Denkmäler.

In dieser Situation machten sich fast gleichzeitig zwei Expeditionen daran, den widersprüchlichen Gerüchten endlich einmal auf den Grund zu gehen. Über Venedig reiste 1675 der Lyonnaiser Arzt Jacob Spon nach Griechenland. Schon zuvor, noch in seiner Heimat, hatte er einen Traktat über die Akropolis verfaßt. Auf seiner Reise begleiteten ihn drei Engländer: der Naturkundler George Wheeler, der Mathematiker Francis Vernon und der ›Dilettant‹ Sir Giles Eastcourt – eine Art zweckgebundener Teambildung, wie sie später üblich wurde. Über Vernons und Eastcourts Beschäftigungen auf der Akropolis ist nur wenig bekannt. Vernon kam in Persien ums Leben, und seine Notizen gingen verloren. Von Spon und Wheeler weiß man, daß sie von der türkischen Regierung in Konstantinopel offiziell die Erlaubnis erhielten, die Akropolis zu besichtigen.

Ihre Berichte von 1678 und 1682 erregten internationales Aufsehen; man übersetzte sie in verschiedene Sprachen und legte sie, wie bei wichtigen Schriften üblich, mehrfach auf. Sie enthalten die ersten anspruchsvollen fachkundlichen Angaben über die antiken Bau- und Skulpturenreste der Akropolis, sind aber auch von schwerwiegenden Irrtümern nicht frei; so halten die Autoren z. B. die byzantinischen Kircheneinbauten im Parthenon für antik. Während der klassische Parthenon seinen Eingang im Osten hatte, lag der Eingang der byzantinischen Kirche im Westen. Infolgedessen sahen Spon und Wheeler die Westseite des Parthenon als die ursprüngliche Eingangsseite an und deuteten im Anschluß an antike literarische Nachrichten, welche von Eingangs- und Rückseite des Baus sprechen, die Giebelgruppen verkehrt.

Günstigere Bedingungen für Nachforschungen vor Ort hatte das zweite Unternehmen. Marquis de Nointel, dem an der Hohen Pforte in Konstantinopel glanzvoll residierenden Botschafter Ludwigs XIV., war es als Diplomat möglich, relativ frei in Griechenland umherzureisen. Erleichtert wurde sein Anliegen auch dadurch, daß das Osmanische Reich gerade in jenen Jahren diplomatische Rücksichten auf französische Interessen nehmen mußte. In seine Dienste nahm der Marquis den französischen Zeichner Jacques Carrey, der ihm dann auch die heute berühmten Nachzeichnungen der Parthenon-Skulpturen anfertigte. Eine aufgrund der Quellen scharfsinnig rekonstruierte Schilderung der Vorgänge findet sich in dem 1871 erschienenen Parthenon-Buch des Archäologen Adolf Michaelis:

»Hier fesselte den wohlunterrichteten und kunstliebenden Edelmann [Marquis de Nointel] gleich bei seinem ersten Besuch der Akropolis ... die Pracht des Parthenon und seiner Bildwerke dermassen, dass er sofort mit dem Festungscommandanten, dem Disdar Agar, ein Abkommen traf. Gegen ein alle Bedenken niederschlagendes Geschenk von sechs Ellen schönem Scharlachstoff und einem Viertelcentner Kaffe gelang es für Carrey die unerhörte Erlaubnis zu erwirken, dass er unbelästigt zeichnen dürfe. Gerüste waren natürlich nicht gestattet, auch hätte die Zeit dazu nicht gereicht, denn nur vierzehn Tage standen für die ganze Arbeit zu Gebote. Und doch brachte der fleissige junge Mann, den sein Herr öfter bei der Arbeit besuchte, ... in dieser kurzen Zeit einundzwanzig sehr grosse und meist ziemlich volle Blätter zu Stande.«

In der Geschichte der Akropolis bildet diese dokumentarische Bestandsaufnahme einen entscheidenden Schnittpunkt: Carreys Zeichnungen von 1674 sind die ersten und zugleich auch schon fast die letzten zuverlässigen Wiedergaben des Skulpturenschmucks der Akropolis und besonders des Parthenon vor den nun einsetzenden rapiden Veränderungen und tiefgreifenden Zerstörungen. Nur noch ein einziges Mal vor den bald folgenden Kriegsereignissen wurden von einem französischen Ingenieurteam einige grobe Skizzen von den Parthenon-Skulpturen angefertigt, insbesondere von den Metopen der Nordseite. Diese Wiedergaben stellen heute eine willkommene Ergänzung zu den Carrey'schen Zeichnungen dar.

Die Macht der Türken stand nun an ihrem Wendepunkt. Die Niederlage vor Wien 1683 setzte der osmanischen Expansion auf dem Balkan ein Ende. Zugleich machte Venedig große Anstrengungen, seine einstmals dominierene Stellung in der Ägäis wieder zurückzugewinnen. Der Kampf ging dabei um wirtschaftlich wichtige Stützpunkte auf Kreta, einigen ägäischen Inseln und auf der Peloponnes.

Nach raschen militärischen Erfolgen der Venetianer gegen die Türken – Patras, Korinth und Ägina werden innerhalb weniger Wochen erobert – besetzt der Generalkapitän Francesco

9   Zeichnung des Parthenon-Westgiebels von Jacques Carrey, 1674. London, Britisches Museum.

10   Zeichnung der Südmetopen des Parthenon von Jacques Carrey, 1674. London, Britisches Museum.

11 Eingang zur Akropolis. Radierung von 1825 nach Zeichnung von Joseph Thürmer aus eigener Anschauung 1819. Rechts die Propyläen, schon von den Franken und Venetianern zum Schloß umgebaut, nun als gänzlich verschlossene Mauer mit Zinnen. Links die türkische Schanze, für die der Nike-Tempel und andere antike Baureste als Material gedient hatten.

Morosini am 21. September 1687 auch Athen. Von dieser Offensive überrumpelt, ziehen sich die türkischen Truppen auf die zur Festung ausgebaute Akropolis zurück. Für die hastig errichteten Befestigungsarbeiten wird der Tempel der Athena Nike Block für Block demontiert und in eine neue Schanze der Westseite vermauert. Morosinis bunt gemischtes Söldnerheer, das von dem in Westfalen gebürtigen und später in schwedischen Diensten stehenden Grafen Königsmark kommandiert wird, beginnt sofort die Belagerung der Akropolis und eröffnet das Feuer. Da Geschütze und Bomben zunächst wenig ausrichten, faßt man sogar den Plan, den ganzen Burgberg zu unterminieren und in die Luft zu sprengen – ein Vorhaben, von dem man erst abläßt, als die technischen Schwierigkeiten sich als unüberwindbar herausstellen.

Rascheren Erfolg verspricht dagegen die Nachricht eines türkischen Überläufers, die auf der Burg Eingeschlossenen hätten ihre Pulvervorräte im Parthenon in der Erwartung eingelagert, die Christen würden den alten Prachtbau verschonen. Doch zeigen die Belagerer keine solchen von der Gegenseite angenommenen Skrupel, sondern nehmen, hocherfreut von dieser Nachricht, den Parthenon gezielt unter Beschuß. Wenige Tage nur hält das Dach dem nun hereinbrechenden Geschoßhagel stand, bis am Freitag, dem 26. September 1687, gegen Abend die Bombe eines Lüneburger Leutnants so gut trifft, daß der Pulvervorrat explodiert und den Bau auseinandersprengt. Teile des Parthenon werden durch die Explosion bis zu den Belagerern herabgeschleudert; in den Trümmern des einstürzenden Gebäudes finden über 300 Menschen den Tod. Eine anschließende Feuersbrunst verheert zwei Tage lang große Teile der Akropolis, so daß die etwa 3000 noch überlebenden, in qualvoller Enge und ohne Wasser zusammengepferchten Türken sich schließlich gegen freien Abzug ergeben. Für kurze Zeit ist die Akropolis wieder ›Besitz des Abendlandes‹.

Der Parthenon, der bis zu diesem Ereignis die Zeiten einigermaßen unversehrt überstanden hatte, wurde mit einem Schlage zur Ruine. Wahrscheinlich schon bei der spätantiken Umgestal-

12 Bombardierung der Akropolis und Explosion des Parthenon 1687. Illustration aus Francesco Fanelli, ›Atene Attica . . .‹ (Venedig 1707) S. 308.

tung des Baus zur Kirche war die Skulpturengruppe in der Mitte des Ostgiebels vernichtet worden. Wann und warum die Metopen auf der Ost-, Nord- und Westseite demoliert wurden, ist nicht bekannt. Offenbar nur geringfügige Schäden hatte der Umbau zur Moschee dem Gebäude zugefügt. Nun aber war durch die Explosion das ganze Dach zerrissen, waren die Mauern des Gebäudes nach außen gedrückt worden. Dem Druck der Detonation hielt zwar die Säulenreihe im Osten und im Westen samt dem Gebälk und den darüberliegenden Giebeln stand, aber die inneren Säulen und das Gebälk von Vor- und Rückraum brachen zusammen. Vor allem aber auf den Langseiten wurden die Cellawände mit den aufliegenden Friesblöcken und die Außensäulen mit dem darüberliegenden Gebälk samt den Metopen auseinandergesprengt.

Als stolzer ›Befreier Athens‹ meldete Graf Königsmark in einer Depesche, daß ja nur »eine ruchlose Moschee, in welche der majestätische Tempel Minervas verwandelt gewesen war«, zerstört worden sei. Zwar wurden auch kritische Stimmen laut, doch tröstete man sich damit, nun ja um so leichter einzelne Stücke als Andenken mitnehmen zu können. Fragmente der Parthenon-Skulpturen wurden so in alle Welt verstreut. Köpfe von der Südmetope IV gelangten etwa durch den Kapitän Hartmand nach Kopenhagen (heute Nationalmuseum Kopenhagen) und Fragmente des Frieses nach Rom (heute in den Vatikanischen Museen). Einzelne auf der Akropolis aufgestellte Reliefs mit figürlichen Darstellungen und Inschriften, die bei

13   Die Parthenon-Ruine nach der Explosion von 1687 mit der kleinen, im Inneren errichteten Moschee.
Zeichnung von Chr. Hansen, 1842.

den geschilderten Ereignissen teilweise vom Burgberg herabgestürzt waren, kamen in die Sammlung des Landgrafen Karl von Kassel (heute im Antikenmuseum Schloß Wilhelmshöhe in Kassel).

Man begnügte sich jedoch nicht mit Kleinigkeiten. Wenigstens *eine* große Trophäe sollte doch auch mitgenommen werden, denn die Notwendigkeit eines baldigen Rückzugs von der Akropolis, die man lediglich in aller Eile provisorisch wieder befestigt hatte, trat schon damals klar vor Augen. Noch war die türkische Dominanz in dieser Region zu groß, als daß sich ein isolierter Stützpunkt wie dieser hätte halten lassen. Der Sieg war also aus militärischer Sicht völlig bedeutungslos. In dieser Situation entschloß sich der Oberbefehlshaber Morosini, aus dem von der Explosion verschonten Westgiebel die Mittelgruppen mit Poseidon und den Pferden des Gespanns der Athena – d. h. die größten und besterhaltenen Figuren – herauszubrechen und nach Venedig zu bringen. Nicht eine besondere Hochschätzung der Parthenon-Skulpturen bewegte ihn jedoch zu dieser Tat. Er wollte vielmehr auf solche Weise dem großen Dogen Enrico Dandolo nacheifern, der einst beim Sturm auf Konstantinopel im Jahre 1204 zahlreiche antike Kunstwerke erbeutet und nach Venedig geschafft hatte, darunter die vier berühmten vergoldeten Bronzepferde, die man zum Zeichen des Triumphs oberhalb des Portals von San Marco publikumswirksam zur Schau stellte. Doch Morosini hatte Pech. Die Skulpturengruppe fiel gleich beim ersten Versuch der Demontage herunter und zerfiel zu Staub. So mußte der Feldherr, inzwischen Doge von Venedig geworden, seine Siegesfeier in der Vaterstadt ohne diese Trophäe feiern.

Schon ein Jahr nach der venetianischen Eroberung ziehen die Türken wieder auf der Akropolis ein, zunächst ohne weitere Zerstörungen anzurichten. In den Ruinen des Parthenon wird eine kleine Moschee errichtet. Da den Besatzern aber jedes Interesse für die Antike fehlt, kommen viele herumliegende Architekturteile und Skulpturenreste – so wahrscheinlich die Giebel der Propyläen und einzelne Weihreliefs – in die Öfen der Kalkbrennereien: Auf diese Weise wurde aus dem ›nutzlosen‹ Marmor wenigstens wieder verwendbares Material.

Wirkungen in Europa und Amerika

Der ›Sonntagsschuß‹ des Lüneburger Leutnants machte die Eroberung der Akropolis durch Morosinis Truppen zum Tagesgespräch an den europäischen Fürsten- und Königshöfen. Der überraschende Erfolg wurde in der Öffentlichkeit gewürdigt, doch richtete sich der Blick nun auch intensiver auf die in Mitleidenschaft gezogenen antiken Überreste der Akropolis. Der Wunsch nach genaueren Wiedergaben und detaillierteren Beschreibungen erstarkte auf einmal. Geschäftstüchtige Buchhändler nahmen sogleich neue Auflagen und Übersetzungen der Berichte Spons und Wheelers in Arbeit. Auch Pläne und Ansichten der Akropolis vor der Bombardierung von 1687 druckte man aufgrund der starken Nachfrage wieder ab. Sogar obskure Tagebuchnotizen eines Begleiters des Marquis de Nointel über seinen Aufenthalt in Athen wurden, zusätzlich mit gelehrtem Anstrich versehen, publiziert und intensiv gelesen.

Die Gründe für diese neue Entwicklung sind vielfältig. Das neue Interesse an der Akropolis wird getragen von einer ganz Westeuropa erfassenden breiten Sehnsucht nach bürgerlichen Freiheiten. Als Wiege der Demokratie avanciert das antike Athen dabei zum historischen Symbol dieser modernen Utopie. Diese Idealisierung der griechischen Antike in ihrer künstlerischen *und* politischen Dimension vermischt sich aber auch mit einer schwärmerischen Verbundenheit mit den modernen Griechen, die man als Nachfahren der alten Freiheitskämpfer gegen die Orientalen sieht. In dieser neuen Griechenland-Verehrung nun werden die klassischen Monumente der Akropolis zum überall verstandenen Wahrzeichen der Befreiung von althergebrachten Zwängen. Vergangenheit wird zur Zukunftsvision.

Die längste Tradition eines solchen Antikeverständnisses gab es zweifellos in England. Schon im 17. Jh. waren dort in den Schlössern eines Duke of Buckingham oder eines Earl Arundel bedeutende Antikensammlungen entstanden. England besaß seit langem ein parlamentarisches System. Sein gebildeter Adel hatte schon früh bürgerliche Lebensanschauungen gepflegt. Auch die Unabhängigkeit vom Papsttum mit seiner spezifisch *römischen* Tradition hat den Engländern als ersten den Blick auf die alten Griechen freigegeben. Die Anschauun-

14 Die Society of Dilettanti ›bei der Arbeit‹. Im Zentrum der für seine Sammlung antiker Erotika berühmte Lord Hamilton. Auf dem Tisch eine griechische Vase und eine prachtvolle Buchpublikation mit der aufgeschlagenen Abbildung eines ähnlichen Stückes. Ölgemälde von Sir Joshua Reynolds, 1777. London, Society of Dilettanti.

15 Society-Mitglied Sir Francis Dashwood (1701–1781) als ›leader‹ des ›Hellfireclub‹. Als heiliger Franzis-
    kus verkleidet und mit dem Meßkelch in der Hand, läßt er sich beim Studium der ›private parts‹
    einer antiken Aphrodite-Statue (der Venus von Medici) porträtieren. Der Heiligenschein beleuchtet,
    worauf es dem Antikenkenner ankommt. Auf dem Meßkelch und Weinpokal die blasphemischen
    Worte »MATRI SANCTORUM«, (Auf das Wohl) »der Mutter der Heiligen«! Das Bild ist Teil einer
    Porträtreihe, die Mitglieder der Society of Dilettanti in provokante Szenarien versetzt und Ansich-
    ten und Ziele der Gruppe vor Augen stellen soll. Ölgemälde von George Knapton. London, Society
    of Dilettanti.

gen der englischen, philhellenisch gesinnten Adeligen waren denen der alten Athener tatsächlich nicht unverwandt, und die ›Landlords‹ waren sich dessen auch bewußt. Als junge Leute
begaben sich die reich begüterten Herren – gewöhnlich in Begleitung eines für ihre Bildung
sorgenden Tutors – auf ausgedehnte Reisen in den Süden: Die ›Grand Tour‹ führte nicht nur
in das althergebrachte Reiseland Italien mit seinem Komfort und seinen schon damals zahlreichen Touristenführern, sondern auch nach Griechenland und in den Vorderen Orient, wo
das Reisen noch beschwerlich und gefährlich genug war, um sich mit einem anschließend zu
Hause veröffentlichten Bericht als gebildeter Abenteurer einen Namen zu machen.

    Im Zusammenhang mit solchem Antikestudium frönten englische Adelige – nicht nur
fern der Heimat, sondern auch im eigenen Kreise in halb privaten, halb öffentlichen Zusam-
menkünften – ihren politischen, literarischen, künstlerischen und nicht zuletzt auch erotischen
Neigungen. Die berühmte ›Society of Dilettanti‹, in den 30er Jahren des 18. Jh. als eine Art
›Dining Club‹ gegründet und in der Folgezeit Motor der Antikensuche in Griechenland und
Kleinasien, stellte an ihre potentiellen Mitglieder lediglich zwei bei gutem Willen und entspre-

16   Säule und Gebälk vom Erechtheion als Musterbeispiel ionischer antiker Architektur für die eigene Bautätigkeit. Aus J. Stuart und N. Revett, Antiquities of Athens II (1787).

chenden Geldmitteln einfach zu erfüllende Bedingungen: Ein Aufenthalt im Süden (offiziell)
und große Trinkfestigkeit (inoffiziell). Als Gelehrte, aber zugleich auch abenteuerlustige
›Säufer und Hurenböcke‹ betrieben die Mitglieder dieser Gesellschaft Antikestudium und
Antikenjagd als regelrechten Sport. Antikesehnsucht diente ihnen dabei nicht als Lebensersatz;
ihre Devise war vielmehr ein freizügiges Leben – auf Reisen ebenso wie zu Hause in einem
Schloß voller Antiken.
   Die Society of Dilettanti war es auch, die die erste gründliche Untersuchung und zeichne-
rische Aufnahme der antiken Bauten Athens veranlaßte. Sie organisierte und finanzierte die
Reise der Maler und Architekten James Stuart und Nicholas Revett nach Athen mit dem Auf-
trag, unbedingt auch maßstäblich exakte Zeichnungen der antiken Architekturen und ihrer
ornamentalen und figürlichen Dekoration anzufertigen. Zwar hatte bereits 1749 Richard
Dalton als Begleiter des Earl of Charlemont Athen besucht und eine Reihe von Zeichnungen
von der Akropolis gemacht, doch die waren in England als zu ungenau kritisiert worden.
Das neue Projekt von Stuart und Revett nun, publikumswirksam angekündigt, fand breiten
Anklang und Unterstützung in der Öffentlichkeit, und im Frühjahr 1750 machten sich die

beiden Männer gründlich vorbereitet auf die Reise. Nach einem längeren unfreiwilligen Aufenthalt in Venedig – es fand sich kein Schiff, das nach Athen fuhr – trafen sie nach einem Jahr im Piräus ein und begannen, untergebracht beim englischen Konsul in Athen, unverzüglich ihr Werk (s. Farbabb. 4). Die örtlichen türkischen Behörden ermöglichten fast ideale Arbeitsbedingungen; sogar die Aufstellung von Gerüsten und kleinere Grabungen wurden zugelassen. Die unruhige politische Lage in Athen zwang die beiden jedoch, nach über zwei Jahren produktiver Tätigkeit ihr Unternehmen vorzeitig abzubrechen. Stuart verließ Athen im September 1753, Revett folgte ihm ein Vierteljahr später.

Die Gesamtpublikation ihrer Arbeit wurde erst nach ihrem Tod beendet (1830), aber schon der erste Band der Veröffentlichung übertraf bei weitem alles, was man bis dahin an Bildwiedergaben von Athen kannte. Impressionen der Ruinenstätten wechseln mit nüchternen, maßstäblich korrekten Wiedergaben der Architekturteile in akribischer Genauigkeit. Der betont sachliche Text vermittelt zusätzlich präzise Informationen. Das Werk richtet sich nicht nur an schwärmerische Liebhaber athenischer Ruinen, sondern zielt auf ein Publikum, das in der eigenen englischen Baukunst Alt-Hellas zu neuem Leben erwecken will. Tatsächlich wurden Detailaufnahmen von Architekturgliedern der Akropolis-Bauten aus Stuarts und Revetts Buch bald zu Mustern für das Design zahlloser neuer Bauten. Einer der großen Architekten dieses

17   Lichfield House am St. James Square, London. Erbaut 1764–1766, Änderungen 1791. Architekt: J. Stuart.

18 u. 19   London, St. Pancras-Kirche, Front und seitliche Vorhalle als Kopie der Korenhalle des Erechtheion. Erbaut 1819–1822. Architekten: H. W. und W. Inwood.

›Greek Revival‹ war Stuart selbst, der wegen seines besonderen Faibles mit dem Spitznamen ›Athenian Stuart‹ bedacht wurde.

Die zierlichen ionischen Formen des Erechtheion schienen den Architekten des späten 18. und des 19. Jh. besonders geeignet für die Fassadengestaltung von Privathäusern und zur Innendekoration von öffentlichen Gebäuden. Für Gewichtigeres dagegen wie Mahnmale, Gerichtsgebäude, Banken und Bahnhöfe wurde die dorische Ordnung bevorzugt, wie sie in der Außenarchitektur von Propyläen und Parthenon nun mustergültig vor Augen stand. Ihre Schmucklosigkeit und monumentale Größe diente der Versinnbildlichung von Würde, Dauerhaftigkeit und Autorität.

So bot für ›Athenian Stuart‹ die Westseite des Erechtheion mit ihrer dekorativen ionischen Außengliederung und den großen Fenstern ein Gesamtensemble, das ohne große Änderungen für die Schauseite eines Stadtpalais mit großen lichtdurchströmten Räumen übernommen werden konnte. Das 1764–1766 errichtete und 1791 noch einmal umgebaute Lichfield House am St. James Square in London adaptiert nahezu exakt die Westfront des Erechtheion.

Beinahe das gesamte Erechtheion mit seinen verschiedenen Fassaden und Raumteilen, nur in neuer Mixtur, entstand 1819/22 als Kirche. Mitten im brausenden Verkehr nahe der Euston Station im Norden Londons steht heute dieser eigenartige Kirchenbau von St. Pancras, der bis in Details der Ornamentik hinein das Erechtheion kopiert. Sein Architekt war H. W. Inwood, der auch eine Spezialuntersuchung über das Erechtheion auf der Akropolis verfaßt hat.

Die englische Initialzündung dieser Griechenlandbegeisterung sprang nicht nur auf den europäischen Kontinent über, der Trend ergriff auch die Vereinigten Staaten und sogar Südafrika. So findet man Kopien und Variationen der Westfassade und der Nordhalle des Erechtheion an Schloß Woburn Abbey (Bedfordshire, England) und am Canada Building am Trafalgar Square in London (1822/24) wie auch an der erst 1903 erbauten Sparkasse von Connecticut in Indianapolis (USA). Auch das Alexander Puschkin-Museum in Moskau (1889–1912, Architekt: R. I. Klein) bildet in Teilen eine sehr exakte, sogar maßgleiche Kopie des Erechtheion. Als nobel und leicht zugleich empfand man die Säulenstellungen des klassischen Erechtheion, und so dienten bis in unser Jahrhundert hinein Kopien dieser Portiken als beliebte Versatzstücke zur optischen Statusanhebung von Villenbauten, besonders in den Ost- und Südstaaten der USA. Eine alte Fotografie zeigt eine solche – inzwischen abgerissene – Villa des 19. Jh. in Milledgeville (Georgia) mit der davor posierenden Dame des Hauses.

Während in den Vereinigten Staaten bei öffentlichen Bauten griechische Säulenordnungen und speziell Zitate von der Akropolis weithin akzeptiert wurden, fand ihre Verbreitung im Villenbau auch zahlreiche Kritiker, die den ›Tempel-Look‹ scharf angriffen. H. R. Cleveland jr., der das Parthenon-Bankgebäude in Philadelphia (s. Farbabb. 6) in den höchsten Tönen rühmte, schrieb bezüglich Tempelvillen wie dieser, daß man doch lieber ernsthaft eine »eigene heimische Architektur entwickeln soll, anstatt die ekelerregenden Tempel und Paläste bei uns immer weiter zu vervielfältigen, von denen das Land schon ächzt.« (North American Review, Oktober 1836)

Besonders die Korenhalle wurde immer wieder an privaten und öffentlichen Gebäuden zitiert, so in der Kuppel des Old Dividend Office der Bank of England in London (1818, später

20 London, Canada Building am Trafalgar Square, ursprünglich das Royal College of Physicians. Erbaut 1822–1824. Architekt: Sir Robert Smirke.

21 Milledgeville, Georgia (USA). Südstaatenvilla aus dem 19. Jh. Architekt unbekannt.

umgebaut). In Deutschland dienten die Erechtheion-Koren im 19. Jh. besonders häufig als Schmuck von Villen und Mietshäusern. Von den vielen Beispielen im Berliner Wohnungsbau haben zwei den Krieg unversehrt überstanden und sind heute restauriert und in einem ansehnlichen Zustand: das Haus Tempelhofer Ufer Nr. 12 (1870 erbaut) und das Haus Mehringdamm Nr. 50 (um 1865).

Bibliotheken, repräsentative Verwaltungsgebäude, Bahnhöfe und profane Markthallen erhielten häufig das schlichtere Aussehen von Parthenon und Propyläen. Besonders eindrucksvolle Imitationen des Parthenon sind das nie vollendete National Monument in Edinburgh, die Walhalla bei Regensburg, die Second Bank of the United States in Philadelphia, das alte State Capitol (heute State Library) in Indianapolis (Indiana) und schließlich ein regelrechter Parthenon-Nachbau mit allen Details in Nashville (Tennessee).

Wie eine Versetzung des Parthenon in den deutschen Wald wirkt – aus der Ferne betrachtet – die unter Kronprinz Ludwig von Bayern 1830–1842 am steilen Nordufer der Donau angelegte Walhalla (s. Farbabb. 7): eine Art gebaute Enzyklopädie, gewissermaßen ›das Beste‹ griechischer Architektur. Von dem Architekten Leo von Klenze »in den Tagen Teutschlands tiefster Schmach« (Napoleon hatte Preußen besiegt) als architektonischer Widerspruch gegen die Wirklichkeit der Zeit errichtet, beherbergte diese Ruhmeshalle nationaler Größe eine Reihe von Bildnissen verdienter ›Deutscher‹ (wozu auch niederländische Maler wie Vermeer, Rubens

22   Berlin-Kreuzberg, Mietshaus Mehringdamm 50, erbaut 1865.

23   Der Parthenon in Nashville, Tennessee (USA), 1896 von den Architekten und Bildhauern W. C. Smith und G. J. Zolnay errichtet.

24   Rekonstruktion der klassischen Propyläen. Stich von B. K. Heller, 1837.

und van Dyck gezählt wurden!). Diese Funktion hat das Monument bis heute behalten. Die Reihe der Traditionsbildnisse wurde auch noch nach dem Zweiten Weltkrieg erweitert, etwa um Konrad Adenauer.

Als besonders treue neuzeitliche Adaption – wenngleich in durchaus veränderten Proportionen – wurde im 19. Jh. die Second Bank of the United States in Philadelphia (s. Farbabb. 6) des Architekten William Strictland (1818–1824) gefeiert. Ein einflußreicher Kritiker der Zeit, der uns bereits bekannte H. R. Cleveland jr., nannte sie das »... zweifellos makelloseste Monument seines Formats in den Vereinigten Staaten ... ernst, rein und einfach.« Doch war die Wahrnehmung solcher Bauten weder einfach noch nüchtern. So notiert der Auktionator und spätere Bürgermeister von New York, Philip Hone, in seinem 1835 erschienenen Tagebuch: »Die Eingangshalle dieses grandiosen Gebäudes ... erschien mir an diesem Abend durch den Effekt des Gaslichtes [den die hier reproduzierte Farbabb. 6 genau wiedergibt] noch schöner als sonst. Von jeder der kannelierten Säulen kam ein Lichtbündel. Die Lichtquelle selbst war an der Innenseite der Säulen angebracht, so daß sie von der Straße aus nicht zu sehen war. Das weiche, im Wind flackernde Licht bewirkte einen Eindruck von berückender Schönheit. Wie eigentümlich ist es doch, daß bei all den Erfindungen und Neuerungen moderner Zeiten allein in der Architektur Fortschritt nicht möglich ist – jedes Verlassen der klassischen Vorbilder der Antike auf diesem Gebiet ist ein Aufgeben von Anmut und Schönheit!« Eine Ansicht, die erfreulicherweise nicht von allen Zeitgenossen geteilt wurde, wie wir bereits gesehen haben.

Eine maßstabgetreue regelrechte Kopie des Parthenon samt Metopen und Giebelschmuck wurde 1896 von den Architekten und Bildhauern W. C. Smith und G. J. Zolnay in Nashville, Tennessee (USA) errichtet und in den 20er und 30er Jahren dieses Jahrhunderts noch einmal renoviert. Der Tempel in Nashville sollte, der Intention seiner Erbauer nach, als Symbol der Demokratie und des Föderationsgedankens verstanden werden. Nicht alle dieser Bauten in den USA zeigen eine so sterile und scheinbar strikte Nachahmung griechischer Architektur. Die amerikanischen Architekten des Greek Revival haben zum Glück nicht nur altdorische, ionische und korinthische Säulenordnungen imitiert, sondern ebenso auch neue Varianten mit pflanzlichen Elementen wie zum Beispiel Tabak und Weizen geschaffen: die sogenannte ›American Corn Order‹.

Noch mehr als der Parthenon eigneten sich ihres repräsentativen Eingangscharakters wegen die Propyläen der Akropolis dazu, als Bildungs-, Macht- und Würdezeichen in der neuzeitlichen Architektur eingesetzt zu werden. Das von Carl Gotthard Langhans entworfene und 1789–1791 erbaute Brandenburger Tor in Berlin vereinigt die Gestalt der klassischen Athener Propyläen mit Elementen römischer Triumpharchitektur. Auch das große Tor am Königsplatz in München (1848–1862 errichtet, Architekt: Leo von Klenze) bildet eine bewußte Anlehnung und zugleich Variante zu den Propyläen der Akropolis. In moderner Technik, nämlich als Gußeisenkonstruktion, entstand als Erinnerung an Rußlands Feldzüge gegen die Türkei und Polen 1834–1838 in Leningrad das ebenfalls noch heute erhaltene Moskauer Tor (Architekt: W. P. Stassow). Sogar zum Eingang einer Saline wurde die Propyläen-Architektur der Akropolis am Ende des 18. Jh. in Frankreich umfunktioniert (Arc-et-Senans im Französischen Jura bei Besançon, Architekt: Claude-Nicolas Ledoux, 1775–1779).

25 Berlin, Brandenburger Tor, erbaut 1789–1791. Architekt: Carl Gotthard Langhans. Aufnahme vom
10. November 1989, unmittelbar nach Öffnung der Berliner Mauer.

Die jeweiligen weltanschaulichen und politischen Bedürfnisse haben bei dieser Verwendung
griechischer Architektur zu sehr unterschiedlichen Ergebnissen geführt. War der Beginn der
neuen Antikeverehrung noch Bestandteil einer fortschrittlichen, in die Zukunft blickenden
bürgerlichen Bewegung, so gerieten spätere Architekturnachahmungen eher zu Symbolen eines
restaurativen Festhaltens an überlebten Gesellschaftsformen.

Antikenraub

Die neue Antikenbegeisterung blieb nicht beim Studieren und Kopieren des verehrten Gegen-
standes stehen. Antike wurde nun auch materiell dem ›Abendland‹ einverleibt: Ein Abtransport größten Stils beginnt. In einem wahren Wettlauf konkurrieren Expeditionen aus verschiedenen Ländern miteinander um die Erbeutung der letzten noch gut erhaltenen griechischen Antiquitäten. Baureste und Skulpturen werden demontiert, verpackt, auf Schiffe geladen
und in die Metropolen der westlichen Welt geschafft.

Schon 1787 erscheint Graf Choiseul-Gouffier, französischer Botschafter in Istanbul, mit
seinem Zeichner und Agenten Fauvel auf der Akropolis und sammelt, was ihm irgendwie

erreichbar ist (s. Farbabb. 3). Für einen offiziellen Abbruch der Parthenon-Skulpturen erhält er trotz intensiver Bemühungen jedoch keine Erlaubnis, und so muß er sich zunächst mit am Boden Liegendem (etwa einer Platte des Frieses) begnügen, bis es Fauvel endlich gelingt, im Zuge eines Gipsabdruckunternehmens wenigstens *eine* der Südmetopen aus dem Bau herauszubrechen. Alle eifersüchtigen Versuche der beiden Franzosen, konkurrierende Engländer mit ähnlichen Intentionen von der Burg fernzuhalten, sollten jedoch kläglich scheitern.

Thomas Bruce, der siebte Earl of Elgin und elfte Earl of Kincardine (in Schottland), heute weithin mit dem Makel des profitgierigen Oberkunsträubers behaftet, hatte von seinem Herkommen, seiner Laufbahn und seinen weitgespannten Interessen und Erfahrungen her einen sehr viel weiteren geistigen Horizont und auch weiterreichende praktische Möglichkeiten als die meisten damaligen Reisenden in Griechenland. Reich begütert und an den nobelsten Schulen erzogen, ergriff er die diplomatische Laufbahn, wirkte zunächst in Brüssel, später als Gesandter in Berlin und schließlich seit 1799 in Istanbul; er war zu diesem Zeitpunkt gerade 33 Jahre alt.

Lord Elgin unterhielt für seine Bauvorhaben in England einen eigenen Architekten. Auf dessen Anregung hin propagierte er bei der englischen Regierung das Vorhaben, den Parthenon auf Regierungskosten zu vermessen und Zeichnungen und Abgüsse von den Skulpturen anfertigen zu lassen. Als er für seinen Plan keine Unterstützung fand, beschloß er, das Unternehmen auf eigene Faust und aus privaten Mitteln durchzuführen. Hierzu bot ihm sein Amt als Gesandter in Istanbul günstige Gelegenheit, denn dort befand sich ja die dem Athener Stadtkommandanten vorgesetzte Behörde.

Zunächst nur mit diesen Absichten – und nicht etwa, um irgendwelche Skulpturen nach England zu schaffen – reiste er über Italien und Sizilien nach Istanbul. Auf Sizilien gewann er den Landschaftsmaler Giovanni Battista Lusieri aus Neapel für ein bescheidenes Salär dazu, sich in Athen der Arbeit des Zeichnens zu widmen. Elgin berief nun seinen Sekretär nach Italien, der noch einen weiteren Maler sowie zwei Architekten und schließlich zwei Gipsformer für das Unternehmen anwarb. Während Elgin sein Amt in Istanbul ausübte, machte sich das Team im Sommer 1800 an die Arbeit. Wegen des Mißtrauens der örtlichen türkischen Behörden – der Stadtkommandant lebte immerhin im Erechtheion, und auch andere Verwaltungen hatten ihren Sitz auf der Burg – wurden die Restriktionen für die Gruppe jedoch immer größer. Zwar durfte gezeichnet werden, aber an das ins Auge gefaßte Abformen von Skulpturen war gar nicht zu denken. So besuchte der mit der Leitung beauftragte Lusieri Lord Elgin in seinem Amtssitz in Istanbul und schilderte die Schwierigkeiten, die sich nur durch eine Erlaubnis von allerhöchster Stelle, also von seiten der Hohen Pforte, beheben ließen.

An diesem Punkt spielte nun auch der Zufall eine schicksalhafte Rolle: Der Geistliche der englischen Botschaft in Istanbul, ein gewisser Reverend Philip Hunt, besuchte in dieser Zeit Athen, fand die Situation der Gruppe wie beschrieben vor und reiste zurück mit dem – offenbar von ihm selbst erdachten – Vorschlag, nun aufs Ganze zu gehen und sich gleich um eine Erlaubnis zum Abtransport von Skulpturen und Inschriftensteinen zu bemühen. Lord Elgin selbst schien an diese Möglichkeit bis zu jenem Zeitpunkt offenbar nicht gedacht zu haben. Diese Verhandlungen verliefen ›günstig‹ und brachten für Elgin den gewünschten Erfolg, nicht zuletzt wegen gerade notwendiger Rücksichtnahmen der türkischen Regierung auf englische Interessen.

Das in Athen überbrachte Schriftstück, das die örtlichen Behörden anwies, der Gruppe freie Hand zu lassen, verwandelte die Situation über Nacht. Fieberhafte Aktivitäten begannen. Bis zu 400 Arbeiter waren für Lord Elgin von nun an täglich auf der Akropolis tätig. Häuser wurden abgerissen, der Parthenon zwecks Ausschlachtung eingerüstet. Nicht nur herabgefallene Skulpturen wurden freigelegt und abtransportiert, auch vom Bau selbst ließ Lusieri alles an Plastik Erhaltene demontieren, soweit dies nicht die Statik der Ruine insgesamt gefährdete. Die Beute war beträchtlich: fast genau die Hälfte des Frieses, 14 von 92 Metopen (nämlich die gut erhaltenen bis auf eine) und 17 Giebelfiguren; außerdem vom Erechtheion eine Karyatide und eine komplette Säule, Platten vom Fries des Tempels der Athena Nike und viele weitere Monumente aus der Unterstadt Athens. Während der ganzen Aktion weilte Lord Elgin nur ein einziges Mal in Athen, nämlich im Jahre 1802.

Auf abenteuerliche Weise gelangte die Fracht teils über Alexandria, teils über Malta nach England. Ein Schiff versank, die geladenen Skulpturen konnten jedoch gehoben werden. Kriegswirren verzögerten den Transport zum Teil erheblich, aber im Jahre 1809 waren alle Stücke unversehrt in England. Noch während des Abtransports aus Athen im Jahre 1803 endete Elgins Amt in Istanbul. Er begab sich zunächst nach Rom und erkundigte sich bei dem berühmten Bildhauer Antonio Canova nach Restaurierungs- und Ergänzungsmöglichkeiten in bezug auf die Skulpturen; zum Glück lehnte Canova aber, ohne die Stücke gesehen zu haben, dieses Angebot ab. Auf seiner Weiterreise nach England geriet Elgin in französische Kriegsgefangenschaft, aus der er erst 1806 in die Heimat entlassen wurde.

In England selbst war Lord Elgins Aktion umstritten. Prominente Zeitgenossen wie der Maler Dodwell (eine seiner Akropolis-Ansichten hier Abb. 1) verurteilten die angerichteten Zerstörungen; auch der sonst die ›Aneignung‹ Griechenlands so lyrisch feiernde Lord Byron bezeichnete Elgin als Räuber, Plünderer, Tempelschänder, Vandalen und Steinhändler. Doch dieses Ungemach war noch gering im Vergleich zu dem, was folgen sollte. Elgin mußte zuerst einmal in diversen englischen Häfen die zahllosen Kisten zusammensuchen und eine geeignete Abstellmöglichkeit finden; allein viermal wurde die gesamte Fracht umgelagert. Hinzu kam, daß Elgin inzwischen in finanzielle Bedrängnis geraten war. Mit dem Verkauf der Skulpturen erhoffte er, wenigstens seine Investitionen von ca. 70 000 Pfund zurückzuerhalten. Die Veräußerung gestaltete sich jedoch schwieriger als angenommen.

Zwar hatten berühmte Künstler wie Flaxman, Wilhies, Haydon und Canova, der nun sogar eigens zur Besichtigung nach England kam, sowie der Antikenpapst der damaligen Zeit, Ennio Quirino Visconti (Direktor des Musée Napoléon im Louvre) die Werke in den überschwenglichsten Tönen gerühmt, aber Elgins Bemühungen, die Sammlung an die englische Krone zu verkaufen, scheiterten nach langen Debatten, da die Regierung zunächst lediglich 3000 Pfund zu bieten bereit war. Zudem versuchten seine Kontrahenten auf unfaire Weise, den Wert der Skulpturen zu mindern. Man bestritt Elgins Eigentumsrechte und bezeichnete den Parthenon-Schmuck sogar als Zutat der römischen Kaiserzeit, was in dieser neuen Phase der Griechenlandbegeisterung bereits erheblich preisdrückend wirkte. Nach jahrelangen Verhandlungen überließ der tief enttäuschte Elgin schließlich für 35000 Pfund, die gerade die Hälfte seiner Kosten deckten, alles dem neu gegründeten Britischen Museum.

Dort einmal aufgestellt, erlangten die ›Elgin Marbles‹ binnen weniger Jahrzehnte weltweite Berühmtheit. Kunstfreunde pilgerten nach London, um die Originale zu sehen. Gipsabdrücke der Skulpturen dienten dem Studium vieler Bildhauer. Das Britische Museum und das von Napoleon Bonaparte im Louvre eingerichtete Musée Napoléon waren die ersten riesigen, einer breiteren Öffentlichkeit zugänglichen Schausammlungen. Während aber der Louvre nur eine einzige vom Grafen Choiseul-Gouffier mitgebrachte Friesplatte des Parthenon besaß, hatte die Londoner Konkurrenz die meisten und besterhaltenen Stücke. Daß dies bis heute so geblieben ist, hat in jüngster Zeit Probleme aufgeworfen, von denen noch zu reden sein wird.

Es scheint jedenfalls verfehlt, Lord Elgin und den mit seinem Namen verbundenen Kunstraub speziell zu verurteilen. Zum einen war ein Vorgang wie die Demontage der Parthenon-Skulpturen kein Einzelfall. Im Gegenteil: Kunstraub gehörte in politisch abhängigen Regionen, in Kolonien wie beispielsweise Ägypten, zur Tagesordnung. Elgins Aktion bildete allerdings insofern eine Besonderheit, als es sich hier um Schmuckteile eines schon damals Aufsehen erregenden Baues handelte, um Gegenstände also, die bereits an ihrem ursprünglichen Standort die Bewunderung der Welt auf sich gezogen hatten. Hinzu kommt, daß Elgin – wenn auch natürlich nicht von Griechen, sondern von der türkischen Besatzungsmacht – eine Genehmigung zum Abbau der Objekte erbat und erst nach deren Erhalt mit den Arbeiten begann – auch dies ein Vorgang, der bei der Aneignung antiker Kunst seitens der Kolonialmächte sonst keineswegs selbstverständlich war. Die Art der ›Erwerbung‹ des Pergamon-Altars und die Rolle, die deutsche Archäologen dabei spielten, sprechen demgegenüber eine andere Sprache, etwa wenn der Ausgräber des Pergamon-Altars, Carl Humann, im September 1878 in einem Brief über seinen Fund schreibt: »Die Ara habe ich wohl gefunden ... Nun zur Hauptsache! Wie kommt alles nach Berlin?«

Hellenen-Begeisterung und griechischer Befreiungskampf – die Akropolis als Wunschtraum

Daß die Parthenon-Skulpturen trotz ihrer Zerstückelung im Nu zum gefeierten Kunstobjekt Nummer eins avancierten, kam nicht von ungefähr. Griechische Skulptur – und oft genug auch nur das, was man dafür hielt – wurde als Ausdruck einer freieren Lebensweise verstanden. Endlich besaß man nun echte Fragmente griechischer Bildhauerkunst, zumal aus der Epoche Athens, die als Wiege der Demokratie und abendländischer Freiheit schlechthin angesehen wurde. Die Parthenon-Skulpturen versinnbildlichten natürliche Bewegungsfreiheit des Körpers, Freiheit von der einengenden Etikette höfischer Tracht, von Wespentaille und Schnürbrust, von steifen Kragen und abgezirkelten Schritten, Freiheit aber auch des Denkens und politischen Handelns. Nacktheit stand hier wie selbstverständlich vor Augen; auch die teilweise wie naß am Körper anliegenden Gewänder verhüllen nicht, sondern unterstützten die Vorstellung von kraftvoll fließender Bewegung. Sich lässig räkelnd oder im heftigsten Kampf-

26   Französische Mode kurz vor der Revolution von 1789. Aus ›Galerie des Modes‹ 1778–1787, Taf. 88.

27   Die Göttinnen Hestia, Dione und Aphrodite aus dem Ostgiebel des Parthenon. London,
Britisches Museum.

geschehen stellen die Götter selbstbewußt ihre eigene Körperlichkeit zur Schau. Sollten alle Menschen sich einmal so verhalten dürfen, befreit von Zwängen des Althergebrachten? Schon 1778 hatte Johann Gottfried Herder in seiner Abhandlung ›Plastik‹ geschrieben: »In keinem Lande konnte … die Bildhauerei gedeihen, wo solche Steinklumpen [gemeint: wie bei heutigen Denkmälern] notwendig waren … In der Geschichte der Mönche und Heiligen konnte sie keine Fortschritte tun, denn Mönch und Nonne waren verschleiert, der Künstler hatte statt Körper faltige Steindecken zu bilden. … Wie anders die Griechen! Sie, die geborenen Künstler des Schönen, Erzhüllen und Steindecken warfen sie ab und bildeten, was gebildet werden konnte, schöne K ö r p e r.«

Unter dem Eindruck dieser Schrift entstand Goethes fünfte Römische Elegie, die die erotische Komponente der neuen Skulpturenverehrung in die folgenden Verse faßt:

>»Froh empfind' ich mich nun auf klassischem Boden begeistert;
>[…]
>Hier befolg' ich den Rat, durchblättre die Werke der Alten
>mit geschäftiger Hand, täglich mit neuem Genuß.
>Aber die Nächte hindurch hält Amor mich anders beschäftigt;
>werd' ich auch halb nur gelehrt, bin ich doch doppelt beglückt.
>Und belehr' ich mich nicht, indem ich des lieblichen Busens
>Formen spähe, die Hand leite die Hüften hinab?
>Dann versteh' ich den Marmor erst recht; ich denk und vergleiche,
>sehe mit fühlendem Aug', fühle mit sehender Hand.«

Befand man sich nun schon im Besitz der Kunstschätze des alten Athen, so war es nur eine Frage der Zeit, bis man sich nicht mehr mit hymnischen Worten und baulichen Antikezitaten im eigenen Land begnügte, sondern zu weiteren Taten schritt. Schon einmal, nämlich vor mehr als zwei Jahrtausenden im Kampf Athens gegen die Perser, hatte das ›freie Abendland‹ das vermeintliche Joch orientalischer Despotie abgeworfen. Nun schien es den Griechenlandbegeisterten Westeuropas an der Zeit, die Heldentaten eines Miltiades und Themistokles zu wiederholen. Nicht nur die künstlerischen Überreste der alten Freiheit, sondern auch die lebenden Nachfahren, das griechische Volk, sollten von der orientalischen Herrschaft befreit werden. »Freiwillige aus aller Herren Länder strömten nach Griechenland, Anleihen wurden organisiert, selbst ein gekröntes Haupt, der König von Bayern, der seine Hauptstadt mit griechischen Tempeln schmückte, sandte den Rebellen Offiziere und Geld. Die Griechen rissen die europäischen Intellektuellen … aus der polizeigehüteten müden Langeweile … heraus, sie boten ein ›großes Schauspiel‹. Und während man im Machtkreis Metternichs nicht liberal sein durfte: philhellenisch durfte man sein, hier war ein Ventil, das sich nicht schließen ließ.« (Golo Mann, in Propyläen Weltgeschichte Bd. 8)

Schon 1821 bereiteten Intellektuelle einen Revolutionsversuch in Griechenland und Kleinasien vor, doch die Türken dachten nicht daran, ihr Terrain kampflos zu räumen. 1822 wurden die türkischen Besatzer auf der Akropolis von den Aufständischen belagert und unter Beschuß genommen; Wassermangel zwang bald zur Kapitulation. Erstmals seit langer Zeit besetzten Griechen wieder den Burgberg, doch war dies kein endgültiger Sieg. Die Kämpfe wogten weiter hin und her, und bereits vier Jahre später drehte sich die Situation noch ein-

ΔΕΥΤΕ ΠΑΙΔΕΣ ΤΩΝ 'ΕΛΛΗΝΩΝ . . .

1.	1.
Sons of the Greeks, arise!	Hellenensöhne, erhebt euch,
The glorious hour's gone forth,	Es naht die glorreiche Stunde.
And, worthy of such ties,	Erweisen wir würdig des Ruhms uns
Display who gave us birth.	Derer, die uns gezeugt.

Chorus:	Chor:
Sons of Greeks! let us go	Söhne der Griechen! Richtet
In arms against the foe,	Die Waffen den Feinden entgegen,
Till their hated blood shall flow	Bis ihr verhaßtes Blut
In a river past our feet.	Zu unseren Füßen strömt.

2.	2.
Then manfully despising	Mannhaft verachtend das Joch
The Turkish tyrant's yoke,	Der türk'schen Tyrannei,
Let your country see you rising,	Seh's Vaterland euch aufstehn,
And all her chains are broke.	Und alle Ketten gesprengt.
Brave shades of chiefs and sages,	Ihr kühnen Schatten der Helden,
Behold the coming strife!	Seht an den kommenden Streit.
Hellénes of past ages,	Oh, ihr Hellenen von einst,
Oh, start again to life!	Zu neuem Leben erwachet!
At the sound of my trumpet, breaking	Bei meiner Trompete Schall
Your sleep, oh, join with me!	Wacht auf und schließt euch mir an.
And the seven-hilled city seeking,	Die Stadt mit den sieben Hügeln[1]
Fight, conquer, till we're free.	Erobert für's Vaterland!

Chorus:	Chor:
Sons of Greeks, etc.	Söhne der Griechen . . .

3.	3.
Sparta, Sparta, why in slumbers	Sparta, Sparta, was liegst
Lethargie dost thou lie?	In lethargisch tiefem Schlaf du,
Awake, and join thy numbers	Wach auf und verbünde dich mit
With Athens, old ally!	Den Athenern wie einst in der Schlacht![2]
. . .	. . .

Chorus:	Chor:
Sons of Greeks, etc.	Söhne der Griechen . . .

[1] Gemeint ist hier Konstantinopel.

[2] Der neugriechische Befreiungskampf wird hier als Wiederbelebung und Vollendung der antiken Perser-Kriege gesehen (s. S. 113–120).

(Lord Byrons englische Nachdichtung eines Liedes des griechischen Freiheitskämpfers Rigas Velestinlis [Fereos] aus den 90er Jahren des 18. Jh.; Übersetzung aus dem Englischen in Anlehnung an die neugriechische Vorlage Byrons von L. Schneider.)

mal um: Türken belagerten nun Griechen und nahmen die Akropolis erneut in ihre Gewalt. Erst 1833 fügten sich die Türken in die mittlerweile aussichtslose Lage und übergaben Athen kampflos einer von König Otto abkommandierten bayerischen Besatzung.

Ein Augenzeuge beschreibt das höchst eigenartige Übergabezeremoniell mit den folgenden Worten: »Die Türken zogen ruhig ab und niemand von den zahlreichen Griechen legte ihnen etwas in den Weg. Osman-Effendi, mit Ali-Alendar und Dervend-Aga blieben zurück, um dem Déjeuner à la fourchette beizuwohnen, welches der Oberst nach dieser Feierlichkeit veranstaltete. Dieses Déjeuner war originell, sowohl wegen seiner Zusammensetzung, als des Ortes wegen, wo es gehalten wurde. Die Tafel war nämlich im großen Minerva-Tempel aufgestellt und von Bayern, Griechen, Engländern, Franzosen, Russen, Türken, Arabern, Amerikanern und vielen Künstlern und Gelehrten umstanden. Ein dreimaliges Lebehoch dem Könige wirbelte mit Exaltation in die Luft; der Türke strich sich den Bart, hob das Glas mit dem Feuerweine und mischte sein »Allah Kerim« unter den allgemeinen Jubel der Freude und Begeisterung. Das atheniensische Volk war wie toll, die gefährdeten Stellen des Parthenon wurden erklettert, und ein langgedehntes »Sito o vasilévs!« wälzte sich über die Stadt in die Gebirge und zu den Häfen.«

Die Schlacht war geschlagen, Griechenland befreit. Frankreich, England und Rußland setzten den eben erst 17jährigen Sohn Ludwigs I. von Bayern, Otto – einen wahren Griechen! – als König ein. Was manche zeitgenössische Schilderungen romantisch verklären, war in Wirklichkeit ein Blutbad größten Ausmaßes. Viele Tausende namentlich derer, die man befreien wollte, fanden den Tod. Auch stellte sich dieser Wechsel des Regimes durchaus nicht allen Zeitgenossen als Befreiung dar. Andere sahen in der Einsetzung König Ottos vielmehr nur eine neue Offensive des reaktionären Adels gegen bürgerlichen Freiheitsdurst. Heinrich Heine etwa schrieb 1840 in: ›Ludwig Börne. Eine Denkschrift‹ III:

»Auch haben wir die Sklaverey über ganz Europa verbreitet, und als Denkmäler dieser Sündfluth sitzen deutsche Fürstengeschlechter auf allen Thronen Europas, wie nach uralten Ueberschwemmungen, auf den höchsten Bergen die Reste versteinerter Seeungeheuer gefunden werden. Und noch jetzt, kaum wird ein Volk frey, so wird ihm ein deutscher Prügel auf den Rücken gebunden, und sogar in der heiligen Heimath des Harmodios und Aristogeitons [Athen], im wiederbefreyten Griechenland, wird jetzt deutsche Knechtschaft eingesetzt, und auf der Akropolis von Athen fließt bayersches Bier und herrscht der bayersche Stock. Ja, es ist erschrecklich, daß der König von Bayern, dieser kleine Tyrannos und schlechte Poet, seinen Sohn auf den Thron jenes Landes setzen durfte, wo einst die Freyheit und die Dichtkunst geblüht, jenes Landes, wo es eine Ebene giebt, welche Marathon [dort Abwehrschlacht gegen die Perser, 490 v. Chr.], und einen Berg, welcher Parnaß [Berg der Musen, Symbol für Dichtkunst] heißt! Ich kann nicht daran denken, ohne daß mir das Gehirn zittert.« Nicht ohne Grund mußte Otto in der Folgezeit sehr gegen seinen Willen einer Verfassung zustimmen, die seine Rechte einschränkte, und 1862 schließlich seinen Thron räumen.

Durch die diversen Belagerungen im ›Befreiungskrieg‹ war der antike Bestand der Akropolis weiter dezimiert worden. Griechenland war nun aber für Reisende ohne Schwierigkeiten zugänglich, und so brach in den Jahren nach 1832 eine regelrechte Besucherflut über das Land herein. Daß die wahre Antike nur vor Ort in Griechenland aufzuspüren war, galt nun als ausgemacht. Einer hatte da wenige Jahrzehnte zuvor noch eine ganz andere Meinung vertreten: Johann Joachim Winckelmann, der Vater der deutschen Archäologie.

Für Winckelmann waren nicht nur die Gefahren und Beschwernisse Grund genug, gleich zweimal die Chance einer Reise nach Griechenland ungenutzt verstreichen zu lassen, sondern

Heinrich Heine: Lobgesänge auf König Ludwig (1843)

Das ist Herr Ludwig von Baierland,
Desgleichen giebt es wenig;
Das Volk der Bavaren verehrt in ihm
Den angestammelten König.

. . .

Bey Regensburg läßt er erbau'n
Eine marmorne Schädelstätte,
Und er hat höchstselbst für jeden Kopf
Verfertigt die Etikette.

»Wallhallagenossen«, ein Meisterwerk,
Worin er jedweden Mannes
Verdienste, Charakter und Thaten gerühmt,
Von Teut bis Schinderhannes.

Nur Luther, der Dickkopf, fehlt in Wallhall,
Und es feyert ihn nicht der Wallhall-Wisch;
In Naturaliensammlungen fehlt
Oft unter den Fischen der Wallfisch.

Herr Ludwig ist ein großer Poet,
Und singt er, so stürzt Apollo
Vor ihm auf die Kniee und bittet und fleht:
Halt ein! ich werde sonst toll, O!

Herr Ludwig ist ein muthiger Held,
Wie Otto, das Kind, sein Söhnchen;
Der kriegte den Durchfall zu Athen,
Und hat dort besudelt sein Thrönchen.

. . .

auch schlicht ein Mangel an Neugier, gepaart mit einer gehörigen Portion Arroganz. Er war davon überzeugt, das auch von ihm gesuchte griechische Ideal bereits fest im ›geistigen Besitz‹ zu haben. 1762 bot sich ihm die Gelegenheit, von Neapel aus mit Lord Granville nach Istanbul zu reisen. Der erst 44jährige Winckelmann lehnt ab. »Im übrigen ist mir die Lust, nach Griechenland zu gehen, ganz vergangen. Ich werde alt und etwas bequem und will suchen, meine übrigen Tage in Ruhe zu genießen.« Anläßlich der zweiten sich bietenden Gelegenheit fünf Jahre später – sein Freund Freiherr Johann von Riedesel bedrängt ihn förmlich zu einer gemeinsamen Reise nach Griechenland – winkt er wieder ab und notiert: »Ich liege im Streit und widerstrebe, wie die frommen Lutherischen singen: Hilf o Herr mir Schwachen! Es ist mir bange für meine Haut, die ich gern theurer verkaufen möchte; doch die Türken fragen nicht nach dergleichen Leder.« Und weiter seine Furcht durch ein hieb- und stichfestes ›Sachargument‹ herabspielend: »Die Reise nach Griechenland liegt annoch auf der Waage, ohne Ausschlag: nicht aus Besorgnis der Gefahr und der Mühseligkeit, der diese Reise ausgesetzt ist, sondern weil ich mich noch nicht überzeugen kann, besondere Entdeckungen zu machen.«

Die Namen derer, die in der Folgezeit dennoch aufbrechen, um in Griechenland ›besondere Entdeckungen‹ zu machen und von ihren authentischen Erlebnissen anschließend in der Heimat zu berichten, sind Legion; ihr Mitteilungsdrang ist schier überwältigend. Wer etwas auf sich hält, malt oder führt wenigstens ein ausführliches Tagebuch mit der Absicht, es später einem breiten Publikum zugänglich zu machen. Die vielen so entstandenen Bilder von der Athener Akropolis und anderen antiken Orten – zunächst als Kupferstiche und Lithographien reproduziert, seit etwa 1830 auch als Stahlstiche in Massenauflage – liefern uns letzte Ansichten mit wichtigen Einzelheiten des damaligen Bestandes, gerade noch vor der nun schlagartig einsetzenden Umgestaltung durch wissenschaftlich ambitionierte Archäologen und solche, die sich dafür hielten.

Das eigentliche Interesse dieser Reiseberichte und Bildwiedergaben des frühen 19. Jh. gilt nicht den antiken Bauresten als solchen, sondern der Ruinenlandschaft als romantischem Gesamtensemble. Bei den perspektivischen Ansichten in Stuarts und Revetts Buch bildeten Natur und Menschen eine Belebung der antiken Ruinen, die jedoch der Hauptgegenstand der Darstellung blieben. In den pittoresken Veduten der Folgezeit kehrt sich dieses Verhältnis um: Die antiken Bauten dienen nun eher als Hintergrund; sie akzentuieren die mit akribischer Liebe zum Detail dargestellte Landschaft. Thema dieser Bilder sind nicht die Bauwerke als solche, sondern ein Traumgemisch aus Natur und Antike.

Natürlichkeit und Freiheit werden in das Erlebnis der weiten griechischen Landschaft hineinprojiziert. Auch die Ruinen als Überreste der antiken Griechen sollen von der gleichen Freiheit und Natürlichkeit künden – in den Bildern ebenso wie in der Literatur dieser Zeit. In August von Kotzebues rührseliger Opernfabel ›Die Ruinen von Athen‹ (1812), zu der Ludwig van Beethoven die noch heute viel gespielte Ouverture schrieb, dienen die Trümmer des Parthenon als Kulisse für eine romantische Mischung aus – frei erfundenem – ›antikem‹ Mythos und verklärtem modernem Griechentum.

Endlich das ›einfache‹ griechische Volk: Glückliche, durch keinerlei Zwänge eingeengte Hirten und Bauern bevölkern den Vordergrund der Bilder dieser Zeit. Der Betrachter fühlt sich eingeladen, an dem idyllischen Treiben teilzunehmen. So wähnt sich der tagebuchführende und malende Reisende inmitten des griechischen Volkes. Auch der vermeintlich rational den-

28   Blick auf Athen und die Akropolis ungefähr von der Stätte der Akademie Platons. Im Hintergrund
      der Hymmettos. Zeichnung von Otto Magnus von Stackelberg, auch erschienen als Lithographie
      (Paris 1830–1834).

29   Parthenon-Idyll, gezeichnet von W. Page. Stahlstich von W. Finden, um 1830.

kende Archäologe genießt die ländliche Romantik in vollen Zügen, verliert dabei aber gleich-
zeitig nicht die handfesten Vorteile aus den Augen, die solcher Kontakt zur einheimischen
Bevölkerung bietet. Otto Magnus von Stackelberg faßt die Atmosphäre während der ersten
Ausgrabungen am Apollon-Tempel von Bassae (1812) in folgende Worte:

»An die Hirten der Umgebung erging die Aufforderung, sich zu der Grabung einzustellen. Um die
Ruinen des Tempels entstand rasch ein Dorf von Laubhütten, in dem sich ein arkadisches Leben entfaltete:
Musik begleitete die Arbeit, Tänze beschlossen den Abend. Durch die Neugier herbeigelockt blieben auch
die Schäferinnen nicht zurück. Sie brachten Butter und Milchspeisen, die um ihrer Trefflichkeit willen
mit vollem Recht berühmt waren. Die malerische Spindel in der nie ruhenden Hand, schritten sie mit
bloßen Füßen und königlichem Anstand über die rauhen, zackigen Felsböden. Gewöhnlich saß rittlings
auf ihrer Schulter eines der Kinder und umschloß das Haupt der Mutter mit seinen Ärmchen. An einem
über den Rücken gelegten Bande hing das zwischen Stäbe gespannte Schaffließ, welches den Säugling
schützend barg. Beim Tempel angelangt, befestigten die Weiber diese Wiegen an den Zweigen eines schat-
tigen Baumes, wie Vögel ihre Nester, und ließen den Liebling zu ungestörtem Schlaf dort schweben. . . .
Nicht ohne Rührung sahen die Hirten die Fremden wegziehen.«

Während sich Reisende wie von Stackelberg und seine Gruppe bereits routiniert und vergleichsweise auch integriert durch Griechenland bewegten, scheint sich für neuankommende
humanistisch gebildete Schreibtischgelehrte aus dem Norden die erste Kontaktaufnahme mit

den lebenden Bewohnern des Landes eher wie die Landung auf einem fernen Stern gestaltet zu haben. Friedrich Theodor Vischers Tagebuch (1840) zeigt hier deutlich Exotik:

»Am 22. morgens fühlte ich in der Kajüte, daß das Schiff ruhig stand, ich stand auf, eine freundliche Stadt zeigte sich am Gebirge hinaufgebaut, die Hähne krähten den Morgen an, schon kamen Barken mit rotmützigen Griechen an unser Schiff heran – wir lagen im Hafen von Syra. Ich rede einen der Griechen Italienisch (die Schiffer verstehen es meist) an, ob er mich ans Land bringen wolle, und er antwortet: Malista (= jawohl). Wie klingt doch das? Das klingt ja so bekannt, das kommt ja so oft im Plato vor, das sind ja die Laute aus Homer, Demosthenes, aus Sophokles, aus – woher hat denn der Mensch das? Hat er etwa Weckherlins Formenlehre, Jakobs Lesebuch, Buttmanns Grammatik studiert? Nein. Hat er in Landshut, Greifswald, Tübingen, Heidelberg, Vorlesungen über die alte Literatur frequentiert? Nein. Nein, nein, es ist seine Sprache, ist seiner Väter Sprache, er ist ein Grieche, es gibt ja wirklich Griechen, was ich immer nicht glauben wollte, auch Griechenland gibt es, es ist nicht bloß in der Vorstellung, es ist wirklich da, und ich soll es sehen, dem Herzen ist freudig bange.«

Der heutige Leser gerät angesichts solch romantischer Verklärung des griechischen Volkes, solcher Verschmelzung von Vergangenheit und Gegenwart, Fremdheit und Nähe, wie sie sich in diesen Selbstzeugnissen ausdrückt, unwillkürlich ins Schmunzeln. Und das mit Recht. Aber: Sind wir modernen Reisenden denn in dieser Hinsicht so gänzlich anders? Auch wir möchten doch die antiken Ruinen als Bestandteil der griechischen Landschaft im gleißenden Licht der südlichen Sonne erleben, auch wir suchen uns malerische Fernsichten mit einzelnen Anziehungspunkten im Vordergrund. Auch wir hoffen, eine begrenzte Zeit umgeben von ›natürlichen‹ Menschen zu verbringen, genießen einfaches Essen und den Flair der Bouzouki. Was diesen touristischen Erwartungen nicht entspricht, wirkt störend und wird auf unseren Urlaubsfotos ausgeblendet. Die mitgebrachte Wunschwelt prägt unser Erleben ebenso wie das der Reisenden des 19. Jh., das wir belächeln.

Auch der Genuß der künstlich beleuchteten Akropolis bei Nacht war bereits eine Erfindung des 19. Jh., wie aus dem Bericht des Fürsten von Pückler-Muskau in seiner Schrift ›Südöstlicher Bildersaal‹ hervorgeht: »Mein hochverehrter Gönner aus alter Zeit, der bairische Gesandte, Herr von Kobell, besuchte mich früh, um mir mitzuteilen, daß diesen Abend, auf den Wunsch des Königs von Baiern, das Parthenon, der Tempel des Erechtheus und die Propyläen mit Holzfeuern erleuchtet werden würden, und verschaffte mir zugleich ein Eintrittsbillett zu der für den heutigen Abend, um die höchsten Herrschaften nicht zu stören, geschlossenen Akropolis ... Schon erblickten wir von weitem seltsame Lichtscheine in der tiefen Dunkelheit, hier wie ein Komet über einer Säule schwebend, von der nur das Kapitäl erst sichtbar war, dort wie ein Lavastrom breit und licht an einer Mauer herabfließend, die noch das Allerheiligste verdeckte. Jetzt verschwand wieder alles in undurchdringliche Nacht, doch nur wenige Augenblicke noch – und das feenhafte Traumbild vor uns entfaltete sich in seiner ganzen Ausdehnung auf einmal dem staunenden Auge. So mußte ich diese Tempel zum ersten Male sehen – wie viel hätte ich verloren, wäre es anders gewesen! In der Glorie des strömenden Lichts, das selbst das Unkraut unter dem Portikus in Smaragde verwandelte, die gelblichen, wettergefleckten Säulen wie mit gebräuntem Golde überzog und die Weiße der chaotisch umhergeworfenen Marmortrümmer mit rötlich glühendem Schein verklärte, glaubte ich noch einmal die Schatten jener Geister an den Wänden hingleiten zu sehen, die seit Jahrtausenden hier in verkörperten Gedanken zu uns reden.«

Traumwelten (s. Farbabb. 2 u. 5) formen aber bisweilen nicht nur unsere Vorstellung, sondern auch die äußere Wirklichkeit selbst: Der Wunsch ist nicht nur Vater des Gedankens, er kann sich seine Realität zurechtstutzen und neu schaffen. Die materiellen Überreste der Antike auf der Athener Akropolis sind nicht nur in solch verklärtem Licht *gesehen* worden; sie wurden der beschriebenen Vorstellung von klassischer Antike und Natur auch physisch *angepaßt*, bis sie diesem Ideal tatsächlich glichen und das entstand, was wir heute sehen: nichts Natürliches oder historisch Gewachsenes, sondern ein modernes archäologisches Konstrukt.

Archäologische Ausgrabung und Zerstörung: Die Akropolis wird zum modernen Konstrukt

Bereits ein Jahr nach der Übergabe der Akropolis durch die Türken an die bayerische Besatzung wurde der Burgberg per Dekret des Königs vom Militär geräumt. Die in den Befreiungskriegen weiter verwüstete Akropolis lag nun verlassen. Über ihre Zukunft herrschte zunächst Uneinigkeit. Der preußische Architekt, Bildhauer, Maler und Stadtplaner Karl Friedrich Schinkel entwarf einen Plan für ein prächtiges königliches Residenzschloß auf der Akropolis, in das die erhaltene antike Bausubstanz als Ruine integriert werden sollte. Das Projekt wurde damals wie später einhellig und mit Entrüstung verworfen. Daß seine Realisierung, wie immer wieder behauptet, den antiken Resten weit mehr geschadet hätte als die dann tatsächlich eingetretenen Ereignisse, muß bezweifelt werden. Der geplante Palast hätte die vier heute sichtbaren Bauruinen ausgespart. Andere Areale wären, zum Teil mit Gartenanlagen, überbaut worden, doch hätten sich unter Umständen gerade hier spätere Nachforschungen anstellen lassen können, die heute unmöglich sind – ein Umstand, der zum Nachdenken Anlaß gibt. Die Verhinderung archäologischer Spatenwissenschaft damals hätte später wahrscheinlich weiterreichende Erkenntnisse ermöglicht. Wo nach Schinkels Plänen das Zentrum des Palastes gestanden hätte, überdeckt heute das Akropolis-Museum alles darunter Befindliche. Vehement

30   Karl Friedrich Schinkel, Entwurf eines Palastes für König Otto auf der Akropolis, 1834.

gegen Schinkels Vorschlag stellte sich der nicht minder prominente bayerische Architekt Leo von Klenze (s. Farbabb. 2), dessen Vorstellungen sich am Ende auch durchsetzen sollten. König Otto nahm seine Residenz nicht auf der Akropolis, sondern dekretierte den Burgberg zum ausschließlichen Betätigungsfeld der Archäologie.

Für die Verwirklichung des Traums von der ›reinen‹ klassischen Antike, die sich über der ebenso ›reinen‹ Natur erhebt, bot der verlassene Platz günstige Voraussetzungen. Zwar stellte sich die zertrümmerte Akropolis noch immer als ein bunter Abdruck ihrer wechselvollen Vergangenheit dar, aber diese Vergangenheit war wesentlich auch von der osmanischen Besatzung geprägt, aus griechischer wie aus deutscher Sicht also vom orientalischen Feind. Den damaligen Archäologen erschien *dieser* Zustand nicht wert, dokumentiert oder gar physisch konserviert zu werden. Das längst Vergangene, nicht die Gegenwart als Ergebnis von Geschichte, galt als erhaltenswert, und so begann das – vorerst – letzte große Zerstörungswerk, diesmal unter dem Banner der Wissenschaft.

Die ersten, die neben griechischen Archäologen tatkräftig Hand anlegten, waren Deutsche, und sie taten dies mit deutscher Gründlichkeit. Sie ›reinigten‹, wie sie es selbst auffaßten, die Akropolis von ihrer wechselvollen Vergangenheit. Allein der ›hohen Klassik‹ galt ihr Bemühen. Was dem im Wege stand, mußte weichen. Entfernt wurde in der Tat alles, was man für unklassisch hielt, und das war nicht wenig. Die türkischen Häuser wurden dem Erdboden gleichgemacht, venetianische, fränkische und byzantinische Baureste abgerissen; auch Römisches rief nur geringes Interesse hervor. Auf der Suche nach klassischen Bau- und Skulpturenresten durchwühlte man das Erdreich und kehrte immer wieder das Unterste zuoberst. Dabei erwiesen sich die Trümmermassen der abgerissenen Gebäude als zunehmend hinderlich, und so wurde der Aushub vom Burgberg entfernt, bis nur noch eine kahle Steinwüste mit vier Ruinen aus dem 5. Jh. v. Chr. übrig blieb. Wunschgemäß erhoben sie sich nun als Symbol der höchsten Kultur einsam auf dem nackten Burgfelsen als dem Symbol der Natur – ein Zustand, den es so zu keiner Zeit gegeben hatte. So hinterließen die Archäologen als Spur ihres Tuns eine Stätte, die heute im Luftbild wie nach einem Atomschlag aussieht.

Nicht nur die physische Erhaltung der antiken Überreste und die Möglichkeiten ihrer angemessenen Präsentation für die Öffentlichkeit sind auf diese Weise beeinträchtigt worden. Die von den Archäologen so gründlich betriebene Desintegration des Vorgefundenen und die anschließende wissenschaftliche Neuordnung des selbstverursachten Chaos bilden heute das größte Hindernis für neue Erkenntnisse. Viele Voraussetzungen für eine Erweiterung unseres eher dürftigen Wissens um die mit den Steinen verbundenen geschichtlichen Lebensvorgänge sind auf diese Weise vernichtet worden. Der heutige Ausgrabungsarchäologe interessiert sich nicht mehr allein für die aufgefundenen und geborgenen Objekte selbst, sondern in höherem Maße noch für den Zusammenhang, in dem sie sich im Erdreich befinden. Nicht Funde an sich werden ausgewertet, sondern Fundkontexte, sogenannte Befunde. Sie verraten etwas über das Alter eines Objekts (also des einzelnen Fundes) und seinen möglichen Zusammenhang mit anderen Gegenständen.

So liegt in ›ungestörten‹ Befunden das Ältere bekanntlich unter dem Jüngeren. Dementsprechend kommt der exakten Beobachtung der Schichtenabfolge im Erdboden allergrößte Wich-

31   Die Akropolis um 1751. Aus J. Stuart – N. Revett, The Antiquities of Athens II (1787).

32   Arbeiten an der Akropolis am Ende des 19. Jh. Links oben die Südostecke des Parthenon.

33 Die Akropolis im 20. Jh. Luftaufnahme.

tigkeit zu. Sie ist nicht nur Voraussetzung für die Rekonstruktion eines Vorher und Nachher, also einer Chronologie, sie ermöglicht auch Aussagen über die Zusammenhänge der Objekte innerhalb einer Schicht, also über das, was die Gegenstände *innerhalb* einer Zeit miteinander zu tun hatten. Solche rein archäologischen Beobachtungen von Befunden, etwa Zerstörungsschichten, lassen sich dann mit anderweitig bekannten historischen Umständen in Verbindung bringen und führen auf diese Weise zu einer Rekonstruktion geschichtlicher Vorgänge. Nicht nach Objekten, sondern nach Zusammenhängen wird also heute gesucht. Ausgrabungsziele und -methoden haben sich damit grundlegend geändert.

Würde der Archäologe etwa eine Mauer freilegen, indem er einfach den sie umgebenden Schutt wegschaufelt, so bliebe zwar die Mauer als solche erhalten; ihre Wiedersichtbarmachung aber wäre durch die Zerstörung des darumliegenden Erdreichs mitsamt allen möglichen Funden und Befunden teuer erkauft. Auch würde sich bei solchem Vorgehen die mögliche Information über die Mauer gegen Null reduzieren. Nur durch Klärung der umgebenden Schuttschichten in Beziehung zur Mauer selbst sind Informationen über ihre Entstehung, ihre Nutzung und ihren Verfall, über mögliche Wiederaufbauten und so weiter zu gewinnen. So untersucht der heutige Archäologe das Erdreich um die Mauer herum, indem er es systematisch abträgt. Um dabei an irgend etwas heranzukommen, muß auch bei dieser Vorgehensweise immer schon etwas anderes weggeräumt werden. Einzelne Objekte können erhalten werden, die physische Konstellation als Ganzes aber verschwindet. Jede Ausgrabung zerstört also zwangsläufig die untersuchten Befunde: ein grundsätzliches Dilemma der Archäologie. Um aus dem ›Geschichtsbuch Erde‹ auch nach Abschluß einer Ausgrabung noch Erkenntnisse gewinnen zu können, sind also minuziöse Beobachtungen und – als ›Kontrolle‹ für die Nachwelt – detaillierte Dokumentation notwendig.

Bei den Arbeiten auf der Akropolis ist dies alles unterblieben. Den ersten Ausgräbern vor der Mitte des 19. Jh. kann man dies freilich nicht zum Vorwurf machen. Nach heutigen Maßstäben systematische Ausgrabungen waren noch unbekannt; auch unter den Wissenschaftlern herrschte Schatzgräbermentalität, die Suche galt einzelnen, möglichst spektakulären Kunstwerken. Dabei wurden zunächst immerhin größere Erdbewegungen weitgehend vermieden. Die Schätze sollten mit geringstmöglichem Einsatz ans Tageslicht gefördert werden. Adolf Boetticher beschreibt die ersten Ausgrabungen in seinem 1888 erschienenen Buch über die Akropolis mit folgenden Worten:

»Die Ausgrabung begann damit, die Propyläen von den auf ihnen aufgebauten fränkischen und türkischen Zusätzen zu säubern. Die gewonnenen Bausteine wurden dabei verkauft, der Schutt an der Südseite hinabgestürzt. [Zwischen Dionysos-Theater und dem Odeion des Herodes Atticus, wo man irrtümlicherweise keine antiken Baureste vermutete; die Schutthaufen mußten von der nächsten Archäologengeneration wieder abgegraben werden.] ... Nach Abräumung der obersten, erst im letzten Krieg aufgeschütteten und deshalb lockeren Erdschicht fand sich der Boden in allen Richtungen von Fundamenten türkischer Baracken, auch Gräbern, durchschnitten, deren Abbruch [!] die Arbeit sehr verzögerte und wenig Aussicht auf die Findung größerer und unbeschädigter Sculpturen ließ. Die wichtigsten Resultate dieser ersten Periode der Ausgrabungsarbeiten waren die Auffindung mehrerer Bruchstücke der Statuen aus dem westlichen Giebelfelde des Parthenon ... Dazu kam eine beträchtliche Ausbeute an anderen Sculpturen und ein reicher Schatz von Inschriften ...«

Manches aus dieser archäologischen ›Ausbeute‹ blieb nicht einmal in Athen, sondern wurde offenbar verschenkt, wie aus dem Reisebericht des Fürsten Herrmann von Pückler-Muskau hervorgeht (s. S. 47):

»Seine Majestät der König hatte die Gnade gehabt, mir zu erlauben, ein Andenken von der Akropolis mit mir zu nehmen, und ich besuchte sie heute daher zum letzten Male, um mir von dem liebenswürdigen, aber strengen Wächter dieser Schätze, dem Dr. Roß, die Realisierung des Königlichen Versprechens auszubitten. Doch konnte ich von seiner allzugenauen Gewissenhaftigkeit nichts erlangen als: einen noch mit lebhaften Farben prangenden, gebrannten Stirnziegel, der älter als das Parthenon ist ... ferner einen ebenfalls gemalten kleinen Kopf aus derselben Ton-Masse; eine antike Bleifeder; einen kleinen Hund von Bronze (zum Ersatz meines armen Francis); das abgebrochene Stück einer bemalten Vase mit der Eule der Minerva und ein Stück penthelischen Marmor des Parthenons.«

Doch nicht genug damit: Auch die vier Bauten, die der Besucher heute sieht, sind nicht authentischer Überrest aus dem 5. Jh. v. Chr., weder als Ensemble noch im einzelnen. Sie standen ursprünglich nicht isoliert da, sondern waren Teil einer Gesamtbebauung. Aber selbst die aus diesem Zusammenhang herauspräparierten einzelnen Ruinen sind kein einfaches Überbleibsel der Antike, sondern etwas durchaus Neues. Die Gebäude erschienen im vorgefundenen Zustand zu sehr zerstört, als daß sie den gewünschten Eindruck vom klassischen Ideal hätten vermitteln können. Der Archäologe wußte auch hier Abhilfe: Wiederaufbau war die

34 Eifrige Restauratoren bei der Arbeit: Der Nike-Tempel (Fundamente im Vordergrund links) wird wiedererrichtet. Zeichnung von M. Rørbye, 1835. Kopenhagen, Kg. Kobberstigslg.

Devise mit dem Ergebnis, daß die Ruinen ihr Gesicht veränderten, aber doch Ruinen blieben – mit all den Folgen, die heute die schier unüberwindbaren Probleme der Konservierung der Akropolis aufwerfen. Bauglieder wurden abgenommen, geflickt, auf der freien Fläche des Burgbergs aufgereiht, sortiert und immer wieder aufs neue zusammengefügt. Was nicht hielt, bekam moderne Eisenklammern verpaßt, und die Gebäude wurden mit solcher ›Prothetik‹ bearbeitet, bis sie der Vorstellung vom ›richtigen‹ Aussehen entsprachen.

Die von den Türken für eine Schanze verwendeten Blöcke des Nike-Tempels wurden von den Architekten Hansen und Schaubert geborgen, der Tempel an alter Stelle wieder aufgebaut (1835/36 und 1843/44; s. Frontispiz). Ebenfalls wiedererrichtet wurden Teile des Erechtheion; 1844 stand die Korenhalle – nicht mehr vorhandene Bauglieder und Skulpturenteile wurden eilig ergänzt – wieder aufrecht. Nachdem zwei Jahre zuvor die Moschee im Innern des Parthenon teilweise eingestürzt war, riß man auch sie ab. Die Folge war, daß nun auf der gesamten Akropolis kein Dach mehr zur Verfügung stand, welches das in Mengen anfallende Ausgrabungsgut schützte, denn die Moschee hatte bis dahin als Magazin zur Aufbewahrung von Funden gedient. So füllte man die dort gelagerten Antiken nun in diverse Brunnen ein, um sie vor Witterungseinflüssen wenigstens notdürftig zu schützen, eine eher verzweifelte als sinnvolle Maßnahme, denn die spätere Bergung der Gegenstände aus diesen Zisternen erwies sich nicht nur als kompliziert, sondern zudem auch als recht gefährlich.

Der baldige Abbruch dieser ersten Ausgrabungskampagne hätte an sich späteren Archäologen die Möglichkeit eröffnet, einige noch unzerstörte Befunde einer sorgfältigen Prüfung zu

35 Ausgräber mit Aushub. Der Ausgrabungsplatz Akropolis am Ende des 19. Jh. Berge von Abraum türmen sich zwischen tiefen Löchern und Gräben. Die ›dokumentierenden‹ Fotos dieser Zeit scheinen mehr die Ausgräber als irgendwelche Fundsituationen zu verewigen.

unterziehen. Auch diese Chance blieb aber ungenutzt. Wieder voller Zuversicht wurde weitergegraben, noch gründlicher als zuvor, mit dem Ergebnis der fast vollständigen Vernichtung aller verwertbaren archäologischen Befunde. Der Grieche Panaiotis Kavvadias und der Deutsche Georg Kawerau, federführend bei den großen Ausgrabungen von 1885–1891, formulierten für ihre Arbeit vier Zielpunkte, die an Eindeutigkeit nichts zu wünschen übrig lassen:

– »Die Ausgrabungen müssen an allen Punkten ... bis zur Oberfläche des Felsens vordringen.«
– »Nachdem der Fels freigelegt ist, muss ... der Boden der Akropolis möglichst so hergestellt [werden], wie er vielleicht im 5. Jahrhundert war.«
– »Die Akropolis muss von allen auf ihr noch übrigen späteren Bauten gesäubert werden.«
– »Die hier und da in Haufen zusammen liegenden Steine müssen untersucht werden ... [Es] sind die Steine herauszusuchen, die zu den einzelnen Gebäuden, z. B. zum Erechtheion ... usw. gehören, ... [und] in der Nähe dieser Gebäude aufzustellen; alle Steine, die nicht zu einem dieser Gebäude gehören, sind zu entfernen.«

Eine gewisse Grabungsmethodik oder die Beobachtung von Schichtenfolgen zur Gewinnung historischer Erkenntnisse waren zu dieser Zeit durchaus schon entwickelt. Vorbildlich waren die vom deutschen Kaiserreich initiierten Ausgrabungen in Olympia von 1875–1881 gewesen. Methodische Aufmerksamkeit hatten auch die Arbeiten von Heinrich Schliemann an einem Siedlungshügel bei Hissarlik in der Türkei – bekannt unter dem freilich nicht gesicherten Namen Troja – erregt. Bei beiden Unternehmen hatte sich der deutsche Archäologe Wilhelm Dörpfeld einen überregionalen Ruf als wissenschaftlicher Ausgräber erworben. Dieser Wilhelm Dörpfeld war es, der nun zusammen mit seinen Kollegen Kawerau und Kavvadias auf der Akropolis tätig wurde. Grabungstechnisch und -methodisch auf dem neuesten Stand und somit gegen alle Eventualitäten gewappnet, ging man frisch ans Werk.

Aber es dauerte nicht lange, bis man stutzte: Bewährtes funktionierte hier nicht. Denn im Gegensatz zu Olympia und Troja war die Akropolis ein Ort, der nie verlassen worden war, sondern durchgehend bis in jüngste Zeit besiedelt blieb. Jede neue Siedlungsphase hatte Störungen der jeweils darunterliegenden Schichten verursacht, zum Beispiel durch Fundamentierungen für neue Häuser, durch die Anlage von Brunnen oder Abfallgruben. Spätestens nachdem die Türken begonnen hatten, zur Errichtung von Schanzen größere Erdmassen auf dem Burgberg zu bewegen, waren die obersten Schichten ›gestört‹, wie der Fachmann sagt.

Aber nicht genug damit: Auch die unteren, also alten und ältesten Schichten lagen nicht mehr so akurat übereinander, wie es die Theorie verlangt und wie es in Olympia und Troja auch der Fall war. Denn schon in der Antike war die Akropolis mehrfach zerstört, waren die ursprünglichen Niveaus durch Planierungen und Aufschüttungen durcheinandergebracht worden. Was man nun vorfand, konnte zwar durchaus als ein Abdruck der historischen Vorgänge gelesen werden, aber diese Vorgänge selbst waren so verwickelt, daß das, was am Ende unten lag, keineswegs das Älteste und das, was oben lag, nicht das Jüngste war. Noch heute stellt ein solcher Befund selbst für den erfahrenen Archäologen eine besondere Herausforderung dar. Nur langsames, schrittweises Vorantasten, sorgfältige Beobachtung, präzise Dokumentation und vor allem reflektierte Arbeitshypothesen können hier zu fundierten Ergebnissen führen.

Ob unser Team dieser unerwarteten Situation einfach machtlos gegenüberstand oder ob auch äußere Gründe wie Geld- und Zeitmangel für das verantwortlich waren, was nun folgte, ist heute nicht mehr in allen Einzelheiten zu klären. Statt jedenfalls nach Gewahrwerden der Problematik die Ausgrabung für eine Denkpause zu unterbrechen oder wenigstens behutsamer vorzugehen, scheint man nun alles bereits erworbene methodische Rüstzeug gänzlich von sich geworfen zu haben. Wie schon einmal wurde das ergrabene ›Erdreich‹ bzw. alles, was man dafür hielt, vom Burgfelsen heruntergekippt. Oben hatte man sich binnen kürzester Zeit bis auf den nackten Fels durchgewühlt. Im Sommer 1888 durchbrach man sogar den Boden des 14 Jahre zuvor unglücklicherweise an dieser Stelle errichteten Akropolis-Museums, machte jedoch nur »Funde gewöhnlicher Art«. Entdeckt wurde, was ohnehin kaum zu übersehen war, aber auch wirklich nur das: Skulpturen und die Fundamente zahlreicher Gebäude, ebenso Einzelteile der Bauten wie Giebel und Gebälke – hiervon allerdings viel zu viele für die vorhandenen Fundamente, was entsprechende Verwirrung hervorrief.

Ein historischer Erkenntnisgewinn war immerhin die Entdeckung der mächtigen Zerstörungsschicht, die durch den Sturm des Perser-Heeres auf Athen im Jahre 480 v.Chr. verursacht worden war. Was noch zu dieser Schicht gehörte, mußte – mindestens der Theorie nach – irgendwann *vor* diesem Zeitpunkt entstanden sein. Da aber die entsprechenden komplizierten

Fundsituationen teils völlig ungenügend, teils überhaupt nicht dokumentiert wurden, können heute aus diesem für die Archäologie an sich so wichtigen chronologischen Fixpunkt nur unsichere, weil auf mündlichen Behauptungen und Vorurteilen der Ausgräber beruhende Schlußfolgerungen gezogen werden.

Mit Abschluß dieser Grabungskampagne lagen weite Areale der Akropolis wüst und leer da. Auszugraben gab es praktisch nichts mehr. Das gefundene Material lagerte – ohne Dokumentation seiner genauen Herkunft – nach sogenannten Gattungen neu geordnet, in Magazinen verschiedener Museen: Terrakotten, Keramik, Bronzeobjekte usw., jeweils beieinander und von allem Übrigen getrennt. Das, was zusammen gefunden worden war, war nun endgültig zerstreut. Da die wissenschaftliche Aufarbeitung aller dieser Bestände kein sonderliches Aufsehen versprach, wandte man sich nun wieder den verbliebenen Ruinen der vier großen Bauten zu. Hierüber gab es nicht nur Bücher zu verfassen, hier waren noch weithin sichtbare Zeichen zu setzen. So unterzog man die Propyläen und den Nike-Tempel, den Parthenon und das Erechtheion einem Zellaustausch: Klassische Architektur wurde noch einmal in Teilen neu erbaut, diesmal mit der Zuversicht, Endgültiges zu leisten.

Unter Leitung des griechischen Architekten Nikolas Balanos wurde nach ersten Versuchen am Parthenon (1898–1902) das Erechtheion erneuert (1902–1909), anschließend die Propyläen (1909–1917), der Parthenon (1922–1933) und schließlich der Nike-Tempel (1935–1939). Die Vorgehensweisen bei dieser Ruinenrekonstruktion waren uneinheitlich und verwirrend. Zuweilen begnügte man sich damit, Bauglieder, die eindeutig zuzuordnen waren, wieder an ihren angestammten Platz zu befördern; in anderen Fällen ging man über solche Maßnahmen weit hinaus, ohne aber jemals eine völlige Wiederherstellung von Gebäuden zu erreichen oder auch nur anzustreben.

So wurde etwa die im griechischen Befreiungskrieg fast völlig zerstörte Südwand des Erechtheion aus alten Blöcken wiedererrichtet. Eine schon vorhandene Teilrekonstruktion aus der ersten Hälfte des 19. Jh. wurde zunächst demontiert, die Steinlagen sodann neu versetzt und durch weitere auf dem Burgberg herumliegende Quader ergänzt, bis die Wand bis zum Dachansatz stand. Die unzähligen Beschädigungen der Quader flickte man in diesem Falle teils grob aus, teils beließ man sie auch, so daß die Wand im Ergebnis zwar etwas weniger löcherig wirkte, aber weiterhin ein ruinöses Aussehen behielt und schließlich heute sogar fälschlich an antikes Polygonalmauerwerk mit schrägem Steinschnitt denken läßt. Die von Lord Elgin aus der Korenhalle herausgerissene Karyatide war durch einen Abguß vom Original ersetzt worden, doch entschloß man sich nicht, die eine auch von Elgin abtransportierte Säule des Ostportikus konsequenterweise ebenfalls zu ergänzen. Ausgerechnet an dieser optisch wichtigen Stelle beließ man eine Lücke, so daß der gesamten Ostfassade ihre einstmals symmetrische Erscheinung weiterhin fehlte.

Geradezu kosmetische Chirurgie praktizierte man an der Nordhalle des Erechtheion. Um hier die aufwendige antike Kassettendecke wiederherzustellen, sah man sich gezwungen, die zerstörten Säulen wiederaufzurichten. Antike Säulentrommeln und noch herumliegende Fragmente wurden, soweit sie den statischen Anforderungen genügten, neu versetzt, der Rest aus

36　Erechtheion von Südosten. Zustand 1833, Zeichnung von W. Cole.

37　Erechtheion von Südosten. Zustand nach 1909.

38   Erechtheion von Nordwesten. Zustand um 1900.

39   Erechtheion von Westen. Zustand 1988.

40 Parthenon von Nordwesten vor der Restaurierung durch Balanos.

41 Parthenon von Nordwesten nach der Restaurierung durch Balanos.

gleichem Marmor nachgefertigt. Um die Neuteile in ›Harmonie‹ mit dem antiken Ruinenbestand zu bringen, begann man, die gerade vollendeten Säulentrommeln künstlich zu beschädigen, sprich: Man zerschlug das Neugeschaffene, um es authentisch erscheinen zu lassen. War das Ergebnis damals noch leicht als modern erkennbar, so stellt sich der Vorgang heute – inzwischen sind auch diese neuzeitlichen ›Ruinensteine‹ verwittert – geradezu als Fälschung dar. Im übrigen verfuhr man auch hier nicht konsequent; da Fachleuten schon damals das geschilderte Vorgehen dubios erschien, wurden weitere Neuteile wenigstens intakt belassen. So steht dem Betrachter des 20. Jh. hier ein schier unauflösbares Agglomerat von echten Ruinenteilen, modern rekonstruierter ›intakter‹ Antike und schließlich moderner Ruinenattrappe vor Augen (s. Farbabb. 24).

Mit besonderem Enthusiasmus rückte man dem Parthenon zu Leibe, der nach Abschluß der Arbeiten kaum wiederzuerkennen war. Soweit irgend möglich wurden die Säulen wiederaufgerichtet, Kapitelle erneuert und Gebälkteile re-integriert. Auch modernes Material kam dabei zur Verwendung, zum Beispiel an den Deckplatten der Kapitelle der Westseite, allerdings nur von Fall zu Fall und ohne erkennbare Konsequenz. Architrave verband man zwecks besserer Haltbarkeit von außen mit Eisenklammern, was den Bau nicht nur verunstaltete, sondern später sogar weitere Zerstörungen nach sich ziehen sollte. Noch gründlicher ging man beim Nike-Tempel vor: Er wurde samt der Marmorverkleidung des 9 m hohen Sockels zerlegt und nach Konsolidierung der Fundamente nun bereits zum dritten Male aufgebaut.

In einer Art Zellaustausch haben im Verlauf von 100 Jahren alle vier klassischen Bauten ihr Gesicht mehrfach gründlich verändert. Aus einer echten, geschichtlich gewachsenen Ruinenlandschaft ist so ein absichtsvoll konstruiertes Ruinenensemble geworden. Mögen die Restaurierungsarbeiten auch im einzelnen ziellos und inkonsequent erscheinen, so verrät das Ergebnis doch System. Entstanden sind pittoreske Fassadenteile von Gebäuden; Außenhüllen von Architektur kann der Betrachter auf der Akropolis nun wahrnehmen. Sie erheben sich frei in der Landschaft. Während etwa die Säulen des Parthenon ursprünglich dicht vor der beschatteten Wand der Cella standen und der Bau so ein kompakt-massives Aussehen besaß, wird nun ein optischer Genuß eigener Art vermittelt: die lichtumflossene Säule oder das vom Felsen aufragende Mauerbruchstück vor blauem Himmel im Landschaftspanorama.

Gänzlich ausgeblendet wird auf diese Weise jegliche Vorstellung von Architektur als Umschließung eines Innenraumes und damit auch der Gedanke an ihre lebendige Nutzung. Daß man sich scheute, eine auch nur ungefähre Rekonstruktion der Räumlichkeiten zu versuchen, hatte geistesgeschichtliche Ursachen und handfeste Konsequenzen. Nicht zuletzt aus ästhetischen Gründen unterließ man es, die Gebäude mit Dächern zu versehen. So waren die ursprünglich relativ dunklen und aus moderner Sicht vielleicht wenig ansprechenden Innenräume nun vom immer wieder so gerühmten attischen Licht erfüllt, anders gesagt: Alle Gebäudeteile waren nach diesen Restaurierungen Wind und Wetter ausgesetzt und damit der rapiden Zersetzung durch den von der modernen Großstadt chemisch angereicherten Regen ausgeliefert. Auch diese für die Ewigkeit gedachten archäologischen Rekonstruktionen haben sich so in hohem Maße als zeitbedingt erwiesen. Sie bedürfen erneut der Revision, diesmal schon nach 40 Jahren.

Pläne für das nächste Jahrzehnt

Äußere und ganz pragmatische Gründe sind es, die nun zum Handeln zwingen. Die durch Individualheizung, privaten Autoverkehr und unkontrollierte Industrie verursachte Luftverschmutzung der Viermillionenstadt zerfrißt nicht nur die Lungen ihrer Bewohner, sondern auch den Stein der antiken Denkmäler. Was mit dem Marmor geschieht, wurde von Experten mit Symptomen des Lungenemphysems und des Krebses verglichen. So sind die Ruinensteine zu einem erschreckenden Zeichen für unsere Zivilisation geworden, die die Grundlagen ihrer

42   Korrosionsschäden am Oberbau des Parthenon, 1988.

eigenen Lebensbedingungen vernichtet, ihre Umwelt zersetzt und auflöst. Aber nicht nur äußere Umstände bedrohen die Akropolis. Der ›Patient‹ selbst ist auch durch die vergangenen Operationen anfällig gemacht worden; der zur Gesundung und Verschönerung gedachte Zellaustausch hat seinen Verfall nicht aufgehalten, sondern beschleunigt.

Die beim Wiederaufbau der Monumente bis 1940 mit großer Gründlichkeit zu Tausenden eingesetzten Eisenklammern und sonstigen Verbindungsstücke sind inzwischen gerostet. Eisenklammern waren zwar schon in der Antike verwendet worden, und diese hatten die Zeiten ohne sonderlichen Schaden überstanden, doch waren sie durch einen Bleiverguß sorgfältig ummantelt und zudem durch das glatte Aneinanderliegen der Steinblöcke selbst, vor allem durch die überkragenden Dächer der Gebäude, vor Witterungseinflüssen geschützt geblieben. Nun aber sprengt fortschreitende Korrosion der Klammern die Marmorblöcke von innen auseinander, während die Außenflächen der Bauten und Skulpturen in einen unheimlich anmutenden Umwandlungsprozeß geraten sind: Mit Schwefel angereicherter Regen und sonstige Schadstoffe in der Luft zersetzen den Marmor von außen zu einer gipsartigen Masse, die nun als Kruste die Oberfläche bildet, die wir an den Ruinen sehen.

So nehmen die Archäologen bei ihrer derzeitigen Operation nicht nur zahllose Bauglieder auseinander und setzen sie nach Einfügung neuer Verbindungsstücke – diesmal aus nichtrostendem Titan – wieder zusammen, sondern sie sind sogar in der absurden Zwangslage, die vergipsten Krusten als solche zu stabilisieren und auf chemischem Wege in eine marmorähnliche Substanz zurückzuwandeln. Diese soll möglicherweise am Ende mit einem Kunststoffilm überzogen werden, der sie vor weiterer Zersetzung bewahrt. Alle diese Maßnahmen geschehen mit Sorgfalt und unter Berücksichtigung neuester naturwissenschaftlicher und technischer Erkenntnisse, doch bildet eben diese Gründlichkeit, mit der hier vorgegangen wird, selbst einen neuen Risikofaktor. So werden zwar alle von früheren Archäologen eingesetzten Metallstücke durch dauerhaftes Titan ersetzt, nicht aber alle noch vorhandenen antiken Verklamme-

Christa Wolf, ›Voraussetzungen einer Erzählung: Kassandra ‹

»Und dann tritt man, traten wir, vor die Koren vom Erechtheion, die im Museum auf der Akropolis vor der totalen Zerstörung sichergestellt sind. Sie stehen da in einem Halbrund, blicken auf uns Betrachter herab und weinen. Der Stein weint, halten Sie das nicht für eine Metapher. Über die Gesichter der steinernen Mädchen sind Tränen geströmt, die sie zerfressen haben. Etwas, stärker als Kummer, hat sich in diese schönen Wangen eingegraben: saurer Regen, vergiftete Luft. Mögen diese Gesichter ehemals blick- und ausdruckslos gewesen sein – unser Jahrhundert hat ihnen seinen Ausdruck aufgenötigt, den der Trauer, der, als bekäme ich von innen her einen Stoß, in mir ein Echo findet ...

Ich verstehe: Ihr, der heutigen Stadt Bedürfnis und das Bedürfnis der steinernen Mädchen, die in gelassen-stolzer Haltung mehr als zweitausend Jahre lang den Baldachin über dem Grab des Schlangenkönigs und Athengründers Kekrops trugen, waren nicht miteinander zu vereinbaren. Koren, die Mädchen, einst die Fruchtbarkeitsgöttin Persephone mit ihrer Tochter, später zu Balkenträgerinnen herabgekommen, jetzt unfruchtbar ins Aus gestellt.«

(Darmstadt 1983, S. 22/23; mit freundlicher Genehmigung des Luchterhand-Literaturverlages, Frankfurt.)

rungen, also besonders solche in den unteren, bislang intakten Bereichen der Bauten. Sie hält man derzeit noch für ungefährdet. Was aber passiert, wenn hier eines Tages Probleme auftreten, die eine erneute Demontage und Wiederzusammensetzung nötig machen? Ob die physikalischen und chemischen Prozeduren, denen man die Steine jetzt aussetzt, dies überhaupt noch zulassen, erscheint mehr als fraglich. Die an der Operation Beteiligten sind indessen zuversichtlich, eine dauerhafte Heilung zu erreichen, obwohl bereits jetzt völlig klar ist, daß die Hauptursache aller Schäden, nämlich die extreme Luftverschmutzung Athens, für absehbare Zeit erst einmal bestehen bleiben wird.

Ist Zuversicht wenigstens aus historischer und ästhetischer Sicht möglich? Während über technologische Probleme der Akropolis-Restaurierung eine breite, durchaus kontroverse und internationale Diskussion stattfand, wurde die davorliegende grundsätzliche Frage, was nämlich mit den sich verändernden Ruinen überhaupt noch geschehen kann und soll, weit weniger wissenschaftlich behandelt. Nicht ›Was machen wir?‹, sondern ›Wie machen wir es?‹ scheint der beherrschende Gesichtspunkt gewesen zu sein. Was aber entsteht dabei? Fraglos eine Ruine, obwohl man selbst hieran zweifeln kann. Von Ruinen erwartet jedermann, daß sie authentische Spuren des Ursprungs und der geschichtlichen Umwandlungen an sich tragen. Schon die vorangegangenen Restaurierungsarbeiten haben jedoch, wie gezeigt, etwas in seiner Weise durchaus Neues entstehen lassen, das weder irgendeinem Ursprung noch irgendwelchen Phasen nachfolgender Veränderung entspricht.

43   Parthenon, Westfries Platte X. Abguß, vor 1821. Bonn, Akademisches Kunstmuseum.

44   Parthenon, Westfries Platte X, am Bau verblieben. Zustand 1989.

Was jetzt geschieht, ist im Prinzip nichts weiter als eine Fortsetzung und Vervollständigung der vorher erfolgten Rekonstruktionsmaßnahmen unter Berücksichtigung zeitgemäßer Technologie. Erneut wird sich ein Antike suggerierendes Skelett im mittlerweile arg getrübten attischen Licht erheben: Vielleicht dauerhafter als vor 40 Jahren, aber für den Betrachter sicherlich auch verwirrender (s. Farbabb. 24). Authentisch wird auf dem Burgberg fast nichts mehr sein – der Gesamteindruck ohnehin nicht, ebensowenig aber auch viele Einzelheiten. Bauplastik erscheint als Kunststeinkopie, und sogar die sonstige Außenhaut der neuen High-Tech-Ruinen ist in vielen Teilen – streng genommen – nicht antik. Die Steine sind in ihrem Kern natürlich intakt und, wie alle Steine, Millionen Jahre alt, insofern also nicht gerade spezifisch geschichtlich. Ihre in der Antike mit großer Sorgfalt gemeißelte und im Laufe der Zeiten teilweise verwitterte Oberfläche wird hingegen von jetzt an nur noch als ein chemisch neues Produkt und womöglich sogar in Plastik verpackt vorhanden sein.

Mit jeder Restaurierung wurde die jeweils vorangegangene geschichtliche Phase teilweise gelöscht. Heute werden wissenschaftliche und außerwissenschaftliche Eingriffe der ersten Hälfte unseres Jahrhunderts unter dem Banner historischer ›Wahrheit‹ getilgt. Von Spuren echter, auch schmerzhafter Geschichte befreit, wandeln sich die Steinensembles zum aseptischen Präparat – eine deutliche »Wertverbesserung«, wie Restauratoren der Akropolis meinen.

Gibt oder gab es Alternativen? Einige Möglichkeiten seien in Stichworten angedeutet:
– Man läßt dem ›natürlichen‹ Zerfallsprozeß seinen Lauf, dokumentiert ihn lediglich. Die sterbende Ruine würde so zum mahnenden Zeichen heutiger geschichtlicher Vorgänge.
– Man verfrachtet *sämtliche* Steine nach Dokumentation ihrer ursprünglichen Position in ein Museum und lagert sie dort, bis über plausible Lösungen gründlich nachgedacht worden ist. Zusätzlich müßten alle am Ort verbleibenden Oberflächen in ihrem jeweiligen Zustand abgegossen und fotografiert werden. Die Maßnahme, die der Wissenschaft sehr förderlich wäre (das Areal unter dem Parthenon birgt zum Beispiel noch wichtige Erkenntnismöglichkeiten), wird dem Touristen jedoch wenig attraktiv erscheinen. Immerhin könnte am Ort eine Attrappe gebaut werden, die sich aber als solche zu erkennen geben müßte.
– Die Ruinen werden ohne weitere Veränderungen in ihrem heutigen Zustand ›eingefroren‹, der bisherige Zerfalls- und Regenerationsprozeß wird dokumentiert mit dem Ziel, die für die Bauten charakteristische geschichtliche Metamorphose für alle möglichst anschaulich nachzuzeichnen. Diese Maßnahme hätte mit der zur Zeit durchgeführten Restaurierung gewisse technische Gemeinsamkeiten.
– Weitestgehende Rekonstruktion des antiken Zustandes an Ort und Stelle. Aus wissenschaftlicher Sicht wäre auch dies vertretbar und möglich, jedoch wohl kaum zu finanzieren. Der Besucher bekäme eine deutliche Anschauung der Bauten, wie sie sich etwa in der römischen Kaiserzeit präsentierten.
– Eine moderne Überdachung der Ruinen, die die ursprüngliche Form der Dächer nachzeichnet. Diese Lösung ist in Italien mit Erfolg angewandt worden. Sie ist preiswert, schützt das Erhaltene relativ zuverlässig vor weiterem Zerfall und ermöglicht darüber hinaus eine bessere Vorstellung vom einstigen Aussehen der Gebäude.

- Von einem Schweizer Architektenteam vorgeschlagen: Überkuppelung der gesamten Akro- polis mittels einer lichtdurchlässigen, umweltresistenten Hülle, die – wie bei einer Tennis- halle – durch geringfügigen Überdruck von innen gebläht und so in der Form gehalten wird. Die Akropolis würde zu einem großen Museum, der weitere Zerfallsprozeß der Bauten auf- gehalten. Neben klimatechnischen Problemen wurde vor allem auf die negativen Einwir- kungen auf das Stadtbild hingewiesen.
- Schließlich eine bemerkenswerte Anregung des Archäologen B. Fehr: »Wenn man die Erhal- tung des Parthenon wünscht, dann sollte das Restaurierungsproblem nicht allein unter den Aspekten technischer Machbarkeit und der Herstellung eines ansprechenden Erscheinungsbildes diskutiert wer- den … Im 19. Jh. gab es in Gestalt der gegensätzlichen Vorschläge Schinkels und Klenzes [s. S. 48 f.] zwei Grundpositionen, die wir, übertragen auf die Verhältnisse unserer Zeit, sorgfältig durchdenken sollten: puristische Herauslösung des antiken Monuments aus allen gegenwärtigen Lebenszusammen- hängen, wodurch die Unversehrtheit des Objekts auf lange Zeit gesichert wird; oder: (Wieder-)Ein- bindung in ein wohlüberlegtes Spektrum von Gebrauchsformen, was zu Eingriffen in die antike Substanz und zu deren allmählicher Abnutzung führt, bis sie irgendwann einmal verbraucht ist.« (Gnomon 60, 1988)

Weder die einzelnen Varianten wie die angeführten noch ihre verschiedenen möglichen Kombinationen führen zu idealen Lösungen; jede hat Vor- und Nachteile. Vor allem aber ent- steht hier ein Zielkonflikt aus den unterschiedlichen Interessen verschiedener Personengrup- pen wie beispielsweise Archäologen, Lokalpolitikern und Touristen: Der Archäologe wird die Möglichkeit favorisieren, die seiner Forschung neue Impulse gibt. Dies entspricht oft gerade nicht dem, was der Tourist wünscht, nämlich authentische und anschaulich präsentierte Objekte. Der Lokalpolitiker schließlich wird sich für das Modell einsetzen, das für seine Gemeinde die größte Magnetwirkung verspricht.

Die griechische Regierung hat sich aus verständlichen nationalen Gründen gegen alle diese Varianten und für die jetzt durchgeführten Maßnahmen entschieden. Nicht das Heute, son- dern die antike Akropolis gilt vielen – Griechen wie Nichtgriechen – als Symbol griechischer Identität. Jeglicher Gedanke daran, die Stätte in Unansehnlichkeit verfallen zu lassen, verbie- tet sich bei solcher Betrachtungsweise. Andere der oben skizzierten Varianten würden den tat- sächlichen Verfall zwar aufhalten, aber gleichzeitig die gewaltigen Veränderungen seit der Antike überaus deutlich werden lassen; eine Anknüpfung heutigen Griechentums an das alte Athen würde mit zusätzlichen Zweifeln belastet. Ebenfalls aus nationalen Gründen hat sich die griechische Regierung, bei aller Hinzuziehung internationaler Kapazitäten, nicht zu einer unmittelbaren Beteiligung des UNESCO bei der ›Rettung‹ der Akropolis entschlossen. Die UNESCO ist durch Spendenaufrufe sowie im Teilbereich der wissenschaftlichen Erforschung der Steinkonservierung an dem Projekt beteiligt. Zielkatalog und Planung des gesamten Unter- nehmens aber befinden sich ausschließlich in griechischer Hand und unterliegen somit nicht den detaillierten und sorgfältig aufeinander abgestimmten Vorschriften der UNESCO zu Schutz und Erhaltung bedeutender Kulturdenkmäler. Unabhängig von heutiger Zustimmung oder Ablehnung werden wohl schon die nächsten Jahrzehnte zeigen, ob und wie die jetzige gewaltige Restaurierungsaktion einmal revidiert werden muß.

Archäologie und kein Ende?

Frühe Besiedlung

Geologie, Klima und Vegetation als physische Voraussetzungen. Siedlungsreste aus der Steinzeit

Die Akropolis ist nur einer von mehreren Felsen, die sich in der von hohen Gebirgszügen umschlossenen Ebene von Athen erheben, nicht der höchste und auch nicht der breiteste. Mit seinen 156 m Höhe wird er vom Lykavettos (277 m) deutlich überragt, und auch die im Westen unmittelbar an die Akropolis anschließende Hügelkette von Museion (147 m), Pnyx (110 m) und Areopag (115 m) läßt den Burgberg durchaus nicht als den einzig herausragenden Punkt der Stadt erscheinen. Was die Akropolis aber von allen anderen Erhebungen innerhalb des heutigen Stadtgebietes unterscheidet, ist ihre kompakte Gestalt mit dem verhältnismäßig weiten Plateau und den steil abfallenden Felsabhängen. Der in seiner Oberfläche aus hartem, blaugrauem bis rötlich-braunem Kalkstein bestehende Fels hat seine höchste Erhebung im Osten, von wo das Plateau nach Westen hin um ca. 13 m abfällt. Der langgestreckte Felsrücken mißt oben von West nach Ost etwa 300 m, von Nord nach Süd an seiner breitesten Stelle ungefähr 160 m. Mit seiner Fläche von ca. 30 000 m² entspricht das Plateau ungefähr fünf Fußballfeldern, als Baugelände hat es indessen durchaus bescheidene Ausmaße.

Die frühen Bewohner des Akropolis-Felsens haben keine nach unseren Wertmaßstäben bedeutenden Hervorbringungen, wie beispielsweise große Bauwerke, hinterlassen. Spuren ihres Lebens sind nach all der geschilderten archäologischen Tätigkeit ohnehin kaum noch zu finden. Nur in einigen Felsritzen und an schwer zugänglichen Stellen der Burgabhänge konnten verstreute prähistorische Überreste nach modernen Kriterien sichergestellt, dokumentiert und wissenschaftlich ausgewertet werden. So läßt sich nur ein ungefähres Bild der frühesten Besiedlung des Platzes zeichnen.

Der Berg besaß vor Jahrtausenden ein etwas anderes Aussehen als heute, denn seine jetzige Gestalt ist teilweise erst durch antike Abarbeitungen, Anschüttungen und Befestigungen entstanden. Vor dieser Zeit hob sich der schroffe Kalksteinfelsen unregelmäßiger und insgesamt schmaler vom umgebenden Gelände ab; sein Plateau war kleiner als heute. Die jetzige Kahlheit und Öde verdankt sich wesentlich dem menschlichen Handeln im Lauf der Geschichte. Eine üppige Vegetation ist hier zwar auch für frühere Jahrtausende nicht anzunehmen, doch war der Felsen von einer Humusschicht bedeckt und mit Sträuchern und Bäumen bewachsen, wie sie heute im mediterranen Klima üblich sind, während die umliegende Ebene eine sehr viel reichere Flora und Fauna besaß.

Schon in der Antike wurde mit ökologischem Raubbau begonnen, Wälder fielen dem Schiffbau, der Gebäudeerrichtung und vor allem der Energieerzeugung zum Opfer. Waldbrände

45 Keramikreste von der Athener Agora, spätes 4. Jt. v. Chr., wie man sie auch an den Abhängen der Akropolis fand; nach dem Hauptfundort in Nordgriechenland ›Zangli-Ware‹ genannt.

und in Kriegen absichtlich verursachte Feuersbrünste taten ein übriges, und Wiederauffor-stungsmaßnahmen kannte die antike Welt nicht. So wird Platos Vision aus dem 4. Jh. v. Chr. von der attischen Landschaft 9000 Jahre vor seiner Epoche, als, wie er meinte, die sagen-umsponnene Insel Atlantis noch bestand, wohl manches Richtige enthalten. Er schreibt im Dialog ›Kritias‹:

»Im Vergleich zu dem damaligen Lande sind ... in dem gegenwärtigen gleichsam wie von einem durch Krankheit dahingeschwundenen Körper nur noch die Knochen übriggeblieben, indem die Erde, soweit sie fett und weich war, ringsherum abgeflossen und nur das magere Gerippe des Landes zurückgelassen ist. Damals aber, als es noch unversehrt war, waren seine [Attikas] Berge hoch und mit Erde bedeckt, und ebenso waren seine Ebenen, welche jetzt als Steinboden bezeichnet werden, voll fetter Erde, auch trug es vieles Gehölz auf den Bergen, von welchem es auch jetzt noch deutliche Spuren gibt. Denn von den Bergen bieten zwar einige jetzt nur noch den Bienen Nahrung dar; es ist aber noch nicht gar lange Zeit her, als noch Dächer, welche aus den Bäumen verfertigt waren, die man dort als Sparrenholz für die größten Gebäude fällte, unversehrt dastanden. Es gab aber auch noch viel andere hohe Bäume, und zwar Frucht-bäume, und für die Herden brachte das Land unglaublich reiche Weiden hervor.«

Speziell zur Akropolis meinte er: »Die Burg befand sich damals in anderen Umgebungen wie jetzt. Denn es hat eine besonders regnerische Nacht die Erde ringsum aufgelockert und von ihr weggespült, indem zugleich Erdbeben und eine gewaltige Wasserflut ... entstanden waren. ... Auch war die ganze Höhe mit Erde bedeckt und mit wenigen Ausnahmen eben auf ihrer Oberfläche.«

Man hält einen so markanten Platz wie die Akropolis leicht für einen selbstverständlichen Anziehungspunkt für die Menschen aller Zeiten. Der Felsen ist weithin sichtbar; umgekehrt kann man von ihm aus das umliegende Land bis hin zum Saronischen Golf überblicken. Die steilen Abhänge bieten Schutz vor Überfällen. Gerade diese Motivation zum Siedeln dürfte jedoch nicht zu allen Zeiten und für alle Bevölkerungsgruppen maßgeblich gewesen sein. Nur wer Handelsleute oder Krieger frühzeitig sehen wollte oder wer seine Herrschaft über ein Volk praktisch und symbolisch ›von oben‹ ausüben wollte und wer sich schließlich vor Feinden schützen mußte, setzte sich bevorzugt auf einen so unwirtlichen Felsen.

Ansonsten nämlich bietet das Plateau mit seinen unterschiedlichen Niveaus nur Probleme für denjenigen, der hier siedeln oder sogar größere Gebäude errichten will. Alles Lebensnotwendige mußte mühsam heraufgeschafft werden: Brennholzvorräte, Bauholz und Lehm, ebenso Nahrung. Vor allem aber ihr Wasser mußten die Menschen in der trockenen Jahreszeit von verschiedenen Quellen am Fuß des Felsens heraufschleppen, denn auf der Akropolis selbst gibt es keine Quellen; nur Regenwasser konnte in Zisternen gesammelt werden. Wohl weniger freiwillig als vielmehr aufgrund bestimmter gesellschaftlicher Zwänge und Erfordernisse haben die Menschen diesen Felsen zum Siedeln und als religiösen Treffpunkt ausgewählt.

So verwundert es nicht, daß die frühesten Zeugnisse von Besiedlung – dürftige Keramikreste – erst aus verhältnismäßig später Zeit, nämlich von der Wende vom 4. zum 3. Jt. v. Chr., stammen: eine Epoche, in der im Vorderen Orient und in Ägypten längst bedeutende Hochkulturen blühten und in der auch der Ägäis-Raum bereits mit handwerklich differenzierten Erzeugnissen hervortrat. Auch das griechische Festland war seit langem besiedelt; seine hauptsächlichen kulturellen Beziehungen bestanden zu Völkern im nördlichen Balkan-Gebiet. Speziell die Akropolis aber war vor dem Ende der Jungsteinzeit um 3000 v. Chr. entweder gar nicht oder allenfalls zeitweilig bewohnt; eine bedeutende Rolle hat sie in dieser ebenso wie in der Folgezeit noch nicht gespielt.

Die frühen Jäger und Sammler und die teils nomadisierenden, teils seßhaften Pflanzer lebten in kleinen Gruppen und ohne größere Anhäufung von Reichtum und Macht. Zwar wurden Güter schon über weite Strecken hinweg getauscht, aber Konflikte um Besitz scheinen lediglich sporadisch vorgekommen zu sein. Dies änderte sich mit Beginn der durchgehenden Seßhaftigkeit: Entscheidend für Überleben und Wohlstand der Sippenverbände war nun das jeweilige räumliche Umfeld. Um die Akropolis herum lag eine große fruchtbare Ebene, in der mehr erwirtschaftet werden konnte, als zum unmittelbaren Lebensunterhalt notwendig war. Überschüsse konnten getauscht werden gegen Produkte, die man nicht selbst erzeugte. Der damit verbundene technische und wirtschaftliche Fortschritt brachte aber auch Probleme mit sich: Das Gewonnene mußte nun immer wieder verteidigt werden gegen Übergriffe anderer Gemeinschaften, die selbst nicht über ausreichende Vorräte verfügten und auf Raub fremder Güter angewiesen waren. Erst in *dieser* Situation ist die Akropolis zu dem beherrschenden Platz Attikas geworden, der sie für die ganze Folgezeit geblieben ist. Nicht zufällig sind die ersten monumentalen Zeugen der Vergangenheit, die der Tourist auch heute noch auf der Akropolis sieht, Reste der gewaltigen Befestigungsanlage einer kriegerischen und räuberischen Gesellschaft kurz vor ihrem Untergang: der mykenischen Kultur.

Die mykenische Burg- und Palastanlage im 2. Jt. v. Chr.

Im Südosten der klassischen Propyläen ist noch heute ein Mauerzug aus gewaltigen übereinandergetürmten Steinen zu sehen. Archäologische Untersuchungen haben den gesamten weiteren Verlauf der Mauer um das Felsplateau herum bestimmen können. Eine zusätzliche äußere, schwächere Befestigungsanlage umschloß das nach Westen hin abfallende Gelände mit zwei am Fuß des Felsens gelegenen Quellen. Der Eingang zur mykenischen Burg befand sich, wie heute, im Westen, aber nicht an der Stelle des Durchgangs durch die Propyläen, sondern etwas weiter südlich, geschützt durch eine große Bastion unter dem heute sichtbaren Nike-Tempel. Eine schmale, nur über einen steilen Pfad erreichbare Pforte im Norden der Befestigungsanlage wurde schon in mykenischer Zeit mit einer Steinfüllung verschlossen. Statt dessen konnten die Burgbewohner – ohne das Hauptor zu passieren und vom Feind gesehen zu werden – durch einen unterirdischen Pfad unter der Nordmauer hindurch zu einer der am Felsabhang gelegenen Quellen gelangen. Der Schutz- und Trutzcharakter dieser Architektur ist überdeutlich.

Der Verband der bis zu 2 m³ großen, tonnenschweren, scheinbar wahllos aufgetürmten Felsbrocken erweist sich bei näherer Betrachtung als wohldurchdacht. Nicht nur großer Kraftaufwand, sondern auch Planung war erforderlich, um solche Mauern zu errichten. Die Steine stammen vom Akropolis-Felsen selbst. Wahrscheinlich schlug man sie von den höchsten Erhebungen ab und transportierte sie von dort an die Ränder des Felsens, wodurch das Plateau flacher und zugleich breiter wurde. Die so bewerkstelligte Umverteilung der Steinmassen hatte gewaltige Ausmaße: Über 25 000 m³ Felsen sind bewegt worden. Die Steine wurden nach ihrer Form sorgfältig ausgesucht und nötigenfalls zurechtgeschlagen, bevor sie zu dem Mauerverbund zusammengestellt werden konnten, aus dem einzelne Steine von Angreifern kaum noch herauszuzerren waren. So bildeten solche Mauern in direktem Ansturm kaum überwindbare Bollwerke. Diese technische Leistung hat schon im Altertum Bewunderung erregt. Als Bauten der Zyklopen wurden solche Befestigungen angesehen, Werke einäugiger Kraftprotze, deren Gewalttätigkeit selbst der listenreiche Odysseus bekanntlich nur um ein Haar entging. Auch heute werden solche Mauern mit dem Fachbegriff ›Zyklopenmauerwerk‹ charakterisiert.

Diese Art des Mauerwerks ermöglicht uns heute eine Rekonstruktion weit über das eigentlich Erhaltene hinaus. Zyklopenmauerwerk ist gewissermaßen das Markenzeichen der Kultur der alten Achäer. Es findet sich ebenso bei verschiedenen Anlagen auf der Peloponnes, so in Tiryns und vor allem in Mykene, woher auch die Bezeichnung ›mykenische Kultur‹ stammt. Von dem, was die ›mykenische‹ Maueranlage auf der Akropolis einst umschloß, hat sich praktisch nichts eindeutig Identifizierbares erhalten; nur Teile der äußeren Hülle überdauerten. Der Vergleich mit anderen Burgen der Mykener lehrt aber, was sich in der zweiten Hälfte des 2. Jt. auf dem Felsplateau befunden haben muß: eine ausgedehnte Palastanlage, wie man sie von Pylos, Mykene und Tiryns her kennt.

Während die Mykener ihre monumentalen Befestigungen wie für die Ewigkeit errichteten, bestanden ihre eigentlichen, prunkvoll ausgestatteten Palastanlagen in der Substanz aus relativ unscheinbaren Mauern aufeinandergepackter Feldsteine, wie sie im Laufe der Jahrtau-

46 Noch heute sichtbare Reste der mykenischen Befestigungsanlage aus dem späten 2. Jt. v. Chr., süd-
    lich der klassischen Propyläen. Im Hintergrund der Parthenon.

47 Plan der Akropolis im späten 2. Jt. v. Chr. Zuerst entstand der große Palast, danach der starke
    Mauerring auf der Felskrone (s. Abb. 46), zuletzt die im Westen vorgelagerte, schwächere Mauerein-
    fassung am Fuß des Burgbergs.

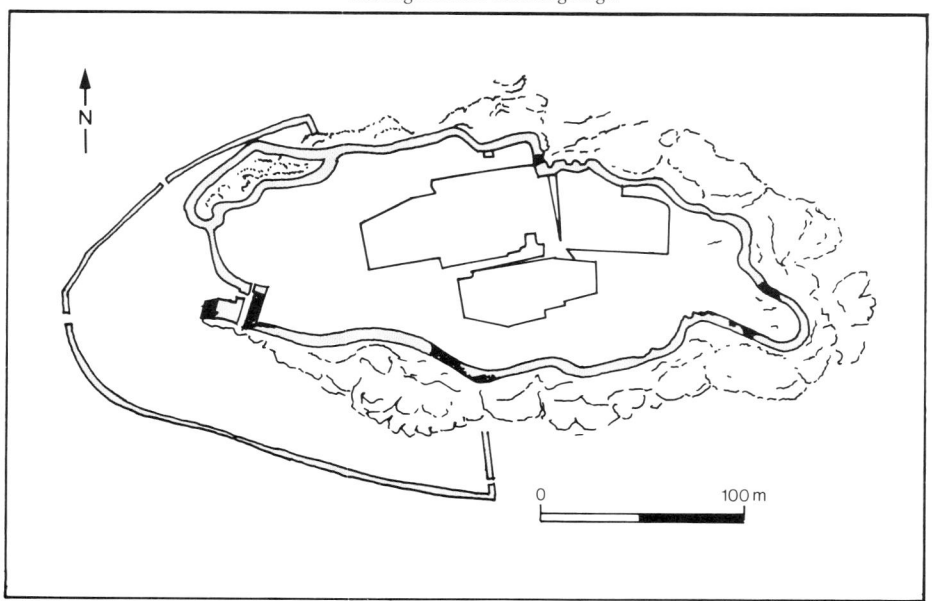

sende immer wieder in ähnlicher Weise gebaut wurden. Sie sind technisch wenig charakteristisch. So mußten auch alle Versuche, irgendwelche noch vorhandene Mauerreste oder gar einzelne Steine und Abarbeitungen im Felsen dieser mykenischen Palastanlage zuzuordnen, vollkommen hypothetisch bleiben. Gestanden haben kann der Palast aber aus verschiedenen Gründen nur auf der höchsten Erhebung des Burgbergs, das heißt im Norden des Parthenon.

Ein Bild vom Leben in einer solchen mykenischen Palast- und Burganlage kann man sich nur aufgrund archäologischer Befunde sowie aus der literarischen Überlieferung machen, den erst Jahrhunderte später entstandenen Epen Homers, die wenigstens in Andeutungen mancherlei Züge der mykenischen Gesellschaft bewahrt haben. Die Mykener selbst haben zwar auch schriftliche Aufzeichnungen hinterlassen, doch sind sie bisher nur unzureichend entziffert und können folglich keine sicheren Anhaltspunkte bilden.

Die mykenische Kultur besaß ein hochorganisiertes Verwaltungssystem, dem offensichtlich auch die vieldiskutierten schriftlichen Aufzeichnungen auf Tontäfelchen (Linear B) gedient haben. An der Spitze der streng hierarchisch gegliederten Gesellschaft stand eine königlich-priesterliche Herrenschicht, die Ackerbau und Viehzucht und damit die Landbevölkerung kontrollierte und außerdem von einem weitverzweigten System von Fernhandelsbeziehungen profitierte. Rohstoffe wie Metalle, Edelsteine und Elfenbein wurden ebenso gehandelt wie die im Palast mit großem Aufwand hergestellten Siegelsteine, Edelmetallgeräte, Elfenbeinschnit-

48   Tiryns, mykenische Burg- und Palastanlage aus dem 2. Jt. v. Chr., Ansicht.

zereien und Keramik. Auch der Sklavenhandel bot ein einträgliches Geschäft, und so konnte die Oberschicht es sich leisten, einen Teil ihrer Luxusgüter den Verstorbenen mit ins Grab zu geben und die Gegenstände auf diese Weise dem unmittelbaren Tausch- und Handelsverkehr zu entziehen.

Die mykenische Gesellschaft trug ausgesprochen aggressive Züge. Nicht nur im eigenen Herrschaftsbereich regierte das Schwert, wurden Unterschichten gewaltsam in Schach gehalten. Auch nach außen hin galten Seeraub, Plünderungszüge und die Versklavung unterlegener Gegner als besonders ehrenhafte Möglichkeiten, eigene Macht und eigenes Prestige zu vergrößern. Möglicherweise sind die gewaltigen Zyklopenmauern, für eine rein defensiv-militärische Funktion allesamt unnötig groß und mächtig geraten, stumme Zeugen für erzwungene Frondienste der beherrschten Landbevölkerung – Energiebindungsmaßnahmen, die die nur saisonal in der Landwirtschaft beschäftigten Bauern in ihrer ›Freizeit‹ mit härtester Arbeit eindeckten, um so Unruhen und mögliche Aufstände zu verhindern. Daß ein solches Motiv ganz wesentlich etwa hinter der Errichtung der ägyptischen Pyramiden stand, ist sicher bezeugt.

Die mykenischen Herrensitze dienten nicht nur als Burgen, luxuriöse Wohnstätten und Orte höfischer Repräsentation, sondern auch als Wirtschafts- und Verwaltungszentren der jeweils umliegenden Region; nach strategischen Gesichtspunkten ausgewählt, besaßen sie ebenso defensive wie offensive Qualitäten: Von beherrschenden Felskuppen wie der Akropolis aus, in gemessenem Abstand zum Meer und damit relativ sicher vor Seeräubern, konnte man das eigene Herrschaftsgebiet in der Ebene kontrollieren, während den umliegenden Bauern und Viehzüchtern ihre Abhängigkeit täglich eindrucksvoll vor Augen stand.

Der Palast war zentrales Vorratslager und Ausgabestelle von Gütern. Rohstoffe, landwirtschaftliche Erzeugnisse und Handelswaren wurden hier verwahrt und über die Bestände Buch geführt. Auch produziert wurde in Palastregie, besonders die Metallverarbeitung unterstand der Kontrolle der Burg; schließlich dienten die Paläste auch als Waffenkammern. Darüber hinaus war der Palast religiöses Zentrum, Kulthandlungen und Opfer fanden hier statt. So liefen alle Fäden im Palast zusammen und gingen ebenso von hier aus. Nicht zuletzt auf der Grundlage dieses Informationsmonopols wurden aus dem Palast heraus Wirtschaft, Handel, Politik und Kult gelenkt.

Diese Aufgabenvielfalt bestimmt das Bild der Architektur. Wie schon die altkretischen Paläste, so sind auch die mykenischen Herrensitze wahre Labyrinthe, zunächst chaotisch wirkende Agglomerationen vieler kleiner Räume für unterschiedliche Zwecke. Doch hat dieses Chaos durchaus Struktur. Kernstück des Palastes ist das sogenannte Megaron, ein rechteckiges, aus klimatischen Gründen gewöhnlich nach Süden hin orientiertes Gebäude mit einem kreisrunden Herd in seiner Mitte. Dieser Herd ist gewissermaßen der ›Nabel der Welt‹: Eß- und Kultplatz und Treffpunkt der Herrschenden. Das Megaron und die benachbarten Räume bilden den Wohntrakt des Königs. Darum herum gruppieren sich in lockerer Folge diverse Korridore, Höfe, Magazinräume, Bäder, Archive, Werkstätten und weitere Wohnräume. Ob man sich außerdem am Fuß der Athener Akropolis eine Art Unterstadt mit Handwerkerbetrieben hinzudenken muß, wie sie für Mykene und Tiryns nachgewiesen sind, ist durch Funde bisher nicht geklärt. Eine Palastanlage wie die beschriebene aber darf man auf-

49 Das Megaron, Zentrum eines mykenischen Palastes. Rekonstruktionsversuch durch die amerikanischen Ausgräber des Palastes von Pylos.

grund der gewaltigen Umfassungsmauer und dem Vergleich mit ähnlichen Komplexen zweifellos voraussetzen.

Auch wenn außer keramischen Streufunden keine materiellen Spuren vom Palast selbst die
Folgezeit überdauert haben, sprechen bestimmte Indizien dafür, daß sich sein Zentrum dort
befunden hat, wo später der ›Alte Athena-Tempel‹ und das Erechtheion erbaut wurden: Hier
scheint sich nämlich eine Ballung von Kulten tradiert zu haben, die in ihrem Ursprung bis in
die mykenische Epoche zurückreicht. Theseus, der sagenhafte Gründer Athens, und weitere
Könige der ›Urzeit‹ wurden hier unter anderem verehrt, worin sich eine ferne Erinnerung an
tatsächliche Gegebenheiten der mykenischen Welt erhalten haben mag. Die Tatsache, daß von
der mykenischen Palastanlage auf der Akropolis heute nichts mehr erhalten ist, beruht nicht
allein auf der mangelnden Sorgfalt früherer Ausgrabungen, sondern mehr noch auf der radikalen Umgestaltung der Akropolis in der Antike nach dem abrupten Zusammenbruch der
mykenischen Kultur.

Zusammenbruch der frühen Hochkultur:
Die ›Dunkle Zeit‹ vom Ende des 2. Jt. bis zum 7. Jh. v. Chr.

In immer neuen Wellen wurde Griechenland seit dem späten 2. Jt. v. Chr. von armen, kriegerischen Hirtenstämmen aus dem nördlichen Balkan heimgesucht, die, aus ihren alten Sied-
lungsgebieten vertrieben, nun ihrerseits die eingesessene Bevölkerung Griechenlands unter-
warfen, töteten oder vertrieben. Eine regelrechte Kettenreaktion war in Gang gekommen,
weite Landstriche wurden in Not und Elend gestürzt. Immer wieder mußten Menschen ihre
kulturelle Umwelt preisgeben und sich unter Zurücklassung aller festen Habe fluchtartig auf
die Wanderschaft machen. Gezwungenermaßen wurden sie nun selbst auf der Suche nach
einer neuen Bleibe zu Plünderern, Vieh- und Landräubern. Ein mörderischer Kampf ums
nackte Überleben hatte begonnen, der den regelrechten Systemzusammenbruch der mykenischen Hochkultur in Mittel- und Südgriechenland nach sich zog.

Schon die Erbauer der mykenischen Burgen, die Achäer, hatte es in der ersten Hälfte des
2. Jt. auf diese Weise nach Mittel- und Südgriechenland verschlagen. Sie hatten dort von denjenigen Völkern, mit denen sie in Berührung kamen, bestimmte Lebensformen und Kultur-
techniken übernommen, sie für sich genutzt und nach eigenen Bedürfnissen umgeformt. Ihre
mykenische Palastkultur samt der beschriebenen Infrastruktur haben die Achäer im wesentlichen von den minoischen Kretern adaptiert. Was mykenische Herrensitze allerdings von den
kretischen Vorbildern mit ihren zentralen Höfen am deutlichsten unterschied, war einmal das
Megaron im Mittelpunkt der Anlage – Ausdruck der streng patriarchalischen Gesellschaft
der Achäer –, zum anderen die eindrucksvollen Befestigungen – Ausdruck einer gewaltigen
Anstrengung, die eigene Macht gegenüber jedweder Bedrohung zu sichern und nach außen zu
demonstrieren. Der Palast auf der Akropolis war wohl schon im 14. Jh. v. Chr. erbaut worden,
die Verteidigungsanlagen stammen jedoch erst aus dem 13. Jh. v. Chr., dem Höhepunkt und fast
auch schon Ende der Achäer-Herrschaft.

Als wirksamer Schutz haben sich die gigantischen Verteidigungsanlagen nicht erwiesen, eher
als Magnet für plündernde Eindringlinge, die hinter den Mauern nicht zu Unrecht Ansamm-
lungen von Gütern aller Art vermuteten. Die sogenannten Seevölker – kriegerische Piraten,
über deren verheerende Beutezüge ägyptische, vorderorientalische und hethitische Quellen
berichten – bemächtigten sich um 1200 v. Chr. der achäischen Herrensitze. Wie konnte dies
bei solch unüberwindlichen Bollwerken geschehen?

Man muß sich vor Augen halten, daß die achäische Herrschaft sich immer auf einzelne
regional begrenzte Territorien beschränkt hatte. Die Herren der Palastzentren waren durch
Verwandtschaftsbeziehungen nur lose miteinander verknüpft und standen bisweilen auch in
gegenseitiger Konkurrenz. Was außerhalb des jeweiligen engen Umkreises lag, entzog sich der
Kontrolle. Ein geschlossenes Reich wie das Altägyptische hat es hier nie gegeben; auch dort
waren die Seevölker plündernd eingebrochen, aber so schnell wie sie kamen, verschwanden
sie auch wieder, und das ägyptische Herrschaftssystem ist hieran nicht zugrundegegangen.
Anders in Griechenland, wo die Macht der achäischen Herren sehr viel weniger etabliert war.
Auch basierte der Fortbestand der Herrensitze auf einem reibungslos funktionierenden Nah-

50 Mischgefäß für Wein und Wasser (sogenannte Kriegervase) aus der Burg von Mykene mit Darstellung
waffenstarrender Männer auf dem Kriegszug. Athen, Nationalmuseum.

und Fernhandel. Vielleicht mußten die Bollwerke nicht einmal in jedem Fall von den neuen
Eroberern erstürmt werden. Schon durch einfache Störungen war ein solches System aus dem
Gleichgewicht zu bringen: Mauern schützen nicht vor Isolation.

Der kulturelle Niedergang in der Folgezeit ist archäologisch deutlich faßbar. Was sich die
Achäer an höfischen Lebensformen von den minoischen Kretern angeeignet hatten, verfiel in
dieser Zeit. Neben einer weiterhin bestehenden, auf der schnell laufenden Töpferscheibe hoch-
gezogenen Nobelkeramik traten nun rohe, handgeformte Tongefäße in den Vordergrund.
Wandfresken, wie bis dahin üblich, sind aus dieser Phase nicht mehr bekannt. Auch Luxus-
gegenstände wie Siegelringe, Elfenbein- und Goldobjekte fehlen, ebenso die Schrift im Dienst
einer hochorganisierten Verwaltung. Das höfische Gesellschaftssystem der Achäer war durch
die Seevölker zum Erliegen gebracht worden, die alten Paläste und Burgen aber blieben
stehen und dienten nun als Fluchtpunkte vor neuen Übergriffen. Sogar Verstärkungen an den
Verteidigungsanlagen sind aus dieser Zeit nachweisbar. Auch die äußere westliche Maueranlage
der Athener Akropolis kann man möglicherweise erst dieser Phase zurechnen. Die Furcht
vor wiederum nachfolgenden, womöglich noch aggressiveren Einwanderern war durchaus
begründet. Nicht nur für die alteingesessene Bevölkerung Griechenlands, sondern selbst für
die mykenische Herrenschicht muß das, was nun kam, ein Schock gewesen sein.

Die im 11. Jh. v. Chr. aus dem Norden einsickernden dorischen Hirtenstämme haben sich
nicht nur zu neuen Herren aufgeworfen, sondern sie zerschlugen, was sie vorfanden, physisch

wie auch psychisch. Nicht nur Brandschatzung, das Auslöschen von Siedlungen und fester Habe, fand hier statt, sondern darüber hinaus ein radikaler Bruch mit den bestehenden Lebensformen auf allen Gebieten: ökonomisch, sozial und religiös. Die Folgen waren verheerend. Alles das, was wir einer Hochkultur zurechnen, erlosch in Griechenland für lange Zeit.

Nach Ausweis der Grabfunde wurde die Bevölkerung Griechenlands auf etwa ein Zehntel dezimiert. Man lebte in dürftigen Verhältnissen. Einzelne Sippen betrieben Viehzucht und Ackerbau, zu großen Gemeinschaftsleistungen wie städtischen Ansiedlungen fand man sich nicht zusammen. Bauten aus Stein gab es kaum noch, nur wetteranfällige Holz-, Lehm- und Strohhütten wurden errichtet. Von Siedlungen aus dieser Epoche zeugen außer Gräbern nur noch unscheinbare Pfostenlöcher und Abfallgruben. Wichtige technologische Fähigkeiten gingen verloren: Die Keramik- und mehr noch die Metallverarbeitung zeigt trotz der in dieser Zeit beginnenden Eisenverhüttung einen deutlichen Niedergang. Einstmals hochstehende Künste wie die Gold- und Elfenbeinverarbeitung, die Steinschneidekunst und die Freskenmalerei gerieten nun vollkommen in Vergessenheit. Der Dekor von Gegenständen wurde auf einfache geometrische Schmuckmotive reduziert. Eine lange Tradition figürlicher Darstellung brach ab; die Fähigkeit oder auch das Bedürfnis, Menschen und Tiere bildlich wiederzugeben, erlosch. Damit fehlen auch jegliche Bilder, die uns zeigen, wie Menschen dieser Zeit sich selbst gesehen haben.

Das griechische Festland geriet gegenüber dem Vorderen Orient und Ägypten in kulturelle Isolation; so gelangten zunächst auch kaum hochwertige Importwaren über den Fernhandel hierher. Nicht weniger einschneidend war der Wandel religiöser Vorstellungen und Riten. Einen radikalen Bruch mit alter Tradition verraten die Bestattungen. Jahrhundertelang war die Körperbestattung üblich gewesen. Nun wurden die Toten verbrannt – ein für die Alteingesessenen sicherlich schmerzhaftes und wohl kaum freiwilliges Abrücken von altehrwürdigem Brauch. Was man den Verstorbenen nun mit ins Jenseits geben konnte, erscheint im Vergleich zu den Grabbeigaben der vorangegangenen Epoche dürftig. ›Dunkle Jahrhunderte‹ sind heraufgezogen.

So wie hier beschrieben, zeichnet die Archäologie das Bild jener Jahrhunderte. Es beruht auf Ausgrabungsbefunden, zugleich aber auch auf Bewertungen, die nachdenklich stimmen. Bei aller sicherlich vorhandenen materiellen Not vieler Menschen in jener Zeit, bei allem objektiven kulturellen Niedergang muß man sich dennoch nicht zwangsläufig ein allgemeines Desaster für alle Bevölkerungsgruppen vorstellen. Sind kulturelle Leistungen wie die Zyklopenmauern oder gold- und silberverzierte Prunkschwerter an sich ein verbindliches Anzeichen für glückliche Zeiten und Zustände? Gerade Hochkulturen wie die Ägyptens, Mesopotamiens oder der Mykener haben auf Ausbeutung und Unterdrückung breitester Bevölkerungsschichten beruht, und manche jener Menschen mögen in diesen ›dunklen Jahrhunderten‹ ein besseres, freieres und selbstbestimmteres, jedenfalls nicht unbedingt schlechteres Leben geführt haben als unter den Rahmenbedingungen der einstigen Hochkultur. Sie war als Klassensystem tatsächlich zusammengebrochen, und die von ihr profitierende Oberschicht wird dies hart getroffen haben. Doch bestand deshalb für die unterdrückte Landbevölkerung ein Grund, dies zu bedauern, solange ihre bescheidene materielle Grundlage erhalten blieb? Eine Hütte, ein Stück Ackerland, ein paar Tiere und ein gutes Auskommen mit den Nachbarn, dies alles mag durchaus eine solide Lebensgrundlage für viele damalige Menschen bedeutet haben – Umstände, die für einen Archäologen heute allerdings meist kaum noch faßbar sind.

Antike athenische Geschichtsschreibung späterer Zeit hat in ihrem Wunsch, das Ansehen der Stadt zu erhöhen, rühmende Worte über diese frühe Vergangenheit Athens gefunden. Der Eindruck wird vermittelt, Athen sei in den Zeiten des allgemeinen Zusammenbruchs ein Hort der Ruhe und Kontinuität gewesen, ja sogar zur Zufluchtsstätte für Vertriebene geworden, die in ihrer Heimat in Bedrängnis geraten waren. Von einer ununterbrochenen Königslinie, die sogar über ganz Attika herrschte, ist die Rede. Scheinbar bestätigt werden solche Nachrichten dadurch, daß größere Brandhorizonte und Zerstörungsschichten aus dieser Epoche in Attika bislang nicht beobachtet wurden, doch ist diese Frage noch keineswegs abschließend geklärt. Von allen geschilderten Merkmalen des ›Kulturverfalls‹ war Athen nach Ausweis der Funde jedenfalls in gleicher Weise betroffen wie das übrige Griechenland.

Wir wissen nicht, ob der alte achäische Palast auf der Akropolis schon damals, beim Einfall der Dorer um 1050 v. Chr. niedergebrannt wurde oder ob Teile davon noch jahrhundertelang danach aufrecht standen. Für die Annahme jedenfalls, daß hier in der Folgezeit noch irgendwelche Könige geherrscht hätten, gibt es nicht den geringsten archäologischen Beleg. Erst im 8. Jh. v. Chr. beginnt sich das Dunkel wieder zu lichten. Nun aber werden gänzlich andere Verhältnisse sichtbar: Nicht ein König, sondern einzelne Adelsgeschlechter stehen an der Spitze der Gesellschaft. Die Akropolis ist kein Herrschersitz mehr, sondern Heiligtum, ausschließlicher Sitz der Götter. Irgendwann im Verlauf dieser ›dunklen Jahrhunderte‹ ist aus dem Ort der Macht einzelner Könige ein der Religion vorbehaltener Platz geworden – eine Stätte, deren Gestaltung nun den Wünschen und Interessen unterschiedlicher Personengruppen offenstehen wird.

Das archaische Heiligtum im Konflikt zwischen Aristokratie und Volk

Religion im Freien:
Opfergabe und Weihgeschenk als Medium adeliger Selbstdarstellung

Heiligtümer als Orte des religiösen Lebens kennen wir heute von Kirchen, Moscheen oder anderen Kulträumen, wo sich Menschen als Gemeinde zum Gebet und zu rituellen Handlungen versammeln. Der Anblick zahlreicher Tempel in griechischen Heiligtümern scheint uns diese vertraute Vorstellung auch für die heidnische Antike zu bestätigen. Wir sehen förmlich den Priester in würdevollem Gewand vor den Augen der Gläubigen die Tempelstufen hinaufschreiten zu Andacht und Opfer. Doch griechische Tempel waren etwas völlig anderes als unsere heutigen Gotteshäuser. Sie bildeten nicht einmal das entscheidende Merkmal eines Heiligtums, konnten sogar ganz fehlen. So hat es zu Beginn der archaischen Epoche Bauten dieser Art auf der Akropolis auch noch nicht gegeben.

Die archaisch-griechische Religion war weder in Bauwerke eingesperrt noch in das ›Herzkämmerlein‹ des einzelnen Andachtsuchenden. Laut und bunt, sinnlich und gemeinschaftlich vollzog sich hier die Gottesverehrung. In frühgriechischen Heiligtümern wuchsen Bäume, Sträucher und Blumen. Nicht die zurückgezogene Lektüre heiliger Bücher, sondern Gesänge, Tänze, Festprozessionen und Opfer unter freiem Himmel charakterisieren diese Art der Religionsausübung. Mit folgenden Worten ruft Sappho von Lesbos (um 600 v. Chr.) die Göttin Aphrodite an:

»Nah’ dich uns und komm zum geweihten Ort,
Wo die Apfelbäume in Blüte stehen
und von den Altären der Opferweihrauch
Duftend emporwallt.
…
Drinnen plätschert unter den Apfelzweigen
Kühl ein Wasser; Rosen bedecken rings den
Schattengrund; …«

(Sappho I 5.6)

»Frauen tanzten …
den schönen Altar zierlichen Schritts umschwebend,
Und traten den weich schwellenden Blumenteppich.«

(Sappho 93)

51 Schwarzfiguriges Keramikfragment von der Akropolis. Frauen vor einem Opferaltar, rechts die Göttin Athena. Athen, Nationalmuseum.

Aus seiner Heimat vertrieben, kommt der Dichter Alkaios (ebenfalls um 600 v. Chr.) zu einem Heiligtum:

»Doch mich führet mein Weg hier zu dem Heiligtum
der Glückseligen. Hier fand eine Heimstatt ich
und nun freut mich der Festreigen.
Leid ließ ich dahint, als ich das Land betrat.
Auserlesen von Wuchs, lesbische Mädchen drehn
langgewandet im Tanz hier sich, es schallt ringsum
jubelnd jauchzender Schrei der Fraun und
zum heiligen Fest himmelan tönt ihr Ruf.«

(Alkaios 24 cD.)

Nicht Bauten kennzeichneten ein Heiligtum, sondern die Ausgrenzung eines bestimmten Areals aus dem profanen Siedlungsleben, die Schaffung eines Platzes, der allein religiösen Handlungen vorbehalten war. Wie in anderen griechischen Heiligtümern auch, verehrte man auf der Akropolis nicht eine, sondern eine Vielzahl von Gottheiten. Diese verschiedenen Götter wurden nicht nur in Gestalt bildlicher Wiedergaben, also von Statuen, angebetet, sondern ebenso in naturhaften Erscheinungsformen wie heiligen Steinen, Erdhöhlen oder Bäumen. Neben Kultgesängen und Prozessionen bildete die Spende an die Götter das wichtigste Zeichen der Verehrung: Opfer von Nahrungsmitteln an Altären und die Aufstellung von Weihgeschenken unterschiedlicher Art im gesamten Gelände des Heiligtums.

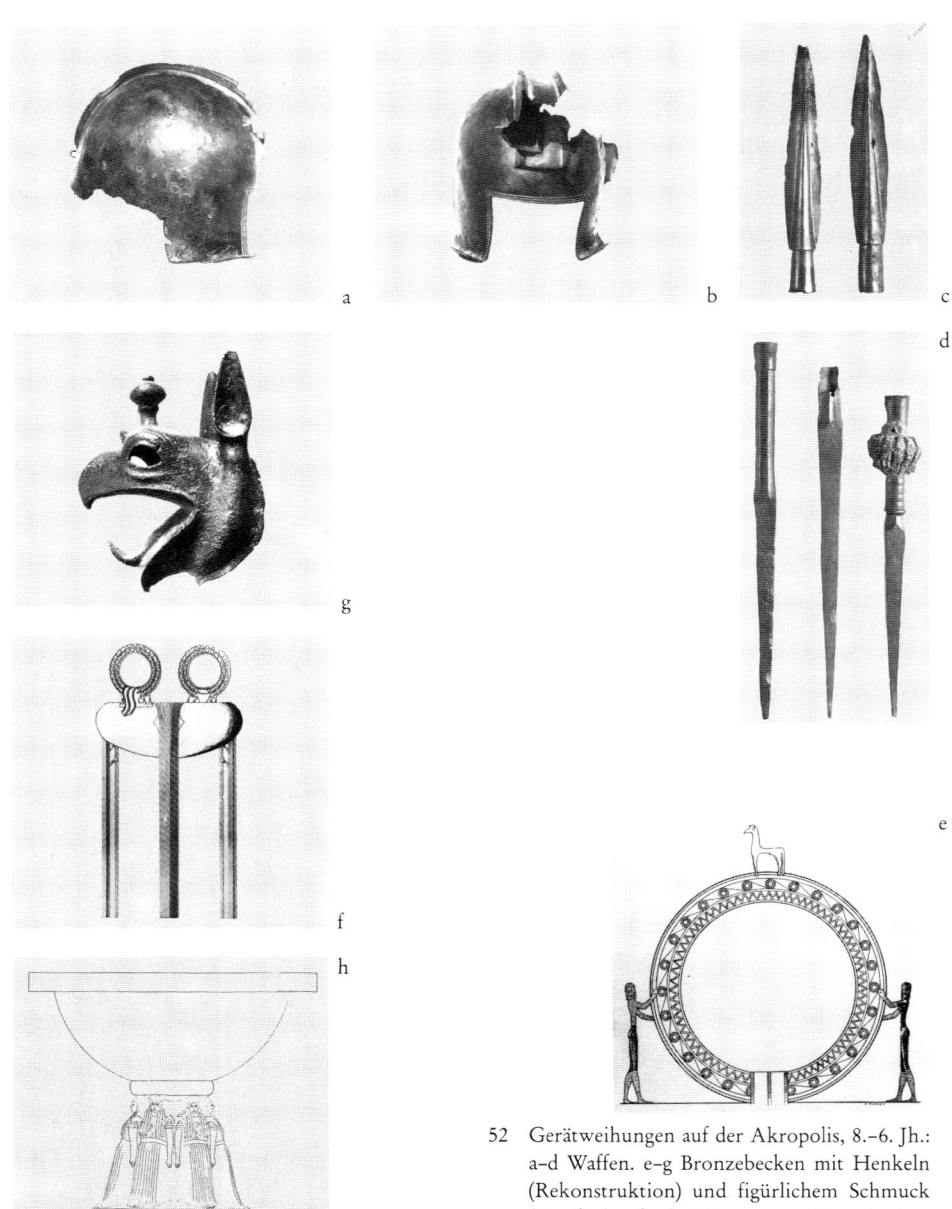

52 Gerätweihungen auf der Akropolis, 8.–6. Jh.:
a–d Waffen. e–g Bronzebecken mit Henkeln
(Rekonstruktion) und figürlichem Schmuck
(Greifenkopf). h Marmornes Wasserbecken
(Rekonstruktion).

53 Figurenweihungen auf der Akropolis:
a–c Menschen und Götter. d–k Tiere.

Getreide, Opferblut, Wein und Honig sind vergangen, erhalten aber blieb uns aus der Epoche vom 10. bis zum 6. Jh. v. Chr. eine Vielfalt von Weihgaben aus dauerhaftem Material. Als Geschenke für die Götter wurden auf der Akropolis einmal Gebrauchsgegenstände wie Waffen oder Bratspieße und Bratroste deponiert, zum anderen eine Fülle von Dingen, die eigens für eine Aufstellung im Heiligtum gefertigt wurden. So standen in großer Zahl monumentale bronzene Becken mit hohen Beinen auf dem Burgberg; sie dienten keinem praktischen Zweck, sondern stellten durch ihren Metallwert und ihre kunstvolle Verarbeitung besonders aufwendige Geschenke an die Götter dar. Hinzu kamen Figuren von Menschen und Göttern, reliefierte und gemalte Bildtäfelchen und vieles andere mehr. Manche der bronzenen und tönernen Tierfiguren, wie beispielsweise Schaf und Schwein, sind als Opfertiere zu verstehen. Andere gehörten in besonderer Weise zum Prestige der Oberschicht; so waren Hahn und Hase Liebesgeschenke zwischen homosexuellen Männern und Jünglingen der archaischen Aristokratie. Wieder andere Tiere wurden als speziellen Göttern zugehörig angesehen, so etwa die Eule der Athena. Auch Fragmente von über 50 geweihten steinernen Wasserbecken aus archaischer Zeit fanden sich auf der Akropolis. Häufig wurden Weihgeschenke gut sichtbar auf hohe Pfeiler gestellt, deren Inschrift den Stifter und die beschenkte Gottheit namentlich nennen. Solche Objekte haben in ihrer großen Menge das Aussehen frühgriechischer Heiligtümer bestimmt. War ein Platz gänzlich überfüllt, so wurden ältere Weihungen entfernt und innerhalb des Heiligtums ›beerdigt‹, um neuen Devotionalien Raum zu verschaffen.

Nicht alle Gegenstände eigneten sich für eine Aufstellung unter freiem Himmel, und so errichtete man verschiedene kleinere Holzbauten, in denen Gaben von besonderem Wert oder aus witterungsanfälligem Material sicher aufbewahrt werden konnten. Die frühesten dieser Bauten waren recht unscheinbare Schuppen, ein einfacher Schutz für die darin verwahrten Gegenstände. Seit dem 7. Jh. v. Chr. aber wurden solche Holzkonstruktionen mit farbenprächtigen Tonverkleidungen und blinkenden Metallapplikationen überreich geschmückt. In ihrem prunkvollen Aussehen wetteiferten sie nun mit der Pracht der Objekte, die sie beherbergten. Aus einfachen Unterstellräumen sind so im Laufe der Zeit wahre Schmuckstücke geworden, die nun auch selbst den Charakter einer Weihgabe besaßen, d. h. als Geschenke an die Götter aufgefaßt wurden. Eine ganze Reihe solcher Schatzhäuser entstand seit etwa 600 v. Chr. auf der Akropolis, ihre exakten Standorte sind im einzelnen nicht bekannt, denn die Fundamente wurden durch die spätere Bebauung teilweise überlagert, teilweise durch Geländeveränderungen ganz vernichtet. Erhalten hat sich hingegen eine große Zahl prachtvoll dekorierter Architekturelemente aus Ton und Kalkstein, die von den Gebälken und Dächern dieser Bauten stammen (s. Farbabb. 14).

Die Ansammlung der gestifteten Gegenstände auf der Akropolis war ebenso bunt und vielfältig wie die Anlässe, etwas im Heiligtum zu spenden. Weihungen beschränkten sich beileibe nicht auf Objekte aus dauerhaftem Material, wie sie heute die Museen verwahren. Eine große, wenn nicht sogar die größte Zahl der Stiftungen bestand aus Vergänglichem, dessen einstige Existenz der Archäologe nur mit viel Geschick in Spuren noch nachweisen kann und dessen Vielfalt hauptsächlich auf Grund diverser antiker literarischer Berichte bekannt ist.

Der Vorgang, bei dem diese vergänglichen Dinge eine Rolle gespielt haben, war das Opfer. Walter Burkert schreibt in seinem Buch ›Griechische Religion der archaischen und klassischen

Epoche‹ dazu: »Das Opfer ist festliche Veranstaltung einer Gemeinschaft. Markiert wird der Gegensatz zur Alltäglichkeit: man badet, legt reine Kleider an, schmückt sich, legt sich insbesondere einen aus Zweigen gewundenen Kranz ums Haupt ... Auch das Tier wird geschmückt, mit Binden umwunden, die Hörner werden vergoldet. In Prozession geleitet man das Tier bis zum Altar. Man erhofft in der Regel, daß das Tier gutwillig, ja ›freiwillig‹ zum Opfer schreitet; ... Legenden erzählen, wie Tiere von sich aus zum Opfer drängten, als die Zeit gekommen war. Ein unbescholtenes Mädchen an der Spitze des Zuges trägt auf dem Kopf den Opferkorb, in dem das Opfermesser liegt, verdeckt von Körnern oder Kuchen. Auch ein Wassergefäß wird mitgeführt, oft auch ein Weihrauchständer; dazu Musikanten, meist ein Flötenbläser oder eine Flötenbläserin. Ziel ist der seit alters hingesetzte, errichtete Steinaltar oder Aschenhaufen. Nur dort darf und muß Blut vergossen werden. ... Tieropfer ist Blutvergießen; daß die Altäre ›blutig werden‹ (haimássesthai), ist Charakteristik des Opfervollzugs überhaupt. Auf den Bildern sieht man an den weißgekalkten Seitenflächen der Altäre stets die blutigen Spritzer, die von der heiligen Handlung zeugen ... Bezeichnenderweise sind die gottgefälligen Opfertiere warmblütige Tiere, meist große Säugetiere. Fische, die doch für die alltägliche Nahrung viel wichtiger sind, werden kaum geopfert. Auf das warme, rinnende Blut kommt es an, mit dem umzugehen doch angsterregend und bedenklich ist. Unblutige Opfer heißen mit besonderer Emphase ›rein‹.«

Opfer waren nicht allein Schenkungen an eine Gottheit, sondern besaßen darüber hinaus gesellschaftliche Funktionen. So bestand die geläufigste Form des Opfers, das Speiseopfer, nicht einfach in der Vernichtung von Nahrung; dies geschah vielmehr nur mit einem kleinen, meist ungenießbaren Teil der geschlachteten Opfertiere, während der Rest gemeinsam verzehrt wurde. Opferzeremonien stärkten so das Gemeinschaftsgefühl der an ihnen teilhabenden Personen. Zugleich bildeten sie einen festen Bestandteil der Lebensmittelversorgung ärmerer Bevölkerungsgruppen, die sich nur bei solchen Festen einmal an Fleisch satt essen konnten. Für den wohlhabenden Stifter des Opfers bot der Vorgang einen willkommenen Anlaß, das eigene Prestige und gesellschaftliche Gewicht zur Geltung zu bringen. Für die Priesterschaft schließlich bedeutete die von ihr organisierte Fleischverteilung einen Zuwachs an Ansehen und politischer Macht, wählte sie doch die Personen und Personengruppen aus, die an den Zeremonien teilnahmen.

Mit dem im 6. Jh. v. Chr. anwachsenden Wohlstand einzelner Sippenverbände in Attika nimmt auch Zahl und Reichtum der Weihgaben auf der Akropolis zu. Das ganze Areal des Burgbergs füllt sich mit Weihgeschenken. Die Stiftung eines solchen Weihgeschenks (griech. anathema = das Aufgestellte) war alles andere als nur ein Zeichen frommer Gottesverehrung, sie bot zugleich eine ideale Möglichkeit für Einzelne oder Personengruppen, ihren Reichtum öffentlich zu dokumentieren. Das Heiligtum, wo sich Menschen aus der Stadt und der weiteren Umgebung zu Festen versammelten, war der herausragende Platz, an dem sichtbare Zeichen von Macht und Reichtum von vielen gesehen werden konnten und wo sie gleichzeitig vor zerstörerischem Zugriff anderer Personen geschützt waren.

Die antreibende Kraft hierbei war Konkurrenz, ein Zug, der heute wohl kaum mit Moralität und schon gar nicht mit religiöser Haltung in Verbindung gebracht wird. Das Konkurrenzdenken durchzieht alle Bereiche der griechischen Kultur als prägendes Handlungsmuster, es wurde nicht verborgen, sondern stolz zur Schau getragen. Wer etwas auf sich hielt, versuchte, den anderen in der Öffentlichkeit auszustechen, wenn er sich nur irgendwie dazu in der Lage sah. Nicht nur einzelne Personen, sondern ebenso Familienverbände und sogar ganze Stadtstaaten wetteiferten miteinander. Wo immer Konkurrenz möglich war, trafen sich Griechen zum Wettkampf jedweder Art. Die Griechen ›erfanden‹ nicht nur den Leistungssport. Auch religiöse Opferhandlungen, Chorgesänge und Tänze im Heiligtum waren bei ihnen Medien des Konkurrierens ebenso wie Trinkgelage, Schönheitswettbewerbe oder musikalische Zusammenkünfte; sogar nach heutigem Verständnis intimste Bereiche wie der der Sexualität besaßen öffentlich erörterten Wettkampfcharakter. Auch wenn kein griechischer Adliger des 6. Jh. Arbeit zu seinem Broterwerb ausüben mußte, war man doch selten unbeschäftigt; im Gegenteil, das Leben bestand aus einer endlosen Aneinanderreihung von zuweilen lebensverkürzenden Streßsituationen. Sogar auf dem Schlachtfeld war der ›schönste Tod‹ ein Ereignis, das höchste Beachtung fand.

Während solches Konkurrenzdenken im profanen Leben dieser Zeit zu ständigem Bürgerzwist, blutigen Sippenfehden und Kriegen führte, boten die Heiligtümer einen friedlicheren Rahmen des Kräftemessens. Hier herrschte ›Sitte und Ordnung‹; unmittelbare physische Auseinandersetzung war geächtet. Um so mehr standen die Heiligtümer dem sublimen Ringen um Prestige und Einfluß offen. Hier konnte man, ohne gleich sein Leben zu riskieren, den anderen etwa durch Stiftung eines jeweils noch prachtvolleren oder mehr Aufsehen erregenden Weihgeschenks übertrumpfen. So hatten Heiligtümer nicht selten – vergleichbar den heutigen Sportarenen – die Funktion, direkte gesellschaftliche Konflikte zu kompensieren. Auch kriegerische Erfolge konnten hier der Mitwelt ungefährdet zur Schau gestellt werden, etwa durch Weihung von Beutewaffen oder durch die Errichtung besonderer Siegesdenkmäler. Damit nicht genug: War der einst unterlegene und durch ein Denkmal geschmähte Gegner beim nächsten Konflikt der Gewinner, so errichtete der nun seinerseits – womöglich in unmittelbarer Nachbarschaft – sein eigenes Siegesdenkmal, natürlich größer, teurer und schöner.

Über all dies wachte die Priesterschaft des Heiligtums. Sie besaß entscheidenden politischen Einfluß, denn sie bestimmte die ›Spielregeln‹, hielt die Heiligtumsorganisation in Händen, von Opferzeremonien und Orakeln bis hin zu den Öffnungszeiten. Sie legte auch fest, welches Göttergeschenk wann und an welcher Stelle aufgebaut werden durfte, denn nicht zuletzt der Standort eines Weihgeschenks machte seine Bedeutung aus. Sollte es seine Wirkung nicht verfehlen, so mußte es an möglichst zentraler Stelle errichtet werden, etwa unmittelbar neben einem durch das Heiligtum führenden Hauptweg, so daß auch die Sicht darauf nicht durch andere Stiftungen verstellt werden konnte. Die Priesterschaften selbst waren jedoch keine unabhängigen Körperschaften, sondern setzten sich ihrerseits aus dem Kreis der Personen zusammen, die – miteinander wetteifernd – im Heiligtum als Stifter auftraten. Besonders wenn der eigene Familienclan selbst zu den Priestern zählte, hatte man gute Aussichten, die eigenen Wünsche nach Selbstrepräsentation im Heiligtum zu verwirklichen.

Auch wirtschaftliche Macht lag in den Händen der Priester. Die ins Heiligtum gestifteten Gegenstände gingen zwar in den ›Besitz der Götter‹ über, aber es war schließlich die Priesterschaft, die die Werte verwaltete, die sich im Laufe der Zeit im Heiligtum anhäuften. Schon im 6. Jh. v. Chr. enthielten Heiligtümer die größten Akkumulationen von Besitz, ja sie wurden zu regelrechten Kapitalzentren, die durchaus auch einmal ein Bankgeschäft tätigten, indem sie Geld gegen entsprechende Zinsen an auserwählte Bittsteller verliehen.

Das auf der Akropolis einst verwahrte Edelmetall ist späterer Einschmelzung zum Opfer gefallen. Erhalten aber hat sich aus dem 6. Jh. v. Chr. eine große Zahl von Weihgaben aus Bronze, Ton und vor allem Marmor, die heute im Akropolis-Museum aufbewahrt werden. Alle diese Gegenstände von der archaischen Akropolis wurden im sogenannten ›Perserschutt‹ gefunden. Nach der Zerstörung des Heiligtums durch die Perser im frühen 5. Jh. v. Chr. mochten die Athener die umgeworfenen und teilweise demolierten Weihgaben nicht wieder aufstellen oder gar restaurieren. Andererseits scheute man sich offenbar, die Dinge wie Müll aus dem Heiligtum herauszuschaffen. Statt dessen ›beerdigte‹ man sie unter dem neu planierten Fußboden, was ihrer Konservierung über die Jahrtausende zugute kam. Aus dem Perserschutt kam griechische Skulptur höchster Qualität zutage, mit nahezu unversehrter Oberfläche und teilweise sogar mit den ursprünglichen Farben, die noch heute eine Vorstellung von ihrer einst starken, manchmal geradezu wilden Vitalität vermitteln (s. Farbabb. 14 u. 15).

Die heute als Kunstwerke ersten Ranges gefeierten Objekte sollten durchaus auch schon in der Antike selbst durch ihre handwerkliche Perfektion beeindrucken, aber sie hatten zugleich

54 Kourosstatue von der Akropolis, Marmor. Mitte 6. Jh. v. Chr. Auf der Vorderseite des Torsos Brandspuren, die von der Zerstörung der Akropolis durch die Perser im Jahr 480/79 herrühren; die Statue wanderte danach in die Planierung für die klassische Neubebauung der Akropolis. Athen, Akropolis-Museum.

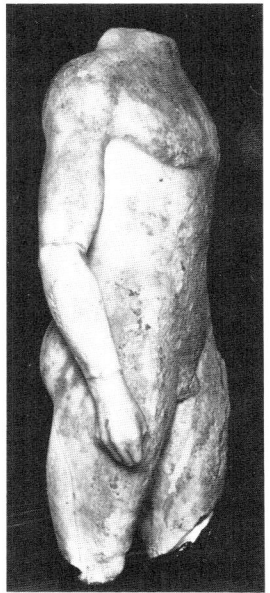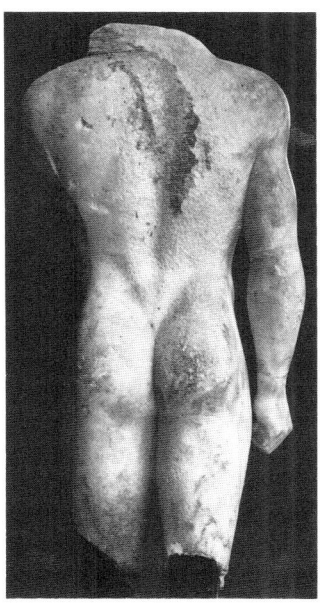

55   Bronzestatuette eines Jünglings von der Akropolis, um 500 v. Chr. Athen, Nationalmuseum.

feste religiöse und gesellschaftliche Aufgaben. Nicht alle möglichen Themen des damaligen
Lebens sind dort dargestellt, sondern nur eine Auswahl weniger, dafür stets wiederkehrender
Motive. Diese Motive drücken auf prägnante Weise die Wertvorstellungen der adeligen Stifter
und Heiligtumsbesucher im 6. Jh. v. Chr. aus.

Die allgemeinste und wichtigste Darstellungsform adeliger Lebenshaltungen in dieser Zeit
war der sogenannte Kourostypus für den Mann und der Korentypus für die Frau. Kouros heißt
›Jüngling, junger Mann‹, Kore ›Mädchen, junge Frau‹. In seiner Nacktheit und formelhaften
Haltung des aufrechten Stehens (so in Vorderansicht) oder Schreitens (so in Seitenansicht) gibt
der Kourostypus nicht Menschen in bestimmten Lebenssituationen wieder, sondern versinn-
bildlicht allgemeine Züge. Die Nacktheit bedeutet, daß der Dargestellte zu derjenigen Gesellschaftsschicht gehört, die sportliche Wettkämpfe veranstaltete und besuchte. Die meisten
Wettkämpfe wurden nackt ausgeführt und waren der gesellschaftlichen Elite vorbehalten.
Trotzdem zeigt der Kourostypus keine bestimmte Wettkampfsituation, ja überhaupt nicht
irgendeine spezielle Tätigkeit oder Bewegung. Vielmehr soll die strenge Frontalität und die
allgemeine Anspannung der Muskeln ausdrücken, daß der Dargestellte sich jederzeit und
grundsätzlich in der angemessenen körperlichen Verfassung für Sport, Jagd und nicht zuletzt
auch Krieg, den Beschäftigungen des damaligen Adels, befindet. Wie neueste Forschungen
gezeigt haben, werden auf archaischen Vasenbildern junge Männer in der Schlachtreihe – der
im 7. Jh. v. Chr. eingeführten Phalanx – in einer Haltung dargestellt, die der der Kouroi auf-

fällig ähnelt und von natürlichem Voranschreiten deutlich abweicht. Auch die stereotype Jugendlichkeit der Kourosstatuen – keine einzige zeigt Altersmerkmale – ist in dem gezeigten allgemeinen Sinn zu verstehen. Zwar wird durch manche Einzelheiten wie sorgfältige Frisur und zuweilen Schmuck der soziale Rang des Dargestellten angedeutet, aber das eigentliche Charakteristikum des Kourostypus besteht nicht in solchen realistischen Details, sondern im Gesamthabitus. Der Kouros ist die umfassende Chiffre für das angemessene Verhalten des Mannes innerhalb der Oberschichtsnormen dieser Zeit.

So wurden nicht nur Menschen, sondern auch Heroen und Götter in dieser Form dargestellt, unterscheiden sie sich doch nach griechischer Vorstellung nicht grundsätzlich von den Menschen, sondern verkörpern deren Eigenschaften nur in einer Weise, die menschliches Maß übersteigt. Deshalb wurde der Kourostypus in gleicher Weise als Grabstatue für im Kampf gefallene Krieger wie als Weihgabe in einem Heiligtum oder als Götterbild verwendet. Was jeweils gemeint ist, macht nur der Aufstellungsort und die Inschrift deutlich. Bei den Kouroi von der Akropolis handelt es sich durchweg um Weihgaben.

Den modernen Betrachter erinnert der Kouros an ägyptische Statuen. Beziehungen zu Ägypten bestehen tatsächlich: Von der ägyptischen Kultur haben die Griechen diese Form

56   Korenstatue von der Akropolis. Marmor, spätes 6. Jh. v. Chr. Eine wahrscheinlich zugehörige Inschrift sagt, daß der Bildhauer Antenor im Auftrag eines Nearchos die Statue fertigte, der sie dann der Athena weihte. Athen, Akropolis-Museum.

der Menschendarstellung in Stein übernommen; die Entlehnung zeigt sich selbst noch in technischen Details wie der wulstartig vortretenden Steinmasse in den zur Faust geballten Händen.

Seit seiner Verbreitung in Griechenland im späten 7. Jh. v. Chr. repräsentiert der Kourostypus in fast unveränderter Form generationenlang *den* Inbegriff des Männerbildnisses: von der kleinformatigen Bronze- oder Tonstatuette bis zum über 4 m hohen Steinkoloß. Erst tiefgreifende gesellschaftliche Veränderungen am Ende des 6. Jh. v. Chr. haben diesen bis dahin gültigen Typus obsolet gemacht und neue Darstellungsformen hervorgebracht.

Mehr noch als von diesen Kourosstatuen war die Akropolis im 6. und frühen 5. Jh. v. Chr. jedoch von den vielen marmornen Frauenfiguren, den Koren, geprägt, die in ihrer bunten Pracht den Burgberg schmückten. Die Haltung auch dieser Statuen ist streng frontal ausgerichtet. Beide Füße ruhen mit der ganzen Sohle auf dem Boden; der linke ist etwas nach vorn, der rechte etwas zurückgesetzt. Beide Knie sind durchgedrückt, die Haltung des Oberkörpers ist betont aufrecht, der Kopf geradeausgerichtet. Die Frauen sind in keine Handlung eingebunden. In den Händen halten sie häufig Blüten oder Zweige, zuweilen raffen sie mit der einen Hand den Saum ihres bis fast auf den Boden herabfallenden Kleides – Peplos oder Chiton – ein wenig zur Seite und nach oben.

Seit ihrer Entdeckung im sogenannten Perserschutt haben diese Bildnisse junger Frauen auf unzählige Besucher einen einzigartigen Reiz ausgeübt. Wohl kaum in einer Epoche vorher oder nachher hat es eine solche bildhauerische Vollendung in der Heraushebung des Wichtigen und gleichzeitig unendliche Sorgfalt in der Wiedergabe von Details gegeben (s. Farbabb. 9). Doch nicht nur diese Qualität der Steinmetzarbeit erregt Bewunderung, auch das in den Statuen zum Ausdruck gebrachte Menschenbild rührt den modernen Betrachter durch die Anmut von Haltung und Bewegung der Körper und durch den strahlenden Ausdruck der Gesichter an.

Und doch stößt man auf Rätsel, sobald man über den spontanen Eindruck hinaus zu einem Verständnis der Monumente in ihrer Zeit vordringen will. Was meint dieser so oft variierte, in seinen Grundzügen aber unverändert wiederholte Darstellungstypus, von dem sich allein auf der Athener Akropolis über 50 Exemplare fanden? Was hat die Menschen jener Epoche veranlaßt, immer wieder diesen einen weiblichen Bildtypus in Statuenform den Göttern darzubringen?

Die Inschriften auf den Sockeln der Statuen nennen die Dargestellten zuweilen ›Kore‹, ›Mädchen‹ oder ›junge Frau‹ also. Üblicherweise wurden die Statuen jedoch anders, nämlich mit einem sächlichen Ausdruck bezeichnet: ›Agalma‹, d. h. ›Prunkstück‹, zuweilen auch ›perikalles Agalma‹, ›wundervolles Prunkstück‹. Häufig sprechen in den Inschriften die Bildwerke in der Ich-Form: »Der [oder die] hat mich [oder hat dieses Agalma] aufgestellt«. So erklären die Inschriften dem Betrachter zwar einiges, lassen aber zugleich letztlich offen, was die Darstellung meint. Ebenso wie von den Kouroi weiß man auch von den meisten Koren nicht, welchen Göttern oder Göttinnen sie geweiht waren und wer im einzelnen sie ins Heiligtum stiftete. Eines machen die Inschriften jedoch deutlich: Es waren durchaus nicht nur Frauen, die Korenstatuen weihten, sondern – sogar üblicherweise – Männer; also kann in diesen Fällen unmöglich die stiftende Person dargestellt sein. Auch sind es nicht nur Göttinnen, denen die Korenweihungen galten, sondern ebenso männliche Götter wie beispielsweise Poseidon; in diesen Fällen wiederum kann nicht die Gottheit gemeint sein, der die Stiftung gilt. Wer aber ist dann dargestellt? Jedesmal eine andere Person? Mal Göttin, mal sterbliche Stifterin?

Die Antwort auf diese Frage wird noch dadurch erschwert, daß Korenstatuen nicht allein in Heiligtümern, sondern auch auf Friedhöfen aufgestellt wurden. Als Grabstatuen verbildlichten sie verstorbene weibliche Mitglieder der archaischen adeligen Sippenverbände. Doch in welchem Status: als Abbild der Lebenden oder als Abbild der Toten im Jenseits, die nach damaliger Sitte heroen- und göttergleiche Verehrung genossen? Warum sollten die Griechen überhaupt immer wieder ein und denselben Darstellungstypus verwendet haben, wenn sie derart Unterschiedliches zum Ausdruck bringen wollten?

Tatsächlich sollte die stetige Wiederkehr dieser Bildform ebenso wie die stereotypen Formeln der Inschriften dem antiken Betrachter vor Augen führen, daß im Korentypus eine überindividuelle Verbildlichung junger Frauen angestrebt wird, nicht die charakterisierende Darstellung von Einzelpersonen. Auf diesen überindividuellen Charakter der Statuen weist auch die Tatsache hin, daß sie häufig in der Vielzahl in Erscheinung treten und vom antiken Betrachter oft als regelrechte Ensembles wahrgenommen wurden, ganz besonders auf der Athener Akropolis.

Diese eigentümliche Vervielfältigung in der Kunst hat ihre unmittelbare Entsprechung im tatsächlichen Leben der damaligen Zeit. Im sogenannten Homerischen Hymnos III an den Apollon von Delos, einer Dichtung aus dem 7. Jh. v. Chr., wird die Festversammlung der Ionier mit folgenden Worten beschrieben (V. 146–159):

> »Aber Delos Phöbus [der Gott Apollon] freut sich am meisten im Herzen,
> Wo sich in langen Gewändern die Ionier um dich versammeln. ...
> Alle Anmut glaubt er vereint und Freude bewegt ihn,
> Sieht er die Männer, erblickt er die schöngegürteten Frauen,
> Schnelle Schiffe und all die reiche Fülle der Güter,
> Endlich das größte Wunder von nie vergehendem Ruhme:
> Scharen delischer Mädchen, des Weithintreffenden [Apollon] Jungfraun.
> Sie beginnen den Sang und preisen als ersten Apollo.
> Dann besingen sie Leto und Artemis, Herrin der Pfeile.«

Im Hymnos treten die Frauen im Heiligtum auf, dem Ort, wo auch die Korenstatuen aufgestellt waren. Als festliche Gruppe sind sie der Stolz der Adelsfamilien; mit anderen Sachgütern wie ›den schnellen Schiffen‹ werden sie in einem Atemzug genannt. Man ist unmittelbar an die sächliche Bezeichnung ›Prunkstück‹ für die Korenstatuen erinnert. Auch die Tatsache, daß Korenstatuen männlichen ebenso wie weiblichen Gottheiten geweiht wurden, findet ihre Entsprechung in dem Gedicht. Auch dort gilt das Auftreten der Frauen und Mädchen vor Leto und Artemis zunächst dem männlichen Gott Apollon.

So wie die Statuen sind im Gedicht die lebenden Frauen im Heiligtum eine Freude für die Zuschauer und zugleich Geschenk an die Götter. In ihrer jugendlichen Erscheinung gleichen die Frauen Göttinnen: »Unsterblichen gleich und alterslos auf ewig …« (V. 151). Daß auch in der bildenden Kunst Göttinnen im gleichen Typus dargestellt wurden wie die Frauen und Töchter der vornehmen Adelsfamilien, ja daß beides, Göttin und Sterbliche, für den antiken Bildbetrachter oft kaum zu unterscheiden war, wird so verständlich.

Feste in Heiligtümern, den Orten, wo viele der Korenstatuen standen, waren die wichtigsten gesellschaftlichen Ereignisse, bei denen im archaischen Griechenland vornehme Frauen in der Öffentlichkeit auftraten und wo sie auch von anderen Frauen und von Männern bewundert werden konnten; sogar Schönheitswettkämpfe fanden bei diesen Gelegenheiten statt. Zu öffentlich gezeigter Schönheit gehörte nicht nur jugendliche Anmut der Gestalt, sondern ebenso ein prächtiges Auftreten; Einfachheit galt nicht als positive Eigenschaft. Die frühgriechische Dichterin Sappho schildert die farbenprächtige und reich verzierte Kleidung der jungen Frauen, z. B. »… das Gewand, das gefärbt mit verschiedenen Farben war …« oder »… einen safranfarbenen purpurnen Peplos« (fr. 142 D und 95 D).

Die Funde von in der Oberfläche fast unversehrter archaischer Marmorplastik auf der Athener Akropolis haben zum ersten Mal den Reichtum der farbigen Verzierung dieser Skulpturen gezeigt (s. Farbabb. 9 u. 15). Die Stifter und Auftraggeber der Bildhauer legten offenbar besonderen Wert auf die liebevolle Wiedergabe aller Details der prächtig gewebten Kleider.

Die Gewänder, die die Frauen trugen, waren im allgemeinen nicht genäht, sondern bestanden aus bunt gewebten rechteckigen Tüchern, die raffiniert gefältelt und kunstvoll um den Körper

57   Frauenstatue als Dachbekrönung des Aphaia-Tempels auf Ägina, frühes 5. Jh. v. Chr. München, Glyptothek.

drapiert wurden. Die Kleidung verhüllt, stellt dabei aber zugleich körperliche Reize zur Schau: Brüste, Gesäß und Schenkel werden durch das eng anliegende Gewand betont und durch die Faltenführung des Stoffes in ihrer Wirkung gesteigert. Kokett ziehen die jungen Damen den unteren Saum ihres Kleides so weit nach oben und zur Seite, daß die Kontur der Beine besonders zur Geltung kommt und der Betrachter etwas sehen kann, worauf es ihm besonders ankommt: die schlanken Fesseln. Solches Tragen der Kleidung war eine regelrechte Kunst, sie zu erlernen eine der Hauptaufgaben der vornehmen heranwachsenden Mädchen.

»Welch bäurisches Mädchen denn fesselt den Sinn?
Wer denn, mit solchem bäurischen Kleide angetan, ...
Nicht versteht sie, den Saum bis zu den Fußknöcheln emporzuziehen.«

(Sappho fr. 61 D)

Hier wird in Form des negativen Gegenbildes exakt die Gebärde angesprochen, die wir bei so vielen Korenstatuen finden. Nicht ungezwungene Natürlichkeit wird auf diese Weise verewigt, sondern kunstvolle Pose. Zum standesgemäßen Auftreten in der Öffentlichkeit gehörte auch eine komplizierte, reich geschmückte Frisur:

»An die Tochter Kleis
....
....
... so sprach zu mir meine Mutter einst:
schönster Schmuck in der Jugend sei,
wenn ein Mädchen die Flechten mit
Purpurbändern zu Zöpfen gebunden trägt:
sehr, sehr fein sei ein solcher Schmuck.
Hat ein Kind aber blondes Haar,
heller noch als das Leuchten der Fackel scheint,
– Kränze, bunt wie der Blütenflor,
sind für diese die passende
Mitra.«

(Sappho fr. 98 a, b, D)

Wie ein Hymnos auf eine Korenstatue klingen Archilochos' Verse auf ein Mädchen, das er bei einer Festprozession in einem Heiligtum sah:

»die jüngste Tochter des Lykambes, sie allein
...
Sie hielt ein Myrtenzweiglein, freute sich an ihm
und einer Rosenblüte,
auf den Rücken hing
und auf die Schultern schattend lang herab ihr Haar.«

(Archilochos fr. 24 D und 25 D)

Wie weitere Gedichte aus dieser Epoche zeigen, meinen die Blüten in den Händen der Koren-statuen nicht nur die tatsächlichen Blüten, die die jungen Frauen in den Händen trugen, son-dern sie sind darüber hinaus auch ein Bildsymbol für die entsprechenden Duftwässer und Pflanzenkosmetika, die beim Auftreten im Heiligtum reichlich gebraucht wurden. Schließlich hat man auch schöne adelige Frauen im Ganzen, ebenso wie ihre Augen oder ihre Arme, mit Blüten verglichen:

»Ich habe ein schönes Mädchen mit einer Gestalt wie goldene Blumen ...« (Lyra Graecia I 272/73).

»Sappho liebt Rosen und weiß immer wieder etwas zu ihrem Lobe zu sagen, indem sie die schönen Mädchen mit der Rose vergleicht. Sie vergleicht die Rose auch mit den Armen der Chariten, mit den ent-blößten Unterarmen.« (Philostrat, epist. 51)

Endlich das vielbewunderte rätselhafte Lächeln der Korenstatuen und Kouroi. Auch dieses Lächeln entspringt nicht einer momentanen Situation, sondern gehört zum Kanon der Ver-haltensnormen für das Auftreten der Mitglieder vornehmer Familien. Wie alle die vorher genannten Merkmale auch gehörte es zur Selbstdarstellung der – nach eigener Auffassung götterähnlichen – Oberschicht, will deren Stand und Bildung anzeigen. Ein dämonisches Gegenbild zu diesem ›göttergleichen‹ Verhalten wird vom Dichter und Philosophen Heraklit mit folgenden Worten beschworen:

»Die Sibylle mit rasendem Munde Ungelachtes und
Ungeschminktes und Ungesalbtes hinausrufend dringt
durch Jahrtausende mit der Stimme, getrieben vom Gott.«

(Heraklit fr. B 92)

Alle diese Schönheit wurde von den archaischen Griechen nicht nur für gesellschaftlich wert-voll gehalten, sondern sie erscheint in den Gedichten ebenso wie in den Inschriften der Koren-statuen als regelrechter Sachwert. ›Prunkstücke‹ wurden die Koren genannt und in die Auf-zählung anderer Prunkstücke mit eingereiht. Schon im zitierten Apollon-Hymnos erschienen die »schöngegürteten Frauen« in einer Reihe mit »schnellen Schiffen und all der reichen Fülle der Güter«. Der Philosoph, Politiker und Dichter Solon faßt in drastischer Kürze zusammen, was zu diesen Gütern gehört:

»Gleicherweise sind beide reich: wer in Hülle und Fülle
    Gold und Silber besitzt, Felder fruchtbaren Land's,
Pferde und Maultiere, oder wer Mangel nicht spürt,
...
auch der Kinder und Frauen sich freut, solange die Jugend
    sie mit dem schimmernden Glanz holdester Schönheit umblüht.
Solches sind kostbare Reichtümer der Menschen.«

»Glücklich und reich, wer liebe Kinder besitzet und stampfende Rosse,
Hunde zur Jagd und einen Gast aus der Ferne.«

(fr. D 14, D 13)

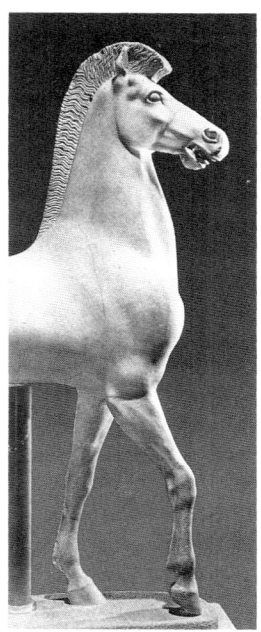

58 Rennpferd (nur Vorderteil erhalten) von der Akropolis. Marmor, um 500 v. Chr. Athen, Akropolis-
Museum.

Ob es uns nun gefällt oder nicht, die adeligen Griechen des 6. Jh. v. Chr. haben bei der Auf-
zählung solcher Werte ihre Frauen und Töchter bei ihrem Auftritt im Heiligtum durchaus
auch mit Rassepferden verglichen: mit ihren fein gestriegelten Mähnen und ihren Schnellig-
keit und Eleganz versprechenden Fesseln – bereit für den Konkurrenzkampf. Bei den altgriechischen Götterfesten starteten eben nicht nur edle Pferde zum Rennen, auch adelige Frauen
maßen sich im Kampf um den Preis der Schönheit, wie sie in den steinernen Statuen verherr-
licht wird.

In einem Chorlied, das bei einer Prozession im Heiligtum gesungen wurde, vergleicht der
Dichter Alkman die Frauen eines Chores mit Rennpferden in einer Weise, bei der sprachlich
zuweilen fast der Unterschied zwischen den im Gesangswettkampf konkurrierenden Frauen
und den Rennpferden beim Wettlauf verschwindet:

»... Singen
Wir den Glanz der Agido!
    Ich seh' ja die Sonne scheinen:
Sie, die selber Sonne ist!
    Zu loben, gar sie zu tadeln –

Mir verbietet's die gepriesene Chorführerin,
Dünkt sich selber hoch und herrlich, so als stünde
   Sie umringt von stumpfen Kühen
Prangend da: ein stämmig-stolzes
   Preise gewinnendes, wiehernd und stampfendes,
Wie aus Träumen entsprungenes Pferd.

Siehst du's nicht? Der Renner ist
   Venetischen reinen Blutes.
Doch der Hagesichora,
   Dem Schwesterchen, blüht die Mähne
Golden prangend um das sil-
   bern schimmernde Antlitz. Wozu
Allbekanntes künden? Ha-
   gesichora, ja, das ist sie!

Und als zweite neben ihr läuft Agido, ein
   Kolaxaier Renner neben dem Ibener.«

      (fr. 1 V 39–59; wiederum sind Frauen, nicht Pferde gemeint!)

Daß die archaisch-griechischen Bildhauer mit der gleichen Liebe zum körperlichen Detail Koren, Rennpferde und Jagdhunde zu gestalten wußten, kann nun nicht mehr verwundern; Jagd, Pferderennen und Pferdezucht waren prestigeträchtige Beschäftigungen des Adels. So finden wir auch nicht nur Korenstatuen, sondern ebenso prächtige marmorne Pferde- und

59   Jagdhund von der Akropolis. Marmor, 6. Jh. v. Chr. Athen, Akropolis-Museum.

Hundestandbilder auf der Akropolis, was jedoch nicht besagt, daß der jeweilige Stifter und Auftraggeber unbedingt ein Pferdezüchter war oder ein spezielles Faible für Jagdhunde besaß. Nein, auch diese steinernen Monumente verewigten den allgemeinen Anspruch ihrer Auftraggeber, den Normen der damaligen adeligen Lebensführung zu entsprechen. Kunst war hier Vorbild, nicht Abbild.

Außer solchen umfassenden Chiffren adeliger Lebenshaltung, wie sie Kouros- und Korenstatuen, Pferde- und Hundeplastiken versinnbildlichten, wurde ein eng begrenztes Repertoire einzelner standesgemäßer *Tätigkeiten* in Bildern verewigt. Der Mann mit dem Kälbchen auf den Schultern ist, im Heiligtum dargestellt, nicht etwa als Hirte, sondern als vornehmer Gabenbringer zu verstehen; Rinder wurden tatsächlich auf der Akropolis geopfert. Das Standbild eines Reiters, dessen kunstvolle Frisur ein Efeukranz ziert, meint einen Sieger im Pferderennen. Seltener sind Weihungen mit Darstellungen anderer Sportarten und von Krieg, Gelage und Tanz als Zeichen der Zugehörigkeit ihrer Stifter zur Adelsklasse (s. Abb. 60 u. 61).

Die Weihgaben, die der zeitgenössische Besucher der Akropolis im 6. Jh. v. Chr. sah, waren also nicht beziehungslos nebeneinanderstehende Einzelmonumente, so wie sie heute – oft nach ›Gattungen‹ sortiert – im Museum präsentiert werden, sondern sie bildeten ein vielteiliges Gesamtensemble von Bildern, das mehr als die bloße Summe seiner einzelnen Teile ausmachte. In seiner Gesamtheit repräsentierte dieses Ensemble die Lebensideale der Aristokratie. Die einzelnen Monumente stellten immer nur einen mehr oder weniger umfangreichen Ausschnitt aus diesem Normengefüge dar, waren letztlich sogar austauschbar. Man konnte sich etwa als Reiter darstellen lassen und so seine Zugehörigkeit zur aristokratischen Klasse der Pferdehalter bekunden. Solche Statuen wurden aber als beispielhafter Ausschnitt verstanden: Im Verein mit den anderen Bildern drückte man mit einer solchen Weihung zugleich aus, daß man auch zu denen gehörte, die etwa mit Hunden aus edler Zucht auf die Jagd gingen, die erfolgreich Sport trieben, die großzügig opferten und die tapfer in der Schlacht fochten. Die Gesamtheit der durch die Bilder ausgedrückten aristokratischen Normen und Ideale erschloß sich dem antiken Akropolis-Besucher also nicht durch isolierte Betrachtung einzelner Denkmäler, sondern durch seine Gesamtschau der Weihgaben auf der Burg.

Umbauter Kult: Erste monumentale Architektur auf der Akropolis

So vielfältig wie ursprünglich die Interessen der rivalisierenden alten Adelsverbände, so vielfältig waren auch die Kulte, die sie bzw. ihre Priesterschaften auf der Akropolis pflegten. Seit alters her wurde Athena auf der Akropolis verehrt, aber nicht nur sie. Auf dem höchsten Punkt des Felsens, nordöstlich des Parthenon, wurde der Göttervater Zeus verehrt, dem dort ein Kultbezirk mit einem kleinen Tempelchen errichtet wurde. Auch Poseidon hatte Kultmale auf dem Burgberg, ebenso die mythischen Urväter Athens, Erechtheus und Kekrops, und schließlich dessen Tochter Pandrosos. Athena Polias, die Stadtgöttin Athens, wurde in Gestalt eines Ölbaums verehrt, den sie der Sage nach hier hatte sprießen lassen. Auch der Meeresgott Poseidon erschien in Form von Zeichen, die sein Wirken hinterlassen haben sollte, einer Salzquelle und einer Felsspalte, beides hervorgerufen durch den gewaltigen Stoß seines Dreizacks. Verehrung brachte man aber auch den Gräbern von Erechtheus, Kekrops und Pandrosos entgegen.

Alle diese heiligen Male, die jeweils von einzelnen Priesterschaften betreut wurden, lagen dicht beieinander: im Norden der Akropolis im Bereich des einstigen mykenischen Palastes und des späteren Erechtheion. Schließlich befand sich im Osten des Burgbergs, beim heutigen Akropolis-Museum und teilweise von dessen Magazinen überbaut, ein Heiligtum des Pandion, eines alten attischen Heros aus dem Umkreis des Erechtheus. Die Reste der großen, langrechteckigen Architektur aus dem 5. Jh. wurden lange Zeit für ein antikes Werkstattgebäude gehalten, bildeten jedoch nach heutiger Kenntnis die Umfassungsmauer dieses in seinem Kern sehr viel älteren Kultplatzes.

Ein ganzes Geflecht immer wieder verschieden erzählter Geschichten rankt sich um diese Gestalten – Götter ebenso wie übermenschliche Heroen der Urzeit –, die nach der Vorstel-

60 Archaische Skulpturen aus dem Perserschutt, unmittelbar nach Auffindung 1865 von den Ausgräbern auf dem Akropolis-Gelände deponiert. Links der berühmte Kalbträger, um 550 v. Chr. Athen, Akropolis-Museum.

61 Reiterstatue von der Akropolis. Marmor, um 560/50 v. Chr. Paris, Louvre (Kopf), Athen, Akropolis-Museum (Rumpf des Reiters und Pferdefragment). Abguß.

62 Die Akropolis im 6. Jh. v. Chr. Hypothetische Rekonstruktionszeichnung von D. Bürkel. Was die Zeichnung, bedingt durch den Maßstab, nicht zeigen kann, ist die Fülle der auf dem freien Areal zwischen den Gebäuden aufgestellten Weihgeschenke.

lung der Athener auch durch verwandtschaftliche Bande miteinander verknüpft waren. Zwei geschwisterliche Götter, die Kinder des Zeus, Athena und Poseidon, trugen einen Wettkampf um den Besitz des attischen Landes aus: Poseidon schlägt mit seinem Dreizack einen Salzquell aus dem Akropolis-Felsen, Athena läßt einen Ölbaum aus dem Gestein wachsen. Schiedsrichter bei dem Wettstreit sind die übrigen Götter, nach anderer Sagenversion die heroischen Gründer Athens, Kekrops und Erechtheus. Die ›Unparteiischen‹ – ob nun Götter oder besagte Heroen – sind keine Fremden, sondern durch enge Verwandtschaft mit den Streitenden liiert. Zum Sieger wird Athena erklärt, aber auch der erzürnte Verlierer Poseidon gerät nicht ins ›Abseits‹, sondern wird besänftigt und genießt fortan hohe kultische Verehrung auf der Akropolis (s. S. 212).

Andere Mythenversionen setzen auch andere Verwandtschaftsbeziehungen oder verschmelzen in diesem Bericht getrennte Personen wie zum Beispiel Poseidon und Erechtheus. Umgekehrt kann ein und dieselbe Person im Mythos in unterschiedlichen Erscheinungsformen auftreten: Poseidon ist Gott des Meeres, aber auch Gott der Pferdezucht oder Gott der Unterwelt; Athena kann als Vorkämpferin im Krieg (Athena Promachos) und als Siegesgöttin (Athena Nike) wie auch als spezielle Stadtgöttin Athens und des attischen Ölanbaus (Athena Polias) verehrt werden. Unterschiedliche Erzählweisen des Mythos und unterschiedliche Verehrungsformen von Gottheiten standen in den Augen der antiken Menschen in keinem Widerspruch zueinander; jede Dogmatik war der mythischen Religion fremd. Durchweg aber spiegeln sich die menschlichen Normen und Verhaltensmuster der archaischen Adelsgesellschaft

63 Fundamente des Alten Athena-Tempels. Im Hintergrund das Erechtheion. Blick vom Gebälk des Parthenon.

in der Götter- und Heroenwelt wider: ihr genealogischer Zusammenhalt ebenso wie ihre ständige Rivalität.

Diese lose miteinander verflochtenen Kultmale wurden nun durch den Bau eines ersten monumentalen Altars und eines großen Tempels in ein festes Verhältnis zueinander gesetzt. Zuerst – noch im 7. Jh. v. Chr. – entstand der Altar, wenig später, zu Beginn des 6. Jh., der Tempel. Erhebliche Reste der Fundamente dieses zwischen Parthenon und Erechtheion gelegenen alten Tempels sind noch heute gut sichtbar. Der eigentliche Kernbau, die Cella, war aus Steinquadern und darüber aus Lehmziegeln mit Fachwerk errichtet; die inneren Säulen und der äußere Säulenkranz bestanden aus Holz. Die noch vorhandenen Fundamente und die Kenntnis erhaltener dorischer Tempelbauten erlauben eine recht genaue Rekonstruktion des Aufbaus bis hinauf in die Dachzone. Wie jüngste archäologische Forschungen deutlich gemacht haben, zierten aller Wahrscheinlichkeit nach eine Reihe von Reliefplatten aus Kalkstein, die sich im Perserschutt fanden und heute im Akropolis-Museum ausgestellt sind, die Giebelfelder dieses Baus. Den Tempel krönte ein reich geschmücktes Dach aus farbig gefaßten Tonziegeln, von dem auf der Akropolis ebenfalls Reste gefunden wurden.

Wie man aus schriftlicher Überlieferung weiß, beherbergte dieser Tempel das ›vom Himmel gefallene‹ hölzerne Kultbild der Athena Polias, die so mit aller Deutlichkeit zur Hauptgöttin der Akropolis gemacht wurde. Die Fundamente zeigen, daß die Cella in drei bzw. vier separate Innenkammern unterteilt war. Den durch Innensäulen geschmückten Raum auf der Eingangsseite im Osten beanspruchte zweifellos die Stadtgöttin Athena. Was aber befand sich in den kleineren Kammern auf der gegenüberliegenden westlichen Seite? Aller Wahrscheinlichkeit nach sind hier Poseidon und die mythischen Gründerheroen Athens verehrt worden. Auch wenn alle diese göttlichen Wesen nun einen Platz unter einem gemeinsamen Dach hatten, so blieben ihre naturhaften Kultmale an ihrem angestammten Platz weiter nördlich – in unmittelbarer Nachbarschaft des Tempels, aber doch im Freien. Der bereits zuvor erbaute große Altar im Osten des Tempels galt nicht allen diesen Gottheiten, sondern allein der Athena. Ihr, nicht den anderen Göttern, wurden dort die großen Brandopfer dargebracht. So hatten Tempel und monumentaler Altar der einfachen Ansammlung alter Kulte eine neue Hierarchie aufgeprägt: Athena war nun die zentrale Gottheit des Burgbergs.

Die Akropolis besaß nun, für jeden sichtbar, ein kultisches, durch Monumentalarchitektur hervorgehobenes Zentrum.Weitere große Kultbauten auf der Akropolis scheint es zu dieser Zeit nicht gegeben zu haben. Der übrige Platz war mit Weihgeschenken und den schon erwähnten Schatzhäusern ausgefüllt. Diese Schatzhäuser standen möglicherweise in einer gewissen

64 u. 65   Alter Athena-Tempel auf der Akropolis: Steinplan (oben) und rekonstruierter Grundriß (unten). Wie auf dem Steinplan sichtbar, wurde das Tempelfundament in späterer Zeit von der Korenhalle des Erechtheion überlagert.

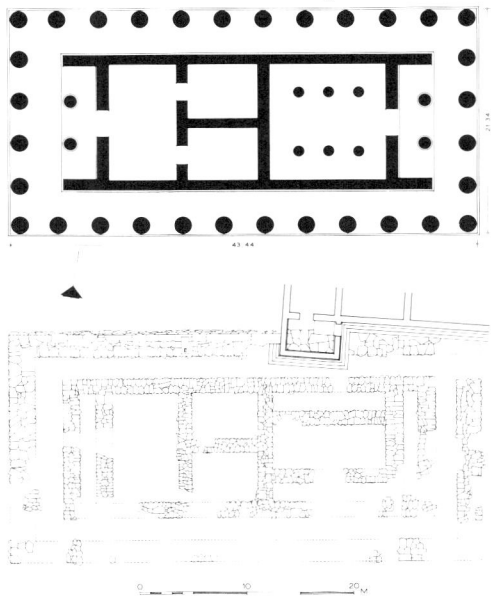

66   Alter Athena-Tempel. Rekonstruktion des Gebälks.

Ordnung in einem eigens ausgegrenzten Bezirk, dessen Bezeichnung in einer antiken Inschrift den Archäologen viel Kopfzerbrechen bereitet hat. Von einem »HEKATOMPEDON« (dem hundert Fuß langen ...) ist dort die Rede. Lange Zeit vermutete man, daß damit ein uralter Tempel gemeint sei; der beschriebene Alte Athena-Tempel scheidet jedoch schon seiner Maße wegen – er ist weit über 100 Fuß lang – aus. Deshalb hat man im ›Hekatompedon‹ einen

67   Giebelskulpturen vom Alten Athena-Tempel. Kalkstein, bemalt. Frühes 6. Jh. v. Chr. Athen, Akro-
       polis-Museum. Aquarell, bald nach der Auffindung der Skulpturen angefertigt.

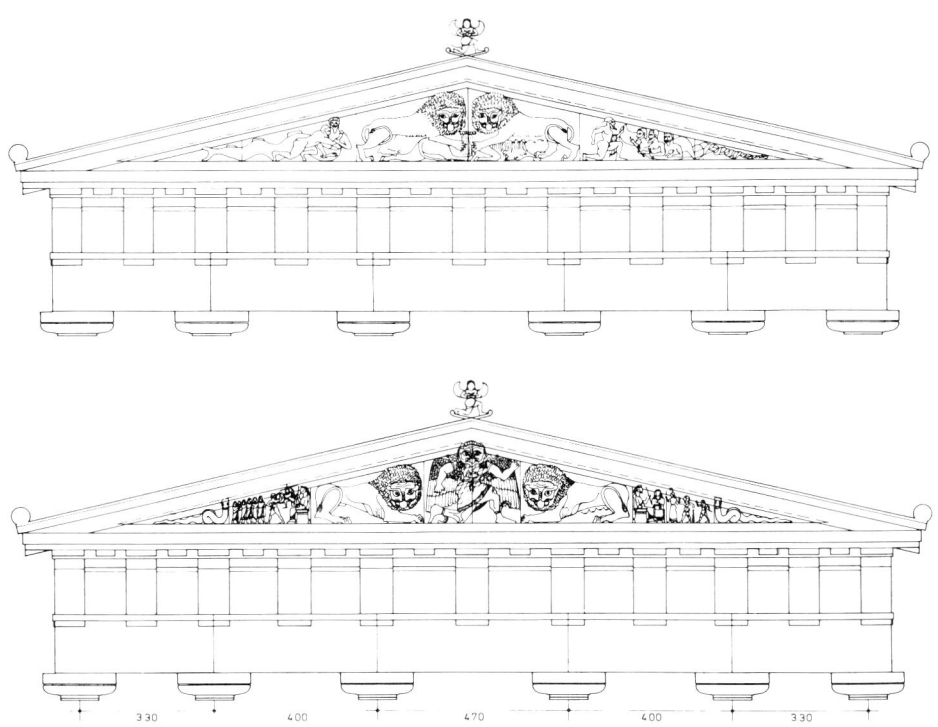

68 Der Westgiebel des Alten Athena-Tempels, Rekonstruktion von W.-H. Schuchhardt (s. Abb. 66 u. 67).

zweiten frühen Tempel dort vermutet, wo später der Parthenon gebaut wurde, eine Art
›Urparthenon‹. Reste eines solchen Bauwerks ließen sich aber nie nachweisen, und es besteht
auch kaum ein Grund, sich einen zweiten Athena-Tempel auf der Akropolis vorzustellen.
Vielmehr wird mit ›Hekatompedon‹ eben ein solcher herausgehobener Platz gemeint sein,
auf dem die Schatzhäuser standen.

Bis zur ersten Hälfte des 6. Jh. v. Chr., in der alle diese Bauten entstanden, war die Akropolis möglicherweise nicht nur im Westen, wo das Gelände flacher abfällt, sondern außerdem
von Süden her zugänglich. Wo heute die gewaltige Südmauer über dem Felsen den Eindruck
völliger Unzugänglichkeit vermittelt, stieg das Gelände ehemals weniger schroff an. Die heutige, fast senkrechte südliche Begrenzung des Burgbergs entstand erst im 5. Jh. v. Chr., als
man durch riesige Anschüttungen das Plateau vergrößerte, um den Parthenon zu erbauen.
Der vermutete südliche Eingang wurde aber schon im frühen 6. Jh. v. Chr. aufgegeben und
wohl verschlossen.

69   Früharchaische Hofanlage am Eingang zur Akropolis (in Teilen noch heute im Süden der klassischen
      Propyläen sichtbar). Den hinteren Abschluß des Hofes bildete die mykenische Mauer.
      Rekonstruktion von W. B. Dinsmoor jr.

Dagegen faßte man den Westaufgang architektonisch ein. Eine breite Erdrampe führte
nun zu einem großen gepflasterten Hof, in den Teile der altehrwürdigen mykenischen Befestigungsanlage integriert wurden. Von diesem einzigen, nun repräsentativ ausgestalteten Zugang
her führte der Weg nach Osten zum Altar der Athena und zum Haupteingang ihres Tempels.
Wir sehen: Kultausübung wird langsam durch Architektur in ihrer Gestalt und Bewegung
festgelegt und ausgerichtet. In dieser prächtigen Ausgestaltung war die Akropolis sicherlich
der ganze Stolz der attischen Adelsgeschlechter. Mit der für die damalige Zeit modernen Stein-
bauweise für größere Bauten dokumentierten sie die Fähigkeit zu gemeinsamem Handeln
und setzten monumentale, die Zeit überdauernde Zeichen ihrer religiösen und politischen
Macht.

Die Akropolis zwischen Putschversuch und Sozialreform:
Kylon, Solon und Peisistratos

Die früharchaische Gesellschaft war von extremen Klassengegensätzen zerrissen. Blutige Feh-
den, auch zwischen den einzelnen Adelssippen, gehörten zur Alltagsrealität. Sogar die gehei-
ligte Akropolis, die uns allzu leicht als Ort der Harmonie, des Friedens und reiner Gottgefäl-
ligkeit erscheint, wurde zum Objekt und Schauplatz bürgerkriegsähnlicher Auseinandersetzungen.

Einzelne Adelige wagen den Versuch, die Herrschaft an sich zu reißen. Schon im Jahre
632 v. Chr. gelingt es dem Athener Kylon beinahe, eine Tyrannis zu etablieren. In der festen

Zuversicht, daß mit dem Griff nach den Göttern und Kulten auch die politische Herrschaft gewonnen wäre, bemächtigt er sich im Handstreich der Akropolis. Aber für Kylon soll der Burgberg nicht zum Zeichen einer neuen Herrschaft, sondern zum Ort seines Scheiterns werden, denn noch sind die alten Adelsgeschlechter stark genug, um eine solche Bedrohung ihrer gemeinsamen Herrschaft abzuwehren. Kylon und seine Anhänger werden auf der Akropolis eingeschlossen. Ihm selbst gelingt zwar die Flucht, aber die, die an ihn geglaubt und auf seine Herrschaft gehofft haben, werden, von Hunger und Durst geschwächt, schließlich überwältigt. In ihrer Not suchen sie nun Schutz bei den geheiligten Altären und Kultstatuen, werden jedoch unter Zusicherung ihres Lebens von dort weggelockt und schließlich allesamt abgemetzelt.

Wer waren diese Menschen, die ihre Hoffnungen auf eine Tyrannis gesetzt hatten und hier elend umkamen? Um dies zu verstehen, muß man wissen, daß die frühgriechische Tyrannis nicht oder jedenfalls nicht ausschließlich unserem heutigen Verständnis des Begriffes ›Tyrannis‹ entspricht: die mit Gewalt errungene und aufrechterhaltene Alleinherrschaft eines Despoten, willkürlich, grausam und dem Volk verhaßt. Im Gegenteil: Vielen ›kleinen Leuten‹ bot die Tyrannis die Chance, einer generationenalten Not zu entrinnen. Namentlich die Masse der Kleinbauern litt schwer unter dem Joch des reichen Adels. Ein ungerechtes Abgabensystem zwang sie häufig ins Elend der Schuldknechtschaft. Haß und Bitterkeit als Folgen der Ausbeutung durch den Adel werden in der frühgriechischen Dichtung mit derben Worten geschildert.

Den Großgrundbesitzern wirtschaftlich und juristisch auf Gedeih und Verderb ausgeliefert, forderten die Bauern schon lange eine grundlegende Veränderung der herrschenden Verhältnisse. Entschuldung und Landreform waren ihre Hauptanliegen, und wenn ein einzelner Adeliger hier Abhilfe versprach, konnte er einer starken Anhängerschaft gewiß sein. Zudem bildete der Umstand, daß die Adeligen bei der Erstellung einer Schlachtreihe im Krieg (Phalanx) auf eben diese Bauern angewiesen waren, sogar ein gewisses Druckmittel.

Kylons Versuch, in Athen eine Tyrannis zu errichten, war gescheitert, aber für den alten Adel bedeutete dies einen ernstzunehmenden Warnschuß. Viele andere Städte Griechenlands wurden zu dieser Zeit bereits von Tyrannen regiert, doch in Athen dachte die Aristokratie nicht daran, das Privileg der politischen und religiösen Machtausübung kampflos abzugeben. Drakons und Solons berühmte Reformwerke versuchten zwar, der explosiven Situation noch einmal Herr zu werden, doch die Ursachen der Krise wurden nicht beseitigt. Auch in Athen war die Tyrannis nicht mehr zu verhindern: 546 v. Chr. gelang es dem attischen Adeligen Peisistratos, sich in Athen als Tyrann zu etablieren. Zwei schon vorher von ihm unternommene Putschversuche waren gescheitert, doch sind deren Umstände, bei denen auch die Akropolis eine Rolle spielte, für die politische und religiöse Stimmung der Zeit so bezeichnend, daß Herodots Bericht über die Ereignisse hier im Wortlaut wiedergegeben werden soll:

»[Peisistratos] aber wollte Tyrann werden ... Dabei bediente er sich einer List. Er verwundete sich selbst und seine Maultiere, kam mit seinem Gespann auf den Markt gefahren, wie wenn er eben seinen Feinden entronnen wäre ... und bat das Volk, ihm zu seinem Schutz eine Leibwache zu geben. ... Das athenische Volk ... fiel darauf herein und bewilligte ihm ... eine Anzahl Leute aus der Bürgerschaft, die zwar keine Lanzen führten, aber ein mit hölzernen Keulen bewaffnetes Gefolge des Peisistratos bildeten.

Mit ihrer Hilfe bemächtigte er sich ... der Burg und herrschte seitdem über die Athener. ... So hatte Peisistratos zum ersten Mal die Herrschaft gewonnen, aber auch, noch ehe sie recht Wurzeln gefaßt, wieder verloren.

Bald darauf ... schlug Megakles [ein anderer athenischer Adeliger] dem Peisistratos vor, ob er nicht seine Tochter heiraten und sich der Herrschaft wieder bemächtigen wolle. Peisistratos war das sehr willkommen, sie wurden handelseinig, und um ihn nach Athen zurückzuführen, bedienten sie sich nun eines meines Erachtens geradezu lächerlichen Kunstgriffs. Die Griechen sind doch von je her gescheiter als andere Völker und über törichten Aberglauben erhaben gewesen, und nun scheuten die beiden sich nicht, den Athenern, die auch unter den Griechen gerade für die Allergescheitesten galten, so etwas weis zu machen. Im Demos Paiania [einem Ort in Attika] war ein Weib mit dem Namen Phye [eine Athena-Priesterin und, wie aus anderen Quellen hervorgeht, später Schwiegertochter des Peisistratos!], eine stattliche, hochgewachsene Person. Der legten sie volle Rüstung an, stellten sie glänzend geschmückt auf einen Wagen und fuhren sie in die Stadt. Dabei schickten sie Ausrufer voran, die ... den Leuten zurufen mußten: »Athener, nehmt Peisistratos freundlich auf, dem Athene selbst die höchste Ehre erweist und ihn auf ihre Burg [gemeint ist die Akropolis] zurückführt.« Während sie das unterwegs ausriefen, verbreitete sich auch schon ... das Gerücht, Athene führe Peisistratos zurück, und in der Stadt, wo man wirklich glaubte, daß das Weib die Göttin selbst wäre, betete man das Menschenkind an und nahm Peisistratos mit Freuden auf.« (Herodot I 59–60)

70   Athena führt den Helden Herakles in den Götterhimmel ein. Darstellung auf einem attischen Wasser-
      krug (Hydria). 6. Jh. v. Chr. Paris, Louvre.

Zwar wurde Peisistratos noch einmal aus der Stadt vertrieben, aber schließlich gelang es ihm mit Hilfe eines Söldnerheers, die Macht endgültig an sich zu reißen. Daß der Tyrann im Verlaufe seiner Herrschaft eine besondere Vorliebe für die Gottheit Athena öffentlich bekundete und den keulenschwingenden Heroen Herakles, der bei seinen legendären Taten von Athena persönlich unterstützt worden war, gewissermaßen zu seinem ›Schutzheiligen‹ machte, ist bei der geschilderten Vorgeschichte nur zu gut verständlich. Wohl nicht von ungefähr schildern zahlreiche Bilder auf Keramikgefäßen dieser Zeit, wie der Held Herakles von Athena in den Götterhimmel eingeführt wird – als Belohnung für die Wohltaten, die er den Sterblichen erwiesen hat. In ihrer Vielzahl legten die Bilder dem Betrachter nahe, in Peisistratos einen zweiten Herakles zu sehen, eine Gleichsetzung, die zwar für Adelige alten Schlages einen unerhörten Religionsfrevel bedeuten mochte, die aber sehr wohl geeignet war, bei anderen Schichten den Glauben an ihren charismatischen Führer zu bestärken.

Ob nun die Herstellung solcher Bilder durch Peisistratos und seine Politik provoziert wurde oder ob umgekehrt Peisistratos seine öffentlichen Aktionen nach den religiösen Vorstellungen, wie sie die Bilder ausdrücken, ausrichtete: In jedem Falle bildeten die Taten des Herakles – Sinnbilder für die tatkräftige Überwindung von Mißständen schlechthin – und die prompte Belohnung des Helden durch die Götter einen mythischen Rahmen, in den sich der Tyrann, selbst ein überaus erfolgreicher Krisenbewältiger, effektvoll stellen konnte.

Zielstrebig verfolgt Peisistratos in den folgenden Jahrzehnten eine Politik, durch die Athen wirtschaftlich und kulturell zum modernsten Gemeinwesen der griechischen Welt wird. Privilegien der alten Aristokratie werden beschnitten, einzelne adelige Familien aus Athen verbannt, andere gehen freiwillig ins Exil. Wirtschaftlich gefördert werden die Schichten, die dem Tyrannen zur Macht verholfen haben und auf die er nun Rücksicht nehmen muß: Bauern, Händler und Handwerker. Sie bilden in der Folgezeit einen neuen gesellschaftlichen Mittelstand, der am Ende des Jahrhunderts die Demokratie durchsetzen wird. Um den wenig fruchtbaren attischen Boden optimal zu nutzen, wird nicht mehr alles für den eigenen Bedarf angebaut, sondern statt dessen der Öl- und Weinanbau stark intensiviert. Athen exportiert diese Güter fortan in riesigen Mengen und importiert im Gegenzug andere landwirtschaftliche Produkte, besonders Getreide. Aus der ehemals wirtschaftlich selbständigen Kleinstadt Athen entwickelt sich in diesen Jahrzehnten eine dynamische und weltoffene Handelsmetropole, deren Reichtum sich auf Im- und Export gründet.

Exportiert werden außer Wein und Öl auch handwerkliche Produkte; namentlich attische Keramik stellt einen Artikel dar, der in der gesamten Mittelmeerwelt neue Absatzmärkte gewinnt. Den Umschlag dieser Güter besorgt Athen durch eine große eigene Handelsflotte. Nicht nur der Handel selbst, auch die Arbeit in den Werften verschafft vielen Athenern einen gesicherten Lebensunterhalt. Zum Funktionieren dieses neuen Wirtschaftssystems gehört ein Staat, der in vielem schon moderne Züge hat, zum Beispiel einen regelrechten Staatshaushalt auf Steuerbasis wie auch eine Verwaltung, die die privaten Wirtschaftsinitiativen koordiniert und absichert. Das weit verzweigte wirtschaftliche Tauschsystem Athens macht auch Geld als Zahlungsmittel erforderlich. Seit etwa der Mitte des 6. Jh. v. Chr. prägt Athen eigene Silbermünzen, deren Metall aus neuerschlossenen Minen in Attika gewonnen wird.

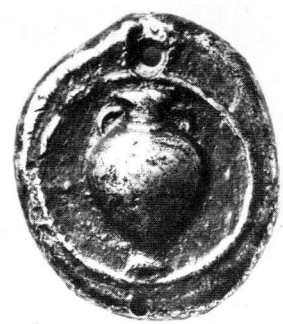

71 Athenische Silbermünze (Didrachmon) mit Darstellung einer großen Amphore. Wein und Öl waren
die wichtigsten Exportgüter Athens. Um 550 v.Chr. London, Britisches Museum.

Viele Tyrannen der Weltgeschichte zeichnen sich durch eine regelrechte Bauwut aus. Auch
unter der Herrschaft des Peisistratos werden großangelegte Projekte durchgeführt, sicherlich
mit breiter Zustimmung derjenigen Bevölkerungsgruppen, die dadurch über längere Zeit in
Lohn und Brot kommen. Die Akropolis aber bleibt bezeichnenderweise von diesen Baumaß-
nahmen weitgehend ausgeklammert, denn Peisistratos versucht seine Politik nicht durch einen
radikalen Bruch mit dem Alten durchzusetzen, sondern durch eine Verlagerung der Aktivitäten auf neue Felder. Die Akropolis aber ist ein exklusives Symbol der alten Aristokratie –
vorsichtiger Umgang mit diesem Symbol scheint geboten. So läßt Peisistratos den Burgberg in
seinem baulichen Erscheinungsbild klugerweise unangetastet. Statt dessen fördert er Projekte,
die bei seiner Anhängerschaft in breiten Schichten Zuspruch finden: Das Wasserversorgungs-
system in der Stadt wird modernisiert, zahlreiche Brunnenhäuser entstehen, Hafenanlagen und
Straßen werden ausgebaut.

Aber nicht nur auf diesem profanen Sektor war der Tyrann tätig, auch die Religion wußte
er politisch zu nutzen. Diejenigen Gottheiten, die die ihn unterstützenden Volksschichten
besonders verehrten, wurden baulich bedacht. Dionysos erhielt einen Kultbezirk mit Tempel
am Fuße der Akropolis, und das Heiligtum der Demeter im nahen Eleusis wurde mit prächtiger Architektur in seinem Rang aufgewertet. Beide Kulte waren mit großen volkstümlichen
Festen verbunden. Auch das Nymphenheiligtum am Südwestabhang der Akropolis (vom
Odeion des Herodes Atticus später teilweise überbaut) erfreute sich in dieser Periode großer
Beliebtheit, wie die Fülle keramischer Weihgaben zeigt.

Die Akropolis selbst aber machte der Tyrann zu einem Ort, an dem Volk und Adel wenigstens im Kult auf einen gemeinsamen Nenner gebracht werden sollten. An den vorhandenen
Kultbezirken mit ihren Bauten wagte Peisistratos nichts zu verändern. Nur auf gewissermaßen
neutralem Boden, nämlich dem Areal südöstlich des Eingangs, wo noch kein alter Kult lokali-

siert war, ließ Peisistratos einen neuen heiligen Bezirk einrichten: bescheiden von Umfang und Aufwand her, aber in seiner Zielsetzung unzweideutig. Der Artemis von Brauron galt der neue Kult.

Brauron war ein kleiner ländlicher Flecken im Nordosten Attikas, und die Landbevölkerung wird die Einrichtung dieses Kultes der Artemis von Brauron auf der Akropolis zweifellos begrüßt haben. Brauron war aber zugleich der Ort, aus dem der Tyrann selbst stammte, und so hat Peisistratos mit dieser Maßnahme auch ein Denkmal seiner eigenen Herrschaft errichtet. Sogar die alten Aristokraten zeigten sich zufrieden, stellte sich doch der Tyrann mit seiner Stiftung in die adelige Tradition, durch eigene Freigiebigkeit die Athener Akropolis auszuschmücken. Das neue Heiligtum zog zahlreiche Besucher vom Lande an, und so bewirkte diese auf den ersten Blick recht unscheinbare und bedeutungslose Baumaßnahme eine Öffnung der Akropolis für breitere Bevölkerungsschichten.

Öffnung war auch das Ziel der weiteren Religionspolitik des Tyrannen. Athena mit ihrem alten Kult auf der Akropolis wurde schon seit langem mit festlichen Umzügen geehrt, die vor dem Tempel der Göttin auf dem Burgberg endeten. Alle vier Jahre wurde das Fest in großem Stil begangen, in den Jahren dazwischen in bescheidenerer Form. Auch sportliche Wettkämpfe fanden zusammen mit den Feierlichkeiten statt. In der Frühzeit hatte es nur Reiterspiele

72 Frauen am Brunnen mit Wassergefäßen. Darstellung auf einer attischen Hydria des 6. Jh. v. Chr. Rom, Vatikan.

gegeben, die allein den vermögenden Aristokraten offenstanden. Schon vor Peisistratos' Tyrannis waren die Wettkämpfe um Ringen, Laufen, Springen und Diskuswurf erweitert worden – Sportarten, an denen sich jeder Vollbürger Athens beteiligen konnte. Das einst elitäre Fest der Aristokratie wandelte sich so immer mehr zu einem ereignisreichen und attraktiven Volksfest, das von Adel und Volk gemeinsam gefeiert wurde.

Höhepunkt und Abschluß des Festes bildete der große Umzug, der mit der Übergabe eines Gewandes an das hölzerne Kultbild der Athena auf der Akropolis endete (die bildliche Darstellung dieses Festzuges auf dem Fries des Parthenon wird uns später noch beschäftigen). Die Öffnung des Festes für breite Bevölkerungsschichten machte sich Peisistratos politisch zunutze. Er ließ den Umzug und die Wettkämpfe mit großer Pracht ausstatten, sorgte für zusätzliche Attraktionen wie Wettsingen, -musizieren und -rezitieren und machte das Fest zu den in den folgenden Generationen in der ganzen griechischen Welt herausragenden Panathenäen. Nun

73   Die erste große Toranlage auf der Akropolis um 530 v. Chr., die peisistratidischen Propyläen. Nur sehr wenige Spuren dieser Anlage haben sich erhalten. Rekonstruierter Grund- und Aufriß.

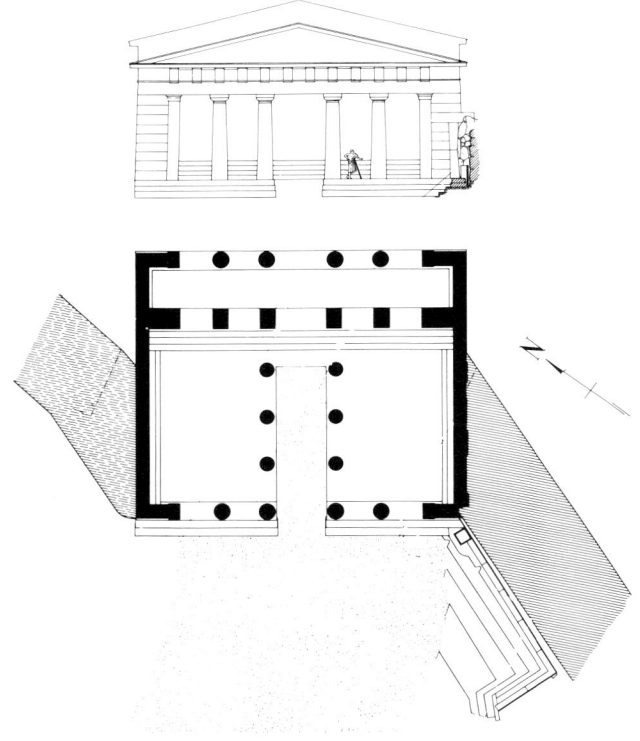

war die Akropolis nicht mehr exklusives Heiligtum der obersten Gesellschaftsschicht, sondern diente der religiösen und kulturellen Identifikation aller freien Athener. Am baulichen Erscheinungsbild hatte sich nur wenig geändert, dafür aber um so mehr an dem, was sich dort abspielte, und an dem Personenkreis, der daran teilnahm.

Erst als im Jahre 527 v. Chr. die Macht von Peisistratos an seine Söhne Hippias und Hipparchos übergeht – ein für die Herrschaftsform der Tyrannis ganz außergewöhnlicher Vorgang –, gewinnt die Akropolis ein neues Aussehen. Der alte Tempel der Athena, ursprünglich aus Holz und Stein erbaut, wird nun bis auf die Cella abgerissen und erhält ein neues, repräsentatives Kleid aus Steinsäulen und steinernem Gebälk, reich geschmückt mit farbig gefaßten Marmorskulpturen (s. Farbabb. 11). Außerdem entsteht an der Stelle der älteren, einfachen Hofanlage ein prachtvolles Eingangstor zum Heiligtum: Von außen ebenso wie vom Innern des Heiligtums gesehen hat es tempelähnliche Gestalt; so erscheint der Torbau selbst wie eine Sakralarchitektur. Im Innern dieser Propyläen wird der ansteigende Weg, auf dem der Besucher das Heiligtum betritt, von Säulen gesäumt – ein für den damaligen Betrachter gänzlich neuer und ungewohnter Anblick.

Erste ›bürgerliche‹ Weihungen auf dem Burgberg.
Die Errichtung der Demokratie in Athen

Seit etwa 530 v. Chr. dient die Akropolis nicht mehr allein dem alten Adel und einigen wenigen nichtadeligen Vermögenden zur öffentlichen Selbstdarstellung, sondern nun werden auch von denjenigen Bevölkerungsgruppen, die unter der Tyrannis durch eigene Arbeit zu Geld und Ansehen gekommen sind, Weihgeschenke in das Heiligtum gestiftet. Schiffbauer, Gerber, Tuchwalker, Töpfer, Zimmerleute, Schreiber und viele weitere Gewerbe- und Handeltreibende zeigen auf diese Weise nun stolz ihren neuen religiösen und sozialen Anspruch. Zunächst drückt häufig nur die Inschrift den Status der Weihenden aus, während das Weihgeschenk selbst noch an den althergebrachten Wertvorstellungen der Aristokratie orientiert ist, so etwa wenn der Töpfer Nearchos eine Korenstatue auf die Akropolis weiht.

Zuweilen aber zeigt sich nun auch in den Weihgeschenken selbst ein neues Selbstbewußtsein ihrer Stifter. So läßt am Ende des 6. Jh. v. Chr. ein Töpfereibesitzer ein Marmorrelief aufstellen, auf dem er selbst abgebildet ist: vornehm im Mantel auf einem sorgsam gedrechselten Stuhl sitzend, mit Produkten seiner Werkstatt – zwei Trinkschalen – in der Hand. Er stellt damit seine handwerklich-künstlerische Fähigkeit, die bei den Griechen gerühmte ›Techne‹, und den daraus resultierenden Markterfolg seiner Produkte zur Schau. Zugleich signalisiert er damit aber auch in aller Deutlichkeit seinen nicht-adeligen Stand.

Mancher Adelige muß sich damals in einer zwiespältigen Situation befunden haben. Noch lagen Macht und politischer Einfluß in den Händen der traditionsreichen Familien, aber die Zeichen des Umbruchs waren unverkennbar. Mußte es in dieser Situation nicht auch einem

74 Bruchstück eines Weihreliefs von der Akropolis (ergänzt) mit Darstellung eines Töpfers; in seiner Hand zwei Trinkschalen. Um 510 v. Chr. Athen, Akropolis-Museum.

Adeligen von Vorteil erscheinen, allzugroße Eindeutigkeit zu vermeiden? Ein junger, vornehmer Mann, vielleicht Sieger in einem Wettkampf bei den panathenäischen Spielen, ließ sich kurz vor 480 v. Chr. auf der Akropolis durch eine idealisierte Marmorstatue feiern, deren Kopf eine eigentümliche und für die damalige Zeit bezeichnende Frisur aufweist: Auf den ersten Blick zwar mit der damals modernen ›demokratischen‹ Kurzhaartracht, doch in Wirklichkeit mit langem Haar (wie es die altattischen Kouroi getragen hatten), das hier aber zu Zöpfen geflochten und so kunstvoll unter die Deckhaare gelegt ist, daß nur der aufmerksame Betrachter die Diskrepanz bemerkt. So ließen sich die Haare bei passender Gelegenheit auch wieder lösen ...

Auch der berühmte sogenannte ›Kritios-Knabe‹ im Athener Akropolis-Museum gehört zu den spätesten Skulpturen vor der Zerstörung der Akropolis durch die Perser und zeigt in seiner modernen ›klassischen‹, zugleich aber auch noch den alten Traditionen verpflichteten Haltung und Frisur den Umbruch vom archaischen, adeligen Wertesystem zu den neuen demokratischen Idealen.

In den letzten Jahrzehnten des 6. Jh. wurde die Tyrannis nicht nur von konkurrierenden Adelsfamilien bedrängt, sondern außerdem von eben den Neureichen, die erst durch die Tyrannis zu Wohlstand gekommen waren und nun politischen Einfluß begehrten. Die

75   Kopf eines jungen Mannes, sogenannter Blonder Kopf. Von der Akropolis. Marmor. Eine der spätesten Skulpturen aus dem Perserschutt, also kurz vor 480 v. Chr. entstanden. Athen, Akropolis-Museum.

76   Blonder Kopf, Seitenansicht.

Peisistratos-Söhne Hippias und Hipparchos konnten sich in ihrer Tyrannis nur durch Terror an der Macht halten. Hipparchos fiel 514 v. Chr. bei seiner Teilnahme am panathenäischen Festzug, als er die Akropolis betreten wollte, einem Attentat durch die Athener Harmodios und Aristogeiton zum Opfer. Sein Bruder Hippias konnte noch wenige Jahre weiterregieren, aber schon 510 v. Chr. machte eine Koalition zwischen der Adelsfamilie des Kleisthenes und den Spartanern der Tyrannis ein Ende. Kleisthenes und seine Anhänger vertrieben die Sippe des Peisistratos und viele weitere Adelsfamilien aus Athen. Der Ostrakismos, das legendäre Scherbengericht Athens – man schrieb den Namen des bestgehaßten Adeligen auf eine Tonscherbe –, wurde nun zum gefürchteten Instrument gegen tyrannisverdächtige Aristokraten: Athen beginnt sich zum bürgerlichen Staat zu wandeln.

507 v. Chr. wird unter Kleisthenes eine großangelegte Verfassungs- und Heeresreform durchgeführt. Unter lautstarkem Protest des Adels vollzieht sich eine weitgehende Gleichstellung der drei ersten Stände; nur die vermögenslosen Theten bleiben noch ausgeschlossen. Diese Gleichstellung (Isonomie) ist die Keimzelle der attischen Demokratie. Entscheidenden Anteil am politischen Umbruch sollten jedoch auch Umstände außerhalb Athens haben: der Einfall der Perser in Griechenland.

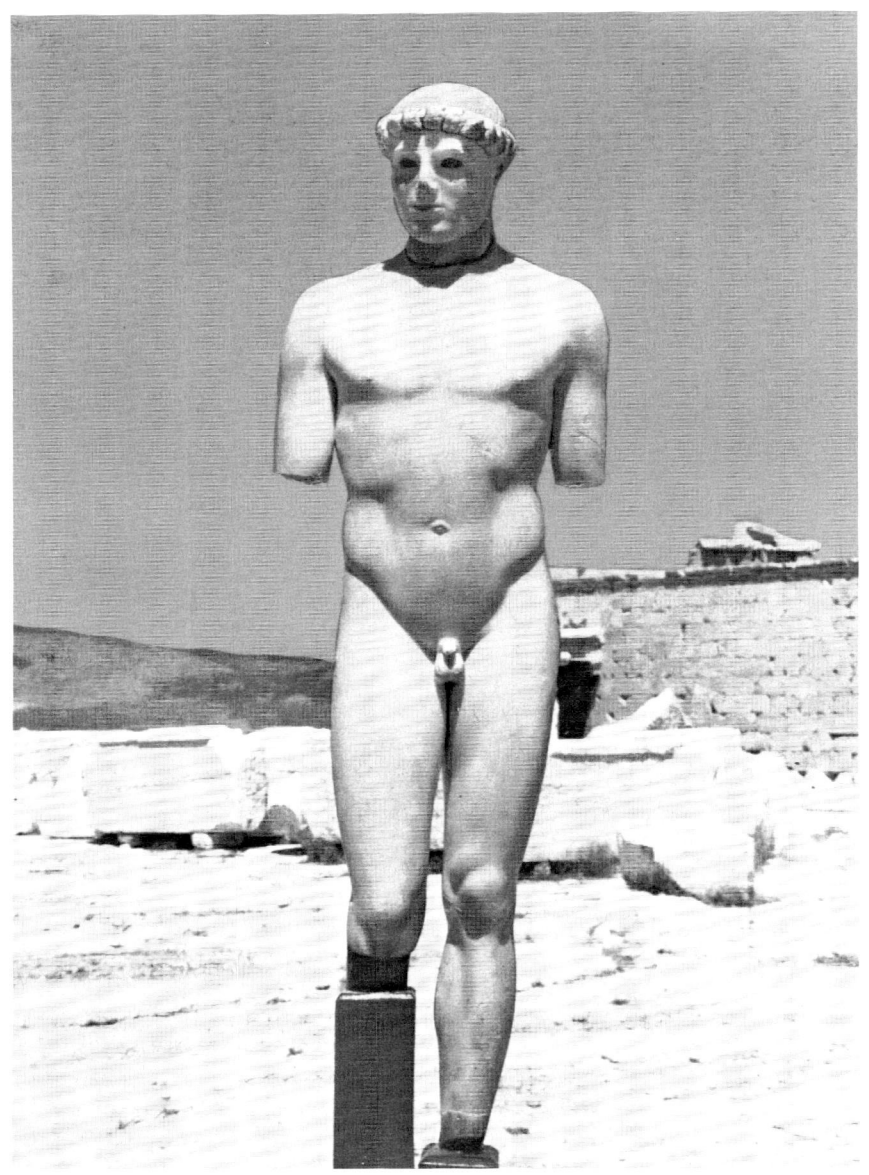

77   Statue eines Jünglings von der Akropolis, sogenannter Kritios-Knabe. Sieger in einem Wettkampf?
Marmor. 490/80 v. Chr. Athen, Akropolis-Museum.

Zerstörung des archaischen Heiligtums im Perser-Krieg und Versuch eines Neubeginns: Ruinen als Mahnmale

Viele griechische Städte an der türkischen Ägäis-Küste hatten im 6. Jh. v. Chr. unter persischem Einfluß gestanden, ohne daß dies der Entfaltung griechischer Kultur Abbruch getan hätte. Auch Adelsfamilien auf dem griechischen Festland pflegten beste Kontakte zu Persien. Erst ein Aufstand der Milesier gegen die persische Oberherrschaft führte zum offenen Konflikt.

Milet wird 494 von den Persern eingeäschert. In Athen löst die Vernichtung der befreundeten Stadt größte Bestürzung aus. Die Aufführung der Tragödie ›Der Fall von Milet‹ vor dem athenischen Theaterpublikum führt zu wahren Tumulten; die Trauer der Bürger schlägt in politische Aktion um. Man entschließt sich, die bedrängten griechischen Städte an der kleinasiatischen Küste gegen Persien zu unterstützen. Damit aber ist für das persische Großreich der Anlaß zum Krieg gegeben. Ein gewaltiges Heeres- und Flottenaufgebot, vom Großkönig selbst angeführt, fällt im Jahr 490 v. Chr. über die Dardanellen in Griechenland ein.

Die immer näher rückende Bedrohung bringt die Griechen zunächst nicht zu gemeinsamer Gegenwehr, sondern löst Panik und in der Folge bürgerkriegsähnliche Zustände zwischen strikt antipersischen und eher unterwerfungsbereiten Parteien aus. Verdächtigungen und Hochverratsprozesse peitschen die Stimmung auf, während das persische Heer ungehindert von Norden her in Griechenland einmarschiert und die Flotte eine ägäische Insel nach der anderen erobert. In der Verzweiflung wendet man sich an das Delphische Orakel, das indessen als ›unabhängige Instanz‹ widersprüchliche Losungen ausgibt: Schließlich sind es nicht nur die Griechen, die hier gegen Geld Rat suchen, sondern auch der unübertroffen spendable persische Großkönig ... Athen aber bleibt bei dieser ersten Attacke durch die Perser verschont, denn die große Entscheidungsschlacht findet unmittelbar nach der Landung der persischen Invasionstruppen an der attischen Küste bei Marathon statt. Die Athener können hier in fast auswegloser Lage die Unterwerfung Griechenlands durch Persien abwenden, während sich die größte griechische Militärmacht Sparta nur mäßig engagiert und mehr die Verteidigung des eigenen Gebietes, der Peloponnes also, im Auge hat.

Mit dem Sieg der Griechen bei Marathon ist der Krieg aber nicht zu Ende. Bereits zehn Jahre später marschieren die Perser wieder gegen Griechenland, und diesmal sollte auch die Akropolis ihrem Angriff zum Opfer fallen. Mit einem gewaltigen Heeresaufgebot aus verschiedenen vorderorientalischen Völkerschaften zieht der persische Großkönig Xerxes durch Kleinasien zu den Dardanellen. Über die Meerenge mit ihrer reißenden Strömung wird eine Schiffsbrücke geschlagen, über die das Heer samt Wagen, mitgeführten Tieren und immensem Gepäck ziehen soll: eine für damalige Verhältnisse tollkühne Ingenieursleistung, denn die Dardanellen sind an ihrer schmalsten Stelle immerhin 1300 m breit. Durch einen Sturm reißen die Taue, was den Herrscher aber nicht von seinem Vorhaben abbringt. Nach orientalischer Königsideologie ist der Herrscher *immer* siegreich; die Überwindung jedweder Widrigkeiten gehört zu seinen unverzichtbaren Herrschertugenden.

Xerxes läßt nicht nur die Brücke sofort wieder herstellen und die für den ersten Bau Verant-wortlichen köpfen, sondern demonstriert durch eine symbolische Handlung seine Macht auch über die Naturgewalten: Er läßt der Meerenge 300 Peitschenhiebe geben und verhöhnt sie in einem zeremoniellen Akt mit folgenden Worten: »Du tückisches Wasser, so bestraft dich unser Herr, weil du ihn beleidigt hast, obwohl er dir nichts zuleide tat. König Xerxes wird doch über dich gehen, du magst es wollen oder nicht. Daß man dir Opfer bringt, bist du nicht wert, du salziger und übler Fluß!« Die Worte sind von dem athenischen Geschichtsschreiber Herodot überliefert, und zweifellos ist die Kunde über solche Ereignisse, die sich in Griechenland wie ein Lauf-feuer verbreiten, geeignet, den Gegner in Angst und Schrecken zu versetzen.

Tatsächlich können die Griechen den anrückenden Feind trotz verzweifelter Gegenwehr nicht aufhalten. In der legendären Schlacht bei den Thermopylen in Böotien wird ein Teil des griechischen Landheeres völlig aufgerieben; am Kap Artemision, der Nordspitze von Euböa, erkämpft sich die persische Flotte den Zugang nach Attika. Die Städte Mittelgriechenlands ergeben sich den Persern; auch die Priesterschaft von Delphi, schon eh und je um günstige Beziehungen zu Persien bemüht, rettet ihre Schätze durch Überlaufen zum vermeintlichen Gewinner. Trotz dieser Perser-Freundlichkeit der delphischen Priesterschaft sollten in dieser Situation zwei Orakelsprüche der Pythia – allerdings eine Reihe von Jahren zuvor ausgespro-chen – für die Griechen und speziell für die Athener eine entscheidende Rolle spielen.

Die Athener hatten nach der Schlacht von Marathon, da ihnen trotz des Sieges die Fortdauer der persischen Bedrohung vor Augen stand, die Priesterin in Delphi um einen Spruch gebeten. Das Orakel klang vernichtend:

»An das Ende der Erde flieh' aus der Heimat
Flieh' vom hochragenden Felsen der Stadt! ...
Nichts bleibt verschont, denn alles erliegt dem verzehrenden Feuer ...«

(Herodot VII 140)

Das Orakel, aus dem hier nur einige Zeilen zitiert sind, ließ für die Athener in der Tat keiner-lei positive Interpretation zu. In ihrer Verzweiflung und Furcht, mit solch düsteren Nach-richten nach Athen zurückzukehren, wichen die Gesandten jedoch nicht vom Sitz der Pythia, bis sie ein zweites, diesmal in seiner Bedeutung wenigstens dunkles und damit auslegungsfähi-ges Orakel abgab. Wieder spielte dabei die Akropolis eine zentrale Rolle. Das Orakel selbst und der bezeichnende Umgang der Ratsuchenden mit dem Götterspruch ist wiederum durch Herodot (VII 141) überliefert. Das Orakel lautete:

»Alles gehört den Feinden, soviel des Kekrops' Hügel [die Akropolis]
Und des Kithairons Tiefe [die Nordgrenze Attikas], des göttlichen Berges, einschließt.
Nur die Hölzerne Mauer schenkt Zeus seiner Tritogeneia [Athena]
Sie allein bleibt heil zur Rettung für dich und die Kinder.
Nicht zu Lande halte du stand den feindlichen Scharen,
Die zu Roß und Fuß dich bedrängen; nein, kehre den Rücken,
Fliehe! Es kommt die Zeit, da deine Stirn du erhebest!
Salamis, göttliche Insel, du mordest die Söhne der Mutter ...«

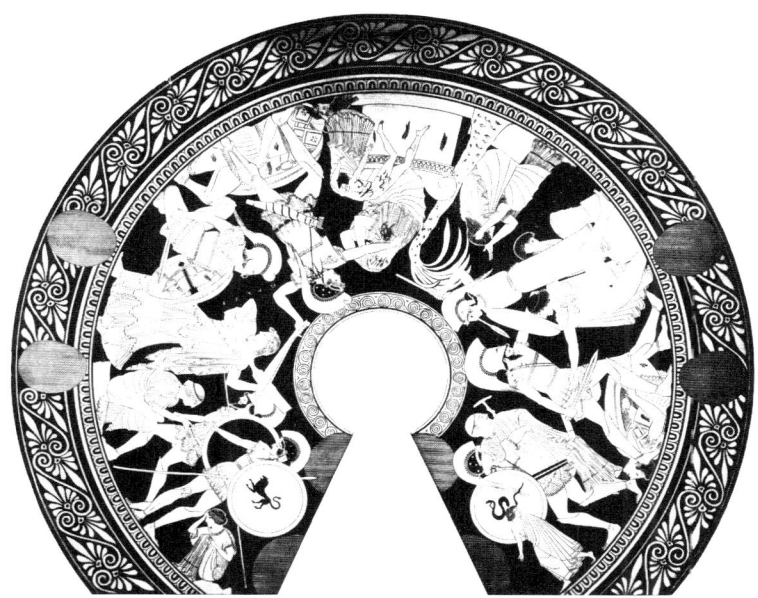

78 Zwei Szenen aus dem Trojanischen Krieg: Ajax vergewaltigt Kassandra am Kultbild der Athena (links); Neoptolemos erschlägt Priamos und dessen Enkel Astyanax am Altar des Zeus (rechts). Attische Hydria, frühes 5. Jh. v. Chr. Neapel, Museo Nazionale.

Herodot berichtet weiter: »Das schien ihnen [den Gesandten] und war auch wirklich ein günstigerer Spruch. Sie schrieben ihn auf und kehrten heim nach Athen. Daheim sagten sie den Spruch dem Volke, und viele verschiedene Meinungen wurden laut, was er bedeuten möchte. Zwei Meinungen hauptsächlich standen einander gegenüber. Von den älteren Leuten behaupteten viele, der Gott meine, daß die Akropolis erhalten bleibe. Denn die Akropolis in Athen war vor Zeiten mit einer Dornhecke umzäunt gewesen. Das sei, meinten sie, die hölzerne Mauer. Die anderen sagten, der Gott meine die Schiffe: darum solle man die Flotte instandsetzen und alles andere fahren lassen. Aber diese Männer, die unter der hölzernen Mauer die Flotte verstanden, wurden durch die beiden letzten Verse des Orakels irre gemacht:

Salamis, göttliche Insel, du mordest die Söhne der Mutter ...

Dabei stutzten die Männer, die die hölzerne Mauer als die Flotte erklärten. Sie deuteten nämlich die Worte so, als ob Athen in einer Seeschlacht bei Salamis erliegen würde.«

Der Ausgang der Ereignisse ist bekannt. Die Athener setzten alles auf eine Karte. Dem Rat des Themistokles folgend, gaben sie die Stadt und die Akropolis preis, evakuierten die Bevölkerung auf die nahegelegene Insel Salamis und stellten sich mit ihrer Flotte den Angreifern. Auf dem Burgberg blieb, wie Herodot überliefert, lediglich eine kleine Schar von Tempelhütern zurück sowie einige Leute, die sich aus Mangel an Dynamik und Mut zum Aufbruch und in der Meinung, das Orakel besser verstanden zu haben, dort verschanzten. Ihre Zuflucht

79   Der persische Großkönig Dareios (Regierungszeit 522–486 v. Chr.) auf seinem Thron. Ausschnitt aus
der Bemalung eines griechisch-apulischen Volutenkraters (Prunkgefäß, Grabbeigabe). 4. Jh. v. Chr.
Neapel, Museo Nazionale.

im Heiligtum half ihnen wenig. Was athenische Vasenmaler auf ihren Gefäßen so oft als
Schreckensbild des Krieges dargestellt hatten, wie nämlich im Heiligtum Asylsuchende an den
Altären vom Feind niedergemetzelt werden, widerfuhr nun den auf der Akropolis Einge-
schlossenen. Einige stürzten sich vom Burgfelsen in die Tiefe, die übrigen wurden an den
Altären erschlagen. Das Heiligtum wurde von den Persern geplündert und niedergebrannt.

Die entscheidende Seeschlacht von Salamis aber gewinnen die Griechen. Während der Per-
ser-König wie in einem zeremoniellen Akt von seinem eigens auf einer Anhöhe postierten
herrscherlichen Sitz der Schlacht wie einem ihm zu Ehren dargebotenen Schauspiel beiwohnt,
muß er erleben, wie seine Flotte von den kleinen, taktisch geschickter operierenden griechischen Schiffen vernichtet wird. Auch zu Lande wird nun die persische Übermacht geschlagen.
Das vereinigte Landheer der hellenischen Stadtstaaten siegt in der berühmten Schlacht von
Plataiai in der Nähe von Delphi. Die Perser werden nicht nur aus Griechenland verdrängt,
sondern nun auch auf asiatischem Gebiet angegriffen und besiegt. Die ionischen Städte an der
kleinasiatischen Küste, von denen der ganze Krieg seinen Ausgang genommen hat, fallen
wieder der griechischen Machtsphäre zu.

Die Freude der Sieger bleibt nicht ungetrübt. Zunächst wird Rache an denen geübt, die
sich in der Gefahr perserfreundlich gezeigt haben oder denen ein solches Verhalten nachgesagt

wird. Die Anklage des ›Medismos‹ (es mit den Persern zu halten) wird zum politischen Kampf-mittel in Griechenland, mit dem sich mancherlei Verbannungen und sonstige Strafaktionen begründen lassen. Nicht nur das Problem der Kollaboration verursacht politischen Haß und Mißtrauen, auch die Frage, wer denn den Hauptanteil am Sieg habe, ist unter den Griechen, wie nicht anders zu erwarten, strittig: Kriegsbeute mochte man getrost gemeinsam den Göt-tern weihen, den Ruhm aber beansprucht jeder exklusiv für sich. In diesem ›Vaterländischen Krieg‹ nicht todesmutig in vorderster Front gestanden zu haben, zählt in der ganzen Folgezeit zum schmählichsten aller Vorwürfe. So greift man zu allerlei Tricks, wenn es gilt, Beweise der eigenen heldischen Wehrhaftigkeit beizubringen. Über die Vorgänge nach der Schlacht von Plataiai gibt Herodot die folgende Anekdote wieder (IX 85):

»Die Hellenen begruben ihre Toten, jede Stadt die ihrigen. Die Spartaner gruben drei Gräber ..., die Leute von Tegea begruben ihre Toten in einem einzigen Grabe, auch die Athener ..., ebenso die Megarer. Diese Gräber enthielten wirklich die Toten, während ich von den übrigen Grabhügeln, die man bei Plataiai sieht, erfahre, daß die Städte, die an der Schlacht nicht teilgenommen haben, aus Scham leere Grabhügel aufgeschüttet haben, um die Nachwelt zu täuschen.«

Zweifellos hatten die Athener durch ihre Flotte einen ganz entscheidenden Anteil an der Abwehr der Perser. Diese Flotte war es, die Athen in der Folgezeit zu der Großmacht werden ließ, die die heute so berühmten und glanzvollen klassischen Marmorbauten auf der Akropo-lis errichtete; diese Flotte war es zugleich aber auch, die in den folgenden Jahrzehnten das Zerwürfnis mit Sparta und damit das Elend des Peloponnesischen Krieges mit dem Fall Athens am Ende des Jahrhunderts heraufbeschwor.

Als die Athener nach ihren glanzvollen Siegen wieder in ihre Stadt einzogen, fanden sie die Akropolis geplündert und zerstört vor. Vom Alten Athena-Tempel war die Ringhalle einge-stürzt, der Cellabau aber stand noch aufrecht und konnte mit einem neuen Dach versehen werden und das uralte heilige Kultbild der Athena Polias wieder aufnehmen. Was hätte näher-gelegen, als das Heiligtum sofort in alter Pracht wieder herzustellen? Die Athener verhielten sich jedoch gänzlich anders.

Nach ihrem gemeinsamen Sieg über die Perser hatten alle beteiligten Griechen-Städte in einer Zusammenkunft bei Plataiai den heiligen Eid geschworen, das von den Persern Ver-wüstete nicht wieder aufzubauen, sondern zum Zeichen ewiger Fehde die Ruinen in den zahl-reichen zerstörten Heiligtümern – nicht allein die Athener Akropolis war betroffen – als Mahnmale stehen zu lassen. Im Abwehrkampf gegen die Perser war ein Feindbild entstanden, das den Gegner als niederen Barbaren abstempelte: Nicht mehr die jeweiligen historischen Potentaten waren es nach dieser Ideologie, die über Griechenland hergefallen waren, sondern ein angeblich uralter Gegensatz zwischen Orientalen und Griechen hatte hier seinen bisheri-gen Höhepunkt erreicht. Das noch in viel späteren geschichtlichen Epochen und selbst bis heute unheilvolle Klischee eines sich kulturell überlegen fühlenden ›mannhaften‹ Abendlandes gegenüber einem minderwertigen und verweichlichten, despotisch regierten und stets als Masse vorgestellten Orientalentum nahm hier seinen Ursprung.

Tatsächlich haben die Athener in der ersten Zeit die Akropolis weitgehend in dem desolaten Zustand belassen, in dem sie sie nach Abzug der Perser vorfanden. Nur außerhalb des heiligen

Bezirks, am Fuß des steil abfallenden Nordabhangs, versah man eine schon seit uralter Zeit benutzte Quelle, die sogenannte Klepsydra, mit einem Brunnenhaus und einem gepflasterten Hof. Die Ruinen dieses nicht für die Akropolis, sondern für die Stadt wichtigen Zweckbaues aus den Jahren 470/60 v. Chr. sind noch heute im Norden unterhalb der Propyläen zu sehen. Auf dem Burgberg selbst dagegen stellte man zunächst Kriegsbeute mit hohem Symbolwert zwischen den Ruinen auf: die Seile und ein Schiff von der legendären persischen Pontonbrücke über den Hellespont, der nicht minder erinnerungsträchtige Thron des Xerxes, von dem aus dieser die Niederlage der Griechen zu sehen gehofft hatte, und schließlich als weitere Trophäen die Waffen und Rüstungen herausragender persischer Generäle.

Die Errichtung neuer Monumente dagegen, auch in Form von Statuenweihungen, wurde in diesen Jahren – von wenigen Ausnahmen abgesehen – bewußt vermieden. Nur den in der Schlacht von Marathon gefallenen athenischen Heerführer Kallimachos ehrte Athen durch ein Monument auf der Akropolis: eine Nike-Statue (Nike ist die Göttin des Sieges) auf einer Säule, deren Schaft eine Ruhmesinschrift für Kallimachos trug. Einige Fragmente dieses Ehrendenkmals, das vermutlich die Heimatgemeinde Aphidnai ihrem berühmten Bürger unmittelbar nach der Schlacht von Marathon stiftete, sind heute im Akropolis-Museum zu sehen. Auch errichtete der Bezirk Marathon, wo ja unter großen Opfern der erste Sieg über die Perser erfochten worden war, für alle dort Gefallenen ein Mahnmal auf der Akropolis. Schließlich erhielten einige prominente Kriegsteilnehmer das Recht zugebilligt, Weihgeschenke für Athena zum Dank für die vorübergegangenen Gefahren auf die Akropolis zu stiften.

Nicht nur auf dem Burgplateau selbst sollte die ›Erbfeindschaft‹ zwischen Griechen und Orientalen in mahnender Erinnerung gehalten werden. Auch nach außen hin wurde ein Zeichen gesetzt: Ganz oben auf die Krone der nördlichen Umfassungsmauer der Akropolis, von weitem sichtbar und besonders von der Agora als dem politischen Zentrum Athens aus gut erkennbar, stellte man die Gebälkteile des Alten Athena-Tempels, die bei der Zerstörung des Bauwerks durch die Perser herabgestürzt waren, zur Schau – Architrav, darüber Triglyphen und Metopen, durch ihre unterschiedlichen Steinfarben optisch markant voneinander abgesetzt, darüber, wie am echten Tempel auch, das Geison und zuoberst schließlich wahrscheinlich auch die Dachziegel, die heute aber nicht mehr erhalten sind. So wurden Ruinenteile zum Mahnmal umarrangiert und zugleich dem Burgberg als Ganzem von außen das vage Bild einer Tempelruine aufgeprägt.

Auch weiter im Osten sieht der aufmerksame Tourist von der Plaka aus in die Nordmauer eingebaute Architekturteile, diesmal aber von ganz anderer Art: Säulentrommeln und Quadersteine in roher, unregelmäßiger Versetzung, also nicht wie im ursprünglichen Architekturzusammenhang. Die insgesamt mehr als 50 Säulentrommeln sind zwar geglättet, von den Kanneluren aber nur bei einigen der Ansatz ausgeführt. Es handelt sich um Säulentrommeln eines Bauwerks, das begonnen, aber aus irgendwelchen Gründen nie vollendet wurde – den in der archäologischen Forschung bis heute heiß umstrittenen ›Vorparthenon‹.

Daß die Athener an der Stelle des heute sichtbaren Parthenon einen Vorgängerbau geplant und begonnen hatten, steht außer Zweifel. Reste der Fundamentierung und der untersten Bauglieder haben sich in den Substruktionen des späteren Parthenon erhalten. Umstritten

80   Bauglieder des Alten Athena-Tempels in der Nordmauer der Akropolis.

81   Bauglieder des Vorgängers des Parthenon in der Nordmauer der Akropolis.

ist jedoch die exakte Datierung dieses Vorgängerbaus, der irgendwann zwischen 490 und 460 v. Chr. begonnen worden sein muß. Deutlich erkennbar wird hier ein neuer Geist: Uns unbekannte Personen oder Personengruppen planten offenbar eine architektonische Neubebauung der Akropolis und kamen mit ihren Intentionen immerhin so weit, daß Fundamente, Stufenbau und sogar Säulentrommeln eines Tempels errichtet wurden, der mit seinem langgesteckten Grundriß (vermutlich 6 × 16 Säulen) noch in traditionellen, archaischen Baumustern verwurzelt war.

Geschah dies vor 480, wofür bestimmte Indizien sprechen, so hätte der Perser-Sturm das Projekt unterbrochen, das auch in der Folgezeit nicht wieder aufgenommen wurde. Begann man aber mit dem Bau des Vorparthenon nach 479, so könnte man ausschließlich politische Gründe für den Abbruch des Unternehmens verantwortlich machen. Dann hätten sich nämlich diejenigen Athener durchgesetzt, die die Akropolis als ewiges Mahnmal des ›Perser-Frevels‹ erhalten wollten; sie hätten einen Baustop bewirkt und obendrein die halbfertigen Teile als weithin sichtbares Symbol in die Nordmauer eingefügt, zweifellos zum Verdruß der in dieser Angelegenheit unterlegenen Baubefürworter.

Erst in der Zeit unmittelbar nach dieser Zwischenphase entstanden neue Konzepte, die von der Idee einer Akropolis als ewiger Ruine abrückten und den Burgberg zum sichtbaren Zeichen der neuen Weltmacht Athen ausgestalteten. Nach langem Zögern also und mancherlei religiös-politischem Streit sollten die vier heute so bewunderten klassischen Bauten mit ihren Skulpturen entstehen: der Parthenon und die Propyläen, der Nike-Tempel und das Erechtheion.

Religion im Dienst der Politik: Die Klassik

Bauten und Bilder der radikalen Demokratie

Parthenon, Propyläen, Nike-Tempel und Erechtheion – diese vier strahlenden Marmorbauten, die heute das Bild der Akropolis ausmachen, entstanden innerhalb der kurzen Zeitspanne von der Mitte bis zum Ende des 5. Jh. v. Chr. (s. Farbabb. 10). Als Symbol der Lebensanschauungen einer neuen, demokratischen Gesellschaft zeugten sie über Jahrhunderte vom Glanz und Ruhm Athens, sogar in Zeiten, als die Stadt selbst an Bedeutung verlor. Diese vier Bauten mit ihrem Skulpturenschmuck machten schon in der Antike den Burgberg zum vielbestaunten Museum, zum Symbol von Klassik schlechthin. Sie waren es, die in der Neuzeit zu einer Renaissance griechischer Klassik führten, zu einer Faszination, die bis heute ungebrochen anhält, wie die Scharen von Touristen, die den Burgberg Jahr für Jahr besuchen, zeigen. Aber sucht der heutige Betrachter wirklich nur Harmonie und edle Form, wie es Werbung und mancher Reiseführer salbungsvoll verheißen? Das Interesse, das diese Bauten immer wieder hervorrufen, beruht nicht zuletzt auch auf der Erwartung, in den Steinen noch authentische Spuren von Leben, auch in seinen Widersprüchen, seinen Licht- und Schattenseiten, zu entdecken. Aber nur eine detaillierte und nüchterne Betrachtung der Bauten und Skulpturen und ihre Einbettung in ein dichtes Netz historischer Hintergrundinformationen kann diese Ebene des Lebens erschließen.

Tatsächlich waren die klassischen Akropolis-Bauten wie kein anderes Monument bis in ihre Details hinein Ausdruck und Ergebnis nicht allein von Harmonie, sondern ebenso von widerstreitenden Interessen und Anschauungen. In der radikalsten Phase der athenischen Demokratie entstanden, drückten sie nicht den Willen eines Einzelnen oder einer homogenen Gruppe, sondern einer vielfältigen Gesellschaft aus. Auch stand nicht nur schlichte Begeisterung für Formvollendung und Proportion hinter der Errichtung dieser großartigen Bauten. Architektur und Skulptur waren vielmehr Träger von Botschaften, sie sollten dem Betrachter ein Bild von Stärke und Selbstverständnis des neuen demokratischen Athen vermitteln, der Hegemonialmacht über fast die ganze Ägäis-Welt: Religion im Dienst der Politik.

Nicht nur das Aussehen der fertigen Bauten mit ihrem Skulpturenschmuck war neu und einzigartig, auch die Art, wie sie geplant und errichtet wurden, war ein Novum in der Geschichte – und entspricht ebensowenig unserer heutigen Vorstellung von einem Bauprojekt. Große, durchkonzipierte künstlerische Projekte halten die meisten modernen Menschen für ein Resultat des ›schöpferischen Genius‹, oft Planer und Realisator in einem. Ob Michelangelo, Rembrandt, Goethe oder Fellini: Immer scheint es die individuelle Persönlichkeit mit ihrer Kraft und Inspiration zu sein, die bleibende Kulturwerte schafft. Diese Überzeugung wird heute ja auch immer wieder gegen die Mitbestimmung einer breiten Öffentlichkeit bei konzeptionellen künstlerischen Fragen ins Feld geführt. Und doch: Eben ein solches gemeinsames Planen, Gestalten und Ausführen durch eine große Bevölkerungsgruppe ließ die klassischen Bauten auf der Akropolis entstehen.

Falsch wäre jedoch die Vorstellung, daß ›alle an einem Strick zogen‹, alle wie von selbst das gleiche wollten; das Streitgespräch, die Suche nach Anhängerschaft und schließlich das Abstimmen in Gremien waren es, was die Athenische Demokratie zur Demokratie machte. Demokratie heißt bekanntlich Volksherrschaft, doch umfaßte der athenische Demos des 5. Jh. v. Chr. nicht das ganze Volk, sondern zunächst einmal nur dessen eine Hälfte, denn Frauen waren von *dieser* Demokratie von vornherein ausgeschlossen. Auch gehörten nicht alle Männer, sondern nur ein Bruchteil der männlichen Bevölkerung dazu. Die zahlenmäßig große Gruppe der Sklaven zählte ohnehin nicht, ebensowenig aber auch die oft gut verdienenden und seit längerem in Athen ansässigen Metöken, die ›Mitbewohner ohne Bürgerrecht‹. So blieb letztlich nur eine vergleichsweise kleine Gruppe von männlichen Vollbürgern, die die Geschicke der Stadt bestimmte, nun aber mit gleichem Stimmrecht ohne Ansehen der Familienzugehörigkeit oder des Vermögens. Und diese Gruppe war alles andere als in ihren Auffassungen einig.

Um das Jahr 450 v. Chr. wurde in der Volksversammlung in Athen – dem Gremium, in dem alle männlichen Vollbürger der Stadt berieten und abstimmten – der Beschluß zur Errichtung von Parthenon, Propyläen und Nike-Tempel gefaßt. Nicht zufällig war kurz zuvor (454 v. Chr.) die Bundeskasse des sogenannten Delisch-Attischen Seebundes von Delos nach Athen verlegt worden, ein Umstand, der zu Recht noch zu mancherlei Disput Anlaß geben sollte. Was hatte es mit dieser Bundeskasse auf sich?

Als die von Themistokles begründete attische Kriegsflotte ihre Schlagkraft in den Seesiegen über die Perser bei Salamis und Mykale 480/79 v. Chr. eindrucksvoll unter Beweis gestellt hatte, baten viele Stadtstaaten auf den Ägäis-Inseln und an der kleinasiatischen Küste Athen um Schutz vor der anscheinend immer noch andauernden Perser-Gefahr. Athen erkannte die Gunst der Stunde und bot sich als militärische Schutzmacht an. Ein Bündnis wurde gegründet mit Sitz nicht in Athen, sondern auf Delos; doch von Anfang an waren, wie es in solchen militärischen Paktsystemen zu sein pflegt, die Gewichte nicht gleich verteilt. Im Gegenteil: Athen verstand es, gerade durch dieses Bündnis seine schon bestehende Vormachtstellung zur regelrechten ›Supermacht‹ auszubauen. Wo immer in den folgenden Jahren außen- oder auch innenpolitische Entscheidungen fielen, Athen hatte auf die eine oder andere Weise seine Finger im Spiel. Die Art, wie Athen die Macht zu solcher weltpolitischen Aktivität erlangte, war im Grunde denkbar einfach.

Aus einsichtigen Gründen wurde es vielen kleineren Bündnisstaaten bald lästig, Truppenteile und Schiffe ständig für eine vage ›persische Gefahr‹ bereitzustellen. So zogen sie es vor, ihren Verpflichtungen durch bloße Geldzahlungen an die Bundeskasse nachzukommen. Athen aber finanzierte aus diesen Zahlungen einen immer größeren und effektvolleren militärischen Apparat, der nun nicht mehr allein als Waffe gegen persische Übergriffe bereitstand, sondern der ebenso zur Einschüchterung und nötigenfalls zur Bestrafung von Bündnern eingesetzt wurde, die ihren Verpflichtungen nicht mehr nachkommen wollten oder konnten. So wurden aus den Beiträgen freier Bündnispartner in kurzer Zeit Tribute abhängiger Kleinstaaten.

Der athenische Historiker Thukydides drückte am Ende des Jahrhunderts in unterkühlt-sachlicher Manier seine Kritik am damaligen Vorgehen seiner Vaterstadt aus: »Hierauf [ca. 470 v. Chr.] bekriegten die Athener die Naxier [Naxos war ein mit Athen verbündeter Stadtstaat], welche von ihnen abtrünnig geworden waren, und brachten sie durch eine förmliche Belagerung wieder zum Gehorsam. Diese war die erste unter den vereinigten Städten, welche gegen den Inhalt der Verträge unter das Joch gebracht wurde, ein Schicksal, das später eine nach der anderen traf. ... Denn die Athener trieben die Abgaben scharf bei ... Dabei fiel es ihnen leicht, die Abtrünnigen wieder zu Paaren zu treiben. Hieran waren die Bundesgenossen selbst schuld ... setzten sie doch Athen mit ihren Geldzahlungen in den Stand, seine Seemacht zu vergrößern; und sie selbst befanden sich bei einem erfolgten Abfall in einen Krieg verwickelt, zu dem sie weder gerüstet noch mit den gehörigen Geldmitteln versehen waren. ...

Einige Zeit nachher [ca. 463 v. Chr.] wurden die Thasier abtrünnig ... Die Athener gingen mit einer Flotte nach Thasos, schlugen die Thasier in einer Seeschlacht und landeten auf ihrem Gebiet ... Die Thasier ergaben sich nach dreijähriger Belagerung auf die Bedingung hin, daß sie die Mauern ihrer Stadt schleifen, die Schiffe ausliefern und eine namhafte Summe Geld teils auf der Stelle bezahlen, teils in Raten abtragen und schließlich auch noch ihre Erzbergwerke abtreten mußten. ... « (Thukydides I 98–101)

Bereits in den Jahren, als die ›gemeinsame‹ Bundeskasse noch im Heiligtum von Delos verwahrt wurde, dienten diese gewaltigen Zwangssteuern – in jedem Jahr zahlte halb Griechenland 460 Talente, also über neun Tonnen Silber ein – zur Finanzierung athenischer Großmachtpolitik. Mit der Überführung der Kasse nach Athen kurz vor Mitte des 5. Jh. v. Chr. wurde diese Tatsache nun für jedermann offenbar. Und mehr noch: Die Tribute der Bündner konnten jetzt ungeniert für ganz andere Zwecke genutzt werden; sie schufen einen großzügigen Finanzierungsrahmen auch für außermilitärische Projekte. Natürlich mußte die Bundeskasse ein repräsentatives Gebäude in Athen erhalten. Da nun der Delische Apollon nicht mehr als Schutzherr der Reichtümer fungieren konnte, mußte es Athena werden; so beschlossen die Athener, ihr auf der Akropolis ein großes tempelähnliches Gebäude zu errichten, das als Behausung der Bundeskasse und zugleich des athenischen Staatsschatzes – wer konnte dies fortan noch unterscheiden? – dienen sollte: den Parthenon.

Nicht allein für die Finanzierung der Akropolis-Bauten stellte sich die Überführung der Bundeskasse nach Athen als ein wichtiger Faktor dar, auch die neue und für die damalige Zeit besondere demokratische Beschlußfassung, Planung und Ausführung der Projekte ist ohne die neuen Geldreserven Athens nicht denkbar. Die durch einen blutigen Umsturz 461/60 v. Chr. installierte ›radikale Demokratie‹ brachte eine Vielzahl von Gremien, Ausschüssen, Versammlungen und Ämtern mit sich, in denen alle Vollbürger der Stadt mitwirkten. Oberster Souverän dieses fein verästelten Regierungs- und Verwaltungssystems war der Demos, der in der fast permanent tagenden Volksversammlung alle wichtigen Entscheidungen nach intensiven und kontroversen Debatten durch Mehrheitsbeschluß fällte.

Die Vollbürger besaßen aber nicht nur bislang unbekannte Rechte zur Mitwirkung an den Entscheidungen; sie konnten nicht allein durch Wahl, sondern sogar durch Losentscheid in wichtige Ämter gelangen, ja dem Bürger wurde regelrecht die Pflicht auferlegt, aktiv an den Staatsgeschäften teilzunehmen, d. h. öffentliche Ämter zu bekleiden. So muß man sich den

Athener der damaligen Zeit als einen vielbeschäftigten Mann vorstellen, von Sitzung zu Sitzung eilend. Da dieses System, wenn es denn funktionieren sollte, den Einzelnen zeitlich außerordentlich beanspruchte, wurde für jeden an der Demokratie aktiv Teilnehmenden aus der Staatskasse ein Verdienstausfallsgeld – die berühmten Diäten – gezahlt: ein Betrag, von dem es sich gut leben ließ. Laut Aristoteles erhielten zeitweilig über 20 000 Bürger in Athen tägliche Diäten.

Athen glich so einer Art Aktiengesellschaft, die Athener Bürger wurden zu einer Genußgemeinschaft, die die Renditen und Dividenden unter sich gleichmäßig verteilte; die Schaffung so außerordentlich vieler Gremien mag durchaus ihren Grund in dem Bestreben einer kompletten finanziellen Versorgung der Bürgerschaft gehabt haben. Gerade unter diesem Gesichtspunkt werden die Bürger die Überführung der Bundeskasse nach Athen und die Erbauung ihres prächtigen neuen Domizils auf der Akropolis als eine willkommene Bereicherung der Stadt begrüßt haben – Athens Demokratie war weniger für die Athener selbst als für die das ›Kapital‹ einzahlenden Bündner ein teures Vergnügen.

Der Parthenon – **Symbol der Großmacht Athen**

Beschlußfassung, Finanzierung, Planung
Welcher Bürger in der Volksversammlung den Antrag formulierte, den Parthenon (s. Farbabb. 12 u. 13) zu errichten, ist nicht bekannt. Natürlich gab es ›pressure groups‹ und herausragende Politiker – man nannte sie damals Demagogen –, aber grundsätzlich konnte jeder Stimmberechtigte mit einem solchen Vorschlag vor die Volksversammlung treten. Damit nun ein solcher Vorschlag überhaupt sinnvoll beraten werden konnte – und wir wissen, daß dies grundsätzlich geschah –, mußte zunächst einmal durch Worte dem vielköpfigen Gremium vor Augen geführt werden, um welche Art von Bauwerk es sich handeln, wo und mit welchen Bezügen zu anderen Bauwerken es errichtet werden sollte, und zweifellos auch, wieviel Zeit und Geld dafür aufzuwenden seien. Ungefähre Gestalt und Dimensionen des Parthenon müssen also in der Volksversammlung vorgeschlagen, von der vieltausendköpfigen Menge diskutiert und schließlich mehrheitlich beschlossen worden sein.

Wie kann man sich einen solchen Vorgang vorstellen? Nicht jeder war schließlich Bauunternehmer, Bildhauer, Architekt, Priester, sprich: ein Experte, der sich in allen zu beschließenden Belangen auskannte. Aber wie ein griechischer Tempel aussah, das wußte jeder in der Volksversammlung. Auf der Basis dieser gemeinsamen Vorstellungen wurde diskutiert. »*Ein Tempel von Weltniveau, in modernstem Design soll es sein*«, wird der Antragsteller seinen Zuhörern empfohlen haben. An die größten Traditionen anknüpfend, aber zugleich über die neuesten Bauprojekte in Griechenland kühn hinausweisend, modern also und der Kunst neue Wege weisend, so sollte hier gebaut werden! Nicht einen regional-attischen, sondern einen internationalen Zuschnitt sollte diese Architektur bekommen.

Maßstab und Vergleichspunkt lagen damals für jeden Athener auf der Hand: Wer kannte nicht das weltberühmte Orakelheiligtum in Delphi mit seinem großen, vom attischen Adelsgeschlecht der Alkmäoniden gestifteten ca. 180 Fuß langen und 65 Fuß breiten Apollon-

82 Zeus-Tempel von Olympia und Parthenon in gleichem Maßstab im Vergleich, Aufriß.

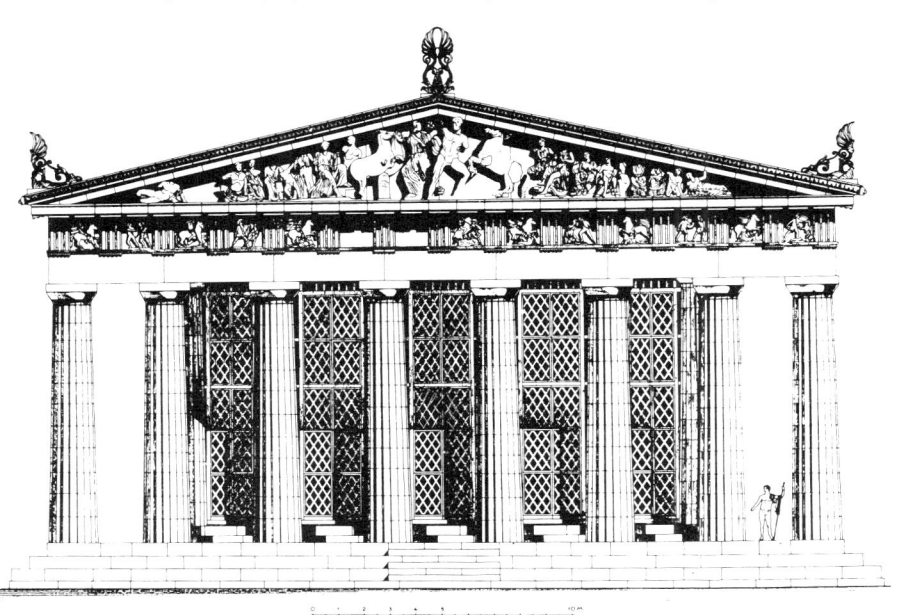

Tempel? Das modernste und grandioseste Bauwerk aber war gerade in Olympia entstanden, ebenfalls ein Heiligtum, auf dessen überregionalen Rang die Athener immer noch mit gewissem Neid blickten: Der gewaltige, dem Olympischen Zeus geweihte Tempel, dessen später vollendetes, aber damals schon geplantes riesiges Kultbild aus Gold und Elfenbein einmal zur Reihe der Weltwunder zählen sollte. *»Ein dorischer Tempel muß es sein, größer als der in Delphi und sogar der in Olympia. Und seine Pracht soll alles überbieten, was das Auge bisher gesehen hat. Unermeßlich reicher Skulpturenschmuck soll ihn auszeichnen«,* wird der Antragsteller weiter ausgeführt haben. Und ein begeisterter Befürworter des Projekts möchte weiter ergänzt haben: *»Um eine solche Pracht zu entfalten, sollten wir bei diesem Bauwerk die dorische Bauordnung durch ionische Elemente bereichern«,* – bildeten sich die Athener gerade in jenen Jahren doch ein, in ihren Lebensanschauungen die ideale Mitte zwischen dorischer Strenge und Härte und ionischer Freizügigkeit und Genußfreude zu verkörpern.

Tempel waren auf dem griechischen Festland bis dahin üblicherweise aus Kalkstein erbaut worden und nur äußerlich mit einer dünnen Schicht aus Marmorstuck überzogen. Zwar war schon der ›Vorparthenon‹ als Marmorarchitektur geplant worden, jedoch blieb dieses Bauwerk ja seinerzeit unfertig liegen (s. S. 118 ff.). Der Parthenon wurde nun der erste vollendete Tempel Athens, der vom Stufenbau bis zu den Dachziegeln aus Marmor bestand. Welch gewaltigen Unterschied es ausmachte, ein Bauwerk zur Gänze aus hartem, spröden Marmor zu meißeln anstatt aus anderem Stein und den Tempel dann mit einer Stuckschicht zu überziehen, wird später noch im einzelnen erklärt werden.

Aber nicht allein der neue Tempel auf der Akropolis sollte den in Olympia ausstechen. Auch das zukünftige Weltwunder, das Riesenkultbild des Zeus aus Gold und Elfenbein in Olympia, stellte eine Herausforderung dar, in Athen etwas Ebenbürtiges zu schaffen. Doch in Athen gab es ja bereits ein altehrwürdiges, wenn auch kleines und unscheinbares Kultbild der Athena auf der Akropolis. Ihm galt die ganze Verehrung der Athener bei den seit alters her festgelegten Kulthandlungen. Dieses hölzerne Kultbild der Stadtgöttin, von dem man glaubte, es sei einst vom Himmel gefallen, stand im Alten Athena-Tempel, dessen Säulenkranz in den Perser-Kriegen zwar zerstört, dessen Kernbau aber stehengeblieben und danach wieder instandgesetzt worden war. Man brauchte also kein neues Kultbild der Athena auf der Akropolis, und – aus rein religiöser Sicht betrachtet – brauchte man auch keinen neuen Tempel.

Und doch muß unser Antragsteller eben dies vorgeschlagen haben. Ob allen damals die Ungeheuerlichkeit eines solchen Projektes bewußt war? In jedem Falle haben die Athener einer in der Tat kühnen und bis dahin einmaligen Profanisierung religiöser Kunstformen zugestimmt, denn der Antragsteller hatte nichts anderes im Sinn, als ein Riesenbauwerk zu errichten, das zwar wie ein Tempel aussah, aber in Wirklichkeit keiner war – der Parthenon erhielt nie einen Altar, und das gewaltige Bildnis der Athena in Gold und Elfenbein war kein echtes Kultbild. Im Gegenteil, die Goldplatten der kolossalen Statue sollten eine feste Rücklage des athenischen Staatsschatzes für Notzeiten bilden und durch ihre Form zugleich zum göttlichen Symbol werden: Athena/Athen, aus schierem Gold – der ›Tempel‹ ein Tresor.

Bis heute ist in der Forschung umstritten, ob nun in finanztechnischem Sinne tatsächlich Mittel der Bundeskasse in das Gold der Athena Parthenos wanderten oder ob nur die Staatskasse der Athener durch die Bundesmittel so aufgestockt wurde, daß entsprechende Finanzierungsspielräume für das gold-elfenbeinerne Kolossalbild und den Riesen-›Tempel‹ zur Verfügung standen.

Die Stimmung bei Befürwortern und Gegnern des Vorhabens wird aus den damals geführten Debatten deutlich. Der 500 Jahre später in der römischen Kaiserzeit lebende Schriftsteller Plutarch überliefert, hier auf Autoren des 5. Jh. v. Chr. zurückgreifend, in seiner Biographie des Perikles (Kap. 12): »Und doch stieß keine Staatshandlung auf so viel Kritik wie die Bautätigkeit; ihretwegen mußte Perikles in der Volksversammlung die schärfsten Vorwürfe seiner Gegner über sich ergehen lassen. ›Schimpf und Schande‹, schrien sie, ›ist über das Volk gekommen, da es die Bundesgelder, das Gemeingut aller Griechen, aus Delos nach Athen geholt hat. … Griechenland steht unter dem Eindruck, es werde in frevelhafter Weise beschimpft und offen tyrannisiert, da es sehen muß, wie wir mit den Geldern, die es notgedrungen für den Krieg zusammengesteuert hat, unsere Stadt vergolden und herausputzen und sie mit kostbaren Steinen, mit Bildern und Tempeln von 1000 Talenten behängen wie eine eitle Frau.‹ Perikles machte demgegenüber der Bürgerschaft klar, daß Athen den Bundesgenossen für seine Gelder keine Rechenschaft schuldig sei, da es den Krieg für sie führe und sie vor den Persern beschütze …: ›Das Geld gehört nicht denen, die es zahlen, sondern denen, die es bekommen, sofern sie nur für den erhaltenen Betrag die vereinbarte Gegenleistung erstatten.‹«

Mit welchen Gefühlen mag angesichts dieses Zynismus ein Besucher aus dem ›verbündeten‹ Thasos, Naxos, Samos, Chios oder Euböa die Marmorpracht des Parthenon und das Gold seines ›Kultbildes‹ betrachtet haben?

Nicht nur sollten der fertige ›Tempel‹ und das ›Kultbild‹ nach Meinung der Athener ein wahres Wunder sein, sie sollten auch wie ein Wunder entstehen – innerhalb der für damalige Verhältnisse unglaublich kurzen Zeitspanne von nur 15 Jahren. Tatsächlich gelang es, das Bauwerk von 447–432 v. Chr. zu vollenden und auch das Pseudokultbild, wahrscheinlich sogar noch vor der Fertigstellung der großen Zeus-Statue in Olympia, zu installieren.

Mindestens diese Grundzüge des Baues und darüber hinaus Themen und Aussagen seines Figurenschmuckes (im einzelnen hierzu s. S. 151–183) müssen vor der eigentlichen Beschlußfassung in der Volksversammlung vorgetragen und diskutiert worden sein. Und diese von der Bürgerschaft öffentlich beratenen und beschlossenen Vorgaben prägten auch die Gestalt des Parthenon bis in seine Details hinein.

Sobald die Ziele des Projektes auf die beschriebene Weise festgelegt waren, wurde ein Architekt damit beauftragt, die mündlich vorgetragenen und inschriftlich protokollierten Beschlüsse in ein Baukonzept umzusetzen. Hierzu gehörte nicht nur die Festlegung der Baugestalt, sondern auch die Planung der anfallenden Arbeitsvorgänge. Diese schon präzisere Konzeption des Architekten wurde erneut den politischen Gremien vorgelegt, unter anderem der Boulé (Rat der 500) und einer mit der Aufsicht betrauten Baukommission. Das Konzept konnte dabei weiter modifiziert werden, die Volksversammlung behielt jedoch in allen Dingen das letzte Wort. Im Epigraphischen Museum von Athen sind zahlreiche Inschriftenfragmente verwahrt, die das komplizierte Prozedere bei der Planung, Errichtung und vor allem bei der Abrechnung des Parthenon-Baues dokumentieren.

Einen Architekten damaliger Zeit muß man sich weniger wie unsere heutigen Architekten vorstellen, die am Schreibtisch ausgefeilte Entwürfe anfertigen, die dann von anderen ausgeführt werden. Der Architekt des 5. Jh. v. Chr. war – im Gegensatz auch zu dem des Hellenismus und der römischen Epoche – nicht ein theorieerprobter Spezialist, sondern ein hervorragender Handwerker. Auch seine Bezahlung glich, wie wir aus Inschriften wissen, der der Steinmetzen und anderer Arbeiter; nur wurde er offenbar nicht wie diese für einzelne Arbeitsvorgänge oder Arbeitstage entlohnt, sondern bekam sein Salär für einen längeren Zeitraum, also auch für die in Athen nicht gerade wenigen Feiertage. Vor allem aber war für ihn die Arbeit mit der Erstellung von Plan und Aufriß des Gebäudes keineswegs beendet, vielmehr wurde seine Kunst während des gesamten Bauprozesses benötigt. Wie wir sehen werden, verrät der Parthenon ein viel höheres Maß an Improvisation und Anpassung, als sein perfektes endgültiges Aussehen zunächst vermuten läßt.

Für den Parthenon ist der Name des leitenden Architekten überliefert: Es war Iktinos, der möglicherweise später auch den Apollon-Tempel von Bassae auf der Peloponnes entwarf. Nach einigen Schriftquellen hatte man diesem Iktinos noch einen zweiten Architekten namens Kallikrates beigeordnet. Von Kallikrates wissen wir durch Inschriften, daß er auf der Akropolis an der Errichtung von Nike-Tempel und Erechtheion beteiligt war.

Neben dem Architekten oder Architektenteam wirkte hier der berühmte Bildhauer Phidias an der Konzeptionierung des Ganzen maßgeblich mit. Der Schriftsteller Plutarch hatte 500 Jahre später Phidias als »episkopos panton« bezeichnet, den ›mit der Oberaufsicht über

83   Zeus-Tempel von Olympia und Parthenon in gleichem Maßstab im Vergleich, Grundriß.

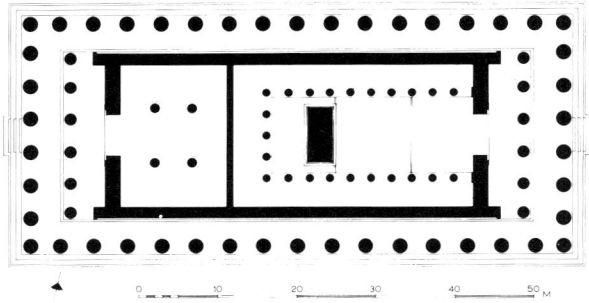

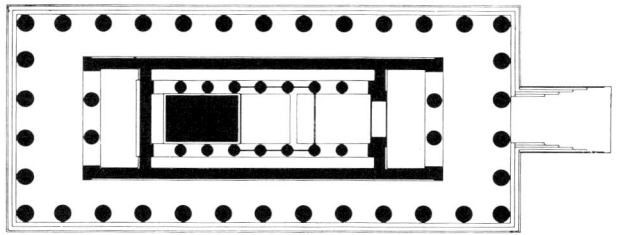

alles‹ Beauftragten. Welchen Wahrheitsgehalt man dieser vielumstrittenen Aussage auch immer beimißt, fest steht, daß Phidias und wohl auch Iktinos zum Kreis der Protegés des damals einflußreichsten Politikers Athens, Perikles, gehörten und daß das Baukonzept des Parthenon tatsächlich in starkem Maß durch die von Phidias geschaffene Riesenstatue der Athena in seinem Innern diktiert wurde. Souverän waren allerdings auch diese gewiß einflußreichen Persönlichkeiten keineswegs. Sie konnten lediglich ihre Fähigkeiten und ihren Einfluß in den politischen Gremien geltend machen. Auch in künstlerischer Hinsicht fiel die letzte Entscheidung stets in der Volksversammlung.

Was einem Betrachter wohl zuerst am Parthenon auffiel, war die Achtzahl der Säulen an Front und Rückseite (s. Farbabb. 12). Um 450 v. Chr., als man mit dem Parthenon-Bau begann, war der dorische Tempel bereits ein recht festgelegter Bautyp geworden. Man wußte, worauf man sich einließ, wenn man so etwas plante, und jeder Bürger in der Volksversammlung hatte von einem dorischen Tempel die gleiche feste Vorstellung: in jedem Falle sechs Säulen an Front und Rückseite und 13 Säulen an den Langseiten, wobei die Ecksäulen doppelt gezählt wurden. Unterschiedlich viele Säulen an dorischen Tempelbauten hatte es im Verlauf der griechischen Geschichte zwar gegeben, aber Experimentierfreudigkeit in dieser Hinsicht war eher eine Sache der vorangegangenen Jahrhunderte gewesen. Auch das Verhältnis des Säulenkranzes zum Kernbau, der Cella, galt in der Mitte des 5. Jh. als fest: Die Längsmauern der Cella mußten mit den jeweils vorletzten Säulen der Front und Rückseite in einer Flucht liegen, und die Cellamauern endeten, von der Seite gesehen, exakt in der Mitte des vorletzten Säulenjochs (ein Joch ist der Abstand zwischen zwei Säulenmittelpunkten) – ein klarer und in seinen Grundzügen auch einfacher Grundriß.

Von alledem weicht der Parthenon gründlich ab. Schon die acht Säulen an Front und Rückseite signalisieren auf den ersten Blick: Dieser Tempel ist breiter, im Erscheinungsbild seiner Front anspruchsvoller und unterscheidet sich in seiner ganzen Gestaltung erheblich vom damals üblichen Proportionierungsschema dorischer Tempel, etwa des Zeus-Tempels in Olympia. Der Parthenon hat auf seinen Längsseiten je 17 Säulen (Olympia 13), sein Grundriß ist damit (man vergleiche 6 × 13 mit 8 × 17) geringfügig gedrungener. Eine viel größere Wirkung aber zieht die Achtzahl der Frontsäulen für das Verhältnis von Kernbau (Cella) zu Säulenkranz nach sich. Wieder münden die Cellamauern in der beschriebenen Weise axial auf die jeweils zweitäußerste Säule. Da die Front nun aber durch acht Säulen in sieben Joche unterteilt ist, wird die Cella im Verhältnis zur Gesamtgröße des Baues breiter, nämlich nicht 3:5 wie beim 6-Säuler, sondern 5:7.

Betrachtet man den Grundriß des Parthenon, so wird – etwa im Vergleich zum Olympia-Tempel – sofort deutlich, was es mit dieser Besonderheit auf sich hat. Der breite Innenraum der Cella war durch eine hinten umlaufende Säulenstellung untergliedert. Diese kleineren Säulen reichten nicht bis zum Dach des Tempels, sondern trugen ein zweites Geschoß, eine umlaufende Galerie. Auf ihr standen einst wiederum Säulen, die die Balken des Dachstuhls trugen. Darin aber stand, von dem Säulenkranz wirkungsvoll umrahmt, die 12 m hohe neue Symbolfigur Athens aus Gold und Elfenbein mit ihrer breiten, reliefgeschmückten Basis. Der Parthenon zeigt sich also in seiner Funktion, die an Schatzhäuser und weniger an Tempel

84   Die Athena Parthenos im Parthenon. Rekonstruktion von N. Leipen. Toronto,
Royal Ontario Museum.

anknüpft, als ein Gebäude, das in ganz exzeptioneller Weise Verwahrort für ein Schaustück ist: die Athena Parthenos. Mit ihrem überreichen Reliefschmuck an Sandalen, Schild, Brustpanzer und Helm konnte sie vom Eintretenden nicht nur vom Boden, sondern auch von der umlaufenden Galerie aus der Höhe bestaunt werden.

Das breite Postament trug nicht nur die Göttin selbst, sondern auch eine Säule, auf der ihre Hand mit der Siegesgöttin Nike liegt, und auf der anderen Seite den großen Schild mit der dahinter drohenden Burgschlange. Dieses gewaltige Monument war durch das beschriebene Arrangement der Innensäulen der Cella nicht nur von vorn, von den Seiten und aus 8 m Höhe, sondern sogar von seiner Rückseite zu betrachten. Für dieses Gesamtensemble mußte die Cella in ihrer Breite genügend Raum bieten. Der Statue der Arthena Parthenos zuliebe wurden demnach fast alle vertrauten Konventionen damaligen dorischen Tempelbaus beim Parthenon über den Haufen geworfen.

Aber nicht nur die Breite des Innenraumes war von Bedeutung; es schien auch günstig, den Hauptraum der Cella nicht allzu lang zu gestalten, damit das goldene Prachtstück im rechten Licht erschiene, denn beleuchtet wurde der Innenraum, wie bei allen griechischen Tempeln, nur von der Frontseite her, das heißt durch die geöffnete Tür. Möglicherweise besaß der Parthenon darüber hinaus an der Front zusätzlich Fenster. Die relative Kürze des Hauptraumes der Cella mit dem ›Kultbild‹ gab nun Platz für einen zweiten, nur von der Westseite des Tempels aus zugänglichen Raum; auch er konnte durch feste Gittertüren verschlossen werden. Er sollte – nun in weniger symbolträchtiger Form – weitere Staatsschätze Athens aufnehmen, also wirklich als ein Tresor dienen.

Wir sehen: Was hier von außen nach innen beschrieben wurde, ist ursprünglich genau umgekehrt entwickelt worden. Das kanonische Grundmuster klassischen dorischen Tempelbaus wurde auf raffinierte Weise umgestaltet für die Zwecke, denen dieser besondere Bau dienen sollte. Dabei bildete die Konzeption der Athena Parthenos mit ihrer architektonischen Rahmung den Ausgangspunkt für alle weiteren Überlegungen des Architekten. Phidias als Bildhauer und Iktinos als Architekt müssen also von Beginn an auf das engste zusammengearbeitet haben bei der Lösung des gestalterischen Problems, das ihnen durch die Beschlüsse der Volksversammlung in seinen Hauptzügen vorgegeben war.

Daneben hat es aber noch zwei weitere Faktoren gegeben, die für den Architekten bei seiner Planung von entscheidender Bedeutung waren. Natürlich kann man sich einen dorischen Tempel mit sechs Frontsäulen wie den des Zeus in Olympia grundsätzlich in beliebigen Dimensionen vorstellen: vom Miniaturtempelchen bis zum Riesenbauwerk. Die Proportionen bleiben dabei die gleichen, aber die objektiven Abstände, etwa die zwischen den Säulen, ändern sich natürlich entsprechend, und hier mußten die Bauleute an technische Grenzen stoßen. Die Säulenabstände waren jeweils durch einen einzigen Architravblock aus Stein zu überbrücken. Der Parthenon mit seinen acht Säulen an der Front besitzt Architravblöcke von ca. 4,30 m Länge. Hätte man auf der gleichen Grundfläche einen Tempel mit sechs Frontsäulen errichtet, so wären alle einzelnen Bauglieder erheblich größer geworden; die Architravblöcke wären dann fast 6 m lang geworden (Olympia: ca. 5,20 m). Dabei wäre das Risiko bei nur kleinen Fehlern und Unregelmäßigkeiten im Stein unkalkulierbar geworden.

Nur einmal, im griechischen Sizilien, dem ›Goldenen Westen‹ der damaligen Welt, hatte ein Tyrann den wahrhaft größenwahnsinnigen Versuch unternommen, einen dorischen Tempel mit Architravblöcken von 6,61 m Länge zu errichten. Dieser Bau, der sogenannte Tempel G in Selinunt aus dem 6. Jh. v. Chr., ist allerdings nie fertiggestellt worden, und falls die Athener bei ihren Beratungen dieses frühere gescheiterte Unternehmen mit im Sinne hatten, wird es sie nicht gerade bewogen haben, monumentale Lösungen gleicher Art zu suchen.

Doch selbst wenn man solche technischen Kunststücke vollbracht hätte – und wir werden bei den Propyläen sehen, zu welchen statischen Meisterleistungen man damals in der Lage war (s. S. 197) –, so haben nicht zuletzt ästhetische Gründe hier gegen eine einfache lineare Vergrößerung des üblichen dorischen Tempelschemas, wie es in Olympia perfekt vor Augen stand, gesprochen. Auch wenn sich die Proportionen eines Bauwerkes bei Vergrößerung oder Verkleinerung selbst nicht ändern, so ändert sich doch das Verhältnis seiner Formen zur Umgebung, die in ihrer Größe ja unveränderlich feststeht. In einer Landschaft mit riesigen Dimensionen mag ein beliebig vergrößerter kanonischer dorischer Tempel noch angemessen wirken. Die Akropolis aber ist keine gewaltige Umgebung für einen Tempel von der Größe des Parthenon. Im Gegenteil: Der Bau beherrscht optisch den ganzen Burgfelsen und fand auf ihm auch physisch nur dadurch Platz, daß das Plateau künstlich um ein Beträchtliches erweitert wurde. In einer solchen eng begrenzten und eher kleinteiligen natürlichen Umgebung hätte schon ein Bauwerk wie der Zeus-Tempel von Olympia mit seinen mächtigen Baugliedern unförmig gewirkt. Wieviel mehr noch eine schlichte Aufblähung dieses Modells!

Die Funktion des Parthenon als Riesenschatzhaus, aber auch die dargelegten technischen und ästhetischen Gründe haben es dem Architekten nahegelegt, einen Bau zu entwerfen, der sich schon auf den ersten Blick vom Üblichen unterschied. Seine erste Aufgabe bestand nun darin, dieser Modellvorstellung ein klares, die Einzelheiten festschreibendes Proportionsgerüst zu geben. Und auch hier hat es der Architekt verstanden, zu einer geradezu genial-einfachen Lösung zu gelangen, zu Maßverhältnissen, die sich am Bau immer wiederholen oder in einfachen Brechungen oder Erweiterungen wiederkehren. Der Betrachter des Bauwerkes kann solche Entsprechungen nicht eigentlich sehen, aber er empfindet die Architektur gerade deswegen als klar und in sich stimmig. Das Proportionssystem ist aber nicht allein für das Aussehen des fertigen Bauwerkes wichtig. Eine ebenso bedeutende Rolle spielte es im Planungs- und Bauvorgang selbst.

Wie sich durch komplizierte Berechnungen am Bau feststellen läßt, begann der Architekt des Parthenon mit der Proportionierung des Stylobates, d. h. der Plattform des Stufenbaues, auf der sich Säulen und Mauern erheben sollten. Dieses Rechteck proportionierte er im Verhältnis 4:9 (also ungewöhnlich breit; üblich war in dieser Zeit 3:7). »4:9 was?« fragt man sich natürlich. Hierzu muß erwähnt werden, daß es ein besonderes Kennzeichen griechischer Bauplanung damaliger Zeit war, nicht mit Maßen wie Elle, Fuß oder ähnlichem zu beginnen, sondern zunächst einmal mit Hilfe irgendeiner beliebigen Längeneinheit das Proportionsgefüge – das ja unabhängig von konkreter Dimensionierung immer gleich bleibt – festzulegen. Der Architekt mag sich dabei den Grundriß des Tempels in den Sand gezeichnet haben; die genaue Größe des Tempels ist dabei unerheblich.

Hatte der Architekt die Grundfläche in Höhe der obersten Stufe des Unterbaues proportional bestimmt, so war nun als nächstes der Säulenkranz darauf zu plazieren. Hierfür mußte ein geringfügig kleineres, am fertigen Bauwerk selbst nicht sichtbares, aber für die Errichtung höchst bedeutsames Rechteck festgelegt werden. Dieses gewissermaßen abstrakte Rechteck wird durch die – imaginären – Verbindungslinien zwischen den Mittelpunkten der vier Ecksäulen gebildet. Von so großer Wichtigkeit sind diese Linien deshalb, weil alle Säulen mit ihrem Mittelpunkt auf ihnen errichtet werden und auch alle Säulenabstände auf diesen Linien zu berechnen sind. Die Proportion dieses Rechteckes (die ›Achsweiten‹) hat der Architekt mit 3:7 bestimmt. Beim eigentlichen Bauvorgang wurde dieses Rechteck zusammen mit anderen wichtigen Strecken und Meßpunkten als Arbeitshilfe durch farbige Striche oder Ritzlinien auf der Plattform des Stufenbaues markiert.

Nun konnten auf den Linien dieses inneren Rechteckes die Säulen verteilt werden. Beim modernen Tempelbau dieser Zeit war es üblich, alle Säulen im gleichen Abstand voneinander zu errichten und nur die vier Ecksäulen etwas näher an die jeweils nächste Säule heranzurücken. Es gab also zwei verschiedene Säulenabstände: die Normaljoche und die Eckjoche. Der dichtere Säulenabstand an den Ecken hängt mit dem Problem zusammen, das Gebälk über den Säulen unter Beibehaltung immer gleicher Metopen- und Triglyphenbreiten um den Bau herumzuführen. Mit der Plazierung von 8 × 17 Säulen kam der Architekt hier zu einer besonders dichten Säulenstellung. Die Säulen selbst wurden darum ausgesprochen schlank proportioniert. Auch das Verhältnis von unterem Säulendurchmesser zum Joch wurde einfach definiert; es wiederholt die Stylobatproportion 4:9, also Breite zu Länge des Stylobats wie Säulendurchmesser zu Joch.

Diese einfache Proportion betrifft allerdings nur die Normaljoche. Die Joche an den Ecken sind schmaler, und zwar bedeutend schmaler, als dies bei Tempelbauten jener Zeit üblich ist und als es der Aufbau des Gebälks erforderte. Diese besonders geringen Jochweiten an den Ecken führen dazu, daß der bei acht Säulen ohnehin schon recht schmale Zwischenraum zwischen Cellawand und Säulen der Langseite (Pteron) noch einmal schmaler wird. Umgekehrt ausgedrückt: Die Cella wird breiter. Was sich in Worten nur umständlich ausdrücken läßt, macht der optische Vergleich von Parthenon und Zeus-Tempel in Olympia ohne weiteres deutlich (s. Abb. 82 u. 83).

Alle diese komplizierten Überlegungen und noch sehr viele weitere mußte der Architekt des Parthenon bei seiner Planung anstellen. Wir wollen den Leser jedoch nicht mit allen Details dieser Planung ermüden. Wichtig für das Verständnis des Bauwerkes ist aber zu wissen, daß hier tatsächlich das Kunststück vollbracht wurde, die im Prinzip zwar einfache, in ihren Details aber komplizierte und problematische dorische Bauordnung auf ein äußerst einfaches, systematisch wiederkehrendes Proportionssystem zu bringen.

Während der Architekt also in seiner allerersten Grundüberlegung vom Athena-Bildnis und der Innengliederung der Cella auszugehen hatte, entwickelte er sein Baukonzept umgekehrt von außen nach innen. Man kann dieses Vorgehen an den Maßen des fertigen Bauwerks noch heute deutlich ablesen. Während die Proportionen von Stylobat und Säulenkranz äußerst klar in Erscheinung treten und aufeinander bezogen sind, zeigt die in den Säulenkranz eingebundene Cella samt ihren Säulenstellungen an Vorder- und Rückseite demgegenüber weniger klare Maßverhältnisse; ihre Proportionen sind eine Folge des Außenbaues.

Um so prägnanter finden wir die einfachen Grundrelationen im Aufbau wieder. 4:9 beträgt die Höhe des Tempels vom Stylobat bis zum Geison im Verhältnis zur Breite des Stylobats. Das Geison ist der oberste Block der Gebälkzone, also das letzte Teil, das noch nicht zum Dach gehört. Man kann es auch einfacher sagen: Tempelhöhe ohne Dach zu Tempelbreite = 4:9. Fläche und Höhe des Tempels sind also wiederum in ein einfaches Zahlenverhältnis gebracht. Und wiederum 4:9 beträgt die Relation zwischen Joch und Säulenhöhe ohne Kapitell. Ebenfalls einfach ist das Verhältnis des unteren Säulendurchmessers zur Säulenhöhe definiert: 1:5. Das Kapitell wiederum verhält sich in seiner Höhe zur Säulenhöhe wie 1:11. Einfache Proportionen weisen auch die Gebälkglieder zueinander und zum Ganzen auf: Der Architrav und der darüberliegende Fries mit den Triglyphen und Metopen sind gleich hoch (also 1:1), die Höhe des vorkragenden Geisons darüber steht zum Fries und Architrav wie 4:9. Schließlich ist in der Folge auch die Gesamthöhe des Gebälks – aus Architrav, Fries und Geison bestehend – in ein überschaubares Verhältnis zur Säulenhöhe gebracht: 1:3¼. Endlich zeigt auch die Giebelhöhe (Tympanon) ein signifikantes Zahlenverhältnis zur Höhe des Baues darunter: 3:8.

Alle diese Proportionen sind denkbar einfacher Natur. Einen dorischen Tempel mit derartigen Proportionen zu errichten, war hingegen alles andere als einfach. Hierzu bedurfte es nicht nur sorgfältiger Planung, sondern auch raffinierter Anpassungen während des eigentlichen Bauvorganges – Anpassungen, die sich noch heute an den Steinen ablesen lassen. Aber zunächst sehen wir unseren Architekten noch bei der Planung: Er malt in den Sand, trägt Zahlen mit sich im Kopf herum. Doch er hat bereits mit diesem Proportionsgerüst eine Bauvorstellung festgeschrieben, die über alles bislang Bekannte hinausweist. Durch die dichte Säulenstellung wirkt der Baukörper kompakt, dafür aber zugleich feingliedrig und aufstrebend. Der tatsächlichen Größe und Schwere des Baues steht eine scheinbare Schwerelosigkeit und ganz unmonumentale Vielgliedrigkeit gegenüber.

Dieses Konzept nun konnte der Architekt den politischen Gremien zur weiteren Billigung vorlegen. Es war für einen griechischen Zuhörer durchaus in Worten darzustellen, und vielleicht mag der Architekt auch einen Plan oder Aufriß zur Verdeutlichung mitgeliefert haben. Nach allem, was man weiß, muß man sich einen solchen Plan aber nur als eine skizzenhafte Veranschaulichung der Grundkonzeption vorstellen, nicht als einen am Zeichentisch entstandenen maßstabgetreuen Riß, wie ihn heutige Architekten anfertigen.

Was der Architekt in dieser ersten Phase geleistet hatte, machte das Projekt zwar schon sehr anschaulich, ließ sich so jedoch noch nicht bauen. Hierzu bedurfte es nicht nur eines abstrakten Proportionsgerüstes, sondern tatsächlicher Streckenangaben, nach denen wirklich gebaut werden konnte, nach denen Fundamente gelegt, die einzelnen Steine behauen und am Bau versetzt werden konnten. Die abstrakten Proportionen mußten also in einen konkreten Streckenverbund umgesetzt werden. Hierzu bedienten sich griechische Baumeister eines äußerst einfachen, von unseren Gepflogenheiten aber gänzlich abweichenden Verfahrens. Sie orientierten sich dabei oft nicht an irgendwelchen vorgegebenen Maßeinheiten wie Fuß oder

Elle, sondern setzten speziell für das jeweilige Bauwerk ein zweckentsprechendes Grundmaß fest, das dann beliebig vervielfältigt und geteilt werden konnte. Das alles hört sich komplizierter und umständlicher an, als es ist. Der Architekt mußte nur das Grundmaß auf irgendeinem festen Material – etwa in Stein oder Bronze – markieren, und nun konnten von diesem ›Urmaß‹ mit Stäben, vor allem aber mit Schnüren, alle abgeleiteten Strecken gewonnen werden, ohne große Mühe und doch präzise.

Das Maß war so zu wählen, daß es einmal für die Gesamtgröße des speziellen Baues zweckdienlich war, zum andern so, daß an ihm durch einfache Ableitung, das heißt ohne komplizierte Brüche, alle zur Konstruktion notwendigen Strecken des Bauwerks definiert werden konnten. Für den Parthenon haben wir dieses Grundmodul auf 28,627 cm berechnet. Es ist eine, gemessen an der Größe des Bauwerks, recht kleine, aber ungemein probate Einheit. Dieses Grundmaß entspricht recht genau $^{14}/_{16}$ des attischen Fußes. Ein attischer Fuß untergliedert sich in 16 ›Finger‹, Daktyloi, und so läßt sich unser Grundmodul als 14 Daktyloi ausdrücken. Doch hatte diese Übereinstimmung für Planung und Errichtung des Bauwerkes wohl kaum eine praktische Bedeutung. Wichtig war die Modulstrecke als solche.

Alles wurde nach dem Modul ausgerichtet. Nur wenige Beispiele mögen dies verdeutlichen: Der Stylobat wurde mit 108×243 Moduli dimensioniert, was genau der angestrebten Proportion von 4:9 entsprach. Die Normaljoche wurden mit 15, die schmaleren Eckjoche mit 13 Moduli berechnet. Die Breite der Triglyphen beträgt drei Moduli, und die Tempelhöhe bis unter das Dach entspricht mit 48 Moduli exakt $^{4}/_{9}$ der mit 108 Moduli bemessenen Stylobatbreite.

Der auf der Basis des Moduls entwickelte Streckenverbund konnte aufgeschrieben werden und diente dann als Vorgabe für alle weiteren praktischen Arbeiten bei der Errichtung des Baues. Steine konnten auf diese Weise zugeschnitten, Säulen plaziert werden und so fort. Maßstäbliche Pläne dagegen waren, soweit wir wissen, im 5. Jh. v. Chr. unbekannt und für den damaligen Bauprozeß auch entbehrlich; der in Worte gefaßte Streckenverbund war bei den damaligen Verhältnissen für den weiteren Bauablauf völlig ausreichend und einem maßstäblichen Plan sogar überlegen, da die einzelnen Handwerker aus dem Streckenverbund ohne weiteres Umrechnen alle für sie notwendigen Meßdaten ablesen konnten. Eine gotische Kathedrale hätte sich auf diese Weise wohl nicht erstellen lassen, ein dorischer Tempel aber bringt ganz andere Anforderungen an die Bauleute mit sich. Die Arbeiten mußten im einzelnen zwar sehr präzise ausgeführt werden, und die Handwerker mußten auch eine klare Vorstellung vom Bau als Ganzem haben, bevor sie mit der Arbeit begannen. Auf der anderen Seite aber ist der dorische Tempel ein im Prinzip einfaches Gebilde aus sich stetig wiederholenden Baugliedern: Platten, Säulentrommeln, Kapitellen, Mauerquadern, Architravblöcken und so weiter, insgesamt kaum mehr als 100 verschiedenen Teilen, die vorgefertigt und dann am Bau versetzt wurden.

Dieser rasterartige Streckenverbund diente aber nicht allein dazu, die Abmessungen als solche zu definieren, sondern er bildete zugleich eine weitgehende Planungsgrundlage für die gesamte Organisation des Bauvorgangs. Er wurde als umfassender Baugliederkatalog benutzt, was für die Logistik der Arbeitsprozesse große Vorteile brachte. So ließen sich bereits die

Arbeiten im Steinbruch vorher festlegen, ebenso war der Transport des Materials kalkulierbar, und vor allem ließen sich die vielfältigen Tätigkeiten auf der Baustelle selbst planen. Planung und Koordination waren auch – wollte man nicht ewig mit einem solchen Projekt beschäftigt sein – dringend erforderlich, denn man begann ja nicht etwa in den Steinbrüchen, schaffte dann alles Material zum Ort des Geschehens und drängte sich am Ende auf der räumlich eng begrenzten Baustelle bei der endgültigen Oberflächenbearbeitung und Versetzung der Steine. Vielmehr wurden verschiedene Arbeiten parallel in Angriff genommen, wobei die einzelnen Arbeitsphasen eben mit Hilfe des beschriebenen Streckenverbundes in sorgfältiger Planung aufeinander abgestimmt wurden. Damit waren, last not least, Materialmenge und Arbeitsdauer und somit auch die Kosten kalkuliert.

Die politischen Gremien werden es sich nicht haben nehmen lassen, über dieses endgültige Plansystem abzustimmen, war es doch die öffentliche Hand, die den Bau finanzierte. Und bei aller Prachtentfaltung, die die neuen Finanzmittel Athens gestatteten, achtete man offenbar doch sehr darauf, unnötige Kosten zu vermeiden. Baumaterial gab es auf der Akropolis schon, als man beschloß, den Parthenon zu errichten. Lagen da nicht noch Quader und Säulentrommeln des schon in der Frühphase aufgegebenen Vorgängerprojektes – nur einen Teil der Säulentrommeln hatte man in die Nordmauer der Akropolis eingebaut (s. S. 118) –, und ließen sich nicht vielleicht auch die alten Fundamente kostensenkend wiederverwenden? Eben dies ist tatsächlich beim Parthenon geschehen, und man wird in der Vermutung nicht fehl gehen, daß die politischen Gremien dem Architekten die Auflage machten, Fundamente und unterste Säulentrommeln in den Neubau zu integrieren. Mit seinem genialen Proportionssystem und seinem ausgeklügelten Grundmodul ist dem Architekten Iktinos auch dieses Kunststück gelungen, und man ahnt nun, welche Phantasie, welche gedankliche Durchdringung und welches handwerkliche Können notwendig waren, um zu dem scheinbar so einfachen systematischen Ergebnis zu gelangen.

Der Parthenon hat ca. 200 Talente gekostet, also fünf Tonnen Silber, wobei Steinbruch- und Transportkosten den größten Posten ausmachten. Wenn wir uns erinnern, daß Athens Einnahmen aus dem Attischen Seebund jährlich bis zu 460 Talente (ca. elf Tonnen Silber) betrugen, wird deutlich, daß die über gut 15 Jahre verteilten Ausgaben den Staatsschatz nicht sonderlich belastet haben. Bedeutender war hier schon die Goldrücklage in Gestalt der Athena Parthenos – etwa 40 Goldtalente, also über eine Tonne Gold, was sich im Wert auf ungefähr 13 Tonnen Silber umrechnen läßt.

Von nun an war eine Baukommission mit einem jährlich wechselnden sogenannten Epistaten (Vorsteher) an ihrer Spitze verantwortlich für die korrekte Ausführung und Abrechnung. Namentlich über die Vorgänge, die sich zwischen Baukommission und den vor Ort arbeitenden Bautrupps abspielten, sind wir durch Inschriften gut unterrichtet. Die verschiedenen Arbeiten wurden in einem öffentlichen Ausschreibungsverfahren an zahlreiche Unternehmer vergeben, die für pünktliche und sorgfältige Ausführung Bürgen stellen mußten. Diese Bürgen mußten die Zahlung von empfindlichen Konventionalstrafen für den Fall garantieren, daß ein Arbeitsvorgang nicht rechtzeitig abgeschlossen wurde, konnte doch hierdurch die gesamte Bauorganisation durcheinandergebracht werden.

Aus Inschriften, die die Errichtung des Erechtheion betreffen, wissen wir, daß Freie, Metöken (Fremde ohne Bürgerrecht) und auch Sklaven in den gleichen Arbeitstrupps zusammenarbeiteten und daß für alle die gleichen Löhne bezahlt wurden. Nur sollte man daraus nicht etwa schließen, daß in Athen Sklaven den gleichen Lohn bekamen wie Freie. Sie erhielten gar keinen Lohn, sondern ihr Herr kassierte das Geld und hatte nur für den Lebensunterhalt seiner Sklaven aufzukommen. Trotzdem war das Los der hier arbeitenden Sklaven unendlich viel besser als etwa das der unter grauenvollen Verhältnissen dahinvegetierenden Staatssklaven in den attischen Bergwerken. So wie man bei den Haussklaven auf Vertrauen angewiesen war und sie deshalb meist menschlich behandelte, verhalf hier das handwerkliche Können den Sklaven zu einer vergleichsweise erträglichen Situation.

Arbeiter waren die hier Tätigen alle, und während man die Früchte ihrer Mühen in allen technischen und künstlerischen Details sehr zu schätzen wußte, so blieb die Arbeit selbst doch immer etwas, was nur der tat, der sich wirtschaftlich dazu gezwungen sah. Arbeit galt im alten Griechenland nie als moralischer Wert an sich, ja der Zwang, arbeiten zu müssen, mit Arbeit seinen Lebensunterhalt zu verdienen, war und blieb regelrecht verachtet. Geachtet wurde dagegen, ganz besonders zur Zeit der Erbauung des Parthenon, die technisch-künstlerische *Fähigkeit,* solche Arbeiten auszuführen: die ›Techne‹, wie die Griechen dieses Können bezeichneten. ›Technitai‹ – man könnte dies beinahe als ›die Könner‹ übersetzen – nannte man die Leute, die den Parthenon erbauten, ob Architekt, Transporteur, Krankonstrukteur, Zimmermann, Steinmetz oder Metallgießer.

Der Arbeitsvorgang

Bei den Kosten für die Errichtung eines Baues spielte die Gewinnung der Bauglieder im Steinbruch und ihr Transport zur Baustelle die Hauptrolle. Der Parthenon war die erste große Architektur der Stadt, die ganz aus Marmor errichtet wurde. Eine solche Marmormenge hatten die Athener bis dahin noch nie beschaffen müssen. Für Statuen und hervorgehobene Architekturglieder bei älteren Gebäuden hatte man Marmor vor allem von den Ägäis-Inseln Paros und Naxos geholt. Seit dem frühen 5. Jh. v. Chr. aber waren Marmorvorkommen im attischen Pentelikon-Gebirge, weniger als 20 km nordöstlich von Athen gelegen, erschlossen worden. Schon aus Kostengründen boten sich diese ungewöhnlich nahe an der Baustelle gelegenen Steinbrüche für den nun entstehenden Massenbedarf an einwandfreiem, nicht von Rissen durchsetztem Baumaterial an.

Die Arbeit im Steinbruch war beschwerlich und unangenehm. Wer einmal im Sommer auch nur für einen Tag etwa die Marmorbrüche von Carrara besichtigt hat, wird die beim Sägen und Schleifen entstehenden Staubmassen nicht so schnell vergessen. Die Steine wurden nicht als grobe Brocken aus dem Felsen herausgesprengt, sondern durch Sägen und Meißeln von vornherein so aus dem anstehenden Gestein herausgearbeitet, daß sie bereits ungefähr ihrer zukünftigen Form entsprachen. Dieses auf den ersten Blick umständliche Verfahren hatte den Vorteil, daß die Werkstücke sofort von allem unnötigen Gewicht befreit wurden, was nicht nur für den Transport an die Baustelle, sondern auch schon für jede Bewegung innerhalb des Steinbruchs von Bedeutung war.

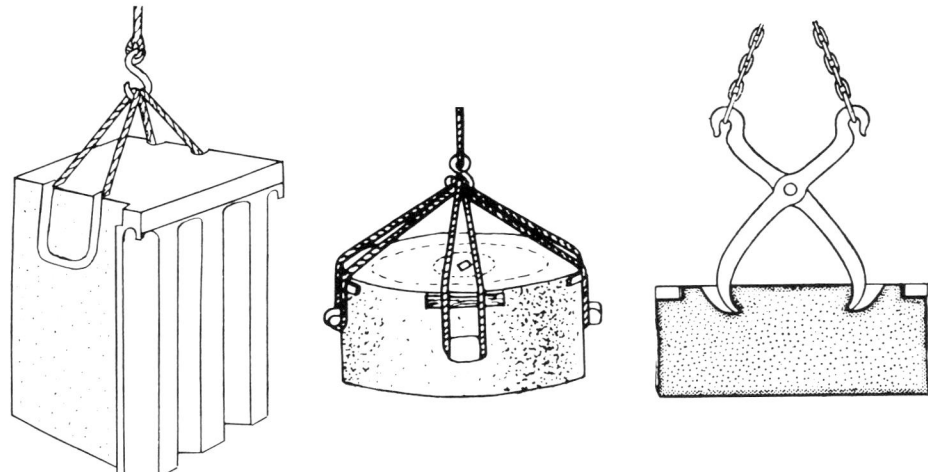

85   Das Heben von Architekturteilen.

Noch im Steinbruch brachte man die Blöcke in ihre endgültige Form, allerdings so, daß die letzte Schicht nicht abgemeißelt wurde, damit beim Transport vorkommende winzige Beschädigungen nicht bis zur endgültigen Oberfläche der Werkstücke reichten. Beim Anheben der Teile mit Hilfe von Kränen gab es zwei unterschiedliche Verfahren: Entweder ließ man an den Seiten der Blöcke breite Hebebossen im Marmor stehen, um die die Seile zur Befestigung am Flaschenzug geschlungen werden konnten – solche Hebebossen kann man beispielsweise noch heute an vielen Quadern des Südflügels der Propyläen sehen –, oder aber man brachte auf den später nicht mehr sichtbaren Oberseiten der Blöcke – etwa bei Säulentrommeln oder Quadern des Mauerverbundes – geeignete Löcher an, die die Greifzangen der Kräne aufnahmen oder durch die Taue geführt wurden. So wurden auf der Grundlage des oben beschriebenen Streckenverbundes und Baugliederkataloges die Serien von Werkstücken bereits im Steinbruch gefertigt und sukzessive auf die Baustelle gebracht.

Kleine Bauteile konnte man auf Ochsenkarren verladen, die großen verschalte man mit Holzbrettern und ummantelte sie mit hölzernen Rädern oder Walzen, so daß sie unmittelbar von Ochsen gezogen werden konnten. Besonders große Blöcke wurden über Rampen geschleift, wobei die Zugkraft an den Seilen durch Flaschenzüge verstärkt werden konnte. An der Baustelle angelangt, nahm man die Verschalungen und Rollen ab, brachte sie zum Steinbruch zurück und setzte sie für den nächsten Transport instand. Mit den Bauvorbereitungen waren also nicht nur Steinmetzen, sondern in gleichem Maße Zimmerleute, Seiler und Fuhrleute beschäftigt.

Wie man das Material auf den Akropolis-Felsen heraufschaffte, ist im einzelnen nicht bekannt. Zum einen bestand die Möglichkeit, zumindest kleinere Blöcke an Kränen an den steilsten Stellen des Burgberges im Norden oder im Süden hochzuziehen. Die Masse des Materials aber dürfte über Rampen auf der flach abfallenden Westweite heraufgehievt worden sein.

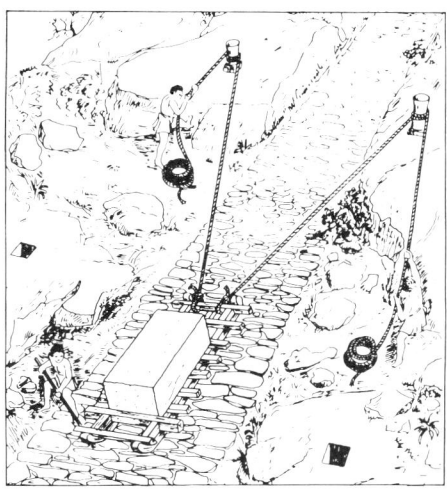

86 Transport eines Quaders vom Steinbruch
zur Baustelle auf einem Zugschlitten.

87 Transport eines Quaders
mit wiederverwendbaren Holzrädern.

Auch für den Transport brachte der besondere Bauentwurf des Iktinos einen bedeutenden Vorteil mit sich. Die durch die Achtzahl der Frontsäulen und überhaupt durch die spezielle Proportionierung bedingte Kleinteiligkeit des insgesamt sehr monumentalen Bauwerks führte zu im Verhältnis zur Größe des Bauwerks relativ kleinen und leichten Einzelteilen, die sich dementsprechend gut transportieren ließen. Die schwersten Bauteile, die Architravblöcke, wogen nicht einmal zehn Tonnen, ein relativ geringes Gewicht, wenn man dies mit den 17 Tonnen vergleicht, die ein Architravblock des Zeus-Tempels von Olympia wog. Sogar das so klein und filigran wirkende Erechtheion bestand aus Baugliedern, die zum Teil erheblich schwerer waren als die des Parthenon.

Noch während der Arbeiten im Steinbruch begann man auf der Akropolis selbst mit der Herrichtung des Bauplatzes. Üblicherweise hob man in solchen Fällen Gräben für die Fundamente aus, denn die Fundamente wurden nicht durchgehend verlegt, sondern nur an den Stellen, wo sich später Mauern oder Säulen erheben sollten. Gewöhnlich entsprechen also die Fundamente recht genau dem Grundriß eines Tempels, so wie man es auf der Akropolis beim Alten Athena-Tempel zwischen Parthenon und Erechtheion noch sehen kann.

Beim Parthenon aber lag die Situation vollkommen anders. Schon als man Jahrzehnte zuvor damit begonnen hatte, hier einen großen Bau zu errichten (s. S. 118), war das Plateau des Burgfelsens im Süden durch gewaltige Erdanschüttungen und Stützmauern erweitert worden. Für den Parthenon-Bau wurden diese Anschüttungen noch erhöht, was es ermöglichte, nicht nur die Fundamente, sondern auch den gesamten bereits vorhandenen Stufenbau des Vorgängers als Fundament des neuen Tempels mitzuverwenden – eine gewaltige Arbeits- und Kostenersparnis! Der Parthenon erhebt sich also an der Stelle des kleineren, nicht fertiggestellten Vorgängerbaus, allerdings auf höherem Niveau. Einige Nahtstellen zwischen den Resten der alten Bausubstanz und der neuen Parthenon-Architektur sind noch heute gut sichtbar.

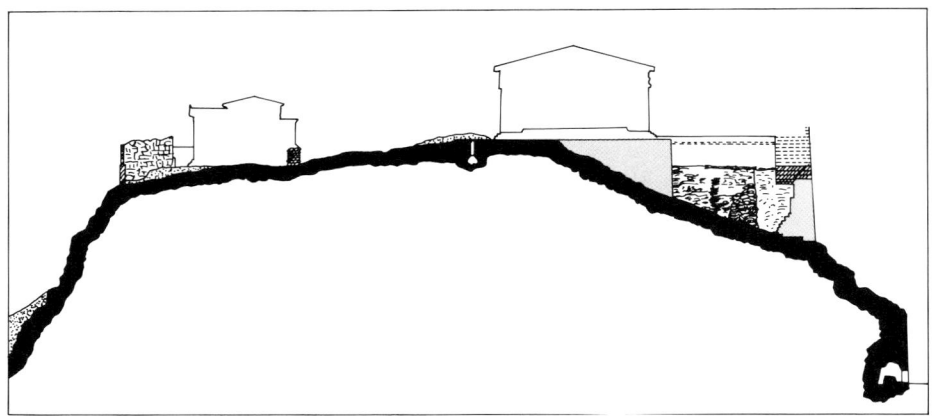

88   Schematischer Querschnitt durch den Akropolis-Felsen (von Westen aus gesehen) mit der künstlichen Plateauerweiterung für die im 5. Jh. entstandenen Bauten (rechts).

Bei der Verlegung der teilweise bis zu 20 Schichten tiefen Fundamentmauern war besondere
Sorgfalt nicht notwendig. Es zählte allein die Solidität der Substruktion, für die auch herumliegende Teile älterer, zerstörter oder nie fertiggestellter Gebäude verwendet wurden. Das eigentliche Fundament wird abgeschlossen von einer flachen Steinlage, die zwar in ihrer Oberfläche
rauh belassen bleibt, jedoch schon sorgfältig ausgehauen ist und vor allem exakt nivelliert wird.
Sie bildet die oberste noch zum Fundament gehörige Schicht, gewissermaßen die Plattform,
auf der sich der eigentliche Tempel mit seinem Stufenbau erhebt.

Beim Herstellen einer exakt waagerechten Grundfläche für Bauwerke konnten die Architekten auf eine schon jahrtausendealte Tradition zurückblicken. Wasserwaagen heutiger Art
waren unbekannt, aber daß stehendes Wasser eine waagerechte Oberfläche bildet, das wußten
schon die Baumeister der ägyptischen Pyramiden: Es genügte, die planierte Baustelle mit einer
niedrigen Wasserschicht zu überfluten und mit Stöcken und Schnüren genügend Markierungs-
punkte anzubringen. Das Akropolis-Gelände machte zwar ein solches Verfahren unmöglich,
doch war es auch keineswegs notwendig, den ganzen Bauplatz zu überfluten. Es reichte aus,
mittels einer umlaufenden schmalen, wassergefüllten Rinne, etwa aus Ton oder Holz, eine
gewisse Anzahl von Punkten auf gleichem Höhenniveau einzutragen. Mit Hilfe dieser Punkte
wurde dann die schmale Steinschicht zwischen Fundament und Stufenbau des Tempels nivelliert.

Die Maße des dreistufigen Unterbaues waren durch den Architekten exakt festgelegt, denn
sie bestimmten ja, wie oben beschrieben, in erheblichem Maße die Dimensionen und Proportionen des gesamten Tempelaufbaues. Bereits beim Stufenbau stellte der Parthenon besondere
Anforderungen an die Steinmetzen. Da das gesamte Bauwerk aus Marmor gearbeitet und nicht
mit einer Stuckschicht überzogen wurde, kam es darauf an, perfekt glatte Oberflächen herzu-

89 Fundament des Parthenon, Südseite. Freigelegt während einer Ausgrabung im späten 19. Jh.

90 Fundament und Stufenbau des Parthenon (Nordwestecke) mit wiederverwendeten Fundamentblöcken des Vorparthenon.

91 Vom unfertigen Vorgängerbau wiederverwendete Blöcke mit nicht aneinanderpassenden Eintiefungen
für Metallklammern im Fußboden des Parthenon.

stellen, um die Steine – man arbeitete ja ohne Mörtel – genau auf Paß aneinanderzufügen, ohne
daß bei der Versetzung der Blöcke an Kanten oder Ecken Material absplitterte.

Um Steinblöcke nahtlos und verwackelungsfrei an- und aufeinanderlegen zu können, mußten nicht nur glatte, sondern vor allem auch in sich ebene Anschlußflächen hergestellt werden.
Die Griechen bedienten sich hierbei eines Tricks: Sie meißelten die Blöcke an den Anschluß-
seiten nicht jeweils auf der ganzen Fläche glatt, sondern nur an den Rändern, während der
Innenbereich der Lagerflächen etwas vertieft wurde, so daß sich die Blöcke dort nicht berühr-
ten. Diese vertieften Flächen mußten auch nicht geglättet, sondern konnten rauh belassen
werden – im Ergebnis eine Optimierung bei gleichzeitiger Arbeitsersparnis. Alle Steine des
Stufenbaues sowie die Mauerblöcke der Cella, die Säulentrommeln und die Gebälkteile des
gesamten Baues sind an den später unsichtbaren Stoßflächen auf diese Weise bearbeitet.

Doch genügte dieses Verfahren bei weitem noch nicht, um ein Absplittern der Außenkan-
ten beim Versetzen der Blöcke zu verhindern. Deshalb ließen die Steinmetzen an allen Sicht-
flächen der Blöcke und der Säulentrommeln eine Marmorschicht stehen und arbeiteten diese
Schicht erst nach der endgültigen Versetzung der Steine sorgfältig ab. Wie wir aus antiken
Bauabrechnungen wissen, nahm gerade diese Feinarbeit einen besonders großen Teil der
Arbeitszeit in Anspruch. An ihren richtigen Platz wurden die Blöcke mit Hilfe von Stemm-

eisen gerückt. Die dafür nötigen Einkerbungen, in die die Stemmeisen eingriffen, sind an einzelnen nicht mehr im Bauzusammenhang stehenden Blöcken auf der Akropolis noch zu sehen. Um spätere Verschiebungen, etwa bei kleineren Erdbeben, zu verhindern, wurden die Blöcke mit Metallklammern und Dübeln verbunden.

Nun machten sich die Griechen nicht nur durch solche Perfektion in der handwerklichen Ausarbeitung besondere Mühe. Sie formten auch den in seiner Grundstruktur ja relativ einfachen, statisch auch nicht unbedingt kühnen dorischen Tempel durch besondere Raffinements zu einem äußerst diffizilen Gebilde. Beim Parthenon wurden diese absichtsvollen Komplizierungen geradezu ins Extrem gesteigert. Sie beginnen bereits beim Stufenbau. Die ganze Architektur ist nämlich nicht, wie die meisten griechischen Tempel, in ihrem Aufbau einfach horizontal und vertikal, sondern in sich sphärisch gekrümmt. Nicht auf einer ebenen Plattform erhebt sie sich, sondern gewissermaßen auf einem Ausschnitt aus einer riesigen Kugel. Diese minimale Krümmung durchzieht das gesamte Bauwerk von der untersten Stufe bis zum Gebälk.

An die Handwerker stellte diese sogenannte Kurvatur unglaubliche Anforderungen, denn die beschriebene Paßgenauigkeit der Blöcke machte es unmöglich, sie einfach etwas unregelmäßig so aneinanderzulegen, daß die beabsichtigte Krümmung entstand. Nein, jeder Block mußte eigens für die Kurvatur so bearbeitet werden, daß die Kanten nicht mehr genaue rechte Winkel bildeten. Alle Blöcke haben also nicht eine exakt kubische, sondern eine leicht trapezförmige Gestalt. Die senkrechten Flächen sind tatsächlich senkrecht, die ›waagerechten‹ hingegen leicht schräg und ganz geringfügig gekrümmt. Am einzelnen Block kann man diese winzigen Differenzen nur mit äußerster Mühe erkennen; deutlich aber wird die Kurvatur des Parthenon auch für den heutigen Betrachter, wenn er den Stufenbau, besonders auf der Langseite, anvisiert: Die Krümmungshöhe beträgt gut 10 cm.

Ob die griechischen Steinmetzen diese schier unglaublich geringen, aber zweifelsfrei nachgewiesenen Abweichungen von vornherein bei jedem Block anlegten oder sie erst unmittelbar

92   Die Anschlußflächen zweier Säulentrommeln.

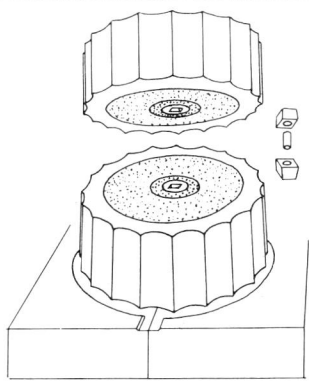

93   Unfertige Marmorblöcke mit Kantenschutz am Ostflügel der Propyläen.

bei der Versetzung ausführten, ist in der archäologischen Forschung umstritten. Bei der beschriebenen Herstellung der Blöcke konnten diese Feinheiten während der ersten Arbeitsgänge wohl unberücksichtigt bleiben. Erst bei der Abtragung der allerletzten Schichten bis hin zur endgültigen Oberfläche kamen die winzigen, durch die Kurvatur entstehenden Differenzen zur Geltung. Wir vermuten deshalb, daß die Steinmetzen erst unmittelbar vor und auch noch nach dem Versatz der Blöcke diese Feinarbeiten vorgenommen haben – dann nämlich, wenn sie mit dem Meißel die Flächen als Ganzes übergingen.

Solch geradezu unglaubliche und ganz zweifellos absichtsvolle Arbeitserschwernis bei der Errichtung des Bauwerks und die Verfeinerung seiner endgültigen Gestalt sollte der moderne Betrachter aber nicht mit einer durchgehend millimetergenauen Planung und Ausführung verwechseln. Die hier tätigen Arbeiter haben größte Anstrengungen darauf verwendet, ›eigentlich Gerades‹ ein wenig gebogen zu gestalten. Sie waren bewundernswerte Könner in der Ausführung dieser Abweichungen, zugleich aber konnte Einfaches – oder jedenfalls aus heutiger Perspektive einfach Erscheinendes – auch grob mißlingen: Der Stufenbau des Parthenon war bei allen beschriebenen Raffinessen ganz zweifellos in seinem Grundriß als exaktes Rechteck geplant, und doch unterscheiden sich im Ergebnis die Langseiten um gut 10 cm. Vollendete Präzision in manchen Aspekten der Ausführung verbindet sich also mit Ungenauigkeiten und Fehlern in anderen Bereichen, die den Erbauern vielleicht weniger wichtig erschienen oder wo einfach die Mittel zu einer entsprechenden Präzision nicht vorhanden waren.

Noch schwieriger als die Herrichtung der Quaderblöcke für den Stufenbau (Stylobat) und die Mauern der Cella war die Arbeit an den Säulentrommeln. Wie an allen griechischen Tempelbauten verjüngen sich die dorischen Säulen des Parthenon nach oben zu, jedoch nicht geradlinig, sondern so, daß die Säulen in ihrem mittleren Bereich eine leichte Schwellung aufweisen,

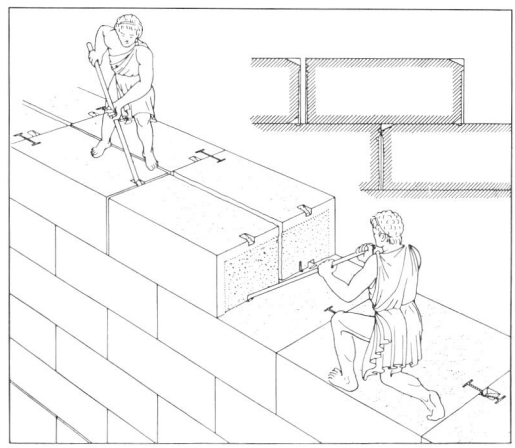

94   Versatz der Quader auf der Baustelle.

die sogenannte Entasis. Maßlos übertrieben könnte man sagen, daß die Säulen sich einer Fla-
schenform annähern. Damit nicht genug: Die auf dem gewölbten Boden stehenden Säulen sind
beim Parthenon auch noch allesamt ein wenig nach innen geneigt; ihr oberer Mittelpunkt liegt
also etwas weiter von der Stylobatkante entfernt als der untere. Sowohl die Entasis, also die
Schwellung der Säulen, als auch ihre Einwärtsneigung sind beim Parthenon außerordentlich
gering, jedoch gerade groß genug, um vom aufmerksamen Betrachter wahrgenommen zu
werden.

95   Antike Verklammerungen am Parthenon.

96   Stufenbau des Parthenon mit Kurvatur. Nordseite, von Osten gesehen.

Der Schaft der Säulen ist beim Parthenon gut 9,5 m hoch. Dementsprechend sind, wie bei fast allen griechischen Tempeln, die Säulen nicht aus einem Stein gehauen, sondern aus mehreren Säulentrommeln zusammengesetzt. Wie beim Stufenbau und den Mauern auch, beließen die Arbeiter die Säulentrommeln vor dem Aufeinandersetzen jeweils in einer dünnen Marmor-

97   Kurvatur des Parthenon, schematisch verstärkt.

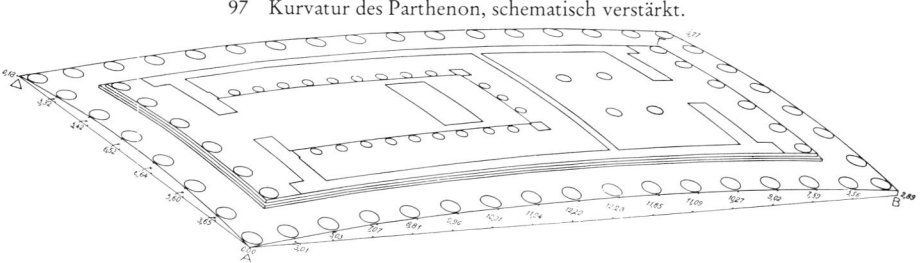

schicht, die erst nach dem Versatz der schweren Trommeln abgearbeitet wurde. So konnten Beschädigungen vermieden werden, und so allein war auch der schon am Stufenbau beobachtete präzise Fugenschnitt zu erreichen. Vor allem aber konnte nur bei dieser die einzelnen Trommeln übergreifenden letzten Feinarbeit an der ganzen Säule die Entasis erreicht werden. Dabei ging man so vor, daß allein an der untersten Säulentrommel ein schmaler Saum bereits vor dem Versatz vollständig ausgearbeitet wurde, nämlich die ersten unmittelbar an der Boden stoßenden Zentimeter. In diesem Bereich nämlich hätte man nach Versetzen der ersten Säulentrommeln nicht mehr exakt arbeiten können. Zugleich bildete diese sorgfältig ausgearbeitete Ringzone eine Orientierung für die spätere Kannelierung der gesamten Säule. (Halbfertige griechische Säulentrommeln, die diesen Kanneluransatz zeigen, kann der Akropolis-Besucher noch in der Nordmauer des Burgberges sehen; s. Abb. 81.)

Auch bei diesem Verfahren blieb es ein Wagnis und forderte die ganze Könnerschaft der Handwerker, die Auskehlungen und spitz zulaufenden Grate der senkrechten Säulenkanneluren auszumeißeln. Jeder zu stark oder unpräzise geführte Schlag konnte ein Loch in der Oberfläche oder das Ausbrechen einer Kante zur Folge haben. Gerade in diesem hochsensiblen Bereich mußte sich die Tatsache auswirken, daß hier ganz aus Marmor gebaut und nichts im

98 Mauerkante im oberen Bereich des rückwärtigen Innenraums des Parthenon mit teilweise unfertig gebliebenen Quadern. Deutlich wird hier die Experimentierfreudigkeit beim Herstellen einer Mauerecke: Manche Schnittstellen sind sogar auf Gehrung gearbeitet.

nachhinein mit Stuck überdeckt werden konnte. Dementsprechend arbeitsintensiv war der Bauvorgang. Vom Kannelieren der wesentlich kleineren Säulen des Erechtheion weiß man aus erhaltenen Bauabrechnungen, daß Teams von fünf bis sieben Arbeitern für die Fertigstellung einer Säule ungefähr zwei Monate reine Arbeitszeit benötigten. Die Feinarbeit besonders an den Säulen der neuen Marmorbauten auf der Akropolis muß für alle daran Beteiligten mit erheblichem Streß verbunden gewesen sein. Aber sie war auch der ganze Stolz der Handwerker und der athenischen Bürgerschaft, die so aller Welt demonstrierte, zu welcher Leistung sie fähig war: nicht nur große und komplexe Bauten zu errichten, sondern dies auch auf eine Weise zu tun, die einen ganz einzigartig hohen Ausbildungsstand der daran Beteiligten erforderte.

Einzelne Pannen sind dennoch nicht ausgeblieben. Noch heute kann der Akropolis-Besucher an einigen Säulentrommeln eingesetzte Stücke sehen, die nicht von neuzeitlichen Restaurierungen stammen, sondern bereits vom ursprünglichen Bauvorgang. Hier hat irgendein Handwerker zu tief gemeißelt, oder eine Unregelmäßigkeit des Natursteins war erst bei der Abmeißelung der letzten Marmorschicht zutagegetreten. Nun mußte mit besonderem Geschick ein passendes Werkstück hergestellt und in die vorher ausgemeißelte Lücke eingefügt werden.

Alle diese Feinheiten und Raffinessen waren zwar als solche schon vom Architekten eingeplant, aber nicht rechnerisch durchkalkuliert, vorgezeichnet und dann nur nach Plan durchge-

99   Antike Flickstelle an der Kannelur einer Parthenon-Säule.

führt. Nein, die ausführenden Handwerker selbst mußten in allen diesen Fragen – sei es die Krümmung des Stylobates oder die Schwellung der Säulen – eine ganz klare Vorstellung von der endgültigen Gestalt des Baues besitzen. Ihrer Ausführung verdankt auch der Parthenon seinen immer wieder gerühmten Eindruck von Harmonie und Präzision. Die tatsächlichen Maße fielen demgegenüber weit weniger exakt aus. So weist etwa der Abstand der Säulen voneinander – im Gegensatz zum Plan des Architekten – namentlich an den Kapitellen recht erhebliche Schwankungen auf. Doch welchem Betrachter fällt dies ins Auge angesichts der unendlich feinen Oberflächenbearbeitung der Bauglieder mit ihren sanften Krümmungen und Schwingungen?

Um den Parthenon mit seinen für damalige Verhältnisse außerordentlichen Abmessungen nicht unförmig wirken zu lassen, hat der Architekt nicht nur, wie oben schon beschrieben, mehr und dafür dichter gestellte Säulen geplant, als dies sonst üblich war, sondern auch die Säulen selbst wurden feingliedriger gestaltet, als man dies von anderen dorischen Tempeln im allgemeinen kannte. Jede Säule des Zeus-Tempels von Olympia war durch 16 Kanneluren in der Oberfläche gegliedert – eine Aufteilung der Kreisform, die verhältnismäßig einfach geometrisch zu konstruieren und an der Säule durchzuführen war. Deshalb folgen auch viele dorische Tempel diesem Prinzip. Beim Parthenon besaß jede Säule jedoch 20 Kanneluren, obwohl die Säulen selbst hier schon besonders schlank sind: Wieder eine Erschwernis in konstruktiver und handwerklich-technischer Hinsicht, die aber dazu beiträgt, den Bau wie von selbst feingliedrig und leicht erscheinen zu lassen.

Die Kapitelle des Parthenon wurden nach einem vorgefertigten Prototyp praktisch formidentisch in der benötigten Zahl (48 Stück) reproduziert. Ihre Form war für die damalige Zeit sehr modern; das Profil des Echinus, des ›Kissens‹ zwischen Säulenende und Deckplatte, lädt wenig aus und führt in kurzer, fast gerader Linie vom Säulenhals zur Deckplatte. Abacus (Deckplatte) und Echinus (Polster) sowie der Ansatz des Säulenhalses sind jeweils aus einem Block gearbeitet.

Während die Höhe der einzelnen Trommeln stark schwankt, sind Säulen und Kapitelle zusammen beim Parthenon stets exakt gleich hoch. So überträgt sich die Kurvatur des Unterbaues auf das Gebälk. Die vorgefertigten Architravblöcke mußten nur vorsichtig auf die Kapitelle gelegt und der Kurvatur wie auch den im Verlauf der Säulenerrichtung aufgetretenen Maßschwankungen angepaßt werden. Dies geschah von letzter Hand, wie man an den Abarbeitungen einzelner Blöcke noch erkennen kann. Um das Gewicht der einzelnen Architravblöcke von immerhin über 4,5 m Spannweite zu verringern, wurden statt eines massiven Blockes jeweils drei schmale Hochkantblöcke nebeneinandergelegt und durch Metallklammern miteinander verbunden.

Die Gestalt des dorischen Gebälks stammt noch aus einer Zeit, als die Griechen ihre Tempel nicht aus Stein, sondern aus Holz erbauten (s. Farbabb. 16). So sieht man an dorischen Steintempeln viele Details, die nur beim Holzbau einen praktischen Sinn hatten, während sie im Stein zum bloßen Schmuck degeneriert sind. Die Triglyphen mit ihren drei senkrechten Kerben bildeten im Holzbau einst die Balkenköpfe der Dachträger. Die Felder dazwischen – die beim Parthenon mit Reliefs geschmückten Metopen – konnten im Holzbau leer bleiben oder auch verkleidet werden, hatten jedenfalls keine tragende Funktion. Auch sieht der Betrachter über

100 Gebälk des Parthenon mit dreiteiligem Architrav, Nordseite.

und unter den Metopen und Triglyphen ›Holzbretter‹ und ›Dübel‹, die an einem Steinbau wie dem Parthenon funktionslos sind. Doch nicht allein ›Bretter‹ und ›Dübel‹ sind hier technisch fehl am Platze. Auch die steinernen Metopen- und Triglyphenplatten selbst sind dem eigentlichen Bau nur vorgeblendet, sind nichts als Zierat. Hinter ihnen liegt als eigentlicher Träger des darüberliegenden Geisons eine doppelte Schicht von Blöcken.

Wir sind daran gewöhnt worden, griechische Tempel für etwas Vollkommenes zu halten, und verzichten deshalb auch meist darauf, kritische Fragen an diese Architektur zu stellen, wie wir sie gegenüber Bauten anderer Epochen ohne Zögern erheben. Spricht man nicht gar von Kitsch, wenn gotisierende Steinformen eine Eisenkonstruktion umkleiden, wenn auf eine verputzte Ziegelwand Fachwerk aufgemalt ist, wenn eine moderne Betonwand durch Einkerbungen vorgibt, aus Quadern zu bestehen, oder wenn auf durchgehenden Fenstern aufgeklebte Plastikleisten echte Sprossen vortäuschen?

Im dorischen Tempelbau hat das grundsätzliche Festhalten an Bauformen längst vergangener Jahrhunderte den Griechen im übrigen nicht unerhebliche Probleme und Kopfzerbrechen bereitet. Allein schon die Tatsache, daß an den vier Ecken des Tempels nicht eine Metope (also gewissermaßen ein Leerraum), sondern eine Triglyphe sitzen mußte, daß aber zugleich die Triglyphe (eben als Balkenende) notwendigerweise mittig über der Säule zu plazieren war, brachte an den Gebäudeecken einen Zwiespalt mit sich, zu dessen Kaschierung immer wieder

101 Parthenon, Kassettendecke und Wandgliederung zwischen Cella und Ringhalle. Rekonstruktion.

neue und letztlich kaum überzeugende Anpassungs- und Verschiebungsvariationen von den Baumeistern erdacht wurden.

Auch die über dieser Zone liegenden Bauteile sind beim Parthenon aus Marmor: das vorkragende Geison als oberstes Glied des Gebälks, dann die Sima (die umlaufende Dachkrempe) mit den Wasserspeiern und schließlich die Dachpfannen. Die nur von innen sichtbare eigentliche Dachkonstruktion bestand aus Holzbalken, von denen sich nichts erhalten hat. Einen Eindruck von einer solchen Dachkonstruktion kann der heutige Athen-Besucher noch am Hephaisteion an der Westseite der Agora gewinnen.

Nach den Steinmetzen und Zimmerleuten wurden die Maler tätig. Was heute einheitlich hell in der Sonne glänzt, war ursprünglich teilweise bunt bemalt. Nicht nur ganze Bauglieder waren durch klare Farben voneinander abgesetzt, sondern auch eine Fülle bunter Schmuckformen in den Farben Rot, Blau, Gold und Silber zierte den Parthenon (s. Farbabb. 16–21). Nicht zuletzt die von uns kritisch gewürdigte Holzimitation am Steinbau wurde durch die farbige Fassung optisch unterstrichen.

Architektur- und Bildsprache
Material, architektonische Konzeption und farblicher Schmuck des Parthenon drückten Stolz und Selbstbewußtsein der Bürgerschaft Athens aus, die sich in dieser Zeit kulturell und poli-

Epitaphios (Leichenrede) des Perikles

»Ich beginne bei unseren Vorfahren . . ., denn sie haben sich als ständige Bewohner dieses Landes behauptet und konnten es dank ihrer Tüchtigkeit ihren Nachkommen von Generation zu Generation bis heute als freies Erbe überlassen. Dafür sind sie zu loben. Noch mehr Lob gebührt unseren Vätern: Sie erwarben für uns zusätzlich mit viel Mühen noch das große Reich hinzu, das uns jetzt gehört. Am meisten jedoch haben wir, die jetzt Lebenden, die Macht der Stadt gemehrt und sie so gestaltet, daß sie im Krieg und im Frieden ganz auf sich selbst vertrauen kann . . .

Unsere Staatsverfassung richtet sich nicht nach anderen, weit eher sind wir selbst für manche ein Vorbild . . . Wir bieten dem Gemüt oft Erholung von den Alltagsmühen durch Kampfspiele, Opfer und die schönen Einrichtungen unserer Häuser. Diese täglichen Freuden vertreiben trübe Gedanken. Weil unsere Stadt so groß ist, strömt alles von der ganzen Erde hier zusammen, und so können wir die Erzeugnisse anderer Völker ebensogut als unser Eigentum genießen wie unsere eigenen Landesfrüchte . . .

Wir lieben die Künste und bleiben doch maßvoll, wir lieben den Geist und werden doch nicht weichlich. Reichtum dient bei uns der Tat und nicht der Prahlerei . . . Auch in den Fragen des edlen Betragens unterscheiden wir Athener uns von den meisten: Wohltaten empfangen wir nicht, sondern wir verteilen sie. Wer Gutes tut, ist im Vorteil gegenüber dem, der es annimmt, weil er diesen zu seinem Schuldner macht . . .

Zusammenfassend sage ich, daß wir die Schule von ganz Hellas sind . . . Wir brauchen weder Homer noch einen anderen Dichter als Lobredner. Sie sind zwar schön anzuhören, aber das Wesentliche unserer Taten erwähnen sie doch nicht. Mutig schaffen wir uns Zutritt zu jedem Meer und jedem Land und lassen überall die Denkmäler unserer Wohltaten oder die Zeichen der Zerstörung zurück . . .«

(Rede des Perikles zu Ehren der ersten im Peloponnesischen Krieg gefallenen Athener, 431/30 v. Chr.; nicht wörtlich, sondern literarisch überliefert am Ende des Jahrhunderts bei Thukydides II 36–41; Übersetzung Chr. Höcker.)

tisch als Mittelpunkt und Vorbild der ganzen Welt sah. Für Fremde und für die Nachwelt verkörperte allein der fertige Bau diesen Anspruch, für die Athener selbst war aber auch schon der komplexe technisch-künstlerische Vorgang des Bauens, wie wir ihn ausführlich beschrieben haben, sichtbarer Beweis für die Überlegenheit ihres neuen demokratischen Gesellschaftsmodells. Selbst derjenige, der nicht aktiv an der Errichtung der glanzvollen Bauten auf der Akropolis teilnahm, wurde damals zum Kenner der Künste. Man ging, wie antike Quellen bezeugen, auf die Akropolis, um den Stand der Arbeiten in Augenschein zu nehmen und sich vom technischen Niveau der Leistungen zu überzeugen. Gerade auch die oben beschriebenen Raffinessen des Baues waren Gegenstand des bürgerlichen Disputs in jenen Jahren.

Die besonderen handwerklichen Fähigkeiten und künstlerischen Planungen galten den Erbauern des Parthenon nicht allein als Mittel zum Zweck, als Weg zu einem vorgegebenen

Ziel, sondern das fertige Ergebnis sollte darüber hinaus die Raffinesse seines Zustandekommens dokumentieren. Die besondere Komplexität des Parthenon, seine geradezu künstliche Verkomplizierung hat in diesem Anspruch ihren Grund: Man errichtete einen so komplizierten Bau, weil man auf diese Weise aller Welt zeigen konnte, wie kompliziert man zu bauen in der Lage war. So wurde der Parthenon in seiner Zeit nicht nur als fertiges Produkt gewürdigt, sondern zugleich als steinerne Manifestation eines ›lebendigen Kunstwerkes‹: dem vollendeten Ineinandergreifen der verschiedenen ›Technai‹, der künstlerischen Techniken des damaligen Stadtstaates Athen. Nicht ohne Arroganz bezeichneten sich die radikalen Demokraten Athens, die in der Volksversammlung das Parthenon-Projekt durchgesetzt hatten, selbst als »Schule von ganz Griechenland« (s. Kasten S. 152). In diesem Sinne sollte der Parthenon ein Lehrstück sein, das nicht nur eine neue Variante dorischen Tempelbaus vor Augen stellt, sondern in seiner Architektur dasjenige Gemeinwesen abbildet, das den hochkomplexen Vorgang der Errichtung dieses Bauwerks so souverän bewältigt hat.

Die Athener beanspruchten in jenen Jahren, in ihrem Verhalten die ideale Mitte zu bilden zwischen dem zügellosen Lebensgenuß, wie er den Ioniern zugeschrieben wurde, und der den Dorern nachgesagten Härte und Strenge. Diese harmonische Selbstsicht sollte auch der Parthenon veranschaulichen. In dieser Absicht wurde die Verbindung von dorischer und ionischer Bauordnung verwirklicht. Ein skulptierter ionischer Fries umzieht oben die Cella, und vier ionische Säulen standen einst im rückwärtigen Innenraum. Schließlich erinnerte auch die Achtzahl der Frontsäulen den zeitgenössischen Betrachter an die archaischen ionischen Riesentempel von Ephesos, Didyma, Samos und Naxos. Besonders aber die überreiche farbliche Ausschmückung des Gebälks und der Kassettendecke zwischen umlaufenden Säulen und Cella verlieh dem insgesamt dorischen Bau eine spezifisch ionische Note.

Wie die Architektur des Parthenon, so verkündete auch sein Skulpturenschmuck den neuen religiösen und politischen Weltanspruch des demokratischen Athen. Eine Skulpturenausstattung, wie sie der Betrachter am Parthenon sah, hatte es in solcher Fülle bis dahin an dorischen Tempelbauten nicht gegeben. Über 50 teils einzelne, teils zu Gruppen geordnete Figuren schmückten die beiden Giebel. Ihr Format nimmt nach den Seiten hin unmerklich ab; die stehenden Mittelfiguren waren mit gut 2,30 m weit überlebensgroß, und auch die in den Zwickeln lagernden Figuren überschreiten noch immer das natürliche Maß. Nicht nur von ihrer absoluten Größe her, sondern auch durch ihr plastisches Volumen und ihre nach vorn und hinten ausgreifende Tiefenerstreckung waren die Giebelfiguren in ihrer Wirkung auf den Betrachter dominant.

Gänzlich neu und staunenerregend müssen für den damaligen Betrachter die mit einem Blick kaum noch erfaßbaren Reihen der skulptierten Metopen auf allen vier Außenseiten des Parthenon gewesen sein. Der berühmte, kurz zuvor entstandene Zeus-Tempel in Olympia besaß außen nur unverzierte Metopenfelder; allein innen über der Cella waren dort vorn und hinten jeweils sechs figürlich geschmückte Platten angebracht. Die 92 Metopen des Parthenon haben jeweils eine Höhe von 1,35 m, ihre Figuren sind also unterlebensgroß. Und doch wirken sie durch ihre starke Hervorhebung vom Reliefgrund, mit dem sie teilweise nur noch durch schmale Stege verbunden sind, wie auch durch ihre raumfüllenden Gebärden eher

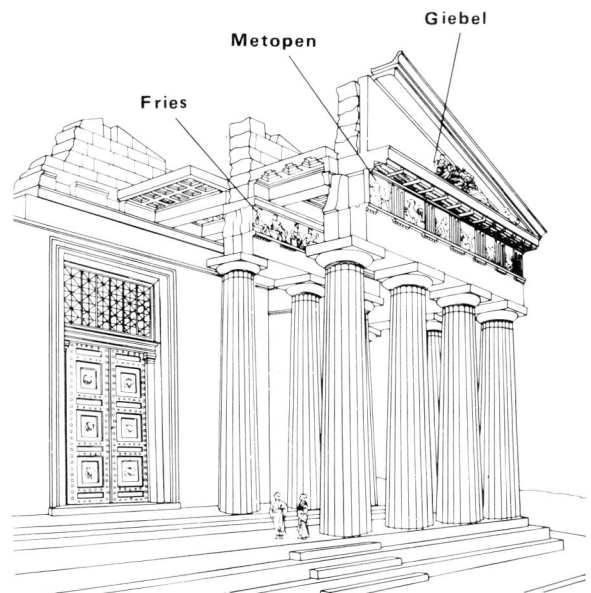

102   Positionen der Skulpturen am Parthenon.

größer. Jeder Besucher des Britischen Museums in London wird den Eindruck mit nach Hause tragen, lebensgroße, fast freiplastische Figuren an den Metopen gesehen zu haben.

Während dem Besucher der Akropolis zunächst die Parthenon-Giebel und dann sicherlich auch die Metopen in den Blick fielen, war der nur etwa 1 m hohe Fries durch seine Plazierung hinter dem äußeren Säulenkranz ein zeitlich nachfolgendes Seherlebnis. Der Betrachter mußte näher an den Parthenon herantreten, um das oben an der Cellamauer angebrachte Reliefband unter dem Architrav hindurch und zwischen den Säulen überhaupt erst sehen zu können, und er mußte den Fries aus wechselnden Positionen und sehr intensiv fixieren, um in dieser stark verschatteten Zone überhaupt Einzelheiten zu erkennen. Der 160 m lange Fries ist mit einer sehr flachen, durchgehenden Reliefkomposition geschmückt, die aber durch sublime perspektivische Mittel einen Tiefenraum vortäuscht, in dem ganze Figurenszenen Platz finden.

So ergibt sich eine klare Hierarchie in absteigender Stufenfolge zwischen Giebel, Metopen und Fries. Der Betrachter erblickt zuerst und als Ganzes den Giebelschmuck, dann die Metopen und erst an dritter Stelle den Fries. Die Giebelfiguren sind bei weitem die größten; es folgen die der Metopen und schließlich die des Frieses. Die Giebelfiguren sind vollplastisch ausgearbeitet, sogar ihre Rückseiten bis in viele Details hinein ausgemeißelt; die Metopen dagegen bilden Hochreliefs, der Fries schließlich ein flaches Reliefband, das sich nur etwa

5 cm über den Reliefgrund erhebt. Mit dieser formalen Abstufung war eine inhaltliche Abstufung verbunden. In den Giebeln erscheint die Welt der olympischen Götter, auf den Metopen die Sphäre sagenhafter Heroen alter Zeit, auf dem Fries endlich fanden sich die Athener selbst dargestellt: in zeitlos-kultischer Handlung und doch zugleich wie hineingezogen in die Oberwelt der Götter und Heroen.

Auch im Inneren des Parthenon wurde der Betrachter mit Skulptur gestuften Formats und gestufter ›Realität‹ konfrontiert. Zunächst wurde der Eintretende von einem ganz unbeschreiblichen Glanz, einer wahrhaft berauschenden Farbigkeit und kolossalen Dimensionen geradezu überwältigt. Das 12 m hohe Athena-Standbild aus blinkendem Gold und schimmerndem Elfenbein muß in seiner großangelegten plastischen Ausführung und in seinem im Vergleich zur umgebenden Architektur überdimensionierten Format nicht nur körperlich, sondern geradezu ›überkörperlich‹, übermenschlich gewirkt haben. An diesem monumentalen Bildwerk aber sah der Betrachter wiederum kleinere Bilder, teils freiplastisch – so am Helm der Göttin und an der Siegesgöttin auf ihrer Hand –, teils in Relief wie an der Außenseite ihres Schildes, an ihren Sandalen und an der Vorderseite der Basis und schließlich auch im flachsten Medium, nämlich gemalt: an der Innenseite des aufgestützten Schildes, das heißt an der für den Betrachter zuletzt sichtbaren Stelle.

Schon diese gezielt eingesetzten Formatwechsel und unterschiedlichen Medien verraten eine klare, die einzelnen Teile übergreifende Konzeption des gesamten Skulpturenschmuckes. Ebenso wie bei der Architektur verbindet sich auch der Skulpturenschmuck als Gesamtensemble mit einem in der antiken Literatur überlieferten Namen: Der berühmte Bildhauer Phidias, von dessen Bronzestatuen uns römische Kopien erhalten sind, soll die Skulpturen geschaffen haben. Ja, er soll sogar nach Aussage römerzeitlicher Schriftsteller letztlich für den gesamten Parthenon-Bau verantwortlich gewesen sein. Planvoll ist der Skulpturenschmuck tatsächlich gestaltet. Und daß Architektur und Plastik hier sorgfältig aufeinander abgestimmt sind, daß sogar der Parthenon-Bau in seinen Besonderheiten wesentlich durch das kolossale Pseudokultbild in seinem Inneren bestimmt wird, haben wir im einzelnen gezeigt.

Trotzdem darf man sich Phidias nicht als einen Musterbildhauer vorstellen, der etwa die uns am schönsten erscheinenden Skulpturen eigenhändig schuf, wie die Archäologen lange glaubten. Ebensowenig konnte er allein aus eigener Kreativität ein Gesamtdesign entwerfen, das dann nur noch von den einzelnen Handwerkern in die Realität umgesetzt wurde – auch dies eine Auffassung, die bis heute fälschlich noch immer vertreten wird. Vielmehr muß man sich die Rolle des Phidias als ›Designer‹ der Skulpturen ähnlich der des Architekten vorstellen. Wie beim Parthenon-Bau auch wurden die Grundanliegen der athenischen Bürgerschaft, die der Skulpturenschmuck ausdrücken sollte, in der Volksversammlung festgelegt. Und wie der Architekt, so hatte auch Phidias ›nur‹ die Aufgabe, die Beschlüsse der Volksversammlung zu konkretisieren und den Werkstattbetrieb für die Ausführung der Skulpturen zu koordinieren.

Die vielbeschworene Genialität des Phidias wird hierdurch nicht geschmälert. Sie liegt eben nur nicht in einem autonomen, einzigartigen Künstlertum, wie wir es etwa einem Michelangelo zuschreiben, sondern in der Fähigkeit, ein ganzes Bündel politischer und religiöser Vorgaben in plastische Gestalt umzusetzen und die durchaus verschiedenen einzelnen Werkstätten so zusammenarbeiten zu lassen, daß ein echtes Gesamtensemble entstand. Bildhauerwerkstätten unterschiedlicher Tradition und mit unterschiedlichem handwerklichem Können lassen sich am Skulpturenschmuck des Parthenon durchaus erkennen. Auch einige Pannen und Fehler, die nur unvollkommen kaschiert wurden, sind zu entdecken. Aber das Gesamtergebnis wird in überwältigender Weise als gelungenes Ganzes empfunden.

Man kann tatsächlich von einem unverkennbaren ›Parthenon-Stil‹ sprechen, der die Skulpturen verbindet, ohne daß dabei die Arbeit der vielen Bildhauer in eine schablonenhafte Einheitlichkeit gepreßt worden wäre. Feine Unterschiede finden sich nicht nur in den Ausführungen letzter Hand durch die einzelnen Steinmetzen, sondern ebenso auch in der davorliegenden Gestaltung und Festlegung der plastischen Massen, etwa wie bestimmte Figuren in ihren Bewegungen und Haltungen den Raum füllen. So verlief die Ausführung der Parthenon-Skulpturen, wie die des Baues auch, als vielschichtiger Prozeß, auf den die Athener stolz waren und den sie zu würdigen wußten. Auch hier zählte nicht allein das bleibende Ergebnis, sondern auch der besondere Vorgang, der dazu führte.

Alle Skulpturen wurden am Erdboden ausgemeißelt und dann am Bau versetzt. Letzte Korrekturen waren danach noch möglich und lassen sich an einigen Stellen auch nachweisen. Aus antiken Inschriften kennen wir das Datum des Baubeginns, und es wird allgemein angenommen, daß zu diesem Zeitpunkt, nämlich im Jahr 447 v. Chr., auch mit dem Skulpturenschmuck bereits begonnen wurde. 439/38 v. Chr. wurde der Parthenon mit der Athena-Statue im Inneren ›eingeweiht‹. Da der Bau zu diesem Zeitpunkt ein Dach gehabt haben muß, befanden sich zweifellos die Metopenreliefs bereits an ihrem Platz und fast sicher ebenfalls der Fries. Gearbeitet wurde am Parthenon aber, wie wir aus zeitgenössischen Abrechnungen erfahren, bis zum Jahr 432 v. Chr., und so nimmt man an, daß die Giebelskulpturen in dieser letzten Phase entstanden.

Der Ostgiebel

Den Hauptgiebel des Parthenon auf der Ostseite über dem Eingang sah der Betrachter erst, wenn er um den ganzen Bau herumgeschritten war. Nur die äußeren Figuren aus den Zwickeln des Giebels, die sich heute im Britischen Museum ›in London befinden, sind einigermaßen intakt erhalten. Von der weiter in der Mitte befindlichen Figurenszene kann man sich nur noch aus antiken literarischen Berichten, einigen sehr vagen Nachklängen in der römischen Kunst und endlich aus einer Reihe arg zerstörter Originalfragmente ein Bild machen. So herrscht auch bis heute über die Rekonstruktion im einzelnen in der Forschung keine Einigkeit.

Deutlich aber ist die Grundaussage dieses Giebels: die Geburt der Athena aus dem Haupt des Göttervaters Zeus. Nicht als kleine Figur, wie in Darstellungen aus älterer Zeit, entspringt hier Athena dem Haupt ihres Vaters, sondern in voller Größe mit Helm, Schild und Lanze erscheint sie neben ihm in ihrer ganzen Macht. Die geflügelte Siegesgöttin Nike unterstreicht den triumphalen Charakter der Szene. Das mythische ›Geburtsereignis‹ selbst war im Ostgiebel des Parthenon nur angedeutet. Der hinkende Schmiedegott Hephaistos, der durch einen sachkundigen Axthieb auf den Kopf des Zeus als Geburtshelfer gewirkt hatte, ist zwar mit darge-

103   Ostfront des Parthenon: Giebel, Metopen und Fries. Rekonstruktion von E. Berger.

stellt, aber wie alle anderen Figuren um Zeus und Athena herum wirkt er eher wie ein ergriffener Zuschauer der so plötzlich vollendeten Erscheinung Athenas.

Die ganze Götterwelt ist dargestellt, wie sie teils einzeln, teils im Gruppengespräch verbunden staunend das Wunder realisiert. Einer Wellenbewegung gleich scheint sich das plötzliche Ereignis nach allen Seiten zu verbreiten und in den ruhig gelagerten seitlichen Figuren mit ihren lässigen Bewegungen und rauschenden Gewändern auszuklingen. Die ganze Welt ist gemeint, die hier die voraussetzungslose, plötzliche Macht der Stadtgöttin Athens erfährt: von Ost bis West und für alle Zeiten. Im linken Zwickel des Giebels sah der Betrachter das Viergespann des Sonnengottes Helios im Osten aus dem Meer emporsteigen, im rechten Zwickel die Mondgöttin Selene als Lenkerin ihres Wagens ins Meer hinabtauchen. Wie die Gesamtgemeinschaft der Götter die wunderbare Geburt Athenas in dieser Darstellung bestaunt, so sollten alle Menschen Athens neuen Weltanspruch begreifen und umjubeln. Athena – Athen: eine Kopfgeburt.

Der Westgiebel
Noch weitaus unverblümter in seiner politischen Aussage war der Westgiebel, den man beim Betreten der Akropolis zuerst erblickte. Wieder wird eine vielfigurige übermenschliche Szene durch symbolträchtige Gestalten in den Zwickeln gerahmt. Doch diesmal ist das Terrain enger abgesteckt. Nicht die ganze Welt, sondern Attika ist gemeint: Die liegenden Gestalten links und rechts stellen die Flußgötter Ilissos und Kephissos dar, als attische Flüsse bezeichnen sie den Ort des Geschehens.

Dramatische Bewegung bestimmt den mittleren Bereich des Giebels. Zwei schon durch ihre Größe und freie Entfaltung herausragende Figuren fahren in heftiger Bewegung auseinander; ihre symmetrische Pose wirkt zugleich wie erstarrt – ein andauernder, überzeitlicher Gegensatz ist hier gemeint. Der unmittelbar vorangegangene Zusammenprall beider wird durch die sich wild aufbäumenden Pferdegespanne links und rechts bereits auf den ersten Blick visuell vermittelt. Wer hier mit seinen Gespannen – nach Art der Alten, wie im homerischen Epos immer wieder beschrieben – in den Kampf gefahren und zum Kräftemessen angetreten war, konnte der antike Betrachter leicht erkennen. Die nackte, nach rechts bewegte Männerfigur hielt einen Dreizack in der Hand, war also Poseidon; die linke weibliche Gestalt war schon durch ihre umgehängte Ägis sofort als Athena zu erkennen.

Welcher Götterkonflikt aber war hier dargestellt? Um das zu verstehen, genügte es nicht, mit dem alten, immer wieder erzählten und dargestellten Mythengut vertraut zu sein, sondern hier mußte der Betrachter schon auf dem neuesten Stand des anspielungsreichen politisch-religiösen Gesprächs im damaligen Athen stehen, denn was im Westgiebel des Parthenon erscheint, ist eine gänzliche Neuerfindung jener Jahrzehnte – ohne jede Tradition, wie sie zu allen echten Mythen gehört.

Attika, der Stolz der Athener, wird in diesem neugeschaffenen Kunstmythos in verklärte Höhen gehoben. Es erscheint als begehrtes Zankobjekt der olympischen Götter. Athena und Poseidon sind sich nicht zu schade, um dieses wundervolle Stück Land zu streiten. Beide wollen es in Besitz nehmen. Poseidon stößt zum Zeichen seiner Macht und seines Anspruchs den Dreizack in den Akropolis-Felsen; eine Salzquelle sprudelt hervor. Athena dagegen läßt als Zeichen ihres segensreichen Wirkens plötzlich einen Ölbaum sprießen: Jene in Wirklichkeit unendlich langsam wachsende und vieler Pflege bedürftige Nutzpflanze, deren intensiver Anbau seit dem 6. Jh. v. Chr. Athen zur führenden Exportmacht gemacht hatte.

Natürlich geht Athena als Siegerin aus diesem Wettstreit hervor; sie ist Schirmherrin des modernen, auf Welthandel ausgerichteten und machtpolitisch expansiven Athen. Der alte Aristokratengott Poseidon wird indessen nicht verdrängt, sondern integriert: Sein Kultmal im Alten Athena-Tempel und später im Erechtheion bleibt erhalten. Wenn schon die Götter sich um dieses Stückchen Land reißen und darum kämpfen, wer sein Hauptbeschützer sein soll, so muß es für jeden Sterblichen eine unendliche Ehre sein, dieses Land betreten zu dürfen! Und so wie im Giebel die nutzbringende, wirtschaftliche Handlung Athenas über den reinen Machtbeweis des alten Aristokratengottes Poseidon siegt, so erweist sich Athen durch seine Wirtschaft, seine Außenpolitik und seine moderne Gesellschaftsstruktur als der ganzen Welt überlegen: Solche Gedanken sollte der Giebel den damaligen Betrachtern vermitteln, ohne sie dabei so klar auszusprechen, wie wir es hier in Worten getan haben. Die Macht der Botschaft kam im Bild aber viel stärker zum Ausdruck als durch alle Worte, denn sie verlieh durch den plastisch-visuellen Ausdruck dem, was hier mitgeteilt werden sollte, unmittelbar sichtbare ›Wirklichkeit‹, stand jedem Akropolis-Besucher ungefragt und immer wieder aufs neue vor Augen. Schließlich gab die Bildszene der eigentlich politischen Botschaft durch Versetzung ins Uralt-Mythische und Göttliche einen Zug von Unbestreitbarkeit und Heiligkeit: Religion im Dienst der Politik.

Die Metopen

Was es mit Athen auf sich hatte, verkündeten, in religiösem Gewand, die Giebel. Doch auch wie es zu der einzigartigen Macht dieser Stadt gekommen war, sollte jeder Betrachter des Parthenon – nun auf den Metopenfeldern – plastisch vor Augen haben. Athens (mindestens nach eigener Einschätzung) herausragende Rolle bei der Abwehr der Perser 490 und

104 Die Metopen 2, 4, 28 und 29 von der Südseite des Parthenon. London, Britisches Museum.

480/79 v. Chr. und seine expansive Flottenpolitik in den darauf folgenden Jahrzehnten hatten die Stadt zur Großmacht werden lassen. So suchten sich die Athener für den Schmuck der Metopenfelder die Mythen aus, die als Gleichnisse für ihre ›heroischen‹ Taten im Perser-Krieg geeignet schienen. Kämpfe sind auf allen vier Seiten des Baues dargestellt Im Osten die ›Urschlacht‹ schlechthin: der erfolgreiche Abwehrkampf der griechischen Götter gegen die Giganten, die einen Aufstand gegen die Herrschaft der Olympier gewagt hatten. Auf den übrigen drei Seiten, also im Westen, Norden und Süden, kämpfen heroische Griechen gegen ›barbarische‹ Fremde und gegen halb tiergestaltige ›Untermenschen‹. Überall wird der Kampf mit verbissener Härte geführt, überall ist der Gegner stark und kann nur durch heroische

Opferbereitschaft zurückgeschlagen werden. Doch es gilt, wie stets im Krieg behauptet wird, die Hausgemeinschaft, die Familie zu verteidigen.

Ein solcher Mythos ist die Sage vom Kampf der Griechen mit den Kentauren, dargestellt an den Südmetopen des Parthenon. Bei einem Hochzeitsfest waren die ›tierischen‹, dem Alkoholrausch ergebenen Gesellen über die Brautleute und die übrigen Gäste hergefallen und hatten versucht, die anwesenden Frauen zu rauben. Jedes Kampfmittel scheint in dieser Situation gerechtfertigt und wird in den weltberühmten, heute im Britischen Museum aufbewahrten Metopen auch gezeigt. Wer sich nicht nur allgemein für die Dramatik und die hinreißenden Bewegungen der Figuren begeistert und genauer hinsieht, kann hier zum Beispiel entdecken, wie das Rückgrat eines Griechen mit einem Stein gebrochen oder das Auge eines Kentauren von seinem zivilisierten Gegner mit dem Daumen ausgedrückt wird. Auch der ›schöne Leichnam‹ als Gleichnis für den sinnvollen Opfertod zur Rettung der Kultur vor den barbarischen Frauenschändern gehört zu den Motiven der klassischen Parthenon-Kunst: Klischees von Gut und Böse, von Kultur und Barbarei, wie sie seitdem im Lauf der Geschichte bis heute immer wieder bemüht werden zur Rechtfertigung eigener Kriegsführung.

Verwandte Themen, die den Vergleich zwischen eigenem Heldentum, wie die Athener des 5. Jh. es für sich in Anspruch nahmen, und mythischem Heldentum der Vorzeit beschworen, zierten auch die Nord- und Westseite des Parthenon. Der Kampf zwischen Ost und West, zwischen ›Barbarentum‹ und ›Griechentum‹, wird in den Nord- und Westmetopen angesprochen, im Norden die Eroberung Trojas, der Feldzug der Griechen gegen die Asiaten, wobei wiederum das Motiv des Frauenraubes eine zentrale Rolle spielt. War es doch Helena, die durch den Trojaner Paris aus Griechenland geraubt worden war und nun Anlaß für überdimensionierte Vergeltung – einen zehnjährigen Krieg – bot. Am Ende besiegte kaltblütige griechische List den kampfstarken, aber überheblichen und leichtsinnigen Gegner. Welcher Athener dachte beim Anblick dieser Szenen auf den Nordmetopen des Parthenon nicht unwillkürlich an die Seeschlacht von Salamis, wo griechische Taktik die persische Übermacht vernichtend geschlagen hatte?

Bei den Westmetopen ist bis heute in der Forschung umstritten, ob hier wie Amazonen gekleidete Perser oder aber Amazonen in persischer Tracht im Kampf gegen die Griechen dargestellt waren. Auch für den antiken Betrachter wird es nicht leicht gewesen sein, dies zu entscheiden. In Analogie zu den Themen der übrigen Seiten darf man wohl eher annehmen, daß der mythische Amazonenkampf gemeint war.

Auch die Amazonen waren ein ›östlicher‹ Gegner der Griechen. Nach athenischer Mythenversion hätten sie fast – wie später die nach griechischer Auffassung weibisch gekleideten Perser – die Akropolis erobert. Nur der Tapferkeit des Lokalhelden Theseus und der mit ihm kämpfenden Athener war es zu verdanken, daß die drohende Gefahr für ganz Griechenland abgewendet wurde. So streicht hier die athenische Mythenvariante, die das Kampfgeschehen nach Attika verlegt, die besondere Tapferkeit und Klugheit der Athener in den Abwehrkämpfen gegen die Perser heraus.

Überall konnten sich die Griechen und an erster Stelle die Athener in den Metopen mit Heroischem und Göttlichem vergleichen. Auf den Nord-, West- und Südmetopen war es der

1   Nordflügel der Propyläen und Pfeiler des Eumenes

2   Die Akropolis von Athen, Ölgemälde von Leo von Klenze, 1846, München, Neue Pinakothek ▷

3　Der Zeichner und Antikensammler Fauvel in seinem Haus am Fuß der Akropolis mit dem
　　Abguß einer Südmetope des Parthenon, kolorierte Lithographie, 1825

　　　　　　5　Norwegischer Fjord und Akropolis, Werbung für eine Kreuzfahrt, 1929 ▷

4　James Stuart zeichnet das Erechtheion, Aquarell von James Stuart, 1751

fifteen
P&O CRUISES, 1929

Write for Programme – F.H. Grosvenor, Manager
14 COCKSPUR ST., LONDON, S.W.1

6 Second Bank of the United States in Philadelphia,   7 Die Walhalla bei Regensburg, 1830–1842
   1818–1824
                                                       9 Korenstatue von der Akropolis, 6. Jh. v. Chr., Akropolis-Museum ▷
8 Erechtheion-Koren an der Fassade der Boutique Hyper Hyper in London

10   Modell der klassischen Akropolis, Toronto, Royal Ontario Museum

11   Marmorner Wasserspeier vom Gebälk des Alten Athena-Tempels, um 530 v. Chr., Athen, Akropolis-Museum

12 Westfront des Parthenon

13 Inneres des Parthenon

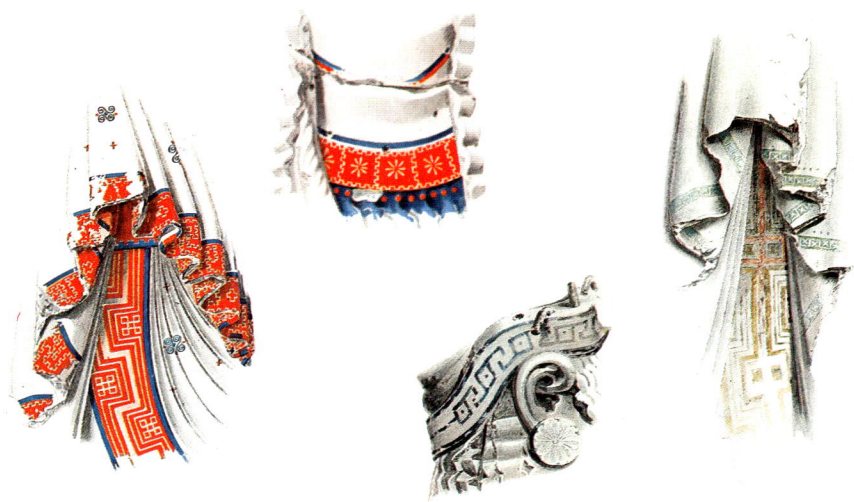

14   Einführung des Herakles in die Gemeinschaft der olympischen Götter: Bemalter Kalksteingiebel von einem
     Schatzhaus auf der Akropolis, 6. Jh. v. Chr., Athen, Akropolis-Museum

15   Farbschmuck archaischer Koren von der Akropolis, Aquarelle, 1939

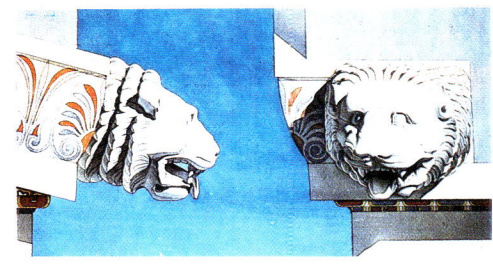

16–21 Farbige Schmuckelemente am Parthenon, Rekonstruktion nach erhaltenen Farbresten

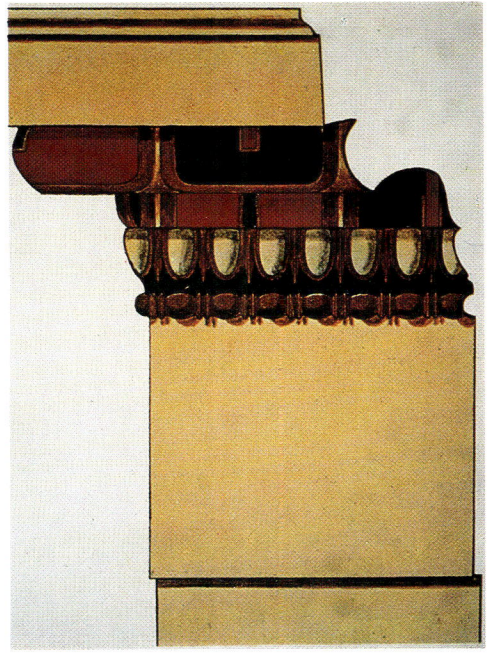

22   Tempel der Athena Nike (Zustand 1979)

23 Erechtheion von Südosten (Zustand 1988)

24 Innenansicht des Erechtheion

25 Nordhalle des Erechtheion

26–29 Bauornamente am Erechtheion

30 Teil des Erechtheion-Frieses, Athen, Akropolis-Museum

31   Korenhalle des Erechtheion (Zustand vor 1979)

32   Von Mäzenen gestiftete Denkmäler im Theaterbezirk des Dionysos am Südabhang der Akropolis ▷

Oikos, die griechische Hausgemeinschaft, die von außen bedroht und unter Einsatz des Lebens erfolgreich verteidigt wurde. *»Wie die Heroen der Vorzeit die östlichen Barbaren einst besiegt haben, so haben unsere Väter die Perser geschlagen und so halten auch wir jeden Gegner in Schach«* – dies war die Botschaft, die der Betrachter beim Anblick dieser Darstellungen empfing.

Noch überheblicher wirkt der Vergleich, zu dem die Metopen der Hauptseite über dem Eingang im Osten den Betrachter herausforderten, der Vergleich mit dem größten und schwersten Kampf überhaupt, den der griechische Mythos kennt. Mit der Entscheidungsschlacht zwischen Göttern und Giganten wurde die Alternative zwischen Untergang und Fortbestand der zivilisierten Welt beschworen. *»Wie die olympischen Götter souverän die Welt vor dem Chaos, so haben wir Griechenland vor der Barbarei bewahrt.«* Der Stolz und die Anmaßung, die sich in solchen Vergleichen ausdrücken, sind für die Athener dieser Jahrzehnte bezeugt. Perikles wendet sich in einer Rede mit folgenden Worten an die Athener:

»Beginnen will ich mit den Ahnen ... Denn sie haben das Land [Attika], das sie ohne Unterbrechung in der Abfolge der Nachkommen bewohnt haben, bis zu dieser Stunde in Freiheit durch ihre Tüchtigkeit und Tapferkeit gehalten. So sind sie unserer Anerkennung wert. Noch mehr aber sind es unsere eigenen Väter [die Kämpfer von Marathon und Salamis], denn sie haben zu dem, was sie als Erbe empfingen, eine Herrschaft hinzuerworben, so groß, wie wir sie jetzt besitzen ... Den stärksten Zuwachs indessen haben wir selbst geschaffen und die Stadt im Krieg wie im Frieden zu einer sich völlig selbst genügenden, unabhängigen Macht ausgebaut.« (Thukydides II 36)

So stellten die Metopen insgesamt ein mythisch-religiöses Symbol für Athens Wirkung nach außen dar. Wahrscheinlich hatte man aber auch die erfolgreiche Abwehr innerer Bedrohung – wiederum in mythischem Gewand – nicht vergessen. Die an der Südseite angebrachten Metopen zeigten nämlich nicht auf der ganzen Länge des Baues Kentaurenkämpfe, sondern im mittleren Bereich, gewissermaßen eingeschoben, waren andere Szenen dargestellt. Die betreffenden Metopen selbst sind bei der Explosion des Parthenon im Jahre 1687 zerstört worden, aber Carreys Zeichnungen aus der Zeit unmittelbar davor geben noch ein ungefähres Bild (s. S. 20 f. u. 23 f.). Nach überzeugenden jüngeren Forschungen war hier der Mythos von Phaidra und Hippolytos sowie die Alkestis-Sage dargestellt: Sinnbilder für falsches und richtiges Verhalten innerhalb einer geordneten Gemeinschaft.

Mochte dem antiken Betrachter die Bedeutung der Metopenbilder nicht in jedem einzelnen Falle von vornherein ersichtlich sein, so machte doch die Menge und die Kombination der Bildthemen den Zusammenhang zwischen mythischer Erzählung und aktueller Zeitgeschichte deutlich. Hinzu kommt, daß eben diese Themen in ihrer doppelten Bedeutung in dieser Zeit allgemein zum Repertoire der athenischen Staatskunst gehörten. Der damalige Betrachter begegnete ihnen ebenso in der sogenannten ›Bunten Halle‹ auf der Agora wie auch an athenischen Siegesmonumenten in Delphi. Auch am Parthenon selbst war, wie wir noch sehen werden, durch Wiederholung eben dieser Bildthemen ihre aktuelle Gültigkeit verdeutlicht.

Der Fries

Mit dem oben an der Cellamauer umlaufenden Figurenfries setzten sich die Athener nun unmittelbar selbst ein Denkmal ihrer eigenen Herrlichkeit. Dargestellt ist ein religiöser Akt,

105 Westfries des Parthenon, mittlerer Bereich.

nämlich der alle vier Jahre stattfindende Große Panathenäische Festzug. Dieser Zug führte von Eleusis nach Athen und dort über die Agora auf die Akropolis. Ziel und Höhepunkt der Festlichkeit war die zeremonielle Bekleidung des hölzernen Athena-Kultbildes im Alten Athena-Tempel. Jedesmal neu für dieses Fest mußten junge athenische Frauen ein Stück Stoff weben, auf dem – wie auf den Ostmetopen des Parthenon – der Kampf der Götter gegen die Giganten dargestellt war. Feierlich wurde am Ende der Prozession dieses Kleid der Göttin übergeben. Nicht nur athenische Bürger zogen mit religiösem Gerät und Opfergaben in diesem Zug mit. Auch die freiwilligen und unfreiwilligen Bündnispartner Athens waren zur Teilnahme verpflichtet, waren doch die Großen Panathenäen wie auch die in den Jahren dazwischen veranstalteten ›kleinen‹ Panathenäen die Stunde ihrer Tributentrichtungen an Athen.

Vom ursprünglich etwa 160 m langen Friesband blieben nur die beiden Schmalseiten im Osten und Westen auf ganzer Länge, wenn auch zum Teil fragmentarisch, erhalten, während von der Nordseite wahrscheinlich sechs, von der Südseite gar mindestens zwölf der je etwa 1,25 m langen Friesplatten heute verschollen sind (über die exakte Anzahl der Platten wie auch über ihre genaue Abfolge herrscht Unklarheit). Das meiste befindet sich heute im Britischen Museum in London, eine Platte aus dem Ostfries im Pariser Louvre, fast der gesamte Westfries hingegen ist in Athen verblieben, wo er noch bis zu Beginn der jüngsten Restaurierungs- und Konservierungsarbeiten an Ort und Stelle am Parthenon befestigt war. Auf dem Fries verläuft die Panathenäenprozession in zwei getrennten Zügen. Beide beginnen an der Südwestecke des Bauwerks und enden, einander begegnend, im Osten in der Mitte über der Eingangstür; beide Züge sind also verschieden lang.

In flachem Relief von nur 5 cm Höhe wurde hier mit für damalige Verhältnisse einzigartiger Kühnheit eine Tiefenillusion geschaffen, die dem Betrachter komplizierte Gruppierungen von Figuren und gestaffelte Szenerien überzeugend vor Augen führt. So entstand eine räumliche und in der Abfolge der Geschehnisse auch zeitliche Wirklichkeit. Und doch ist die Wiedergabe bei all ihrer Naturnähe alles andere als realistisch. Ja, sie zielt auch durchaus nicht auf eine schlichte, protokollarisch genaue und vollständige Schilderung des realen Geschehens. Vielmehr wird auch hier Wirklichkeit im Bild interpretiert, umgeformt und teilweise auch gegen manch besseres Wissen neu konstruiert.

Bestimmte Dinge, die im tatsächlichen Festverlauf nicht ohne Bedeutung waren, sind in der Darstellung ausgeblendet, anderes wird, wie wir später sehen werden, hinzugefügt oder neu kombiniert. So kommt etwa die – ja oft nicht freiwillige – Teilnahme der tributpflichtigen Bündner Athens an keiner Stelle in dem Reliefbild vor. Bündner mit ihren symbolischen Opfergaben mögen unter den dargestellten Zug gemischt sein, aber der Betrachter kann sie als solche von den übrigen Teilnehmern nicht unterscheiden. Die Absicht ist klar: Nicht Unterworfene sollten hier der Athena ihren Tribut zollen, sondern gemeinsam und freiwillig ziehen alle auf den Burgberg zum hölzernen Kultbild. So wollte es die athenische Propaganda. Nach ihr war Athens Herrschaft für die Betroffenen ja geradezu ein Glück und ein Segen.

Daß Teilnehmer des Panathenäenzuges, die etwa von den Inseln Euböa, Naxos oder Samos kamen, andere Gefühle bei dieser Festlichkeit hegten, ist historisch belegt und war den damaligen Athenern auch durchaus bewußt. Eine deutliche Kennzeichnung der Bündner im Parthenon-Fries, gar noch gesondert nach Rang und Status der jeweiligen tributpflichtigen Stadt, wäre zweifellos ein unkluger Affront gewesen. Der Betrachter zählte wohl bei seiner Kenntnis der tatsächlichen Gegebenheiten die Bündner zu den im Parthenon-Fries abgebildeten Festteilnehmern, konnte sie jedoch von den Athenern nicht unterscheiden. Als Abgesandter von Thasos, Samos oder Chios mögen ihm die Tränen beim Anblick dieser Verschmelzung und Verwischung von Wirklichkeit auf den zarten Reliefs des Parthenon-Frieses gekommen sein, aber er fand keinen Anlaß zur Beschwerde.

Der Parthenon-Fries bot eben keine offene Veranschaulichung von Herrschaft. Ein derartiges Monument kannte man hingegen vom Erzfeind Persien. In dessen Hauptstadt Persepolis war auf riesigen Zeremonialbildern in Stein, den sogenannten Apadana-Reliefs, ein ähnlicher Festzug abgebildet, doch dort unverhüllt als Tributerbringung der fremden Völkerschaften an den Gottkönig gekennzeichnet. Es ist nicht erwiesen, daß die Erbauer des Parthenon dieses Monument in Persepolis je sahen, aber bestimmte Gemeinsamkeiten wie etwa die auch dort auftretende Zweizügigkeit der Prozession weisen darauf hin, daß sie die Apadana-Reliefs sehr wohl kannten, sich aber in der durchaus vergleichbaren Frage der darzustellenden Tributentrichtungen für das sublimere Konzept der Undeutlichkeit entschieden.

Das wichtigste Gliederungsprinzip der Friesgestaltung am Parthenon bildet der Bewegungsrhythmus der Figuren. Weit hinten, noch entfernt von der heiligen Zeremonie der Gewandübergabe an die Göttin Athena, sieht man die Festteilnehmer in ungezwungener, teilweise auch heftiger Bewegung. Der eine schnürt noch seine Schuhe, ein anderer zügelt sein unruhiges Pferd, Reiter sprengen im Galopp dahin. Je näher wir der Spitze des Zuges kommen, desto verhaltener werden die Bewegungen der Teilnehmer, desto strenger scheinen sie zu Gruppen geordnet. Rinder und Schafe werden als Opfertiere herbeigeführt, Wassergefäße und Kästen mit religiösem Gerät herangetragen. Zwischen den einzelnen Abteilungen sieht man Fest-

179

106   Parthenon, Nordfries Platte XLI, Reiter. Durch Korrektur von letzter Hand mußte hier ein Pferde-
      kopf zu einem Gewandtuch ummodelliert werden (vor dem mittleren Pferdekopf).

107   Parthenon, Südfries Platte XL. Rinder werden zum Opfer geführt.

ordner ihres Amtes walten. Ganz vorn im Zug bewegen sich in strenger Reihung, mit gemessenem Schritt und leicht gesenktem Kopf junge attische Frauen, einige mit Schalen für das Trankopfer in der Hand.

So biegt der doppelzügige Fries von der Nord- und der Südseite um auf die Ostseite des Baues, wo beide Spitzen der Prozession einander zu begegnen scheinen. Doch nun geschieht etwas Eigenartiges: Auf beiden Seiten wird der Zug unterbrochen von jeweils einer Ansammlung lässig herumstehender älterer Männer, die sich im Gespräch zu befinden scheinen und von der herannahenden Prozession offenbar keine Notiz nehmen. Sie sind einfach da, wie aus einer anderen Welt in das Geschehen hereingerückt. Obwohl sie sich in nichts von attischen Bürgern unterscheiden, wie wir sie ins politische Gespräch vertieft auf zahlreichen Vasenbildern finden, steht außer Zweifel, daß hier nicht zeitgenössische Athener Bürger in solch lässigem Gehabe dargestellt sind, sondern gewissermaßen Prototypen athenischen Bürgertums, nämlich die zehn mythischen Namensheroen der attischen Phylen, der Landkreise Attikas.

Noch weiter innen, wiederum von den Gruppen dieser Phylenheroen nicht durch irgendwelche sichtbaren Barrieren abgetrennt, erblickte der nun gänzlich verblüffte Betrachter die zwölf olympischen Götter. Entspannt räkeln sie sich auf Stühlen und eifern in ihrer ungezwungenen Unterhaltung den Idealen der athenischen Bürger förmlich nach. Bis in Einzelheiten hinein sind sie, wie jüngste Untersuchungen erwiesen haben, als Verkörperungen athenischer Lebensmaximen und kultureller Werte zu erkennen, so zum Beispiel als Sinnbilder der Hausgemeinschaft, der Kindererziehung oder landwirtschaftlicher Techniken und Errungen-

108   Parthenon, Ostfries Platte VII. Die Platte wurde 1789 von Fauvel (s. S. 37) vor der Ostfront des
         Parthenon ausgegraben und gelangte durch ihn in den Louvre.

schaften im demokratischen Athen. Obwohl die Götter auf Stühlen sitzen, reichen sie ebenso wie die stehenden Prozessionsteilnehmer bis an den oberen Rand des Reliefs, sind also maßstäblich größer gebildet als die Menschen und Heroen, wodurch ihre Göttlichkeit ausgedrückt wird – allerdings auf eine Weise, die den Betrachter diesen Unterschied kaum bemerken läßt.

Bis hierhin konnte man den Fries noch als Abfolge der Stufen Menschen – Heroen – Götter ansehen. Doch ist schließlich ganz in der Mitte, im Zentrum des Ostfrieses zwischen den beiden Gruppen der olympischen Götter, plötzlich wieder ein Vorgang aus dem ›Diesseits‹ dargestellt: heilig zwar, aber von athenischen Bürgern ausgeführt. Assistiert von einem Jungen hält ein Priester den gefalteten Peplos, das neu gewebte Gewand der Athena, in die Höhe. Priesterinnen neben ihm stehen offenbar in Begriff, Klappstühle mit Polstern abzusetzen. Wie der Vorgang im einzelnen zu deuten ist, ist bis heute umstritten. Daß aber hier kultische Handlung, ausgeführt durch einen Priester, und nicht etwa ein Vorgang aus der Götterwelt dargestellt ist, steht außer Zweifel. So endet der Fries wieder bei den Menschen. Fast unmerklich haben sich die Heroen der Vorzeit und sogar die olympischen Götter zum Panathenäenfest begeben und ehren die Athener durch ihre Anwesenheit.

Der Anspruch, mit dem sich die Bürger Athens hier ins Bild setzten, ist ungeheuerlich. Nur hat die künstlerische Vollendung des Frieses und auch die in ihm abgebildete Welt so freier Bewegung und gelassener Ruhe verständlicherweise die meisten modernen Betrachter derart fasziniert und in ihren Bann gezogen, daß die religiös-politische Aussage des Parthenon-Frieses dabei übersehen wurde. Auch die antiken zeitgenössischen Betrachter werden die Schönheit dieser Darstellungen bewundert haben, aber gerade in dieser Schönheit und Anmut, die die Menschen, Heroen und Götter einander fast bis zur Ununterscheidbarkeit annähern, erkannten sie die religiöse Blasphemie und die politische Arroganz der Bildaussage – die Athener zweifellos mit Zufriedenheit, Besucher von den offiziell verbündeten, in Wirklichkeit aber geknechteten Inseln oder etwa gar aus Sparta ebenso zweifellos mit Zorn und Abscheu.

Als Vorbild für ganz Griechenland, wie sie sich gern bezeichneten, ziehen auf dem Parthenon-Fries die Athener zu Ehren der Göttin auf den Burgberg. Sie begehen dabei, wie die anwesenden Heroen der Vorzeit andeuten sollen, ein zeitlos-ewiges Ritual, auch ist es die

109   Parthenon, Ostfries Platten IV–VI, Umzeichnung. Priesterliche Kulthandlung, umrahmt von der olympischen Göttergemeinschaft. London, Britisches Museum und Athen, Akropolis-Museum.

Gesamtheit des athenischen Volkes, die sich hier präsentiert, wiederum ausgedrückt durch die zehn Gebietsheroen Attikas. Göttergleich in ihrem Gehabe sind die Athener ins Bild gesetzt, Athenern gleich die Götter, denn Götter sind es, die auf ihren Sitzen athenischem Bürgergespräch nacheifern, die sich selbst zum Festakt der stolzen Athener begeben haben, die sich schließlich gar um dieses Stück Land streiten. Ein neues Selbstbewußtsein, wie es auch in der bereits zitierten Rede des Perikles anklang (s. S. 152), wird hier deutlich: Die Gegenwart und die eigene Gesellschaft werden nun als Maßstab verstanden. Alte religiöse Traditionen dienen der Herausstellung des eigenen Wertgefühls.

Im Gesamtgefüge der Parthenon-Skulpturen hat der Fries eine zweifache Funktion. Innerhalb der großen Stufenfolge von Götterwelt, wie in den Giebeln abgebildet, von Heroenwelt, wie auf den Metopen dargestellt, und schließlich der Welt der Menschen bildet der Fries insgesamt die dritte, unterste Ebene. Zugleich aber wirkt der Fries als ein verknüpfendes Band, das diese drei Ebenen auf sublime Weise ineinander verschränkt.

Bisher haben wir bei unserer Analyse der Parthenon-Skulpturen die Gedanken und Empfindungen von zwei antiken Betrachtergruppen voneinander unterschieden, der Athener und auswärtiger Besucher. Doch waren auch die Athener selbst, wie man aus Berichten antiker Schriftsteller weiß, nicht eine homogene, gleichgesinnte Gruppe, sondern sie bildeten zwei politisch konträre Lager: eine demokratische, auf Veränderung ausgerichtete Mehrheit und eine konservative Minderheit, die noch an vielen althergebrachten Idealen festhielt. Zur Zeit der Errichtung des Parthenon prägte die radikaldemokratische Gruppierung das politische Geschehen, doch auch die Opposition war nicht zu ignorieren. Bau und Skulpturenschmuck des Parthenon wurden ohne Zweifel von der demokratischen Fraktion Athens initiiert und durchgesetzt. Die von uns herausgestellte politische Indienstnahme von Religion und Mythos entsprang den Absichten dieser politischen Mehrheitsfraktion.

Aber auch die Konservativen Athens konnten wenigstens auf den ersten Blick mit dem Skulpturenschmuck des neuen Wunderwerks zufrieden sein, war doch ihre althergebrachte Vorstellungswelt religiöser Hierarchie von Göttern, Heroen und Menschen wenigstens auf der Nord-, West- und Südseite des Bauwerks formal gewahrt. Erst derjenige, der um den Parthenon herumgeschritten war und sich dem Eingang näherte, entdeckte hinter dem äußeren Säulenkranz im Ostfries das unverhüllt Neue der Konzeption. Wirklich schockierend aber muß für einen aristokratisch gesonnenen Athener dieser Zeit der erste Blick ins Innere des Parthenon gewirkt haben.

Das Standbild der Athena Parthenos

Wie eine wirkliche Gottheit, die Dimensionen des Bauwerks sprengend, starrte dem Eintretenden die 12 m hohe Gold-Elfenbein-Statue der Athena als monströs übergroßes Schmuckwerk entgegen. Jeder Besucher muß beim Anblick dieser Athena förmlich überwältigt gewesen sein. War dies nicht endlich die würdige Verkörperung des wahrhaft Göttlichen, dem man tiefste Verehrung entgegenzubringen hatte? Doch hier wurde der wirklich religiöse Athener stutzig. Das Kultbild der Athena auf der Akropolis, dem er opferte und dem auch der Panathenäenfestzug galt, kannte er. Es war nicht dieser protzende Koloß, sondern von unscheinbarer Gestalt und wurde auch nicht im Parthenon, sondern in unmittelbarer Nachbarschaft, in der Ruine des Alten Athena-Tempels, verwahrt. Eben dort endete auch der tatsächliche Panathenäenfestzug mit der Übergabe des neu gewebten Peplos an die Göttin – nicht vor dem Parthenon, wie es der Ostfries Glauben machen will. Nein, die Athena Parthenos war kein Kultbild, sondern nichts anderes als ein gewaltiges Wertdepot in Göttergestalt. Wer es noch nicht wußte, erkannte spätestens jetzt, daß auch der schönste ›Tempel‹ Griechenlands, der Parthenon, kein echter Tempel, sondern lediglich ein Schatzhaus in Tempelgestalt war.

Die ›göttliche Adelung‹ der so umstrittenen Athener Finanzreserve war auf diese Weise doch sehr erfolgreich bewerkstelligt worden. Gewiß zum Verdruß aller athenischen ›Bündnispartner‹ und sicherlich auch eines manchen altgläubigen Konservativen, aber zur vollen Zufriedenheit aller radikaldemokratisch gesonnenen Athener. Und wer die zahlreichen politischen Bezüge der Außenskulpturen des Parthenon noch nicht begriffen hatte, dem wurde hier die Festigkeit und Stärke des neuen Bekenntnisses noch einmal in massierter Gestalt demonstriert.

Sieg und Frieden verkündete diese Athena. Im einfachen Peplos, dem bürgerlichen Frauengewand des 5. Jh. v. Chr., steht die Göttin reglos da. Sie erscheint hier nicht, wie in anderen Darstellungen, als Vorkämpferin in der Schlacht, sondern ihr bloßes Dasein verleiht den Sieg, der in Form von Nike, der Siegesgöttin, von ihrer rechten ausgestreckten Hand dem Betrachter zufliegt. Und doch stehen ihr Waffen in ausreichendem Maß zu Gebote: Den schweren Rundschild hat sie neben sich auf den Boden gestellt; hinter ihm und in seinem Schutz reckt sich bedrohlich die Burgschlange Athens als Trabantin der Göttin empor. Eine Lanze lehnt lose in ihrer Armbeuge. Der Oberkörper ist mit der Ägis, der Ziegenhaut mit Schlangenbesatz, gewappnet; der Helm auf dem Kopf, überreich geschmückt, wirkt eher wie eine Krone als wie ein Kampfschutz. Seine ursprünglich mindestens fünf Helmbüsche wurden getragen von einer Sphinx, geflügelten Pferden und von Hirschen oder Rehen; aufspringende Greifen schmückten die Wangenklappen des Helms.

Diese Dekoration besaß für den antiken Betrachter einen unübersehbaren Symbolgehalt. Während Sphinx und Flügelpferd in vielen Zusammenhängen auftauchen, galten Greifen und Hirsche oder Rehe als Wesen, die eindeutig dem göttlichen Geschwisterpaar Apollon und Artemis zugeordnet waren. Wenn sie hier als Zierde der Athena auftraten, so konnte dies nur bedeuten, daß diese neue Athena Wesenszüge der Jagd- und Tiergöttin Artemis und des rächenden und strafenden, zugleich aber auch musischen Gottes Apollon beanspruchte.

Diese Erweiterung des Wirkungsbereiches der Athena in ihrer Erscheinung hatte neben der religiösen Dimension einen sehr aktuellen politischen Bezug, denn der Anblick dieser neuen Athena erinnerte den damaligen Betrachter nicht nur allgemein an die Gottheiten Artemis und Apollon, sondern ganz speziell an das Kultbild des Apollon von Delos. Auch dieser Gott trug mit raumgreifender Geste Figuren auf seiner Hand (dort die drei Chariten). Vor allem aber war dies außer der Athena Parthenos das einzige kolossale Götterbild aus Gold und Elfenbein, das damals existierte und das fast jedem Zeitgenossen auch bekannt war. Der Gedanke an das Kultbild in Delos aber mußte einen informierten Parthenon-Besucher dieser Zeit aufmerken lassen: Wurde nicht im Heiligtum von Delos bis zum Jahr 454 v. Chr. unter dem Schutz des Apollon die gemeinsame Kasse des Seebundes aufbewahrt und verwaltet,

110   Schild der Athena Parthenos, Außenseite mit Kampfszenen zwischen Griechen und Amazonen.
Rekonstruktion V. M. Strocka.

und hatte man nicht unter dem Protest mancher Bundesgenossen, aber zum Vorteil Athens, diese Kasse nach Athen auf die Akropolis gebracht und zu Teilen für den Parthenon-Bau und das Gold der Athena Parthenos ausgegeben?

So war das Geld von Delos nach Athen auf die Akropolis gekommen, und so übernahm die neugeschaffene Athena Wesenszüge der alten, in Delos verehrten Gottheiten. Der für alle Griechen gültige, aber keinem Stadtstaat exklusiv gehörende Delische Apollon war zwar nicht abgeschafft, aber in Aspekten seiner Macht und Wirkung in die Gestalt des neuen Scheinkultbildes im Parthenon übertragen worden. Dieses Scheinkultbild mit seinem gleich mehrere Götter umfassenden Anspruch aber gehörte nun den Athenern allein.

Auch die Rechtfertigung für solche Machtfülle Athenas/Athens wurde bei dieser Symbolfigur nicht vergessen. Nach Auffassung der Athener war es besonders ihre eigene Tapferkeit bei der Abwehr der Perser gewesen, die Athen nicht nur tatsächlich zur Großmacht und sogar zur Herrscherin über ihre eigenen Verbündeten gemacht hatte, sondern die dies auch legitimierte und als natürlichen Vorgang erscheinen ließ. So wurden die schon am Außenschmuck des Parthenon dargestellten Kampfmythen hier noch einmal als Zeichen der ewigen Fehde zwischen Griechen und orientalischen ›Barbaren‹ wiederholt: der Amazonenkampf als Relief auf der Außenseite des Rundschildes der Göttin, die Gigantenschlacht gemalt auf seiner Innenseite, die Kentaurenkämpfe schließlich an den Sandalen.

Unter den Füßen der Göttin endlich – als Fries an der Basis und im Vergleich zu den Riesenproportionen der Statue winzig klein – erblickte der Betrachter noch einmal alle Götter versammelt, diesmal bei der Erschaffung und Schmückung der Pandora durch Hephaistos und Athena. Pandora, eine von den Göttern ausgedachte künstliche Frau, konnte als ein geradezu sprichwörtliches Sinnbild für Athens imperiales Selbstverständnis verstanden werden: Im Frieden hübsch anzusehen und prächtig herausgeputzt, im ›Ernstfall‹ jedoch jederzeit in der Lage, infernalischen Schrecken zu verbreiten, war ihr doch ein Behälter mitgegeben, in dem alle Übel für die Menschheit griffbereit lauerten.

Harmonie und Schönheit des Parthenon und seiner Skulpturen – sind sie mit solchen Botschaften vereinbar? Für die Athener beruhte die Vollendung dieses Bauwerks offenbar in der Meisterung von Gegensätzen, in der Zusammenfügung unterschiedlicher, ja polarer Formen und Inhalte zu einem Ganzen. Gewaltig in seinem Gesamtmaß, doch zierlich in seinen einzelnen Baugliedern, dorisch in seiner Grundgestalt, aber mit feinsten ionischen Schmuckdetails versehen, einfach in seinen Grundmaßen und Proportionen, doch durch sublime Abweichungen und Raffinements zugleich kompliziert: So verkörperte der Bau ein Lebensideal, wie es die Mehrheit der Bürger im damaligen Athen verwirklicht sah als vollendetes Gleichgewicht zwischen Leichtigkeit und Lebensgenuß, wie er den Ioniern zugeschrieben wurde, und asketischer Härte und Kampfbereitschaft der dorischen Spartaner. Auch der Skulpturenschmuck war nicht Kunst um ihrer selbst willen, sondern führte dieses Ideal vor Augen. Götterwelt, mythische Taten und menschliche Sphäre erscheinen hier zu einem feinen Netz verwoben, das in seinen aufeinander abgestimmten Teilelementen die Vielfältigkeit dieses Lebensideals zum Ausdruck brachte – nach innen wie nach außen, für den athenischen Betrachter ebenso wie für den außerathenischen.

Man kann am Parthenon allein seine klassischen Bauformen und den Zauber seiner Skulpturen bewundern. Wir haben in diesem Kapitel versucht zu rekonstruieren, wie diese Schönheit entstand und was im einzelnen sie den damaligen Zeitgenossen – Athenern wie Nicht-Athenern – bedeutet hat. Die von modernen Betrachtern so oft beschworene reine Harmonie des Parthenon gibt sich so als eine proklamierte Harmonie zu erkennen, eine Harmonie, die der Bau mit seinen Skulpturen ganz bewußt vermitteln will. Als Abdruck antiker Lebensrealität aber weist der Parthenon über bloße Harmonie hinaus und trägt auch die Gegensätze, Widersprüche und Härten der Gesellschaft an sich, die ihn erbaute, betrachtete und nutzte.

Staatsweihungen auf der Akropolis

Nicht allein durch Bauten wurde die Akropolis seit der Mitte des 5. Jh. neu gestaltet, sondern ebenso durch einzelne, im Freien aufgestellte Monumente. Die Fülle der archaischen Statuenweihungen war nach der Zerstörung der Akropolis 480/79 v. Chr. in die Planierungen gewandert, und statt dessen waren in den folgenden Jahren zunächst nur Stücke aus der Kriegsbeute wie etwa Waffen und Schiffsteile (s. S. 118) aufgestellt worden. Eine Wiederbelebung der alten Sitte des Errichtens von Weihgeschenken durch prominente Einzelpersonen und Sippen verbot sich in der neuen demokratischen Gesellschaftsordnung. Solche Selbstdarstellung auf-

111   Die Akropolis zwischen Propyläen und Altem Athena-Tempel mit der Statue der Athena Promachos und weiteren Weihgeschenken. Hypothetische Rekonstruktion.

grund persönlichen Reichtums und persönlicher Macht wurde nicht geduldet. So fehlen in
dieser Zeit bezeichnenderweise nicht nur entsprechende Weihgeschenke in der Heiligtümern
Athens, sondern ebenso die vorher üblichen aufwendigen Grabdenkmäler auf den Friedhöfen.
Dem Demos von Athen bleibt es nun vorbehalten, Stiftungen auf der Akropolis aufzustellen – Staatsdenkmäler also. Auch der Parthenon selbst war letztlich ein solches, wenn auch
besonders großes und komplexes Staatsdenkmal. Aus einem Heiligtum, in dem sich bis zu den
Perser-Kriegen viele unterschiedliche Personengruppen durch die Aufstellung von Statuen
verewigt hatten, war etwas völlig anderes geworden: ein Forum ausschließlich staatlicher
Repräsentation.

Kaum eine der Staatsweihungen aus dem mittleren 5. Jh. ist im Original erhalten, aber durch
die antike Literatur und durch Kombination solcher Nachrichten mit erhaltenen römischen
Marmorkopien nach griechischen Originalwerken kann man sich eine gewisse Vorstellung von
Aussehen und Intention dieser Denkmäler auf der Akropolis machen. War das archaische
Heiligtum bunt und vielfältig, so war die klassische, staatlich durchgeplante Akropolis zunächst
in mancher Hinsicht eher monoton. Wo man auch hinblickte: Athena. Sie ist es, die nun als
Wahrzeichen des neuen Athen in immer neuen Bedeutungsvarianten statuarisch inszeniert
wird.

Als Vorkämpferin in der Schlacht (Athena Promachos) versperrte sie, 9 m hoch und aus
Bronze, dem durch die Propyläen Eintretenden förmlich den Blick auf den eigentlichen Kult-

112   Statue der Athena Lemnia des Phidias (?), Rekonstruktion. Bronzierter Gipsabguß (Dresden, Skulpturensammlung) nach einem römischen Marmorkopf in Bologna und einer römischen Körperkopie in Dresden.

bau, den Alten Athena-Tempel. Nur aus literarischen Nachrichten und schemenhaften Darstellungen auf römischen Münzen kann man sich noch ein ungefähres Bild von dieser Statue machen, die – anders als die Athena Parthenos – in voller Rüstung wiedergegeben war und speziell die militärische Schlagkraft Athens personifizierte (s. Farbabb. 2). Schon zu Schiff bei der Landung im Piräus konnte man das Blinken ihrer Lanzenspitze über den Mauern der Burg erkennen. Heute zeugt nur noch eine etwa 5 × 5 m große Ausnehmung im Felsplateau links des Weges von den Propyläen zum Parthenon von diesem gewaltigen Denkmal, das wahrscheinlich mit Beutegeldern aus einer der Perser-Schlachten errichtet wurde. Wie lange die Statue auf der Akropolis stand, ist unbekannt; vermutlich wurde die nicht unerhebliche Bronzemasse in der Spätantike oder im Mittelalter eingeschmolzen und neuen Zwecken zugeführt.

Scheinbar weniger kriegerisch und von fast menschlichem Format wirkte eine andere Bronzestatue der Athena, die sogenannte Athena Lemnia des Phidias. Marmorkopien aus der römischen Kaiserzeit lassen sich mit einer gewissen Wahrscheinlichkeit auf dieses Werk beziehen. Der Anlaß der Aufstellung dieser Statue (nicht weit von den Propyläen) war jedoch durchaus kein friedlicher, denn ›Lemnia‹ hieß die Statue deshalb, weil sie von Athenern gestiftet wurde, die als eine Art Kolonialbesatzung und Sicherheitspolizei gegen mögliche Aufständische auf die mit Athen ›verbündete‹ Insel Lemnos entsandt worden waren. Athen pflegte sich durch solche Siedlungspolitik in Form sogenannter Kleruchien seiner abhängigen Bündner zu versichern. Man kann vermuten, daß die eingesessenen Bewohner von Lemnos die Statue mit anderen Augen betrachtet haben als die Athener.

Doch versinnbildlichte dieses Denkmal noch etwas anderes. Athena erscheint hier im einfachen Peplosgewand, wie eine athenische Bürgerfrau der damaligen Zeit. Der Helm jedoch, den sie in ihrer leicht ausgestreckten Hand hält, erinnerte jeden Athener an ein bedeutsames Ritual, wie es ausführlicher auf Vasenbildern dieser Zeit dargestellt wird: den Übergang des Jünglings zum waffentragenden Mann, die rituelle Übergabe und das Anlegen der ersten Waffen. An Helden übergibt Athena die Waffen, an die jungen Athener aber gaben deren Eltern das Kriegsgerät: Symbol der unbedingten Opferbereitschaft für Familie und Staat, die von den jungen Männern verlangt wurde.

Eines der vielbewunderten originalen Kleinodien des Akropolis-Museums ist das nur etwa 0,5 m hohe Marmorrelief mit der sogenannten ›trauernden Athena‹. Die Göttin steht, auf ihre Lanze gestützt, mit gesenktem Haupt neben einem Pfeiler. Wahrscheinlich trug dieser Pfeiler einst eine aufgemalte Inschrift. Über den Inhalt der Inschrift und damit die Bedeutung des

113   Marmorrelief mit Athena an einem Steinpfeiler, 5. Jh. v. Chr. Athen, Akropolis-Museum.

114 Athena und der Silen Marsyas. Rekonstruktion der nur durch römische Marmorkopien überlieferten
Bronzegruppe des Bildhauers Myron von der Akropolis. Frankfurt/Main, Liebighaus.

Pfeilers können wir nur Vermutungen anstellen. Ein Grenzstein Attikas? Athena wäre dann metaphorisch als Landesherrin zu verstehen. Ein Pfeiler, wie sie in vielen Sportanlagen aufgestellt waren? Athena wäre dann als Göttin für Wettkämpfe ins Bild gesetzt. Auch an eine in Stein gehauene staatliche Urkunde ist zu denken, was Athenas Rolle als Staatsgöttin des demokratischen Athen versinnbildlichen würde. Sogar der außenpolitische Machtanspruch Athens könnte in diesem Relief ausgedrückt sein, wenn der Betrachter in dem Pfeiler etwa eine Tributliste von Abgaben der ›Bundesgenossen‹ an Athen und seine Göttin Athena sah.

Athena, bewegt in Szene gesetzt zusammen mit einem von ihr wegspringenden nackten Satyr, sah der Akropolis-Besucher in einer bronzenen Statuengruppe vor der Westfront des Parthenon. Römische Kopien geben noch ein recht verläßliches Bild vom ursprünglichen Aussehen dieses bald nach der Mitte des 5. Jh. aufgestellten Werkes des Bildhauers Myron, das aufgrund seines heftigen und zugleich bewußt zurückgenommenen Bewegungsausdruckes zu den gerühmten Musterbeispielen klassischer Bildhauerkunst zählt. Der dreiste Silen Marsyas hat sich Athena genähert und wird durch eine knappe Geste der Göttin zurückgewiesen; in ausfahrender Bewegung prallt er zurück. Die Schlüsselszene eines Mythos ist hier dargestellt.

Athena hatte im Kreise der olympischen Götter auf einem von ihr erfundenen Blasinstrument – den Auloi, einer Art Doppeloboe – gespielt; dabei blähten sich ihre Wangen vor Anstrengung derart auf, daß die Götter in Gelächter ausbrachen. Wutentbrannt warf Athena ihr Instrument weg und verfluchte denjenigen, der es wagen sollte, wieder danach zu greifen. Der Herausforderer fand sich: Als unwissender Naturbursche kümmert sich der Silen Marsyas nicht um den von Athena ausgesprochenen Bann. Er bricht das Tabu, bemächtigt sich der Oboe. Auf der klassischen Statuengruppe des Myron wird er zwar noch von Athena verscheucht, das Instrument liegt zwischen den beiden Gestalten am Boden.

Aber der antike Betrachter wußte: Der uneinsichtige Marsyas wird das Instrument aufheben, auf ihm spielen, sich sogar mit Apollon messen. Wie ein Wettstreit mit den Göttern enden muß, so endet auch dieser. Marsyas unterliegt und wird für seinen Mut grausam bestraft. Apollon knüpft ihn an einen Baum und läßt ihn bei lebendigem Leibe häuten – ein nicht nur grausamer, sondern auch würdeloser Tod. Nicht die eigentliche Handlung des Mythos stellte also die Statuengruppe dar, vielmehr verkörperte die fast choreographisch-tänzerisch anmutende Gegenüberstellung der Gestalten über der am Boden liegenden Oboe eher die psychologische Grundkonstellation der beiden Widersacher.

Auch dieser Mythos besaß in jener Zeit seine politische Dimension. Das bäuerliche Böotien nordwestlich von Attika galt als das Land des Aulosspiels, während diese Kunst in Athen – jedenfalls angeblich – im 5. Jh. v. Chr. verpönt wurde. Böotien gehörte zu den tributpflichtigen Bündnern Athens, hatte sich gegen dessen Herrschaft aufgelehnt und war nach einer Schlacht nicht lange vor Aufstellung unserer Statuengruppe besiegt und, wie Marsyas, bitter bestraft worden. So stellt die klassische Statuengruppe des Myron nicht allein einen Mythos dar, sondern feiert zugleich die Einverleibung des Nachbarlands Böotien in den attischen Machtbereich. Für Besucher aus anderen Bündnisstaaten war das Denkmal zweifellos eine unmißverständliche Warnung, sich den militärischen und finanziellen Verpflichtungen gegenüber Athen nicht zu entziehen.

115 Eine Frau bläst mit aufgeblähten Wangen die Auloi (eine Art Doppeloboe). Griechisches Vasenbild aus Pantikapaion (Krim), 5. Jh. v. Chr.

Alle diese Monumente standen schon auf der Akropolis, als man mit dem Bau des Parthenon noch beschäftigt war. Wohl erst aus den 20er Jahren des 5. Jh. v. Chr. stammt dagegen die marmorne Statuengruppe der Prokne mit ihrem Sohn Itys, deren – wenn auch fragmentiertes – Original man noch heute im Akropolis-Museum sehen kann. Ruhig und wie nachsinnend, mit leicht gesenktem Kopf steht die Mutter da, während sich ihr kleiner Sohn an ihr Bein schmiegt. Die mythische Horrorgeschichte, auf die diese so friedlich und innig wirkende Skulptur anspielt, ist durch die antike Literatur bekannt.

Prokne, Tochter des sagenhaften athenischen Königs Pandion, war mit einem Nicht-Athener verheiratet. Die Herkunft des Gatten wird verschieden überliefert: Als thrakischer König wird Tereus bezeichnet, aber auch als Herrscher über einen mittelgriechischen Landstrich oder über das Athen benachbarte Megara. Die ›heroische‹ Begebenheit selbst aber wird im wesentlichen gleichlautend erzählt. Der Familienvater betrügt nicht nur seine Frau Prokne mit deren Schwester, sondern versucht obendrein, seine Tat auf grausige Weise zu verbergen, indem er Proknes Schwester die Zunge herausschneidet. Durch Worte kann sie ihn nun nicht verraten, aber es gelingt ihr, durch eine Stickerei eine verschlüsselte Botschaft an die betrogene Schwester zu senden. Die beleidigte und verzweifelte Prokne rächt sich auf eine für uns heute nicht nur schaurige, sondern auch absurde Weise: Sie schlachtet ihren und Tereus' gemeinsamen Sohn Itys, verarbeitet das Fleisch des Kindes zu einer Mahlzeit und setzt es dem Vater zum Essen vor. So groß der eigene Schmerz der Mutter war, so viel größer wurde doch die Schädigung des Vaters bewertet, denn die Väter besaßen in der Antike die alleinige Verfügungsgewalt über die legitimen Kinder.

Man hat verschiedene tagespolitische Implikationen in der Darstellung dieses Mythos durch die Statuengruppe und durch zeitgenössische Theaterstücke des Sophokles und des Aischylos gesehen. In einer Zeit, in der Athen gegen Ausländer, d.h. gegen alle Nicht-Athener gerichtete Ehegesetze beschloß und Wirtschaftssanktionen gegen ›untreue‹ Nachbarstaaten wie Megara verhängte, dürften solche aktuellen Bezüge nur zu gut verstanden worden sein. Wegen der Bruchstückhaftigkeit der Überlieferung sind sie heute nicht mehr im einzelnen rekonstruierbar. Doch die allgemeine, bleibende Drohbotschaft der Prokne-Itys-Gruppe war und ist klar: Prokne war eine attische Königstochter, der Frevler Tereus ein unzuverlässiger Ausländer – und die Rache der Athenerin Prokne schreckenerregend.

Eher dem Bereich friedlicher Kultur zuzuordnen war eine Statue des Dichters und Sängers Anakreon aus den späten 40er Jahren des 5. Jh. v. Chr. Anakreon hatte im 6. Jh. v. Chr. gelebt; das Bildnis auf der Akropolis ist also posthum. Aus Ionien geflohen, war der Dichter an den Hof des Peisistratos nach Athen gekommen und durch seine Trinklieder und seine

116   Statuengruppe der Prokne mit ihrem Sohn Itys. Marmor, 5. Jh. v. Chr. Athen, Akropolis-Museum.

117   Der Dichter Anakreon. Römische Marmorkopie einer auf der Akropolis aufgestellten Statue aus dem 5. Jh. v. Chr. Kopenhagen, Ny Carlsberg Glyptotek.

hetero- und homoerotischen Gedichte berühmt geworden. Die Art seiner Muse bezeugt das folgende Gedicht auf ein junges Mädchen:

>»Thrakisch Füllen, warum siehst du
Mich mit scheelen Blicken? Warum
Fliehst du vor mir? Meinst, ich wäre
Noch ein unerfahrener Tropf?

Glaube mir, ich könnte leicht und
Rasch dich an die Zügel nehmen
Und, das Halfter in den Händen,
Lenken dich zum Ziel der Bahn.

Heute grast du noch im Grünen,
Munter dich im Spiele tummelnd,
weil das Füllen kein erfahrner
Reiter noch bestieg.«

(Fragment 88)

Der Anlaß für die Aufstellung der posthumen Bildnisstatue dieses Dichters auf der Akropolis ist nicht bekannt, aber ihr Sinn gerade im Zusammenhang und Gegensatz zu den anderen hier beschriebenen Monumenten klar: Wie diese Athens Fähigkeit zur Härte nach außen demonstrieren, so stellt der nackte Dichter im besten Mannesalter den Gegenpol athenischer Lebensauffassung vor Augen – die Fähigkeit zum Lebensgenuß.

So hatte jedes einzelne Monument für sich eine klare Bedeutung. Im Verein, wie sie auf der Akropolis aufgestellt und wie sie vom antiken Betrachter erlebt wurden, bildeten die Statuen und Statuengruppen eine Aussage, die über ihre einzelnen Inhalte hinausging. Sie erst war der *ganze* Ausdruck der gegensätzlichen athenischen Lebensphilosophie jener Zeit, wie er auch in der Gesamtheit des Parthenon-Baues und seiner Skulpturen deutlich wurde. Weitere Monumente wurden auf der Akropolis im 5. Jh. v. Chr. aufgestellt und mögen dieses Bild noch im Detail ausgestaltet haben, aber die historische Überlieferung dieser Werke ist so spärlich und widersprüchlich, daß man von ihrem genauen Aussehen und ihrer einzelnen Bedeutung keine klare Vorstellung mehr gewinnen kann.

Die Propyläen – ein Bauprojekt im Parteienstreit

Wann der Beschluß gefaßt wurde, das archaische, in den Perser-Kriegen zerstörte Eingangstor (s. S. 116 ff.) durch einen Neubau zu ersetzen, ist nicht bekannt (s. Farbabb. 1). Die Bauarbeiten erstreckten sich jedenfalls vom Jahr 437–432 v. Chr. Der Rohbau des Parthenon stand also, als man mit den Propyläen begann, so daß ein Teil der erfahrenen Arbeiter vom Parthenon auf die neue Baustelle herübergezogen werden konnte. Wie beim Parthenon auch, muß aber schon vor Baubeginn eine intensive Diskussion in der Bürgerschaft mit Ausschreibungen und

118   Blick von der Pnyx auf die Westseite der Propyläen.

einzelnen Beschlußfassungen stattgefunden haben. Dem Architekten Mnesikles wurde die Planung übertragen.

Anlaß zu Disput und Streitgespräch bot dieses Projekt mehr als genug, denn hier wurde eine Architektur der Superlative erbaut, die alles in den Schatten stellen sollte, was man an Tor- und Eingangsbauten zu jener Zeit kannte. Statt eines einfachen Torgebäudes mit Säulen und Giebel, wie es für Heiligtümer damals üblich war, sollte nun eine riesige symmetrische Anlage aus mehreren einzelnen Teilkomplexen und mit einer breiten, auf die Front zuführenden Treppenrampe entstehen. Diese Baukonzeption von höchstem repräsentativen Anspruch hat sich in der Athener Bürgerschaft durchgesetzt und wurde im ganzen verwirklicht.

Und doch wurde sie – deutliches Zeichen demokratischen Meinungsstreits damaliger Zeit – zugleich beschnitten und eingeengt. Die tatsächlichen Propyläen zeigen in ihrer Architektur gewisse Planungskompromisse, und sie sind letztlich auch ein Torso geblieben: Bestimmte, ursprünglich intendierte Trakte wurden nie gebaut. Die Propyläen sind nicht, wie oft gesagt wird, in Architektur versteinerte Idee »eines unbegreiflich weit gespannten Geistes« (G. Gruben), sondern Abdruck und Spur lebendiger, widersprüchlicher und mit der Zeit wechselnder Vorstellungen und Anliegen. Wie an keinem anderen Bau der Akropolis lassen sich hier geschichtliche Vorgänge selbst noch an Details einzelner Steine ablesen.

195

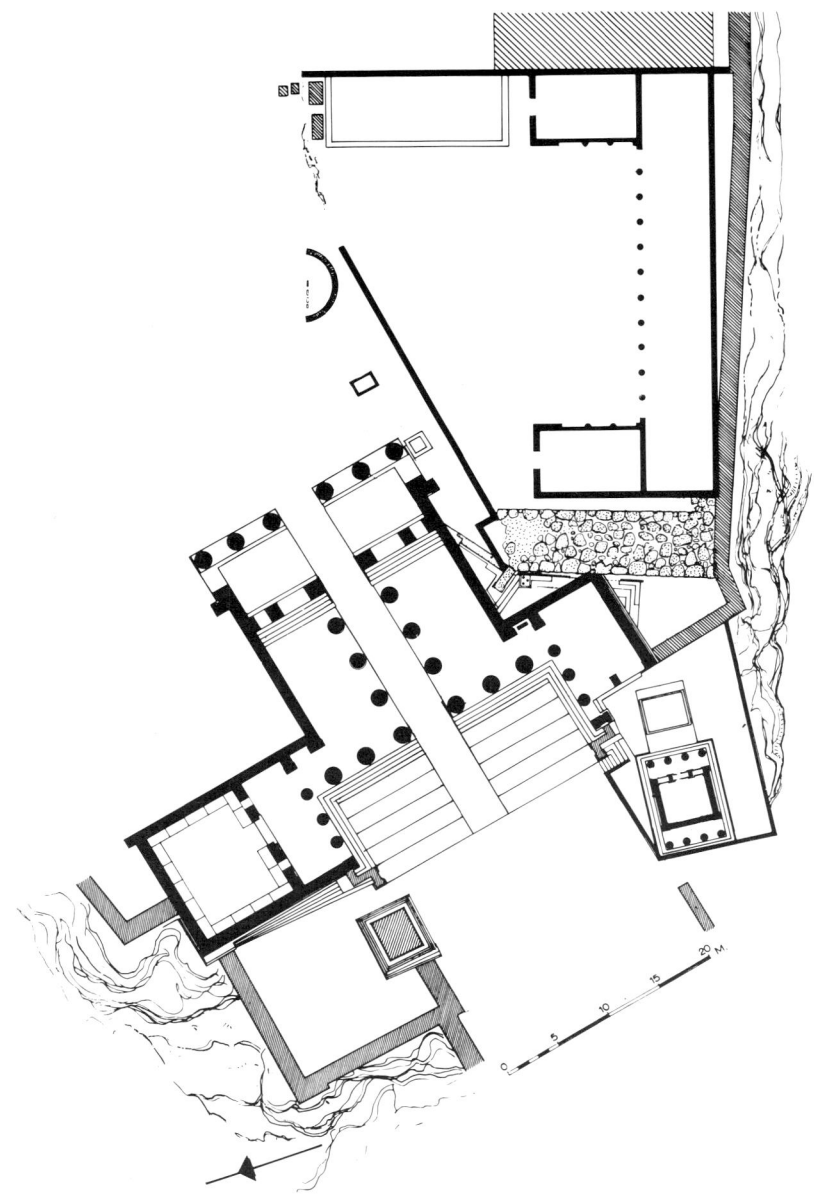

119 Propyläen, Nike-Tempel und Kultbezirk der Artemis Brauronia. Grundriß.

Anders als den archaischen Torbau hat man die neuen Propyläen so ausgerichtet, daß ihre Frontseite genau dem Pnyx-Hügel, dem damaligen Sitz der Volksversammlung, zugewandt ist, dem Ort also, wo der Bau auch diskutiert und beschlossen wurde. Darüber hinaus wurde die Anlage so plaziert, daß der Eintretende im Vordergrund zunächst die riesige Statue der Athena Promachos und dahinter die Westfront des Alten Athena-Tempels erblickte, nicht den Parthenon also, sondern den eigentlichen Burgtempel. Die Ausrichtung von Bauwerken auf bestimmte Blickachsen ist uns heute geläufig. Damals aber war eine solche Blickführung des Betrachters neu und aufsehenerregend.

Mehrere Baukörper und Bautypen sind in den Propyläen zu einem Ganzen verbunden (s. Farbabb. 10). Die eigentliche Eingangshalle mit ihren jeweils sechs dorischen Säulen an Front und Rückseite wird flankiert von zwei vorgezogenen, auf die Mitte des Eingangs hin ausgerichteten Flügelbauten. Vom ursprünglichen Pflaster des Aufgangs hat sich nichts erhalten; die heute sichtbaren antiken Marmorstufen stammen aus römischer Zeit. So hat es in der Archäologie einen jahrzehntelangen Streit darüber gegeben, ob die klassischen Propyläen bereits eine Freitreppe besaßen oder ob die Akropolis-Besucher damals auf einem schlichten, ungepflasterten Weg den Westabhang erklommen. Die so überaus prächtige und auf Symmetrie angelegte Toranlage selbst läßt aber vermuten, daß zusammen mit ihr eine entsprechende Freitreppe mit einer Rampe in der Mitte zum Herauftreiben der Opfertiere gebaut wurde.

Schon der Mittelteil der Propyläen weist über die Form üblicher Toranlagen hinaus. Wie ein sechssäuliger Tempel wirken seine Fronten im Westen und Osten, nur ist der Abstand zwischen den mittleren Säulen für den Durchgang besonders breit gelassen. Über dem Architrav sind an dieser Stelle drei – nicht wie sonst zwei – Metopen angebracht. Der gewaltige, aus einem einzigen Marmorblock bestehende Architrav überspannt hier 5,5 m. Optisch überragt wurde diese ›Tempelfront‹ noch durch einen dahinterliegenden zweiten Giebel, der den bereits auf höherem Niveau liegenden Trakt mit dem Türgewände und dem östlichen Säulenportikus bekrönt.

Durchschritt der Besucher die dorische Säulenfront, so gelangte er in eine weiträumige Halle, deren inneres Gebälk von sechs hohen ionischen Säulen getragen wurde. Die Decke war durch Marmorkassetten mit feinster farbiger Bemalung wie ein himmelszeltartiger Baldachin geschmückt. Wie der Parthenon, so verbinden auch die Propyläen dorische Schlichtheit des Äußeren mit ionischem Schmuckreichtum im Innern. Technische Meisterleistungen wie die Aushöhlung der Architravblöcke über den ionischen Säulen zur Gewichtserleichterung und der Einsatz mächtiger Eisenarmierungen blieben hinter all diesem Schmuck unsichtbar. Die zeitgenössischen Bürger Athens, die sich nicht nur für das fertige Bauwerk interessierten, sondern ebenso am Vorgang seiner Errichtung teilnahmen, werden jedoch auch diese Kunstgriffe gewürdigt haben.

Flankiert wird diese eigentliche Torhalle von zwei seitlichen Gebäudetrakten. Der linke, nördliche ähnelt in seinem Grundriß einem kleinen Tempel oder Schatzhaus, besaß aber keinen Giebel, sondern war mit einem Walmdach gedeckt. Hinter einer von dorischen Säulen getragenen Vorhalle öffnet sich ein fast quadratischer Raum, an dessen Wänden ringsum 17 hölzerne Liegen standen. Hier konnten sich Akropolis-Besucher im Schatten ausruhen,

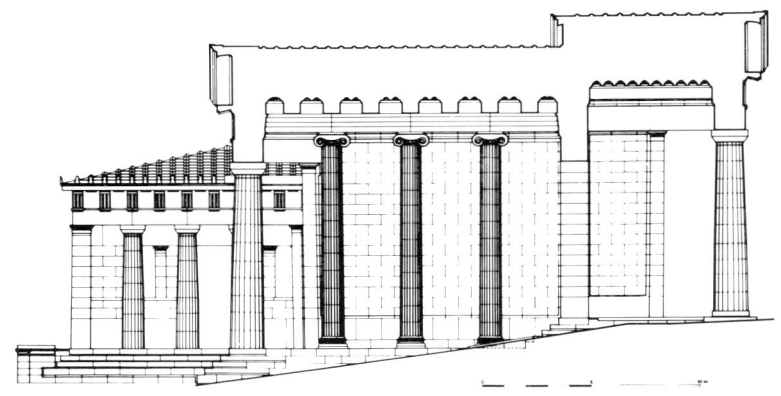

120   Die Propyläen. Aufriß und Querschnitt, Zeichnung J. Tanoulas.

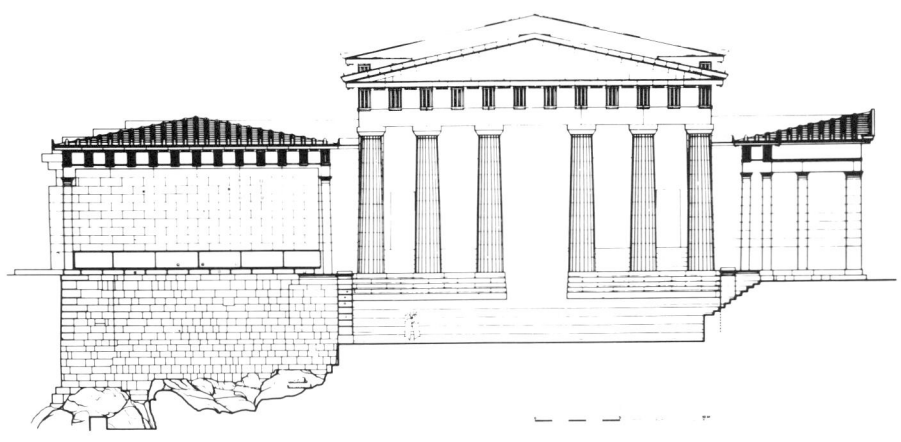

und man kann sich durchaus vorstellen, daß auch erfrischende Getränke feilgeboten wurden. Imbißhallen oder Raststätten ähnlicher Art gab es auch in anderen Heiligtümern, zum Beispiel in Delphi. Pausanias berichtet, daß die Wände mit Gemälden geschmückt waren, die neben anderem Szenen aus dem Trojanischen Krieg darstellten. Aus diesem Grund wurde der Raum schon in der Antike als Pinakothek, d.h. als Bildersammlung, bezeichnet. Ein Teil der Gemälde wird schon gleich nach Vollendung des Baues angebracht worden sein, andere kamen erst später hinzu.

Stand der Akropolis-Besucher unmittelbar vor dem mittleren Durchgang der Propyläen, so präsentierte sich ihm eine scheinbar vollkommen symmetrische Anlage. Die tempelähnliche Mittelfront wurde gerahmt von zwei identischen Säulenfassaden. Betrat der Besucher aber den rechten, südlichen Gebäudetrakt der Propyläen, so bemerkte er, daß hier ein der gegenüberliegenden Pinakothek entsprechender Raum fehlte. Vor allem aber wirkte diese Halle in ihrer Breite förmlich beschnitten. An ihrer Front rechts, also im Westen, deutete nur eine schmale, pfeilerähnliche Mauerzunge ein Stück Wand an. Das darüberliegende Gebälk knickte unmittelbar hinter der Front wieder um und ließ, durch einen weiteren Pfeiler gestützt, die Westseite dieses Gebäudetraktes offen. Warum wurde hier eine Säulenfront regelrecht als Attrappe erstellt?

Offenbar war es den Erbauern der Propyläen wichtig, eine repräsentative Gesamtanlage von vollkommen symmetrischem Erscheinungsbild zu errichten – eine Architektur, die eine besonders würdige Rahmung für das Ritual des Panathenäenfestzuges abgeben sollte. Denn nicht so sehr für die beiläufige Betrachtung durch einzelne Akropolis-Besucher, sondern für ein kollektives Erlebnis im formal gebundenen und sicherlich ebenfalls symmetrisch geordneten Festzug war dieses Architekturarrangement gedacht.

121 Blick vom Südflügel der Propyläen zum Nike-Tempel.

122 Blick vom Nike-Tempel auf den Südflügel der Propyläen.

Warum aber wurde der rechten Säulenfassade, die dieser symmetrischen Rahmung noch ganz folgt, kein der Pinakothek entsprechender Gebäudetrakt angegliedert? Wir stoßen hier auf einen archäologisch-topographisch komplizierten Befund, dessen Entschlüsselung jedoch diese einzigartige architektonische Mogelei erklärt und darüber hinaus faszinierende Einblicke in die religions- und baupolitischen Bestrebungen jener Zeit gewährt.

Noch vor dem Propyläen-Bau, wohl um die Mitte des 5. Jh. v. Chr., war das Artemis Brauronia-Heiligtum, das einst Peisistratos eingerichtet hatte (s. S. 106 ff.), durch Hallenbauten und Mauern eingefaßt worden (s. Farbabb. 10). Ein massives Stück der uralten, noch heute sichtbaren mykenischen Burgmauer trennte die Westseite des Artemis Brauronia-Bezirks von der mächtigen, der Akropolis vorgelagerten Bastion, auf der später der Nike-Tempel erbaut wurde, den man heute sieht. Schon zur Zeit des Peisistratos bestand hier ein Heiligtum für Athena Nike mit mehreren Altären und Kultmalen, jedoch auf tieferem Geländeniveau (die Überreste sind heute in der aufgemauerten Nike-Bastion verborgen, s. S. 203). Eine Inschrift legt nahe, daß schon 448 v. Chr., also ein Jahr vor Baubeginn des Parthenon, in der Volksversammlung beschlossen wurde, dieses alte Nike-Heiligtum mit einem neuen, kleinen Tempel zu versehen; dieser Beschluß wurde jedoch aus heute unbekannten Gründen in der Folgezeit zunächst noch nicht verwirklicht.

In dieses Geflecht von uralten Relikten, eben neu Gebautem und bereits Beschlossenem drohte das Propyläen-Projekt des Mnesikles einzuschneiden, jedenfalls dann, wenn die Anlage in kompletter Symmetrie ausgeführt worden wäre, was technisch durchaus möglich war. Zunächst einmal hätte man die mykenische Mauer abtragen müssen. Diese Mauer aber galt offenbar als ein denkmalpflegerisch zu schützendes Relikt. Schon vor dem Bau der mnesikleischen Propyläen hatte man Teile dieser Zyklopenmauer durch Steinplatten sauber eingefaßt und auf diese Weise wirkungsvoll zur Schau gestellt; Reste der alten Einfassung sind noch heute im Südwesten der Propyläen sichtbar. Auch das Heiligtum der Artemis Brauronia wäre durch einen vollkommen symmetrischen Propyläen-Bau beeinträchtigt worden. Vor allem aber hätte ein gleich großer Südflügel der Propyläen das Areal des alten Nike-Heiligtums beträchtlich überlagert und darüber hinaus von der eigentlichen Akropolis förmlich abgeriegelt: ein Schritt, der aus sakralrechtlichen Gründen Bedenken hervorrufen mußte. Schließlich sollte doch dort – so legte es der seit 448 v. Chr. bestehende Beschluß der Volksversammlung fest – ein neuer Tempel mit Altar gebaut werden.

Hatte die Mehrheitspartei der radikalen Demokraten nicht schon mit dem Parthenon Kulttraditionen gesprengt, indem sie einen Bau durchsetzte, der wie der prächtigste aller Tempel aussah und doch gar keiner war? Sollte nun noch eine nicht minder prächtige und wiederum an einen Tempel gemahnende profane Toranlage altehrwürdige Kulte einschränken und ihre architektonische Neugestaltung geradezu behindern? Hier regte sich vehementer Protest in der athenischen Bürgerschaft, und diesmal konnte man auch die Wahrung heiliger Traditionen als Argument für sich in Anspruch nehmen. Schließlich hatte sich der Parthenon wenigstens nicht über ein bestehendes altes Heiligtum hinweggesetzt. Die konservativen alten Aristokraten bildeten in jenen Jahren zwar eine Minderheit in der Volksversammlung, aber gerade in Fragen des Kultes und religiöser Zeremonien übten sie über den Areopag, den alten Adelsrat, nach wie vor einen beträchtlichen Einfluß aus. Wollten sie nicht auch auf diesem Feld ihre Geltung gänzlich verlieren, so mußte das gewaltige Propyläen-Projekt wenigstens an dieser kritischen Stelle im Südwesten gebremst werden. So kam es, gewiß nicht ohne förmlichen Beschluß nach hitzigem Streit in der Volksversammlung, zu dem eigentümlichen Kompromiß, der auch heute noch jedem aufmerksamen Akropolis-Besucher auffällt.

Die Athenische Demokratie beruhte gerade auch in ihrer radikalen Phase auf der Fähigkeit und Notwendigkeit, tragbare Kompromisse für alle zu finden und nicht die jeweilige Minderheit einfach auszugrenzen. So wurden die Propyläen in ihrer Fassadenwirkung symmetrisch gestaltet, wie es die ursprüngliche Intention war, aber zugleich ließ die Kürzung der Mauern hinter den Säulen Raum für den Ausbau des Nike-Heiligtums, der den Konservativen so sehr am Herzen lag. Ja, der Südflügel der Propyläen wurde bei dieser Konzeption regelrecht zur Eingangshalle für dieses Heiligtum. Auch die altehrwürdige mykenische Mauer und das angrenzende Heiligtum der Artemis Brauronia blieben auf diese Weise unangetastet.

Lange Zeit glaubten die Archäologen, daß durch den geschilderten Parteienstreit namentlich der Südflügel der Propyläen unfertig geblieben sei, und Zeichen der Unfertigkeit sind tatsächlich an bestimmten Stellen sichtbar. In Wirklichkeit muß der Konflikt aber schon während der Planung des Propyläen-Baues ausgetragen und entschieden worden sein, denn die Südwestseite der Propyläen wurde zweifelsfrei von vornherein so errichtet, wie sie heute steht – im Vergleich zum Nordflügel verkürzt. Alle Arbeiten auf dieser Seite wurden abgeschlossen, die der Steinmetzen und auch die der Maler.

Erst wenn der Besucher die Toranlage durchschritten hat und vom Burgplateau aus auf die Ostseite der Propyläen zurückblickt, sieht er, daß auf dieser Seite nur der Mitteltrakt mit den Säulen bis zur Vollendung ausgeführt ist, die Quader der seitlich anschließenden Wände im Norden und im Süden jedoch nie die sonst übliche letzte Glättung erfahren haben. Der Arbeitsgang des sauberen Abziehens der marmornen Schutzschicht nach Versetzung der Blöcke fehlt hier, ja sogar Reste der vorstehenden Bossen zum Heben der Steine durch Kräne treten noch deutlich in der Mitte eines jeden Mauerquaders hervor. Damit nicht genug: Rechteckige Einlassungen für Balken an der Nordostwand zeigen sogar, daß man hier an einen weiteren Gebäudetrakt dachte, der nie ausgeführt, ja nicht einmal begonnen wurde.

Auf den heutigen Betrachter übt die Reliefstruktur der Mauern auf der zur Akropolis hingewandten Seite der Propyläen einen besonderen ästhetischen Reiz aus, zeigt sich doch gerade an diesem noch unfertigen Zustand die unglaubliche Sorgfalt und das überragende Können der damaligen Handwerker. Der antike Betrachter aber erblickte hier zunächst einmal technische Unfertigkeit. Doch warum sind die Wände auf dieser Seite nie geglättet worden?

Der politische Zwist um den Bau war, wie gesagt, bereits in der Planungsphase entschieden worden. Auch Geldmangel kann nicht die Ursache gewesen sein, denn der riesige Propyläen-Bau hatte zwar beträchtliche Mittel verschlungen, war aber, wie man aus Inschriften weiß, im Jahr 432 abgeschlossen: noch gut ein Jahr vor Ausbruch des Peloponnesischen Krieges und in der Phase der größten Machtentfaltung und wirtschaftlichen Potenz Athens. Ein letztes Glätten der Wände hätte zu dieser Zeit im Rahmen der gesamten Bautätigkeit der Stadt eine

123   Blick von Süden auf den Ostflügel der Propyläen mit unfertigen Mauerquadern.

geradezu verschwindend kleine und billige Maßnahme dargestellt. Sind die unfertigen Steine am Ende eine Demonstration? Ein ewiges Zeichen des ursprünglichen Wunsches, hier noch größer und aufwendiger zu bauen?

So unglaublich dies klingt, bestimmte Indizien deuten an, daß hier mehr als schlichte technische Unfertigkeit vorliegt. Die für den heutigen Betrachter so faszinierenden Steine mit ihren ›vollendeten‹ Arbeitsspuren sind nämlich, wie jüngste Untersuchungen gezeigt haben, durchaus mit ästhetischer Absicht gestaltet und nicht einfach Spur eines Arbeitsabbruches. Die rauhen Flächen sind in sich durchgängig mit dem Meißel ›gepickt‹, die eigentlich weit vorragenden quadratischen Hebebossen zwar abgearbeitet, doch so, daß man sie noch deutlich erkennt: ein künstlich geschaffener Zustand also, nicht eine erzwungene Arbeitsniederlegung! Hat sich die demokratische Partei Athens hier am Ende selbst ein Denkmal des Zwiespalts gesetzt? Ein steinernes Zeichen der Fähigkeit zum Kompromiß einerseits und des Willens und Anspruchs auf uneingeschränkte Selbstverwirklichung andererseits? Sollten die ›unfertigen‹ Wände innerhalb des sonst vollendeten Ganzen dem damaligen Betrachter vielleicht sagen: »*Der Bau selbst konnte eingeschränkt werden, die Idee aber bleibt beständig*«?

Die konservative Antwort: Neue Bauten für alte Kulte

Der Nike-Tempel

Der ursprüngliche Beschluß, das alte Heiligtum der Athena Nike, der siegbringenden Athena, neu zu gestalten, fiel wahrscheinlich schon im Jahr 448 v. Chr. Errichtet aber wurde der Athena Nike-Tempel, wie sein Skulpturenschmuck zeigt, erst in den 20er Jahren des 5. Jh. v. Chr. (s. Farbabb. 22). Dazwischen liegen also zwei Jahrzehnte mit all den religions- und baupolitischen Auseinandersetzungen, die sich um Parthenon- und Propyläen-Bau rankten. Waren die Propyläen ein Projekt, das von der radikaldemokratischen Partei Athens favorisiert wurde, so bildete die Neugestaltung des archaischen Kultbezirks der Athena Nike die Antwort der Konservativen auf dieses Projekt. Mit ihrer Rückwendung zu den alten Werten der Adelszeit, zu Tradition und kultisch gebundener Religiosität setzten sie sich deutlich vom eher profanen Trend der vorangegangenen Jahrzehnte, in denen Parthenon und Propyläen entstanden waren, ab.

Nike-Tempel und Propyläen, diese beiden topographisch so eng miteinander verzahnten und unmittelbar aufeinanderfolgend entstandenen Komplexe, stehen im größten denkbaren Gegensatz zueinander: die Propyläen gigantisch im Format, in ihrer Fassade dorisch schlicht und außen ohne jede schmückende Ornamentik – der auf seiner herausgehobenen Bastion ebenso weithin sichtbare Nike-Tempel demgegenüber geradezu winzig, mit zierlichen ionischen Säulen ausgestattet und durch seinen umlaufenden filigranen Skulpturenfries und die ebenfalls figurengeschmückte Einfriedung auf dem Rand der Bastion wie ein wahres Schmuckstück wirkend (Farbabb. 10 u. 22). Jedem, der die Treppen- und Rampenanlage zur Akropolis heraufschritt und dabei beide Bauten zusammen im Blick hatte, muß dieser Gegensatz sogleich ins Auge gefallen sein. In seiner ganzen Konzeption scheint der Nike-Tempel kontrapunktisch auf die Herausforderung des Propyläen-Baues zu reagieren.

Schon in archaischer Zeit hatte man den uralten mykenischen Wehrturm aus gewaltigen Felsbrocken, wie man sie noch an dem Mauerstück weiter im Osten sehen kann, mit einer Quadermauer ummantelt. Auf dem von dieser Umfassungsmauer begrenzten Plateau stand ein kleiner, unscheinbarer Kultbau von nicht einmal 3 m Länge und davor ein winziger Altar mit einer Eintiefung für Opfergaben auf seiner Oberseite. Altar und Fundamente dieses archaischen Kultbaues sind heute in einer für den Touristen nicht zugänglichen unterirdischen Kammer unter dem klassischen Nike-Tempel zu sehen. Der von der Umfassungsmauer gebildete, etwa rechteckige Platz mit dem alten Kultschrein darauf war nach Südosten ausgerichtet gewesen, stand also schräg im Verhältnis zu den mnesikleischen Propyläen.

Im Zuge der Neugestaltung des gesamten Aufgangsbereiches zur Akropolis wurde nun diese vorstehende Bastion beträchtlich vergrößert und mit einem neuen Mauermantel – eben dem heute sichtbaren – umgeben. Auf der Nordseite der Bastion, die den Akropolis-Eingang säumt, folgt die Mauer exakt der Linie der Stufen des Propyläen-Baues, bildet also eine Fortsetzung der Toranlage. Die übrigen, nach außen gekehrten Wände der turmartigen Bastion dagegen stehen hierzu nicht im rechten Winkel, sondern folgen mehr der Ausrichtung des alten archaischen Heiligtums.

Auch der Nike-Tempel selbst ist in seiner Position und Ausrichtung zugleich einerseits auf den Propyläen-Bau bezogen, andererseits in deutlichen Kontrast zu ihm gesetzt. Zum einen wurde das Niveau der Bastion so erhöht, daß der neue Nike-Tempel trotz seiner vom Burgfelsen herausgeschobenen Position auf gleicher Höhe erbaut werden konnte wie die Propyläen-Front; Propyläen-Fußboden und der Boden des Nike-Heiligtums bilden eine Ebene. Auch liegt die Nordwestecke des neuen Nike-Tempels exakt in der Flucht der Marmorstufen des Propyläen-Baues. In seiner eigentlichen Ausrichtung aber folgt der Tempel nicht, wie es an sich durchaus möglich gewesen wäre, dem Südflügel der Propyläen, sondern weist nach Südwesten, auf die damals wie heute gut sichtbare Zyklopenmauer aus mykenischer Zeit hin.

So zeigt sich also, daß Propyläen und Nike-Tempel in ihrem architektonischen Gegensatz widerstreitende Interessen ausdrücken, die zu einem Kompromiß geführt haben, den beide Bauten deutlich an sich tragen. Den im Grundgedanken symmetrischen Plan des Propyläen-Baues hatte die Volksversammlung auf der Seite zum Nike-Heiligtum hin eingeschränkt. Der Südflügel der Propyläen war verkürzt zur Ausführung gekommen, ja er sollte geradezu eine Art Eingangshalle zum Nike-Bezirk bilden. Nur ein schmaler Treppenzugang führte unmittelbar vom Akropolis-Aufgang auf die Nike-Bastion. So hatte der Propyläen-Bau Rücksicht auf das Nike-Heiligtum genommen.

Doch auch das Nike-Heiligtum wurde Konzessionen unterworfen: Die Vergrößerung des Plateaus durch die neuen Umfassungsmauern der Bastion brachte zwar einen gewissen Gewinn mit sich, aber durch die dem großen Treppenaufgang zugekehrte Nordflanke bildete es nun auch eine monumentale Ergänzung der Propyläen-Anlage. Zudem war die Grundfläche trotz der neu gezogenen Mauern immer noch äußerst beschränkt, da eine Ausdehnung im Osten durch die Propyläen verhindert wurde. Nur ein winziges, verkürztes Tempelchen ohne Vorhalle ließ sich auf diesem Baugrund noch errichten. Die Athener nun vollbrachten in dieser Situation etwas gänzlich Neues, das nicht allein den geschilderten Einschränkungen entsprang, sondern eine veränderte, Parthenon und Propyläen geradezu entgegengesetzte künstlerische Konzeption verrät. Entscheidende politische Veränderungen hatten stattgefunden, als man mit dem Bau des Nike-Tempels begann. Sie sind der Schlüssel für das Verständnis der hier sichtbaren neuen Architektur- und Bildsprache.

Die Gruppe der radikalen Demokraten um Perikles, die hinter der Errichtung von Parthenon und Propyläen stand und die weit über diese Bauvorhaben hinaus offenbar mit Expertenwissen eine gezielte Kulturpolitik betrieb, hatte sich schon in den Jahren vor Beginn des Peloponnesischen Krieges (431 v. Chr.) verschärfter Kritik ausgesetzt gesehen. Literarische Quellen berichten von Prozessen, die gegen Personen aus dem Kreis des Perikles, darunter auch gegen Phidias, angestrengt und mindestens zum Teil religiös begründet wurden. Asebie, also mangelnde Religiosität oder Gottesfrevel, war der Vorwurf, der nun immer wieder gegen Einzelne erhoben wurde – eine Anklage, die angesichts von Bauten wie den Propyläen und dem Parthenon samt seinem Skulpturenschmuck auch nicht gänzlich aus der Luft gegriffen erscheint.

Auch ein von Perikles durchgesetzter riesiger Profanbau am Südabhang der Akropolis, eine dem berühmten Prunkzelt des Perser-Königs Xerxes architektonisch nachempfundene Konzerthalle, erhitzte die Gemüter. So wurde dieses Odeion in einer zeitgenössischen Komödie als Anmaßung der demokratischen Fraktion gebrandmarkt und Perikles als sein Urheber mit Spott überhäuft. Nach Perikles' Tod im Pestjahr 429 v. Chr. eskalierten diese Auseinandersetzungen weiter. Die Traditionalisten auf religiösem Gebiet gewannen immer mehr die Oberhand. Finanziell und ideell gefördert wurden nun die alten Kulte und mit ihnen entsprechende Priesterschaften. Beim Nike-Heiligtum nun konnte man endlich einmal wieder an echte religiöse Traditionen anknüpfen.

So entstand auch im funktionalen Gegensatz zu Parthenon und Propyläen hier ein echter kleiner Tempel mit einem Kultbild im Inneren und einem Altar auf dem Vorplatz. Nur eine dem weltlichen Parthenon und den Propyläen entgegengesetzte Architektursprache konnte dies adäquat veranschaulichen. Hatte der monumentale Parthenon vorgetäuscht, ein Tempel zu sein, während seine tatsächliche Bestimmung die eines Schatzhauses war, so sah der Betrachter hier einen Bau, wie er ihn sonst von kleinen Schatzhäusern in anderen Heiligtümern her kannte, der aber ein Tempel war – ein wahres ›Understatement‹ gegenüber der Größe und Modernität von Parthenon und Propyläen. Auch in seinen einzelnen Formen wie den Profilen der Säulenbasen, den gedrungenen Säulenschäften oder den massigen Voluten der Kapitelle zeigt sich diese Architektur als eher rückwärts gewandt, als bewußt altertümlich im Vergleich insbesondere zu den dicht benachbarten ionischen Säulen im Inneren der Propyläen.

Auch in seinem Bildschmuck wirkt der Nike-Tempel wie eine Antwort auf die Programmatik der Parthenon-Skulpturen. Wie am Parthenon zeigt der vierseitige Fries auf der Ostseite über dem Eingang eine Götterversammlung, hier aber nicht nur aus den zwölf olympischen Göttern bestehend, sondern um weitere göttliche Gestalten wie die Nereiden oder Leto, die Mutter Apollons, erweitert. Die 24 Götterfiguren nehmen die gesamte Ostseite des Frieses ein. Sie sind nicht, wie am Parthenon, unmittelbar neben die Sterblichen gestellt, sondern bleiben unter sich. Anders als am Parthenon bleibt hier die traditionelle Trennung zwischen Göttern und Menschen strikt gewahrt; eine Verwischung zwischen Jenseits und Diesseits, zwischen mythischer Urzeit und dem ›Hier und Jetzt‹ wird nicht angestrebt.

Die drei übrigen Seiten des Relieffrieses sind in ihrer einzelnen Bedeutung bis heute ungeklärt. Alle zeigen heftig bewegte Szenen einzeln gegeneinander Kämpfender, die durch ihre eleganten, weitausgreifenden Bewegungen und ihre in rhythmischer Wiederholung flatternden Gewänder beinahe choreographisch inszeniert wirken, wie ein Tanz von Tod und Sieg. Unterstützt wird dieser Eindruck durch die bewußt unrealistische Kostümierung der Figuren. Sie tragen durchweg keine Panzer, sondern sind nur mit ihren Schilden und den jeweiligen Angriffswaffen ausgestattet. Auf der West- und Nordseite kämpfen offenbar Griechen gegen Griechen und auf der Südseite Griechen gegen berittene Orientalen, die sich durch ihre halbmondförmigen Schilde und ihre Kleidung als solche ausweisen.

Nichts deutet darauf hin, daß hier mythische Kämpfe gemeint sind, wie sie der Akropolis-Besucher an den Parthenon-Metopen sogleich erkennen konnte. Aber auch jede nähere diesseitige Festlegung der Geschehnisse etwa auf bestimmte Schlachten läßt sich den Bildern nicht entnehmen, sondern konnte allenfalls vom Betrachter assoziiert werden. Die Kombination der Gegenüberstellung Griechen – Griechen und Griechen – Orientalen aber signalisierte mindestens für jeden Athener deutlich genug: Athen weiß sich nicht nur gegenüber Persien, sondern auch gegenüber jedwedem griechischen Gegner militärisch zu behaupten, und hier gab es genügend Anlässe, an die der damalige Betrachter beim Anblick des zierlichen, bunten Frieses am Gebälk des Nike-Tempels denken konnte: einmal die berühmten Siege gegen die Perser bei Marathon (490 v.Chr.), Salamis (480 v.Chr.), Plataiai und Mykale (479 v.Chr.), zum anderen aber auch die Schlachten von Megara (458 v. Chr.) und Oinophytai (457 v. Chr.), die Athen gegen andere griechische Stadtstaaten siegreich ausgefochten hatte.

Eine Indienstnahme des Mythos für gegenwartspolitische Zwecke jedenfalls fehlt hier. Götter bleiben Götter in ihrer heiligen Versammlung, Menschen bleiben Sterbliche in ihren profanen Kämpfen. Was am Parthenon durch die Kunst der Bilder in den Augen der Traditionalisten durcheinandergebracht worden war, wird hier wieder in die ›rechte Ordnung‹ gebracht. Auch die beiden Giebel des Nike-Tempels trugen Skulpturenschmuck, wovon sich aber nur so geringe Reste erhalten haben, daß eine Rekonstruktion gänzlich unmöglich ist. Nicht einmal die Themen – wohl Kampfszenen – lassen sich identifizieren.

Sicherlich erst nach Fertigstellung des Tempels erhielt die Nike-Bastion das steinerne Geländer, dessen nach außen gewandte Reliefs – heute im Akropolis-Museum – zu den schön-

124   Fries vom Geländer des Tempelbezirks der Athena Nike. Sitzende Nike links, rechts Nike, die ein Siegesmal schmückt. Athen, Akropolis-Museum.

125   Fries vom Geländer des Tempelbezirks der Athena Nike. Eine Siegesgöttin, die ihre Sandalen ablegt.
Athen, Akropolis-Museum.

sten erhaltenen griechischen Bildhauerarbeiten gehören. Tänzerisch-schwingende Bewegung
nimmt der Betrachter zuerst wahr. In eleganten Drehungen, fließend leicht heben sich die
schlanken Frauengestalten vor dem Reliefgrund ab, wie rauschend umspielt das Gewand ihre
Körper. Die eigenwillige Komposition der Faltenmassen bildet an vielen Partien ein beschwing-
tes Gegenstück zur Bewegung der Leiber, an anderen Stellen ist die Oberfläche so gestaltet,
daß man förmlich glaubt, die nackte Haut unter dem Stoff zu sehen.

Was die geflügelten Frauen bedeuten und womit sie beschäftigt sind, steht indessen in krassem Gegensatz zu Leichtigkeit, Anmut und Erotik, die jeder Betrachter hier spontan empfindet. Es sind Niken, weibliche Verkörperungen des Sieges, die einer schweren Tätigkeit nachgehen. Sie zerren Stiere zum Opfer herbei, schlachten sie, errichten und schmücken Sieges-
male aus Beutewaffen. Der himmlische Opferzug bewegt sich von den beiden Seiten im Süden
und Norden auf die Mitte im Westen zu, wo im Zentrum Athena selbst die Huldigungen ihrer
opfernden Trabantinnen entgegennimmt. Zwei weitere Athena-Gestalten wirken an den
Enden im Süden und Norden wie Festordner einer Prozession, die das himmlische Kultge-
schehen in die richtige Bahn lenken.

Eine Vermischung von weltlicher und überweltlicher Sphäre, wie am Parthenon, findet in
diesem Reliefgemälde nicht statt. Die Sieges*göttinnen* bringen Athena das Stieropfer dar, eine

207

religiöse und bildliche Konzeption, die ganz im Sinne der in jenen Jahrzehnten erstarkten traditionell gesinnten Kreise lag. Und doch wird hier – nur unter anderen Vorzeichen und mit anderen Bildmitteln als am Parthenon – etwas eminent Gegenwartsbezogenes und Ideologisches ausgedrückt. Siegesrausch ist das Thema der Nike-Balustrade. Von Sieg zu Sieg, so verkünden es die Reliefs, eilt Athen und feiert überlegen die Früchte seiner Erfolge in göttergleicher Mühelosigkeit.

Was die Bilder in vollendeter Schönheit sagen, entsprach jedoch nur sehr bedingt der Wirklichkeit. Athen lag seit 431 v. Chr. in einem zermürbenden Krieg mit Sparta und hatte in dieser Auseinandersetzung nur mäßige militärische Erfolge zu verzeichnen. Viele Athener waren auf den Schlachtfeldern ums Leben gekommen, und das endgültige Desaster athenischer Außenpolitik, das den Niedergang der Stadt besiegelte, sollte nicht mehr lange auf sich warten lassen. So ist diese Kunst auch in ihrer symbolischen Bedeutung nicht Abbild von Wirklichkeit, sondern geradezu ein Gegenbild des Lebens, Verdrängung von Realität. Einer Behauptung verleihen diese Bilder plastisch bleibende Gestalt.

Das Erechtheion

Wie der Nike-Tempel, so ist auch das Erechtheion als konservative Antwort auf den von den Radikaldemokraten errichteten Parthenon und die Propyläen zu verstehen (s. Farbabb. 23–31). Wieder könnte der Gegensatz kaum größer sein: Parthenon und Propyläen in ihrer dorischen Grundkonzeption schlicht, monumental und symmetrisch – das Erechtheion dagegen ein vielgliedriger Götterpalast, unregelmäßig in seiner Anlage, ionisch in der Bauordnung, von verhältnismäßig kleinem Format, zierlich in den Formen und wie ein Schrein an der Außenseite ornament- und farbenreich geschmückt.

Erechtheion bedeutet ›Stätte des Erechtheus‹, eines mythischen Urkönigs von Attika. Die Bezeichnung Erechtheion für den heute so genannten Bau taucht zum ersten Mal bei antiken Schriftstellern des 2. Jh. n. Chr. auf, wobei allerdings unklar bleibt, ob damit auch tatsächlich dieses Bauwerk gemeint ist. Die alten Athener nannten es »den Tempel auf der Akropolis mit der alten Statue [der Athena]«, doch wollen wir im folgenden den Namen Erechtheion, wie er sich nun einmal eingebürgert hat, beibehalten.

Wie sich aus erhaltenen Bauinschriften und historischen Daten ermitteln läßt, wurde der Bau während einer Pause innerhalb des Peloponnesischen Krieges, wohl um 421 v. Chr., begonnen und, nach einiger Unterbrechung, in den Jahren 409–406 v. Chr. fertiggestellt. Wie beim Nike-Tempel, so handelt es sich auch beim Erechtheion um einen echten Kultbau, allerdings von einem Aussehen, das jeden antiken Betrachter in Erstaunen versetzt haben muß. Entsprach der Parthenon als Staatsschatzhaus immerhin der üblichen Tempelform, so konnte der antike Betrachter das Erechtheion mit nichts Bekanntem in Verbindung bringen. Am ehesten mag er sich vielleicht einen Palast vorgestellt haben, mit einzelnen erst im Laufe der Zeit sukzessive entstandenen Räumen und Anbauten.

Durchaus nicht wie aus einem Guß wirkt dieses Bauwerk auf den ersten Blick, sondern wie nacheinander, wenn auch kunstvoll, zusammengesetzt. Zu viele im Format, im Aussehen und

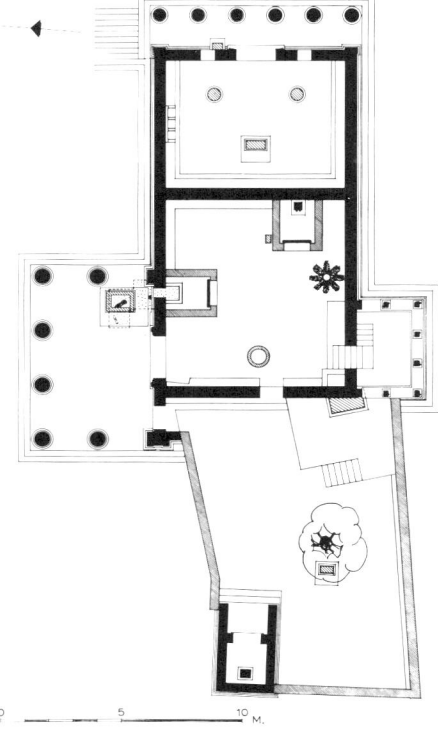

126 Grundriß des Erechtheion.

sogar in der Höhe des Bodenniveaus unterschiedliche Gebäudeteile sind hier aneinandergefügt, als daß man eine gleichzeitige Entstehung vermuten würde. Und doch steht genau dies außer Zweifel. Das Erechtheion entspringt einer einzigen planerischen Idee und ist ihr gemäß innerhalb eines guten Jahrzehnts entstanden. Die außerordentliche Vielgestaltigkeit gehört zur Grundkonzeption dieser Architektur, ja macht ihr eigentliches Gestaltungsprinzip aus.

Von jeder Seite zeigt das Erechtheion ein völlig unterschiedliches Erscheinungsbild. Ein langgestrecktes, in Ost-West-Richtung orientiertes Mauerrechteck, eine Art Cella, bildet den Haupttrakt der Anlage. Im Osten befindet sich ein Eingang, davor ist ein Portikus aus sechs ionischen Säulen gesetzt; sie tragen, wie üblich, den Architrav, darüber den Fries und schließlich einen Giebel. Von Osten betrachtet, hatte das Gebäude also mindestens an seiner Front das Aussehen eines ionischen Tempels ohne Ringhalle.

Dieser Cellabau enthielt aber nicht einen durchgängigen Innenraum, sondern war durch eine Mauer quergeteilt. Nur den ›vorderen‹ Raum konnte man durch die Tür im Osten betreten.

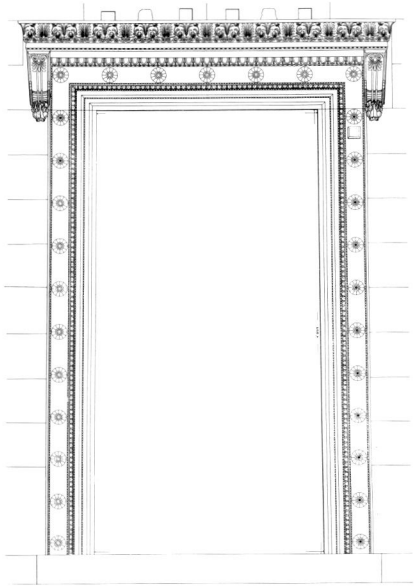

127   Nordeingang des Erechtheion. Türgewände, Rekonstruktionszeichnung.

Der dahinterliegende westliche Raum dagegen war durch eine überreich geschmückte Pracht-
tür im Norden, also auf der Langseite der Anlage, zugänglich. Dieser große, fast quadratische
Raum bildete funktional eine Einheit für sich, und so wurde sein Zugang mit einer eigenen
Säulenhalle ausgestattet. Diese Säulenhalle ist weiträumiger und in ihren Maßen größer proportioniert als der östliche Portikus. Durch die entsprechend größere Höhe der Säulen der
Nordhalle war es möglich, den erheblichen Niveauunterschied zwischen Ost- und Nordseite
des Baues, wo das Gelände um mehrere Meter abfällt, auszugleichen. Schritt der Besucher
über die Stufen in die giebelgeschmückte Nordhalle des Erechtheion, so betrat er quasi einen
eigenen, separaten Tempel.

Auch auf ihrer dem Parthenon zugekehrten Südseite ist die Cella des Erechtheion mit einem
Anbau geschmückt. Hier tragen aber nicht Säulen das Gebälk, sondern sechs steinerne Frauenfiguren, die den Betrachter förmlich zum Betreten dieser Halle einladen (s. Farbabb. 23 u. 31).
Die Verwendung weiblicher Stützfiguren war in der damaligen Architektur nichts Neues, vielmehr ganz im Gegenteil ein Relikt vergangener Zeiten. Man kannte solche Karyatiden von
alten Aristokratenbauten etwa in Delphi, wo sie den Eingang zu zierlichen Schatzhäusern flan-
kierten. Hier beim Erechtheion aber stehen die eleganten Frauenfiguren auf einer durchgehenden hohen Sockelzone, die jeden Zugang von vorn versperrt. Als architektonisches Zeichen
erscheint die Korenhalle zwar wie eine Vorhalle; in Wirklichkeit aber war sie ein Anbau, der

nur über einen schmalen Durchlaß an der Ostseite sowie vom großen Westraum der Cella, also von innen her über eine Treppe, zu betreten war.

Eine der erstaunlichsten Ansichten des Erechtheion bot sich von Westen. Über einem unteren Wandgeschoß mit Eingangstür erhebt sich eine breite Fensterfront, die durch vier vorgeblendete Halbsäulen untergliedert wird. Das Ganze wird wieder von einem Gebälk und einem Giebel bekrönt, so daß insgesamt ein der Ostseite nicht ganz unähnliches, tempelartiges Aussehen entsteht. Zu seiten dieser Mittelfront aber hat der Betrachter die riesige Nordhalle und die vergleichsweise winzige Korenhalle im Süden mit im Blick: drei nicht zueinander passende Bauproportionen mit noch jeweils unterschiedlichem Bodenniveau und unterschiedlichen Dachhöhen.

Vor allem bei dieser Ansicht von Westen wird auch der grundlegende Unterschied zwischen Parthenon und Propyläen auf der einen und Erechtheion auf der anderen Seite deutlich, der darin zu suchen ist, wie der Architekt mit den Gegebenheiten des Geländes umgegangen ist, also mit der Natur. Alle drei Bauten sind auf stark abschüssigem Gelände erbaut. Parthenon und Propyläen überwinden die natürlichen Bodengegebenheiten und lassen sie für den Betrachter kaum in Erscheinung treten. Zwar nicht technisch, aber doch optisch erscheinen beide Bauten wie unabhängig von der Natur.

Anders das Erechtheion: Es fügt sich als Gesamtkomplex in das Gelände ein und läßt diese Anpassung dem Betrachter deutlich werden. Zu dieser Einbeziehung des natürlichen Geländes mit seinen heiligen Plätzen und Kultmalen gehörte schließlich im Westen ein architektonisch gefaßter Garten. Von einer Mauer begrenzt, erstreckte sich hier ein heiliger Bezirk, an dessen Ende ein winziger, weder in seiner Proportion noch in seiner Ausrichtung dem Erechtheion angepaßter einräumiger Kultbau stand. Nur seine Fundamente haben sich erhalten.

Die Vielgliedrigkeit der Erechtheion-Anlage bedeutete nicht allein eine formale Abkehr von der Architektur des Parthenon, sondern war zugleich Ausdruck einer religiösen Gesinnung. Tatsächlich sollte das Erechtheion ein echter Götterpalast sein, unter dessen Dach alle die unterschiedlichen Gottheiten, die im Alten Athena-Tempel und in seiner näheren Umgebung im Freien verehrt worden waren, Platz fanden. Schon der Alte Athena-Tempel war, wie die Fundamente zeigen, in mehrere Kulträume unterteilt (s. S. 99), und eben diese Vielräumigkeit übernimmt nun das neue Erechtheion.

Der Alte Athena-Tempel war bei der Brandschatzung der Akropolis durch die Perser 480/79 v. Chr. stark beschädigt worden; nur seine Cellawände standen weiterhin aufrecht und beherbergten noch gut 50 Jahre lang die alten Kultmale, allen voran das hölzerne Standbild der Stadtgöttin Athena. Wann dieser alte Tempel endgültig verschwand, ist in der Forschung bis heute umstritten. Fest steht aber, daß das neu erbaute Erechtheion die alten Kulte übernahm und damit den archaischen Bau überflüssig machte. In der Tat überlagert die Korenhalle die Fundamente des in den Perser-Kriegen zerstörten Säulenkranzes des Alten Athena-Tempels, und selbst ohne diese Säulen standen die Koren des Erechtheion mit dem Gesicht unmittelbar vor der nördlichen Cellawand des Tempels. Niemand konnte sie auf diese Weise sehen, und so kann man nur folgern, daß mit der Errichtung des Erechtheion die zügige Abtragung des alten, ruinösen Athena-Tempels einherging.

Welche Gottheit nun in welchem Gebäudetrakt des Erechtheion untergebracht war, ist im einzelnen nicht mehr mit Sicherheit zu ermitteln. Nicht weniger als 13 Gottheiten und mythische Heroen wurden wahrscheinlich hier verehrt: vor allen Athena Polias, der der auf dem Parthenon-Fries dargestellte Panathenäenfestzug galt. Ihr hölzernes Kultbild dürfte in einem der beiden großen Haupträume des Erechtheion gestanden haben. Ein weiterer Kult galt Poseidon. Die Salzquelle, die sein Dreizack aus dem Akropolis-Felsen herausgesprengt hatte, wurde in der Nordhalle des Erechtheion (s. Farbabb. 25) als rechteckiges Brunnenbassin, als Bestandteil der Architektur also, gestaltet. Damit nicht genug: In der kunstvollen Kassettendecke der Nordhalle wurde ein ebenfalls rechteckiges Stück über diesem Wasserbecken ausgespart, als sei der Dreizack des Gottes durch die Decke des Erechtheion bis in den Boden gefahren. So wird der neue Bau symbolisch zum Bestandteil einer uralten Handlung.

Auch in anderer Hinsicht hat es mit der neuen Kultstätte des Poseidon im Erechtheion eine besondere Bewandtnis. Poseidon war von alters her unabhängig von Athena auf der Akropolis verehrt worden. Nur durch einen im 5. Jh. v. Chr. erfundenen Kunstmythos – auch im Westgiebel des Parthenon dargestellt – hatte man ihn mit Athena in einen engen Handlungszusammenhang gebracht: den Streit um das attische Land (s. S. 157f.). Als Gegner und Kontrahenten erscheinen Athena und Poseidon in diesem Kunstmythos, Athena als Siegerin. Im Erechtheion nun erhielten beide Götter, unabhängig voneinander, ihren Kultplatz in bleibender Nachbarschaft. Der am Parthenon dargestellte Konflikt scheint überwunden, wie eine Episode verdrängt und die alte Harmonie wieder hergestellt. Auch der Ölbaum – wir erinnern uns an seine Darstellung als Siegeszeichen Athenas im Westgiebel des Parthenon – gehörte zu den heiligen Kultmalen des Erechtheion. Der, wie man glaubte, aus Urzeiten stammende, ewig neue Triebe hervorbringende Baum stand im westlichen Gartenbezirk der Anlage.

Neben Athena und Poseidon wurden im Erechtheion Zeus, Hermes und Hephaistos, der Geburtshelfer Athenas, verehrt. Schließlich besaßen auch die Urheroen Athens – Erechtheus, Kekrops, Pandrosos und Butes – hier ihre Kultmale. Athena war nun in ihr eigentliches, göttlich-heroisches Umfeld zurückgekehrt. Zugleich setzten die konservativen Erbauer des Erechtheion ein weiteres unübersehbares Zeichen: Die altehrwürdigen Heroen galten als ihre eigenen Vorfahren, die nun in einem Haus zusammen mit der Stadtgöttin wohnten. In seiner kultischen Erhabenheit war so das Erechtheion allen anderen Bauten der Akropolis überlegen.

Diesen Anspruch haben die Architekten durch eine ornamentale Ausschmückung des Baues unterstrichen, die in ihrer Weise einzigartig geblieben ist und die weit über das kanonische Maß ionischer Bauordnung hinausgeht (s. Farbabb. 26–29). Schon die ionische Bauordnung als solche enthält ein größeres Maß an Schmuckelementen als die dorische. Die Säulen haben einen reich profilierten Fuß, das Kapitell ist durch Voluten plastisch geschmückt, der Architrav durch drei waagerechte Streifen (Faszien) abgestuft.

Beim Erechtheion aber tritt eine Fülle weiterer Dekors hinzu. Schon die Säulenbasen hat man nicht nur profiliert, sondern außerdem in ihrem oberen Teil mit einem kompliziert verschlungenen Flechtband umzogen. Der Hals der Säulen unter dem Kapitell ist mit einer breiten Borte aus Palmetten und Lotosblüten umsäumt. Auch der faszettierte Architrav wird von einem Perlstab und einem sogenannten ›lesbischen Kymation‹ abgeschlossen. Den oberen

Abschluß der Cellawände bildet ein hohes Ornamentband, dessen prachtvolle plastische Verzierung durch die fast mathematische Präzision aller einzelnen Formen immer wieder Staunen und Bewunderung erregt: zuunterst eine hohe Ranke mit Palmetten und Lotosblüten, darüber ein feiner Perlstab, dann – wieder größer – ein Eierstabornament, schließlich erneut ein Perlstab und endlich ein lesbisches Kymation. Wie kaum anders zu erwarten, war auch der Geisonblock über dem Fries mit einem Ornament – hier einem Eierstab – verziert. Eine Krönung solcher Ausschmückung bildet das prachtvolle Gewände an der hohen Tür von der Nordhalle in den westlichen Hauptraum.

Auch beim Parthenon hatte man auf Ornamentik nicht verzichtet (s. Farbabb. 16–21), aber sie war dort sparsamer verwendet und mehr auf das Innere des Baues konzentriert. Vor allem aber wirkte diese Ornamentik durchweg winzig im Verhältnis zur monumentalen Größe des Bauwerks; erst bei näherem Hinsehen wurde der Betrachter die feinen Schmuckbänder gewahr. Geradezu konträr zeigt sich in dieser Hinsicht das Erechtheion. Nicht allein die Menge des Schmuckes, sondern seine Anbringung an den Außenseiten und seine relative Größe im Verhältnis zum Bau machen das Erechtheion zu einem wahren Schmuckstück.

Der ursprüngliche Zustand der Gebäude ließ diesen Unterschied noch deutlicher hervortreten. Griechische Architektur war im wesentlichen an den Stellen bemalt, wo sie auch plastisch verziert war. Mehr plastisches Ornament bedeutete also zugleich mehr Farbigkeit. Das Erechtheion war demnach der bei weitem farbigste Bau auf der Akropolis. Doch der durch diese Mittel hervorgerufene Eindruck eines Schmuckstückes genügte den Erbauern noch nicht. Auch besondere Materialien, die jeden Betrachter tatsächlich an Schmuck denken ließen, sollten an diesem Bau blinken. Durch sorgfältige Nachforschungen amerikanischer Archäologen konnten die Reste noch nachgewiesen werden: In das Flechtband am Polster der Nordhallenkapitelle waren Perlen aus buntem Glasfluß eingelegt, und die ›Augen‹ im Zentrum der Kapitellvoluten hat echtes Blattgold überzogen. Im Vergleich zu dieser Schmuckarchitektur muß der Parthenon fast kahl und profan gewirkt haben, was er schließlich auch war. Man darf vermuten, daß die konservativen Erbauer des Erechtheion nicht ohne planvolles Raffinement ihre neue, echte Kultstätte von der schlichten Profanität perikleischer Baukunst abzusetzen wußten.

Zum besonderen Schmuckcharakter des Erechtheion gehört auch sein Figurenfries, der alle Seiten des Kernbaues und zusätzlich die Nordhalle oben umzieht (s. Farbabb. 30). Zur Steigerung des bunten und filigranen Gesamteindrucks hat man hier zu einem besonderen, bis dahin ungekannten Mittel gegriffen: Man meißelte das Relief nicht jeweils aus einem Block heraus, sondern befestigte einzeln gefertigte Figuren aus hellem Marmor auf Hintergrundplatten aus dunklem, graublauem Stein. So wirkten die Figuren und Figurengruppen im gleißenden Sonnenlicht um so heller und lebendiger, ja schienen sich, von weitem betrachtet, gar nicht wie vor einer Mauer, sondern wie in einer leeren Freizone unter dem Dach zu bewegen.

Jede einzelne Figur war durch einen Dübel an der jeweiligen Hintergrundplatte befestigt. Knapp ein Drittel der Figuren sind, zum Teil nur in Fragmenten, erhalten und heute im Akropolis-Museum ausgestellt, doch keine wurde mehr am Gebäude selbst aufgefunden, und eine sichere Kombination der erhaltenen einzelnen Figuren mit ihren Trägerplatten ist bis heute nicht gelungen. So ist jede Rekonstruktion des Ganzen zum Scheitern verurteilt. Nur noch wenige Merkmale sind deutlich erkennbar, immerhin jedoch charakteristisch genug, um einige Grundstrukturen dieses so besonderen Figurenfrieses zu verraten.

Nicht heroischer Kampf, sondern friedliches Geschehen bildet das Thema: Frauen und Männer bei einer Festprozession. Doch nicht die Bürgerschaft Athens, wie am Parthenon-Fries, präsentiert sich hier öffentlich vor den Göttern und den Augen des Betrachters, sondern Priesterschaften, in der Mehrzahl aus Frauen bestehend, die einem kultischen Geschehen nachgehen. Wahrscheinlich ist das Fest der Skirophorien gemeint, das den im Erechtheion verehrten Gottheiten Athena und Poseidon und dem Heros Erechtheus galt. Wie die antike Literatur berichtet, spielten Frauen bei diesem Fest die Hauptrolle. Der Akzent der Friesdarstellung liegt auf Feierlichkeit, nicht auf selbstbewußt-legerem Gebahren wie am Parthenon. Und dargestellt ist allem Anschein nach eine Kulthandlung, die sich – wiederum im Gegensatz zum Parthenon – tatsächlich auch auf das Gebäude bezieht, das den Fries trägt. So war die Profanisierung von Religion, wie sie am Parthenon gewagt worden war, hier durch einen neuen, zwar kleineren, aber in seiner Erscheinung prächtigeren und überaus gut sichtbaren Fries wieder zurückgenommen und in die alten Bahnen kultischer Verehrung durch die altehrwürdigen Priestergeschlechter gelenkt worden.

Auch die berühmten Koren, die das Gebälk der Südhalle tragen, fügen sich in dieses Konzept traditionsgebundener Religiosität (s. Farbabb. 31). Die vielbewunderten Gestalten selbst sind in ihrer Proportion, den Gesichtszügen und in ihrer fließenden Gewandung, die die Körperformen nicht verhüllt, sondern heraushebt, für ihre Zeit durchaus modern gestaltet. Und doch verraten bestimmte Elemente, daß hier absichtsvoll auf Altes, ja auf Archaisches zurückgegriffen wurde. Der enggebundene Stand mag noch durch die Trägerfunktion der Figuren mitbedingt sein, aber er erinnert den Betrachter zugleich an die Koren des 6. Jh. v. Chr., wie er sie außerhalb Athens in griechischen Heiligtümern als Weihungen der archaischen Adelsgeschlechter damals noch bewundern konnte. Auch der statische Eindruck der eng am Körper herabhängenden Arme und die frontale Ausrichtung des Kopfes knüpfen an längst vergangene Bildformen an. Über die Armhaltung und über die Gegenstände, die die Figuren in den Händen hielten, sind wir durch komplett erhaltene Marmorkopien aus römischer Zeit unterrichtet. Die Frauen hielten in der Rechten eine Spendeschale; mit der Linken griffen sie in das Gewand – ein Gestus, der wiederum an archaische Korenstatuen erinnert (s. S. 91).

Befremdlich für jeden Betrachter des späten 5. Jh. v. Chr. muß schließlich die Haartracht der Frauen gewirkt haben. Mit dem in Wellen von der Stirn zur Seite gekämmten Haar entsprach die Frisur durchaus der damaligen Mode. Aber die vom Hinterkopf nach vorn über die Schulter geführten langen, gedrehten Zöpfe waren damals tatsächlich ein ›alter Zopf‹. So etwas hatte man seit den Perser-Kriegen, also gut zwei Generationen lang, nicht mehr gesehen. Auch der tief in den Rücken herabfallende, durch ein Band zusammengefaßte Haarschopf wirkte zu dieser Zeit ausgesprochen altmodisch. Niemals in Mode waren die um den Hinterkopf gelegten Zöpfe der Frauen. Ähnliches findet man nur bei Männern zu Ende der aristokratischen Epoche Athens. Der oben beschriebene ›Blonde Kopf‹ aus dem Perserschutt der Akropolis zeigt solche vom Nacken nach vorn gelegten Zöpfe (s. S. 110f.).

128 Rückseite der Erechtheion-Kore in London, Britisches Museum.

Mit ihren Spendeschalen in der Hand erweisen sich die sechs Koren als Frauen, die einen
Opfertrank spenden, wohl für die in dieser Halle verehrte Gottheit. Jede weitere Spezifizierung
aber, etwa um welchen priesterlichen Dienst es sich hier handelt, fehlt. Vielmehr erscheint
in den Koren des Erechtheion am Ende des 5. Jh. v. Chr. noch einmal das Frauenideal einer
längst vergangenen Epoche – ein Ideal, das sicherlich nicht allein der Phantasie eines Bildhauers entsprungen ist, sondern das seine Entsprechung in der Realität gehabt haben wird:
eben in jenen aristokratisch gesonnenen Kreisen, die den Bau des Erechtheion gefördert hatten
und die sich im Bewahren des Kultes als Wächter der alten Ordnung sahen.

So ergeben die vier klassischen Bauten der Akropolis einzeln betrachtet jeweils für sich einen
Sinnzusammenhang, der in enger Verbindung mit der wirtschaftlichen, sozialen, machtpoliti-
schen und geistigen Lebensrealität des damaligen Athen steht. Zusammengenommen aber bil-

den sie ein historisches Ganzes, das mehr ist als die Summe seiner Teile. Wie in der Musik eine Phrase, eine Melodie durch eine andere weitergeführt, beantwortet oder auch negiert wird, so bilden die klassischen Akropolis-Bauten mit ihrem ornamentalen und figürlichen Schmuck ein Gesamtgeflecht, in dem jeder zeitlich nachfolgende Bau und jede Skulptur auf das jeweils Vorangegangene antwortet: verändernd, bestärkend oder auch verneinend.

Innerhalb dieses größeren strukturellen Zusammenhanges erst offenbaren die Kunstwerke ihre volle Bedeutung. Keines von ihnen stellt die Verkörperung einer einzigen Idee dar, sondern sie alle sind das Ergebnis von Prozessen, an denen viele Menschen mit durchaus unterschiedlichen Meinungen und Interessen beteiligt waren. In der Abfolge und dem gegenseitigen Bezug der Gebäude aufeinander zeigen sich ebenso gemeinsame Bestrebungen wie mühsam errungene Kompromisse und schließlich auch ungelöste Widersprüche der athenischen Gesellschaft im 5. Jh. v. Chr. Nur harmonisch, unparteiisch-tendenzlos oder gar realitätsfern wollten diese Bauten und Skulpturen zu ihrer Zeit nie sein. Erst nachfolgende Jahrhunderte und Jahrtausende haben diesen Werken den Stempel inhaltslosen Wohlgefallens aufgedrückt, sie in eine abgehobene Sphäre zeitloser Klassizität entrückt.

Vom Leben zum Museum

Wir haben die Akropolis des 5. Jh. v. Chr. mit ihren Gebäuden und Skulpturen als Ausdruck der religiösen, politischen und gesellschaftlichen Vielfalt Athens in dieser Zeit kennengelernt. Bauten und Bilder scheinen einander wie im Streitgespräch zu antworten, darin lag ihre aktuelle Lebendigkeit. Und wie immer man die damaligen Inhalte und Beweggründe aus heutiger Sicht im einzelnen beurteilt, so haben die Athener es jedenfalls verstanden, ein von der Nachwelt immer wieder bewundertes Gesamtgebilde herzustellen.

Diese Bewunderung ließ die Akropolis in der Folgezeit ›klassisch‹ werden: scheinbar ewig gültig, aber eben doch einer vergangenen Zeit angehörend, ein bloßes Kulturreservat. So wie die Stadt Athen am Ende des 5. Jh. v. Chr. ihre Weltmachtstellung ein für allemal verlor, so büßte auch die Akropolis ihre religiöse und politische Vitalität ein. Deshalb schließen auch die meisten Beschreibungen der Akropolis an diesem Punkt. Doch Geschichte endet nicht einfach. War die Akropolis bis dahin ein relativ offenes Betätigungsfeld für religiöse und politische Interessengruppen unterschiedlichster Art gewesen und deshalb ständigem Wandel unterworfen, so war der Platz nun weitgehend durchgestaltet, bebaut. Gerade in diesem Zustand aber zeigt sich etwas Neues, nicht minder Interessantes: Das im großen und ganzen fertige, festgefrorene Ensemble wird nun gewissermaßen selbst aktiv, übt kommunikative Zwänge aus, fordert zu bestimmten Handlungen heraus.

Wer immer in Athen oder auch anderswo Macht hatte oder Macht erstrebte, mußte sich in irgendeiner Weise zu diesem Kultursymbol mit seinen Bauten, Bildern und Statuen verhalten. Diese Verhaltensweisen wurden in jedem Falle in der Öffentlichkeit registriert, beobachtet, abgelehnt oder anerkannt. Man konnte die Akropolis vernachlässigen, gar ausplündern, oder man konnte dort Gelder spenden, Statuen aufstellen und vieles mehr. Man konnte natürlich auch gar nichts dergleichen tun, aber selbst dies wurde dann auf die eine oder andere Weise von den Zeitgenossen bewertet. So setzte die Akropolis fortan bestimmte Erwartungen an athenische wie auch auswärtige Politiker in Gang – Erwartungen, die sich zum Teil im Laufe der Zeit zu regelrechten Bräuchen verfestigten.

Traditionspflege: Die Akropolis wird ›klassisch‹

Fast eine Generation lang hatte die Auseinandersetzung zwischen Athen und Sparta um die wirtschaftliche und militärische Vormachtstellung innerhalb der griechischen Welt angedauert, ein für die damalige Zeit regelrechter Weltkrieg mit verheerenden Folgen für alle Lebensbereiche. 404 v. Chr. ist Athens Niederlage im Peloponnesischen Krieg besiegelt. Die Stadt samt der Akropolis wird von den Spartanern besetzt, die Demokratie zunächst abgeschafft, Athens militärisches Bündnis, der Attische Seebund, aufgelöst. Aber auch die Siegermacht Sparta erholte sich nicht mehr von diesem Krieg. An die Stelle einzelner miteinander rivalisierender und sich gegenseitig ausspielender Stadtstaaten sollte nun Makedonien treten: ein militärisch organisierter Territorialstaat im Norden Griechenlands mit einem König an der Spitze.

Nach einer kurzen Schreckensherrschaft athenischer Sparta-Freunde unter einer kleinen spartanischen Besatzungstruppe wurde zwar in Athen im Jahre 403 v. Chr. die Demokratie wieder eingeführt, nun aber in sehr reduzierter Form und mehr dem Namen als der Sache nach. Eine Zeit größerer Ruhe begann, und schon die folgende Generation konnte wieder einen beträchtlichen Reichtum erwirtschaften. Die Athener Stadtbürger wohnten nun in luxuriöseren Häusern, als sie sie je in der Epoche des Parthenon und der anderen klassischen Akropolis-Bauten besessen hatten. Man legte Wert auf nobles Trinkgeschirr und feine Möbel, pflegte das Leben zu Hause, kümmerte sich um den Oikos, d. h. um die Hausgemeinschaft aus Familienangehörigen und Sklaven. Man betrieb als Grundbesitzer, Geschäftsinhaber und Unternehmer die Mehrung seines privaten Wohlstandes, und man stellte diese private Wohlhabenheit durch zuweilen grandiose Familiengräber der Mitwelt zur Schau.

Das Leben spaltete sich in einen privaten und einen öffentlichen Bereich, und auch der im 5. Jh. v. Chr. so breite, politisch aktive Mittelstand zerfiel in eine kleine Schicht von Reichen und politisch Mächtigen auf der einen Seite und die Menge der zwar freien, aber weniger wohlhabenden und praktisch einflußlosen Bürger auf der anderen Seite – eine Spielart von Demokratie, wie sie heute von manchen als einzige und selbstverständliche Form begriffen wird. Öffentliches Engagement eines jeden Bürgers dagegen, wie es im 5. Jh. v. Chr. in Athen selbstverständlich gewesen war, fehlte fortan.

In dieser Situation schien die Akropolis mit ihren glänzenden Staatsbauten zwar verehrungswürdig, aber eben doch ein Relikt von gestern zu sein. Für eine Fortsetzung der Bautätigkeit des vorangegangenen Jahrhunderts bestand unter diesen Umständen weder die Möglichkeit noch der Wunsch. Außenpolitisch versuchte Athen zwar, an vergangene Größe anzuknüpfen. Sogar ein ›Zweiter Seebund‹ wurde 377 v. Chr. gegründet, doch erwies sich auch diese Maßnahme als machtpolitisch wenig wirksam. In Abhängigkeit von Makedonien auf der einen Seite und nach einem Stillhalteabkommen mit Persien auf der anderen Seite war dieser Zweite Attische Seebund ein Papiertiger, ein Pseudopakt ohne Zielsetzung und Gegenpart, eine Art Leerformel – nach außen hin bedeutungslos, aber offenbar notwendig zur Stärkung des Selbstbewußtseins der Honoratioren der Stadt.

Eben dieser Wunsch nach Selbstbestärkung hat sich auch auf der Akropolis niedergeschlagen, doch nun in einem Monument gänzlich neuen Zuschnitts. Ein noch lebender Repräsentant des Staates wird durch eine große Porträtstatue auf halbrundem Sockel monumental verewigt. Es ist Konon, der die athenische Flotte in einer erfolgreichen Seeschlacht gegen den ›Erzfeind‹ Sparta 394 v. Chr. befehligt hat. Doch es bleibt nicht bei diesem bis dahin einmaligen Personenkult, der bereits in krassem Gegensatz zum kollektivistischen Normen- und Verhaltenskanon des vorangegangenen Jahrhunderts steht. Nicht lange darauf gelingt es auch Konons Sohn Timotheos, seinem Vater statuarisch gleichgestellt zu werden. Timotheos kann ebenfalls auf

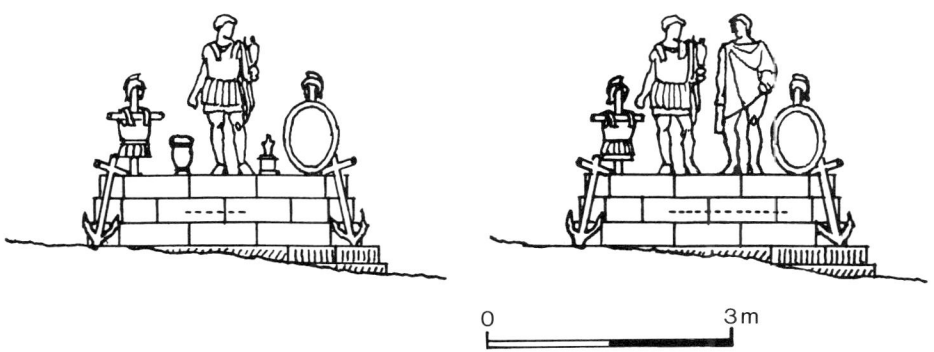

0   3 m

129   Monument des Konon (links) und die spätere Erweiterung mit Konon und Timotheos (rechts), nördlich des Parthenon. 4. Jh. v. Chr., Rekonstruktionszeichnung von G. P. Stevens.

seine Verdienste hinweisen, denn er gilt als Gründervater des Zweiten Attischen Seebundes und wirkte über längere Zeit als Admiral der Seebundflotte. Nach einer erfolgreichen militärischen Mission 375 v. Chr. wird sein Standbild – wiederum noch zu Lebzeiten – neben dem des Vaters aufgestellt, die vorhandene Basis hierfür verbreitert und mit einer zusätzlichen Inschrift versehen. Gerahmt werden beide Figuren durch erbeutete Schiffsteile und Waffen. Die Statuen selbst sind nicht mehr erhalten, aber die Blöcke der Basis mit der Inschrift kann man noch heute unmittelbar nördlich des Parthenon sehen. Die Form der Blöcke und eine entsprechende Abarbeitung im Felsplateau erlauben eine ungefähre Rekonstruktion dieses Monuments.

Neben diesem individualistischen und durch die Vater-Sohn-Abfolge geradezu dynastischen Personenkult war der rege Kulturbetrieb, der sich nun um die Akropolis herum entfaltete, ein weiteres Zeichen der Zeit. Mit seinen Philosophen- und Rednerschulen gelangte Athen im 4. Jh. v. Chr. zu Weltruhm, doch mancher Zeitgenosse hat dieses philosophisch-rhetorische Gehabe, vielleicht nicht ganz zu Unrecht, mehr als kulturbeflissene Geste angesichts der politischen Ohnmacht Athens gesehen denn als vitale geistige Bewegung. Nicht ohne Grund ist Platons berühmte Schrift ›Vom Staat‹ (verfaßt um 375 v. Chr.) eine Utopie, abgehoben von allen tagespolitischen und gesellschaftlichen Gegebenheiten und im übrigen in Opposition zu jedweder Art attischer Demokratie.

Das Athen des 4. Jh. v. Chr. war aber nicht nur Zentrum von Philosophie und Rhetorik, sondern vor allem auch die Stadt des Theaters. Und hier zeigt sich nun in besonderer Deutlichkeit die neue Rolle der Akropolis. Als Symbol der Klassik wird sie zur Kulisse von Veranstaltungen, die ihrerseits den Blick nach rückwärts in die Vergangenheit richten. In der zweiten Hälfte des 4. Jh. v. Chr. wird im Dionysos-Bezirk am Südabhang des Burgbergs ein aufwendiges steinernes Theater mit etwa 15 000 Sitzplätzen erbaut. Hier werden die Stücke der vergangenen Dichtergrößen Aischylos, Sophokles und Euripides wieder aufgeführt (Ursprünglich

130   Das Dionysos-Theater am Südabhang der Akropolis, 4. Jh. v. Chr.

waren diese Dramen für den aktuellen Gebrauch zur einmaligen Aufführung innerhalb des Dionysos-Kultes verfaßt worden.)

Doch darüber hinaus wurden auch die Dichter selbst nun zum Gegenstand der Verehrung. Als ›Klassiker der Literatur‹ setzte man sie jetzt durch bronzene Porträtstatuen im Dionysos-Theater neu ins Bild. Natürlich wurden auch neue Tragödien und Komödien gedichtet und aufgeführt, aber es ist charakteristisch, daß nicht ein einziges dieser Stücke würdig schien, in schriftlicher Fixierung überliefert zu werden. So kennen wir von diesen neuen, zeitgenössischen Stücken nur noch Titel und Namen der Autoren. Die Tragödien des 5. Jh. v. Chr. und die Komödien eines Aristophanes, die sich in ihrer Zeit lebendig mit Religion, ethischen Normen und tagespolitischen Fragen auseinandergesetzt hatten, waren ohne einen prächtigen Steinbau ausgekommen. Damals hatte allein das Ereignis, nicht der bauliche Rahmen gezählt.

So zeigt sich, daß der neue Steinbau mit seinen geschmückten Sesseln in der ersten Reihe für die städtischen Honoratioren nicht Zeichen einer Aufbruchstimmung, sondern vielmehr Ausdruck einer noblen Melancholie ist, die im Schatten des Parthenon Altes bewahren will, ihm aber gerade durch diese Bewahrung jegliches Leben nimmt. Was einmal vitale dramatische Provokation war – erinnert sei an ›Die Einnahme von Milet‹ des Dichters Phrynichos, die beim Athener Publikum wie eine Bombe einschlug und zu heftigen politischen Verwicklungen führte (s. S. 113) –, ist zur ›Schönen Literatur‹ geworden, die nun im Dionysos-Theater wie in einem Museum gepflegt wird.

Auch der am Beispiel des Konon und des Timotheos beschriebene Trend der Herausstellung und Würdigung einzelner Personen schlug sich im Theaterbetrieb zu Füßen der Akropolis nieder. Noch heute sieht man über dem Dionysos-Theater eine große rechteckige Höhle im Felsen mit Resten von Architektur (s. Farbabb. 32). Sie bildeten ursprünglich eine Art Schau-fassade mit einer Inschrift zu Ehren des Choregen Thrasyllos. Choregen (wörtlich ›Chor-führer‹) waren reiche Privatleute, die mehr oder weniger freiwillig jeweils ein Jahr lang den athenischen Theaterbetrieb subventionierten und als Gegenleistung hierfür vom Staat die Erlaubnis erhielten, ihren Namen durch ein individuelles Denkmal zu verewigen. Auch die beiden markanten Säulen, die man über dem Thrasyllos-Monument unmittelbar vor der Akropolis-Mauer sieht, waren solche choregischen Denkmäler, allerdings aus späterer Zeit.

Das Thrasyllos-Monument blieb nicht das einzige Denkmal eines Choregen im 4. Jh. v. Chr. Ebenfalls im Dionysos-Bezirk am Südabhang der Akropolis ließ sich der Chorege Nikias im Jahre 320/19 v. Chr. ein geradezu tempelähnliches Gebäude errichten, dessen Steinblöcke samt Inschrift in spätrömischer Zeit in das sogenannte Beulé'sche Tor unterhalb der Propyläen wanderten, wo sie 1852 wiederentdeckt und identifiziert wurden. Viele weitere solche Theater-denkmäler entstanden in der Nachklassik an den Abhängen der Akropolis. Das besterhaltene ist das noch heute vielbesuchte Rundmonument des Lysikrates aus dem Jahre 335/34 v. Chr.

131   Reliefs am Sitz des Dionysos-Priesters im Dionysos-Theater, 4. Jh. v. Chr.

So erwies sich die Akropolis auch für diese Monumente bewahrender Kulturpflege als optische Kulisse und zugleich als inhaltliches Symbol vorbildlicher Klassizität.

Die Abhänge der Akropolis nutzte man nun verstärkt als Kultplätze: Im Süden wurde das Asklepios-Heiligtum architektonisch ausgestaltet, im Norden füllten sich seit dieser Zeit Felsen, Grotten und Höhlen als natürliche Kultplätze des Apollon, des Pan und der Aphrodite mit Weihgaben – Devotionalien, die Dank und Wünsche an die Götter zum Ausdruck bringen.

Daß auf dem Burgberg selbst nur wenig verändert wurde, wird unter diesen Umständen verständlich, und die vergleichsweise bescheidenen Denkmäler zeigen gerade den nur mehr bewahrenden Charakter dieser Zeit. Eine Reihe von Urkundenreliefs mit Inschriften und teilweise mit figürlichen Darstellungen, die hauptsächlich auf den Stufen vor der Westfront des Parthenon aufgestellt waren, dokumentieren staatliche Verträge. Zwischen der Freitreppe vor dem Parthenon und dem Heiligtum der Artemis Brauronia entstand eine einstöckige Halle, die sogenannte Chalkothek. Wie der Name sagt, diente sie als Lagerraum für Metallgerät. Schließlich wurden, wie aus Berichten der antiken Literatur zu erfahren ist, die klassischen Gebäude und Skulpturen sorgfältig gepflegt und, soweit nötig, auch renoviert. Zweimal mußten im 4. Jh. v. Chr. Restauratoren Hand an das pflegeintensive Standbild der Athena Parthenos legen, und 341 v. Chr. wurde die große Gittertüre zur Schatzkammer des Parthenon repariert und teilweise ersetzt. Wie es scheint, versuchte man alle Spuren des allmählich einsetzenden Verfalls durch liebevolle Reparaturmaßnahmen zu tilgen.

Hellenistische und römische Herrscher nutzen ein Kultursymbol

Waren es im 4. Jh. v. Chr. noch die Athener selbst, die die Akropolis für ihre Zwecke und Anliegen nutzten, so sollte sich dies bald grundlegend ändern. Während der attische Demos mehr und mehr zum Museumswärter wird, kommen die spendierfreudigen Mäzene nun von außerhalb. Hellenistische und römische Herrscher nehmen in der Folgezeit den Burgberg für ihre Ziele in Beschlag.

Gänzlich machtlos wurde Athen, als sich Alexander der Große, der Sohn des Makedonen-Königs Philipp, 334 v. Chr. anschickte, binnen weniger Jahre ein Weltreich zu erobern, das nicht nur Griechenland und Kleinasien, sondern auch Ägypten umfaßte und sich bis zum indischen Subkontinent erstreckte. Das griechische Kerngebiet im Ägäis-Raum mit dem stolzen Athen in seinem Zentrum wurde in kurzerZeit zu einer am Rande dieses neuen Riesenreichs gelegenen Region. Die meisten griechischen Stadtstaaten – so auch Athen – fügten sich den neuen politischen Gegebenheiten, verloren ihre Autonomie und nahmen die neue Herrschaft an.

Daß Athen, schon jetzt abseits der prunkvollen Residenzstädte wie Alexandria oder Antiochia gelegen, nicht zu einer völlig bedeutungslosen Provinzstadt herabsank, lag allein an seiner ruhmreichen und glanzvollen Vergangenheit. Der nach wie vor blühende Kulturbetrieb der Philosophen- und Rednerschulen und des Theaters und ebenso die Festlichkeiten von überregionalem Ruf wie Panathenäen und Eleusinische Mysterien machten Athen noch immer anziehend. Besonders die Akropolis aber sollte immer wieder Fürsten und Könige in ihren

Bann ziehen, glaubten sie doch, dort einen Rahmen vorzufinden, der Ansprüche verkündete, die sich in den Dienst eigener Imagepflege stellen ließen.

Alexander der Große setzte sich auf der Akropolis auf eine Art in Szene, die viele Nachahmer finden sollte. Rein materiell stiftete er dem Heiligtum nur eine Kleinigkeit, doch auf eine subtile und beziehungsreiche Weise: Nach der Schlacht beim Fluß Granikos 334 v. Chr. ließ der siegreiche Feldherr erbeutete persische Rüstungen auf die Akropolis schaffen, ganz so, wie dies die Athener selbst nach ihren Siegen über die Perser bei Marathon und Salamis getan hatten. 26 mit Blattgold überzogene Schilde aus seiner Weihung ließ Alexander am Gebälk der Ostseite des Parthenon, über dem Eingang, befestigen; die Dübellöcher sind noch heute gut sichtbar. So nutzte Alexander den Parthenon als klassisches Symbol der Überlegenheit griechischer Kultur über den ›barbarischen‹ Orient (zu dieser Bedeutung des Parthenon s. S. 159 f.).

Selbst ein Perser-Bezwinger, stellte er sich damit als gleichwertiger oder sogar überlegener Nachfahre der einstigen Siegermacht Athen dar. Natürlich war dies keine bloße Reverenz an die ruhmreiche Vergangenheit Athens, sondern zugleich eine wirkungsvolle Adresse an die inzwischen machtlosen Athener und die übrigen Griechen-Städte. Während Alexander die alten Polisverfassungen Griechenlands tatsächlich zerbrach, gab er sich mit dieser Stiftung als Vollender hellenischer Traditionen, ja geradezu als Wohltäter Athens aus.

Damit auch der Nachwelt der Sinn dieser symbolischen Waffenweihung bewußt bliebe, ließ Alexander auf dem Architrav des Parthenon eine Inschrift folgenden Inhalts (überliefert bei Arrian, Anabasis I, 16,7) aus Bronzeletten anbringen: »[Geweiht haben dies] Alexander, der Sohn Philipps, und die Griechen außer den Spartanern: [aus der Beute] der Barbaren, die Asien bewohnen.« So ließ Alexander im Text der Inschrift die Griechen schmeichelhaft als Mitweihende und damit auch als Sieger auftreten. Und so wie einst nach den Perser-Schlachten im frühen 5. Jh. v. Chr. die Athener das Hauptverdienst am Sieg den Spartanern streitig gemacht hatten, so wurde hier wiederum Sparta, das dem neuen Herrscher offenbar nicht genug huldigte, öffentlich zurückgesetzt. Während traditionsbewußte Spartaner Alexanders Geschenk an die Akropolis mit Bitterkeit betrachten mochten, war solche Schmeichelei für das verwundete Selbstbewußtsein der Athener ein Balsam.

Auch in der Antike schon haben Herrschergattinnen zuweilen eine ähnliche Rolle gespielt wie Frauen von Politikern heute. Nur scheinbar ein wenig ›privater‹ als die Männer bei ihren Staatshandlungen, begleiten und kommentieren sie das öffentliche Zeremoniell durch nicht minder publikumswirksame Gesten und Rituale. Schließt heute der Politiker Verträge und legt Kränze an historischen Stätten nieder, so besucht seine Gattin kulturelle Einrichtungen und überreicht Geschenke, die der unmittelbar politischen Sphäre enthoben sind. Ganz so verewigte sich Alexanders Gattin Roxane auf der Akropolis. Gewissermaßen von Frau zu Frau übersandte sie der Athena Polias, Athens Stadtgöttin also, goldenes Gerät und verschaffte sich damit die Nennung ihres Namens inmitten der im Erechtheion beheimateten Götter- und Heroenfamilie Athens.

Doch es gab nicht nur Wohltäter wie Alexander und Roxane. Auch habgierige Plünderer und Tempelschänder bemächtigten sich der Akropolis. Der erste, der – sechs Generationen nach der Brandschatzung der Akropolis durch die Perser – das Heiligtum entweihte, war von durchaus hohem Stand. 304 v. Chr. zog der Makedonen-König Demetrios Poliorketes (›der Städtebezwinger‹) in Athen ein. Die Bürger ehrten ihn sogleich, indem sie ihm den rückwärtigen Schatzraum des Parthenon als Residenz bereitstellten. Doch Demetrios, ein wahrer Genußmensch, mißbrauchte die ihm gewährte, ohnehin schon gottlose Gastfreundschaft. Plutarch berichtet in seiner Biographie des Demetrios den Vorgang folgendermaßen (Kap. 23–24): »Dort wohnte er also, und es hieß, Athena nehme ihn auf und bewirtete ihn: keinen sittsamen Gast, der sich im Hause einer Jungfrau anständig aufführte! ... Demetrios ... verübte mit *freigeborenen* Knaben und mit *Bürger*-Frauen [was Plutarch vor allem entrüstete] derartige Ausschweifungen auf der Burg, daß der Ort im Vergleich zu damals noch als rein gelten konnte, als er [Demetrios] mit Chrysis, Lamia, Demo und Antikyra – vier berüchtigten Dirnen – dort sein Lasterleben führte.« Im Nu war Demetrios in aller Welt bekannt als der, »der die Akropolis für eine Kneipe hält und bei der jungfräulichen Göttin Dirnen einführt.« (Plutarch, Demetrios 26)

Es sollte noch schlimmer kommen. Im Jahre 297/96 v. Chr. schwang sich in Abwesenheit des Demetrios der Athener Lachares zum Tyrannen über die von Parteikämpfen geschüttelte Stadt auf, besetzte die Burg und ließ einen Teil der Tempelschätze zur Bezahlung seiner Söldner einschmelzen. Er entfernte dabei auch die von Alexander am Parthenon angebrachten Schilde samt der Bronzeinschrift und raubte sogar den Goldumhang der Athena Parthenos, mußte aber den größten Teil seiner schwergewichtigen Beute zurücklassen, als er bei Nacht und Nebel, getarnt mit einem Bauernkittel, vor dem anrückenden Heer des zurückkehrenden Demetrios Poliorketes floh.

Demetrios und Lachares gingen als Schänder der Akropolis in die Geschichte ein. Ganz im Gegensatz zu ihnen profilierten sich dagegen die großen Diadochen-Könige in der Nachfolge Alexanders durch gottgefällige Stiftungen auf die Akropolis. So wie im Westgiebel des Parthenon die Götter Athena und Poseidon sich im Wettstreit um das attische Land bemühen, so wetteiferten nun diese Herrscher miteinander, als Wohltäter für die Akropolis und damit für ganz Alt-Hellas aufzutreten.

Schon bei seinem Aufweg zu den Propyläen sieht der Akropolis-Besucher einen mächtigen Pfeiler, auf dem einst ein bronzenes Wagengespann stand (s. Farbabb. 1). Das Monument ist überaus wirkungsvoll plaziert: auf einer vorgeschobenen Plattform, gleich unter dem Nordflügel der Propyläen und damit wie in Konkurrenz zu dem ebenfalls weithin sichtbaren Nike-Tempel auf der gegenüberliegenden Seite. Die Verwendung unterschiedlich farbiger Steine erhöht die optische Wirkung des Pfeilers. Graublaue Verkleidungsplatten, ähnlich dem dunklen Stein am Erechtheion-Fries, wechseln ab mit schmalen Schichten aus hellem Marmor, gleich dem der klassischen Akropolis-Bauten. Aus einer Inschrift weiß man, daß der pergamenische Herrscher Eumenes II. diesen Pfeiler 178 v. Chr. errichten ließ.

Als Lenker seines Viergespanns sah man ihn auf diesem turmartigen Sockel schon von weitem. Daß König Eumenes II. von Pergamon sich hier nicht einfach als Regent oder gar als Kriegsherr darstellen ließ, sondern gewissermaßen als erfolgreicher Sportler, als Sieger im friedlichen Wettkampf des Wagenrennens, hat seine besondere Bewandtnis. Nicht als stolzer Machthaber eines anderen Landes ließ er sich so feiern, sondern als einer, der in maßvoller

Bescheidenheit nach Athen kommt, um am Panathenäenfest der Stadt mit seinen Wettspielen teilzunehmen. Athens großer Kulturtradition erwies er schon durch diese Geste seine Reverenz. Nach seinem Sieg ließ er sich ehren für etwas, das er in und für Athen getan hatte. Das Pfeilermonument verewigte dieses diplomatische Ritual und bereicherte zugleich die Akropolis durch eine großzügige Stiftung. Öffentlichkeitswirksame Handlung und bleibendes Monument aus Stein und Bronze wurden hier sorgfältig aufeinander abgestimmt.

Auch den Südabhang der Akropolis nutzte dieser Herrscher aus dem kleinasiatischen Pergamon zur Inszenierung seiner besonderen Großzügigkeit gegenüber Athen. Eine fast 160 m lange, zweistöckige Säulenhalle ließ er westlich des Dionysos-Theaters, quer vor dem steilen Felsabhang und der Burgmauer darüber, errichten (s. Umschlagvorderseite). Die optische Wirkung konnte kaum größer sein. Wie ein Schmuckband schob sich die langgestreckte Halle vor die Südflanke des Burgbergs und bildete eine Art Grundlineament, über dem der Betrachter zunächst den schroffen Naturfelsen und darüber die hohe Akropolis-Mauer sah, die schließlich noch von Gebälk und Dach des Parthenon überragt wurde. So wurde auch hier Altes mit Neuem in ein wirkungsvolles Wechselverhältnis gebracht. Der praktische Zweck, dem die Halle diente, ist nicht bekannt. Im Gegensatz zu manch anderer Stiftung durch auswärtige Herrscher hat die Stadt Athen an diesem Bauwerk wohl nichts verdient, denn Eumenes II. ließ offenbar, wie die erhaltenen Steinmetzzeichen verraten, fast alle Bauteile in Pergamon komplett vorfertigen, dann nach Athen verschiffen und durch einen eigenen Bautrupp vor Ort zusammensetzen: ein Verfahren, das sich ganz und gar von der Bauweise der klassischen Akropolis-Architektur unterscheidet, wie wir sie oben beschrieben haben. Blieb den Athenern in diesem Fall lediglich die Geländeplanierung und Fundamentierung für den Bau, wobei man nicht einmal weiß, ob der pergamenische König auch diese Kosten getragen hat.

Mit seinem Bemühen, gegenüber Alt-Griechenland und speziell Athen nicht als harter Machtmensch aufzutreten, stand Eumenes II. als pergamenischer Herrscher in einer generationenlangen Familientradition. Schon seine Vorgänger waren deutlich bestrebt gewesen, sich durch ein betont bürgerliches, familiäres Erscheinungsbild von der ›absolutistischen‹, göttergleichen Machtausübung der Könige anderer hellenistischer Reiche abzugrenzen. Hierzu gehörte das maßvolle und besonnene Auftreten gegenüber Griechenland mit seinen alten Heiligtümern. Besonders die klassische Akropolis galt den Pergamenern als kulturelles Vorbild, dem man durch Schenkungen seine Ehre erwies, das man aber auch zu Hause in der eigenen Residenzstadt lebendig werden ließ.

Der Palast der Pergamener lag auf einem der Akropolis ähnlichen Burgberg, und es ist bezeichnend, daß die pergamenischen Könige von Beginn an ›ihre‹ Akropolis mit Gebäudekomplexen schmückten, die in deutlicher Beziehung zur klassischen Akropolis Athens standen. Pergamon liefert das früheste Beispiel in der Geschichte dafür, daß die Akropolis als kulturelles Phänomen gewissermaßen übernommen, in Teilen kopiert und zu etwas wieder Neuem zusammengesetzt wurde. Nicht zufällig ist etwa das Bildthema des großen Frieses am weltberühmten Pergamon-Altar das gleiche wie das an den Ostmetopen des Parthenon: der Kampf zwischen Göttern und Giganten als Paradigma der heldenhaften Überwindung äußerer Feinde. Auch auf dem pergamenischen Burgberg hatte Athena das wichtigste Heiligtum und

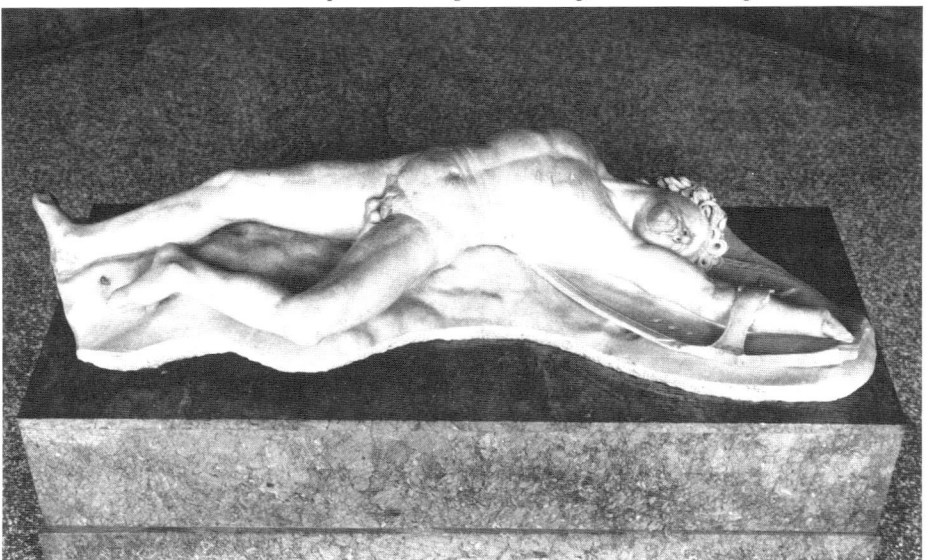

132 u. 133   Sterbende Gallier aus dem Siegesmonument der Pergamener auf der Akropolis, 2. Jh. v. Chr.
Römische Marmorkopien zweier Figuren. Venedig, Museo Archeologico.

den Haupttempel inne. In einer Bibliothek, in der unter anderem die Schriften der athenischen Dichter, Philosophen und Redner aufbewahrt wurden, stand sogar eine verkleinerte marmorne Kopie der Athena Parthenos – wie es scheint, eine der ersten regelrechten Statuenkopien, wie sie später von den Römern in so großer Zahl angefertigt werden sollten (s. S. 234–242).

Im Heiligtum der Athena in Pergamon stellten die pergamenischen Herrscher aber nicht nur ihre Reverenz gegenüber Athen zur Schau, sie feierten auch ihre eigene Stärke und militärische Schlagkraft durch ein besonderes Siegesmonument. Nach ihren erfolgreichen Schlachten gegen die eindringenden Gallier (238/37 oder 234/33 v. Chr.) errichteten sie in Pergamon eine große Statuengruppe, in der der Betrachter keinen einzigen der siegreichen Pergamener, sondern allein heroisch sterbende Gallier, die Feinde also, erblickte. Römische Marmorkopien dieser Statuengruppe aus dem Athena-Heiligtum von Pergamon sind erhalten, so daß man sich noch ein Bild vom Aussehen dieses besonderen Siegesmonuments machen kann.

In ihrer Sieghaftigkeit erschienen die Pergamener nicht nur als Nachfahren der alten Athener, hier hatten sie zudem eine Leistung vorzuweisen, der nun auch umgekehrt in der Stadt Athen ein denkwürdiges Zeichen gesetzt werden sollte. Die Siege, die die Pergamener gegen die Gallier erfochten hatten, waren nämlich nach ihrer eigenen Auffassung nicht nur in eigener Sache, sondern für ganz Griechenland erstritten worden. So setzte Attalos II. (Regierungszeit 159–138 v. Chr.) in Analogie zum zuvor entstandenen pergamenischen Schlachtenmonument eine zweite, kleinere Statuengruppe sterbender Gallier auf die Akropolis. An oder auf der Südmauer oberhalb des Dionysos-Theaters, unweit der Ostfront des Parthenon, waren nun auch die wie von Geisterhand oder kraft göttlichen Beschlusses sterbenden ›Barbaren‹ zu sehen, die, wie der Betrachter wußte, vom pergamenischen Militärapparat vernichtet worden waren. So wurde den Zeitgenossen klar: Den Kampf gegen die ewigen Feinde, die ungriechischen Barbaren, den einst die Athener führten, haben nun die Pergamener übernommen und durch einen weiteren Sieg glanzvoll bestanden. Auch von dieser Statuengruppe hat sich eine Reihe römisch-kaiserzeitlicher Kopien erhalten.

Pergamon war nicht das einzige hellenistische Reich, das Alt-Athen und seiner Akropolis durch Stiftungen huldigte. Auch die Seleukiden-Monarchie, die den Ostteil des einstigen Alexander-Reiches beherrschte, schmückte die Akropolis mit einem prächtigen Weihgeschenk. Antiochos IV. ließ eine goldene Ägis mit Gorgoneion – eine Brustwehr also, wie sie Athena trägt – ebenfalls auf der Südmauer der Akropolis aufstellen. So wetteiferten das pergamenische und das benachbarte seleukidische Monument miteinander um den ersten Rang bei der Aufwertung und Schmückung der Akropolis. Zugleich wurde der Burgberg damit aber auch, wie einst in archaischer Zeit, wieder zum Bezugspunkt und Rahmen für die Verwirklichung unterschiedlicher, miteinander rivalisierender Interessen herausragender Adeliger. Auch makedonische und ptolemäische Herrscher ließen es sich nicht nehmen, in Athen Zeichen ihres echten Griechentums zu setzen, aber sie nutzten nicht die Akropolis, sondern den Staatsmarkt (die alte Agora) und das weitere Stadtgebiet als Forum für ihre Selbstdarstellung.

Lange Zeit war Rom für die Griechen nichts anderes gewesen als einer der vielen Territorialstaaten, die im Hellenismus in wechselnden Machtkonstellationen für- und gegeneinander arbeiteten. Spätestens im Jahre 145 v. Chr. aber muß jedem Griechen in aller Deutlichkeit klar geworden sein, daß diese Einstellung gänzlich unrealistisch war: Der römische Feldherr Lucius Mummius eroberte Korinth und ließ auf ausdrückliche Anweisung des Senats in Rom die Stadt zerstören und rücksichtslos ausplündern, eine Tat, die bei den Zeitgenossen ungläubiges Entsetzen hervorrief. Ganz Griechenland fiel an Rom und wurde zunächst der Provinz Macedonia eingegliedert.

Während des ersten Schubs römischer Griechenland-Eroberung blieb Athen weitgehend von Übergriffen verschont, da die Stadt in einem opportunistischen, gleichwohl weisen Entschluß ein ›Bündnis‹ mit Rom eingegangen war. Ein Umsturz in Athen veränderte diese Situation jedoch schlagartig. Ein zugereister Berufsredner gewann mit antirömischen Reden die Unterstützung der Bevölkerung und schwang sich zum Tyrannen auf. »Duldet die Anarchie nicht«, so peitschte dieser Aristion die Gemüter gegen Rom ein, »die Anarchie, die der römische Senat solange dauern läßt, bis er beschlossen hat, welche Staatsform wir annehmen müssen. Wir wollen nicht erlauben, daß unsere Tempel geschlossen sind und unsere Gymnasien vernachlässigt werden.« (Poseidonios, frg. 36, überliefert bei Athenaios 5, 212b–c)

Die Menge jubelte ihm zu und ernannte ihn zum Heerführer. Einer romfreundlichen Gesinnung verdächtige Bürger wurden hingerichtet. Mit dieser Anti-Rom-Haltung aber war Athens Schicksal besiegelt; die Stadt wurde 86 v. Chr. von Sulla belagert und ausgehungert. Plutarch überliefert, daß in der eingeschlossenen Stadt die Weizenpreise in astronomische Höhen schnellten. Die Menschen kauten in ihrer Verzweiflung das an den Akropolis-Hängen wachsende Parthenion-Kraut (benannt nach der Athena Parthenos) und verschlangen sogar ihr Schuhwerk. Schließlich wurden Gesandte an die Belagerer ausgeschickt, um über eine gnädige Kapitulation zu verhandeln. Als sie aber Athens große Vergangenheit als Argument für ihr Anliegen vorbrachten und auf Theseus und auf die Siege über die Perser verwiesen, erwiderte ihnen der römische Feldherr Sulla, sie sollten ihre schönen Reden wieder einpacken; er sei nicht von den Römern geschickt, um in Athen alte Geschichte zu studieren, sondern um Aufständische niederzuschlagen (so Plutarch, Sulla 13).

Gnädig mit seinen Freunden, aber unerbittlich gegenüber seinen Feinden, zeigte Rom nun sein wahres Gesicht. Die Stadt wurde im Sturm genommen. Dabei betrieben die Belagerten selbst noch eine ›Politik der verbrannten Erde‹: Sie zündeten das am Südabhang der Akropolis gelegene Odeion des Perikles an, um nicht das Holz den Feinden in die Hände fallen zu lassen. Natürlich half auch diese Verzweiflungstat nichts. »Sulla ... brach um Mitternacht Entsetzen erregend unter dem Geschmetter vieler Trompeten und Hörner ein, und mit wildem Geschrei ergoß sich das Heer, von ihm zu Raub und Mord losgelassen, mit gezückten Schwertern durch die Gassen, so daß die Erschlagenen überhaupt nicht gezählt werden konnten, sondern die Menge bis heute nur nach dem Raum, den das vergossene Blut einnahm, geschätzt wird. Denn, ungerechnet die in den anderen Stadtteilen Getöteten, allein das Gemetzel beim Markt überflutete den Raum bis zum Dipylontor mit Blut, und es soll auch noch durch die Tore in die Vorstadt eine Menge Blut geflossen sein.« (Plutarch, Sulla 14)

Der Piräus und die Akropolis hielten den anstürmenden Soldaten noch für eine kurze Zeit stand, wurden dann aber auch erobert. Athen erhielt aufgrund seines alten Ruhms, wie ausdrücklich vermerkt wird, zwar den Rechtstitel einer sogenannten ›freien Stadt‹, verlor aber tatsächlich in allen Lebensbereichen jeglichen Anspruch auf Selbständigkeit.

Schon bei der Zerstörung von Korinth 60 Jahre zuvor und ebenso bei der Einnahme des griechischen Syrakus auf Sizilien (212 v. Chr.) waren nicht nur gewaltige Kunstschätze vernichtet, sondern auch geraubt und nach Rom gebracht worden. Vor allem Gerät aus Gold und Silber erweckte die Gier der Plünderer, aber auch Kulturwerte, die man in Bibliotheken und ganz besonders in marmornen und bronzenen Statuen erblickte, wurden als Trophäen mitgenommen. Ihrer ursprünglichen religiösen oder politischen Funktion beraubt, degenerierten die Statuen nun zur bloßen Kunst, zur Erbauung und zum Dekor derer, die sie jetzt besaßen. In Rom selbst führte dieser Kunstimport zu heftigen Kontroversen. Grundsätzlich galt Kunstraub nicht unbedingt als verdammenswert, solange der Staat sich mit den erbeuteten Gütern schmücken konnte. Öffentlich ins Gerede gebracht und angeprangert wurde jedoch die private Bereicherung und Eitelkeit einzelner Kunstsammler. In der Praxis hat solch moralisierende Unterscheidung wenig bewirkt. Die gesamte römische Honoratiorenschicht begann nach der Einnahme Griechenlands, des griechischen Unteritaliens und Siziliens, ihre Stadthäuser und Landvillen mit griechischen Kunstwerken auszustaffieren.

Auch die Akropolis blieb von diesem kulturellen Abtransport nicht verschont. Sulla ließ eine große Menge goldenen und silbernen Geräts von der Akropolis fortschaffen, aber es bleibt festzuhalten, daß die Akropolis als *das* griechische Kultursymbol schlechthin auch in den Augen der Römer in jenen Jahren weder zerstört noch im eigentlichen Sinne ausgeplündert wurde. Die Athena Parthenos beispielsweise mit ihrem gewaltigen Goldbehang blieb offenbar intakt, ebenso wie die oben erwähnte goldene Ägis des Antiochos von Syrien; beide Monumente wurden von Pausanias noch im 2. Jh. n. Chr. gesehen und beschrieben.

Wieder einmal bewies nun die Akropolis ihre zweifache Kraft: als Anziehungspunkt und als Ausgangspunkt neuer Wirkungen. In der Folgezeit sollten es römische Herrscher sein, die sich der Akropolis verpflichtet fühlten und sie durch Weihungen vor Ort ausschmückten. Umgekehrt wurde durch den gewaltsamen Transport von griechischen Kunstwerken in das ganze Römische Reich griechische Kunst verbreitet und darüber hinaus in hundertfachen Kopien vervielfältigt.

Der erste, der wieder an die Reihe der großen ›Wohltäter‹ der Akropolis anknüpfte, sich zugleich aber auch von ihnen bewußt absetzte, war Augustus (Regierungszeit 27 v. Chr.– 14 n. Chr.), genauer gesagt Augustus und sein Familienclan. Zunächst ließ Augustus' Schwiegersohn Agrippa, der in Athen als Statthalter Roms residierte, 27 v. Chr. das Pfeilermonument zu Ehren des Pergameners Eumenes II. vor den Propyläen (s. S. 224f. u. Farbabb. 1) auf seine Person umbenennen und das bronzene Viergespann mit Eumenes durch ein neues mit seiner Statue ersetzen. Wie schon die Pergamener, so trat auch Agrippa in einem geschickten Schachzug nicht in eigener Person als Weihender auf, sondern ließ formell die Bürgerschaft von Athen die Ehrung vollziehen. Eine Politik von oben wurde so als Willensbildung von unten dargestellt. Agrippa war eingesetzt von Rom, nicht von den Athenern.

Seit über 400 Jahren sollte nun aber auch wieder ein neues wichtiges Bauwerk auf dem Akropolis-Plateau entstehen, an bedeutsamer Stelle, dem einzigen Platz, der innerhalb der klassischen Akropolis noch zu besetzen war: genau vor der Ostfront des Parthenon. Bekanntlich war der Parthenon kein echter Tempel und hatte nie einen Altar. Hätte er aber einen

134 Roma-Augustus-Tempel auf der Akropolis, 27 v. Chr. vor der Ostfront des Parthenon errichtet. Rekonstruktionszeichnung von D. Bürkel.

Altar besessen, so hätte dieser in einigem Abstand in der Mitte vor der Ostfront stehen müssen. Exakt dort wurde nun kurz nach 27 v. Chr. ein Rundtempel für die Stadtgöttin Roma und zugleich für Kaiser Augustus erbaut. So setzten die neuen Herrscher die beiden Stadtgöttinnen Athena und Roma und somit Athen und Rom als Zentren der alten und der neuen Welt durch die Achsenverbindung der beiden Bauwerke in Beziehung zueinander. Und so wie nun Roma als Nachfolgerin der Athena erschien, so wurde Augustus durch diese Maßnahme als Wiederhersteller und Vollender der klassischen Größe Athens dargestellt.

Neun ionische Säulen trugen das Gebälk mit der Weihinschrift. Im Innern muß man sich Statuen der Roma und des Augustus vorstellen, von denen aber nichts mehr erhalten ist. Auf der Ostseite bildete ein breiterer Säulenabstand eine Art Eingang zu diesem mauerlosen, baldachinartigen Gebäude. Vor dem Eingang stehend, konnte man durch den Säulenkranz hindurch den Parthenon sehen. So wurde durch die Blickführung des Betrachters die Beziehung des Roma-Augustus-Tempels zum klassischen Parthenon mit seiner Athena-Statue unterstrichen.

Auch in seinen einzelnen Bauformen knüpft der Roma-Augustus-Tempel künstlich an die Klassik des 5. Jh. v. Chr. an. Seine Säulen und Kapitelle sind in Maßen und Proportionen klar erkennbare Nachbildungen, ja regelrechte Kopien der östlichen Säulen des Erechtheion. Bis ins Detail der Ornamentik hinein läßt sich die Nachahmung und leichte Variation der Formen verfolgen. Säulentrommeln und Kapitelle des Roma-Augustus-Tempels sind noch heute an Ort und Stelle zu sehen und können vom Akropolis-Besucher unmittelbar mit den Vorbildern des Erechtheion verglichen werden. Dem antiken Betrachter wird das absichtsvolle Klassikzitat in diesem römischen Tempel ebenfalls nicht entgangen sein.

Auch die Pflege des alten Bestandes der Akropolis machte Roms erster Kaiser demonstrativ zu seiner eigenen Sache, was die Zeitgenossen ebenfalls als Geste der Frömmigkeit und Treue gegenüber der Tradition verstehen sollten. So wurden auf Anweisung des Augustus Schäden, die durch einen Brand am Erechtheion entstanden waren, ausgebessert, und antike Literaten haben es nicht versäumt, diese Tat durch ihre Schriften publik zu machen. Augustus' Gattin Livia sowie Julia, eine Tochter des Augustus aus erster Ehe, erhielten marmorne Ehrensitze im Dionysos-Theater. Livia schließlich tat es Alexanders Frau Roxane nach (s. S. 223), indem auch sie goldenes Gerät an die Athena Polias im Erechtheion sandte.

Aktivitäten der unmittelbaren Nachfolger des Augustus auf der Akropolis sind nicht bekannt. Wie aus einer Inschrift hervorgeht, wurden im Jahr 52 unter der Regentschaft des Kaisers Claudius offenbar Bauarbeiten an der großen Freitreppe zu den Propyläen durchgeführt. Der erste Kaiser, der sich nach Augustus wieder auf der Akropolis verewigte, war Nero (Regierungszeit 54–68), nun schon mit einer weitaus anspruchsvolleren Titulatur ausgestattet. Er ließ eine Inschrift aus Bronzelettern am Ostarchitrav des Parthenon anbringen, die zwar als solche heute verloren ist, deren Dübellöcher aber noch sichtbar sind. Dem amerikanischen Archäologen E. Andrews gelang 1895 aufgrund der Plazierung dieser Stiftlöcher eine fast vollständige Rekonstruktion des Textes. Aus der langen und umständlichen Inschrift geht hervor, daß die athenischen Gremien Areopag, Rat der 1000 und Demos »dem mit unumschränkter Macht ausgestatteten, größten Herrscher Nero, Claudius Augustus Germanicus, Gottes Sohn«

135   Säulen und Kapitelle des Roma-Augustus-Tempels, vor der Ostfront des Parthenon gelagert.

in der Amtszeit eines gewissen T. Claudius Novius, d. h. im Jahr 61, offenbar eine Statue geweiht haben. Aufgrund der Anbringung der Inschrift am Gebälk kann diese Statue nur vor oder im Parthenon gestanden haben.

Zweifellos noch eindrucksvoller als diese Statuenweihung muß Neros persönliches Auftreten in Athen und sicherlich auch auf der Akropolis gewesen sein. Wie in allen großen griechischen Heiligtümern veranstaltete er bei seinem Griechenland-Besuch des Jahres 66 auch in Athen sportliche und musikalische Wettkämpfe, bei denen er persönlich auftrat – als Wagenlenker ebenso wie als Musiker. Wie Sueton berichtet, »beschlossen die Städte, die musische Wettkämpfe zu veranstalten pflegten, alle Siegeskränze für den Kitharoeden [Sänger und Leierspieler] Nero zu übersenden. Diese nahm er mit solcher Befriedigung entgegen, daß er die Gesandten, welche sie überbracht hatten, nicht nur vor allen anderen empfing, sondern sie auch im kleinen Kreis zur Tafel lud. Da ersuchten ihn einige, bei Tisch etwas zu singen. Seine Darbietung wurde mit solchem Beifall aufgenommen, daß er sagte, allein die Griechen verstünden zu hören und sie allein seien seiner selbst und seiner Kunst würdig.« (Sueton, Nero 22)

Sueton hat diese Aktivitäten des Kaisers als persönliche Marotten karikiert. Tatsächlich war Nero jedoch ein Vollblutpolitiker. Seine kulturellen Auftritte und öffentlichen Zeichensetzungen waren in Wirklichkeit gezielt eingesetzt und dienten – anders als es manche tendenziösen antiken Quellen glauben machen wollen – einer durchaus volksnahen Politik. Immerhin wird man sich Neros Gesangsvortrag auf der Akropolis oder im Dionysos-Theater, dem die Zuhörer frenetischen Beifall zu zollen hatten, als phantastisch inszeniertes, farbenprächtiges, aber auch bizarres Ritual vorstellen müssen. Repräsentanten der Macht treten bekanntlich auch heute nicht ohne Absicht als Entertainer ebenso wie als kunstsinnige Interpreten ernster Muse auf, und es gibt umgekehrt geradezu einen gewissen Erwartungsdruck, der solche Fähigkeiten von Spitzenpolitikern fordert. Auch ohne die Massenmedien heutiger Zeit stellte ein derartiges Auftreten eines Machthabers damals schon ein wirksames Mittel dar, seine populistische Einstellung persönlich zu propagieren.

Noch weitaus größeren Eifer in der Griechenland- und Athen-Verehrung bewies Kaiser Hadrian (Regierungszeit 117–138). Nicht nur in Philosophie und Kunst, sondern auch in der Liebe zu schönen Jünglingen griechischen Traditionen verpflichtet, wählte er sich über lange Jahre seiner Regentschaft Griechenland, auch Athen, zu seinem Aufenthaltsort. Der Dank der Stadt war sicherlich nicht bloße Schmeichelei. 13 Bildnisstatuen erhielt der Kaiser allein im Dionysos-Theater am Südabhang der Akropolis. Für ganz Athen sind noch heute über 100 Hadrian-Bildnisse nachzuweisen. Als schönsten und würdigsten Aufstellungsort seines Porträts muß der Kaiser aber den Platz neben der Athena Parthenos im Innern des Parthenon empfunden haben, wo sein Bildnis ebenfalls überliefert ist. Nicht nur von sich selbst, auch von seinem im Nil ertrunkenen Liebhaber Antinoos ließ Hadrian im ganzen Reich und besonders in Griechenland Tausende von Statuen aufstellen. Eine der besterhaltenen Statuen des nackten Antinoos steht heute im Athener Nationalmuseum.

Hadrian war einer der größten Bauherren in der Geschichte Athens. Bibliotheks- und Tempelgebäude, Wasserleitungen und Säulenhallen entstanden unter seiner Herrschaft. An der Akropolis stiftete der mit ihm befreundete Finanzier Herodes Atticus am Südabhang westlich

136   Porträt der Julia Domna (Frau des römischen Kaisers Septimius Severus, Regierungszeit 193–211).
München, Glyptothek.

der Eumenes-Stoa eine riesige, gedeckte Konzerthalle mit über 5000 Plätzen. Herodes Atticus absolvierte eine bemerkenswerte Karriere: Schon als Sechzehnjähriger trat er, sicherlich mit Billigung, ja zum Entzücken des Hadrian, als Sprecher der athenischen Begrüßungsdelegation für den Kaiser auf. Er war unter anderem durch einen gewaltigen Schatzfund, den sein Vater gemacht hatte, zu immensen Reichtümern gelangt und stiftete nicht nur in Athen, sondern in ganz Griechenland zahlreiche Bauwerke. Sein Odeion an der Akropolis ließ er erst nach Hadrians Tod in den Jahren nach 160 unter der Regentschaft des Antoninus Pius und des Marc Aurel, mit denen er ebenfalls gut befreundet war, errichten.

Römische Kaiser haben sich im Laufe der Jahrhunderte immer mehr ein menschenfernes, gottähnliches Image gegeben. Sie ließen sich selbst und ihr Amt in streng geregelten religiösen Zeremonien kultisch verehren. Auch die Akropolis wurde für solchen Kaiserkult in Anspruch genommen. Über einige statuarische Manifestationen solcher Nutzung des alten Kultortes gibt die antike Literatur Auskunft. So wissen wir, daß Julia Domna, die Frau des Kaisers Septimius Severus (Regierungszeit 193–211), sich gleichrangig neben der Athena Polias im Erechtheion verehren ließ und eine Kultstatue mit ihren Porträtzügen neben dem uralten heiligen Holzbild der Göttin erhielt. Auch zur Athena Parthenos wußte sich Julia Domna in Beziehung zu setzen, indem sie – ebenfalls aus Gold, wie die Parthenos selbst – eine Statue von sich im Parthenon plazierte.

Die Akropolis war aber nicht nur ein symbolträchtiger Ort für die Verwirklichung und mediengerechte Vermittlung römischer Interessen und Anschauungen, sie wurde zugleich zum Ausgangspunkt für eine massenweise Verbreitung griechischer Kunst im gesamten antiken Europa. Und es war diese römische Verbreitung, die auch zum allergrößten Teil die moderne Rezeption griechischer Kunst und Kultur überhaupt erst bewirkt hat.

Vervielfältigung von Kunst: Römische Kopisten bevölkern die Akropolis

Schon bald nach Beginn des massenweisen Kunstraubes durch die Römer steigerte sich die Nachfrage nach Griechischem derart, daß der Bedarf nicht mehr allein durch Beschaffung immer weiterer Originale gedeckt werden konnte. So begann ein Kopieren und Variieren in größtem Stil, teilweise bis hin zur fabrikmäßigen Massenproduktion. Bei ihren Eroberungen mit den Reichtümern Griechenlands und des Vorderen Orients konfrontiert, wurde in der römischen Oberschicht, die bis dahin eher eine Attitüde von Einfachheit und Strenge an den Tag gelegt hatte, der Wunsch nach Luxusgütern wach. Öffentliche Bauten und Thermen-anlagen wurden seit dem 1. Jh. v. Chr. ebenso mit griechischen Bildwerken geschmückt wie die privaten Häuser der Reichen. Originale waren für solche Zwecke zwar gesucht, aber natürlich nicht in jedem Falle zu erwerben. Nicht nur die begrenzt vorhandene Menge stand dem entgegen, sondern bisweilen auch die Tatsache, daß bestimmte Werke aus Rücksicht gegenüber den griechischen Städten oder auch aus Pietät an ihrem jeweiligen Ort belassen werden mußten.

Zwar galten auch damals Kopien gegenüber Originalen gewöhnlich als zweitrangig, doch sie boten daneben nicht zu unterschätzende Vorzüge. Mit ihnen ließen sich völlig neue Ensembles schaffen, die dem Ort ihrer jeweiligen Verwendung entsprachen. Eine Aphrodite aus Korinth konnte durch eine Kopie so mit einem Athener Satyr zu einer Gruppe kombiniert werden. Kollektionen von Athletenstatuen ließen sich, auf das gleiche Format gebracht und alle im gleichen Steinmaterial wiedergegeben, zur Ausschmückung einer neuen Arena heranziehen. Jegliche thematische und formale Neukombination ließ sich auf diese Weise erreichen. Damit nicht genug. Sogar aus verschiedenen Originalwerken ließ sich durch geschickte Anpassung ein einziges ›neues‹ Opus anfertigen. Nach der Devise »Von jedem das Beste!« scheute man sich nicht, etwa aus mehreren Jünglingsstatuen unterschiedlichen Alters ein Destillat herzustellen, daß in gefälliger Weise den athletischen oder auch erotischen Interessen der jeweiligen Auftraggeber entsprach. Von allen diesen Möglichkeiten, vom exakten Kopieren bis zum freien Variieren und Kombinieren, haben die Römer in einem solchen Ausmaß Gebrauch gemacht, daß dieser Umgang mit fremder Kunst zu einem Hauptmerkmal ihres Kulturverhaltens geworden ist.

Schon die pergamenischen Könige des 2. Jh. v. Chr. hatten erkannt, daß die Verpflanzung symbolträchtiger Monumente in die eigene Residenz nicht unbedingt durch physische Inbesitz-nahme des geschätzten Bildwerks geschehen mußte. So hatte wohl schon Attalos I. noch im späten 3. Jh. v. Chr. eine Nachbildung der Athena Promachos von der Akropolis im Athena-

Heiligtum des Pergamener Burgbergs aufstellen lassen. Auch bei der Athena Parthenos griffen die pergamenischen Herrscher zum Mittel des Kopierens. Sie setzten die goldelfenbeinerne Riesenstatue in Marmor um und reduzierten sie im Format auf 3,51 m (mit Sockel). Diese Vorgänge blieben aber zunächst ein Einzelphänomen. Die beschriebene massenweise Verwertung griechischer Skulptur mittels Kopie war eine spezifisch römische Erscheinung und dauerte von etwa 100 v. Chr. bis ungefähr 150 n. Chr.

Während sich Hunderte von griechischen Originalen erhalten haben und Tausende und Abertausende von römischen Kopien und Variationen griechischer Werke, gibt es nur eine Handvoll Fälle, in denen jeweils von ein und demselben Werk Original und römische Kopie erhalten sind. Der Grund hierfür liegt darin, daß die Römer berühmte Werke der griechischen Klassik und Nachklassik bevorzugten. Diese originalen Statuen aber bestanden fast durchweg aus Bronze und wurden in der Spätantike und im Mittelalter eingeschmolzen, während die römischen Kopien allergrößtenteils aus Marmor bestanden und deshalb erhalten geblieben sind. Von den seltenen Glücksfällen der gemeinsamen Überlieferung von griechischem Original und römischer Kopie beziehungsweise Variante stammen bezeichnenderweise gleich drei von der Akropolis, denn hier erschien nicht allein einzeln aufgestellte Freiplastik den Römern kopierenswert – hier trug auch die marmorne Bauplastik nach römischer Auffassung eine Aura des Symbolträchtigen und künstlerisch Wertvollen.

In Eleusis fanden sich fragmentiert, doch zweifelsfrei als Kopien nach Figuren der Parthenon-Giebel erkennbar, Skulpturen, deren Datierung bis heute unklar blieb. Es handelt sich um nicht sonderlich sorgfältig gearbeitete, relativ ungenaue Nachbildungen in starker Verkleinerung. Die Figuren schmückten einen kleinen Giebel und waren offenbar thematisch umgewandelt zu einer Darstellung des Raubs der Persephone.

Auch Reliefskulpturen der Nike-Balustrade aus dem späten 5. Jh. v. Chr. wurden in Marmor nach- und umgeformt. Teilweise in Kombination mit gänzlich neuen Motiven und losgelöst vom originalen Bild- und Verwendungszusammenhang, wurden gefällige Ausschnitte und neue Arrangements in alle Welt verschickt. Hergestellt wurden diese ›Kopien‹ meist im 1. Jh. v. Chr. von Ateliers, deren Bildhauer sich in Künstlersignaturen als Athener bezeichneten. Ob alle diese Bildhauer tatsächlich in Athen arbeiteten oder sich, einem Modetrend folgend, als Athener ausgaben, ist umstritten. Gewiß ist aber, daß die Arbeiten dieser sogenannten Neuattischen Schule alles andere als eine bloße Wiedergabe des jeweiligen Originals intendierten. Bei ihren zahlreichen Adaptionen der Nike-Balustrade ist durchweg der ursprüngliche spannungsvolle Gegensatz zwischen betont erotischer Zurschaustellung des weiblichen Körpers auf der einen und Anstrengung und Ernst des von den Niken verrichteten Schlachtopfers auf der anderen Seite geschwunden.

Zunächst einmal fehlen die Flügel; aus den Siegesgöttinnen sind elegante Damen geworden, die sich bisweilen aus schwer ersichtlichem Grund noch mit Stieren beschäftigen, aber auch luxuriöse Kandelaber mit sich führen. Manchmal werden unter Verwendung des alten Bildmusters gänzlich neue, pikant-erotische Szenen geschaffen. Ein römischer Hermenpfeiler mit bärtigem Porträtkopf und einem Geschlecht, das aus der Mitte des Pfeilers hervorragt, wird von zwei bekleideten und doch wie nackt wirkenden jungen Frauen umspielt. Die eine

137   Römische Kopie bzw. Variation nach Relief vom Geländer des Athena Nike-Bezirks.
München, Glyptothek.

schmückt die Herme mit Haarbinde und Kranz, die andere, der Nike-Balustrade entlehnte, tänzelt in koketter Anbetung vor dem Symbol gepflegter Männlichkeit.

Minuziös kopiert wurden in der römischen Kaiserzeit die Erechtheion-Koren. Nur bei einem Teil dieser Kopien kennen wir den ursprünglichen Ort ihrer Aufstellung, weil sie in vergangenen Jahrzehnten unter Vernachlässigung ihrer historischen Funktion als bloße Kunstwerke in die Museen gelangten und jedes Interesse an ihrer genauen Herkunft fehlte. Bei den beiden noch klar rekonstruierbaren Fundkontexten solcher Kopien aber handelt es sich um hochrepräsentative staatliche Verwendungen klassischer Akropolis-Kunst.

Im Jahre 2 v. Chr. wurde in der Stadt Rom in unmittelbarer Nachbarschaft zum Forum Romanum das Augustus-Forum feierlich eingeweiht, ein in äußerstem Maße ideologisch geprägter Baukomplex, der die gesamte Propaganda des neuen ›Goldenen Zeitalters‹ in allen Einzelheiten vor Augen stellte, ganz so, wie der Kaiser Augustus es von Mit- und Nachwelt interpretiert wissen wollte. Eine rechteckige Platzanlage mit einem Tempel auf hohem Podium an ihrem Ende wird links und rechts von zweigeschossigen Säulenhallen flankiert. Es ist hier nicht möglich, die ganze Anhäufung klassischer Zitate und politischer Anspielungen dieser Platzanlage auch nur zu skizzieren. Wo der Betrachter auch hinsah, erblickte er klassische Details, zusammengesetzt zu einem Gesamtgebilde, das es vorher in dieser Weise nie gegeben hatte.

Die hier verwendeten Kopien der Erechtheion-Koren müssen den Besucher des Augustus-Forums geradezu umringt und förmlich ›eingefangen‹ haben. Auf jeder Seite dreißigfach

138   Augustus-Forum in Rom, fertiggestellt 2 v. Chr. Modell, Rom, Museo della Civiltà Romana.

repetiert, stehen sie in Reih und Glied als Außenverkleidung des Obergeschosses der seitlichen Säulenhallen, jeweils eine Kore über einem Zwischenraum der darunter befindlichen
korinthischen Säulen. Es handelt sich um maßgleiche und sehr exakte Kopien von nur drei
oder möglicherweise vier der sechs am Erechtheion befindlichen Koren. Aus sechs Koren sind
hier 60 Figuren geworden, die zwar in ursprünglicher Größe wiedergegeben, doch nun in
einen gewaltigen Architekturverbund integriert und auf diese Weise zum zierlichen Dekor
geschrumpft sind. Das Schönste und Würdigste aus Griechenland, so suggeriert es diese Bildsprache, ist hier in Rom präsent, aber es dient nun als Zierat den neuen, weitaus größeren
und umfassenderen römisch-augusteischen Ansprüchen und Idealen. Exaktheit des Klassik-
zitats gehört in diesem Fall zur Glaubhaftmachung des tatsächlich unglaublichen politischen
Programms.

    Nicht nur klassische Statuarik zählte zum hier eingesetzten Zitatenschatz. Auch in allen
möglichen Einzelheiten der Bauglieder und Ornamente konnte der kundige Betrachter pein-
lich genaue Wiederholungen klassischer Muster entdecken. So wurde etwa für die Basen der
korinthischen Tempelsäulen das Profil der ionischen Säulenfüße der klassischen Propyläen
minuziös nachgebildet. Auch Kopien der Kapitelle, ja sogar einzelner Deckenkassetten und
Zierstreifen des Erechtheion lassen sich am Forum Augustum nachweisen.

    Neben all dieser alten griechischen Würde aber war die Würde römischer Tradition optisch
präsent, ja in ihrer Summe dominierend. Jeder zeitgenössische Besucher erkannte in den in den
Hallen aufgestellten römischen Porträtstatuen die ›summi viri‹, die verdientesten Männer der

139   Kopien der Erechtheion-Koren vom Augustus-Forum in Rom. Rom, Casa dei Cavalieri di Rodi.

eigenen Geschichte, deren Namen, Taten und Ämterlaufbahn durch Inschriften auf den Statuensockeln gepriesen wurden. Auch der frontal ausgerichtete Tempel auf hohem Podium mit Freitreppe davor war ein visuelles Zeichen, das Tradition und Herrschaft Roms verkündete.

Während Augustus der Athener Akropolis durch seinen Rundtempel (s. S. 230) gewissermaßen das höchste Gütesiegel verlieh und sie zugleich als klassizistisches Vorbild anerkannte, nutzte er ihre einzelnen Formen und Inhalte in Rom selbst für eine gänzlich neue Art staatlicher Repräsentation. Nicht physisch, aber symbolisch wurde hier am Augustus-Forum das klassische Altertum wie ein Steinbruch ausgeschlachtet und aus dem so gewonnenen ›Material‹ etwas Neues gestaltet, das nun Roms Zukunft und nicht mehr die Vergangenheit Athens beschwor. Mit Bruckstücken einer radikaldemokratischen Vergangenheit, die als solche auch verstanden wurden, verkündete hier ironischerweise ein für die Ewigkeit gedachtes diktatorisches Kaisertum seine Ansprüche.

Für die statuarische Ausstattung der Palastanlage des Kaisers Hadrian bei Tivoli wurden ebenfalls Kopien der Erechtheion-Koren angefertigt. Der gewaltige Komplex, den Hadrian während seiner Regierungszeit (117–138) für sich bauen ließ, war seine Landvilla, nicht sein Regierungssitz. Hier schuf er sich bei allem Realitätssinn und Gespür für das Gegebene eine eigene Welt, die er jedoch in seiner ständigen Eigenschaft als Herrscher Roms nicht als exklusive Privatsache betrachtete, sondern einer ausgewählten Öffentlichkeit vorführte. Die Villa war,

238

ebenso wie die eigentlichen Staatshandlungen, ein von den Zeitgenossen durchaus beachteter Bestandteil seines Kaisertums.

Die Palastanlage – keine auf dem Reißbrett durchgestaltete, symmetrische Einheitsarchitektur – besteht aus vielen einzelnen, locker miteinander verbundenen Baukomplexen. Überall eröffnen sich neue Ausblicke, in die eine kunstvoll gestaltete Gartenlandschaft miteinbezogen ist. Die einzelnen Bauten erinnern an Theater, Stadien, Bibliotheken, Grotten, Thermen, an Audienzsäle, und sie knüpfen nicht nur an Bauformen Italiens, sondern auch Griechenlands und Ägyptens an. So wie durch seine Reisen demonstrierte Hadrian durch die Bauformen dieser Villa sein Verständnis und seine Verehrung der traditionsreichen Länder, zugleich aber auch die Auffassung, daß all diese reiche Vielfalt nun unter der Regierung des römischen Kaisers stehe. Hadrians Reisen sind nicht, wie man oft gemeint hat, die Ursache für diese eigenwillige architektonische Zusammenstellung. Sie stellen vielmehr eine parallele Erscheinung dar, drücken mit anderen Mitteln dasselbe aus – wie die von ihm in Auftrag gegebenen und vielleicht sogar von ihm persönlich mitkonzipierten Bauten.

Eine Fülle von Skulpturen, darunter Kopien nach den Erechtheion-Koren auf der Akropolis, war in dieses Ensemble einbezogen. Leider ist die archäologische Funddokumentation so verwirrend und lückenhaft, daß eine auch nur einigermaßen gesicherte Rekonstruktion der

140　Kopien der Erechtheion-Koren in der Villa des Hadrian (erbaut 118–128) bei Tivoli in Latium.

gesamten statuarischen Ausstattung nicht mehr möglich ist. Es wurden verschiedene Versuche unternommen, die Statuen als Bestandteil eines stringenten inhaltlichen Programms zu deuten. Doch nicht nur unsere bruchstückhaften Kenntnisse ließen alle solche Versuche scheitern, auch das Gesicherte läßt sich nur mit Zwang und unter Aufbietung kühnster Phantasie unter einen thematischen Grundgedanken stellen.

Die so oft bemühte Vorstellung des inhaltlichen Bildprogramms als einzig möglicher Verknüpfung der Statuen zu einem Sinnzusammenhang dürfte sich hier als unangebracht erweisen. So wie die einzelnen Bauten der Anlage gerade durch ihre Unterschiedlichkeit und ihr geschichtlich und geographisch disparates Erscheinungsbild den Eindruck zwangloser Vielfalt vermitteln sollen, so könnten auch die Skulpturen auf dieser über-inhaltlichen Ebene miteinander und mit der Architektur in Verbindung stehen. Sie wären dann gerade nicht ihrer thematischen oder formalen Einheit wegen, sondern um ihrer Vielfalt willen in dieser Form zusammengestellt zu einem symbolischen Abbild der Kulturwelt, als deren Hüter und Oberhaupt sich Hadrian verstand.

Tatsächlich erblickten die Gäste des Kaisers in dieser Villa Menschen- und Tierplastik, Idealisiertes und Realistisches, Berühmtes und weniger Bekanntes, Schönes und Häßliches, Griechisches, Römisches und Ägyptisches aus allen Epochen. Vier maßgleiche und recht genaue Kopien der Erechtheion-Koren standen an einem künstlich angelegten See. Dieser langgestreckte See galt als Nachbildung einer berühmten Kultstätte und Touristenattraktion in Ägypten, des sogenannten Kanopos, eines Kanals, der die Stadt Alexandria mit einem ihrer mondänen Vororte verband. Hadrian hatte auf seinen Reisen diesen religiös-esoterischen und zugleich für seine Lasterhaftigkeit sprichwörtlichen Ort besucht. So stehen die attischen Korenstatuen an der Imitation eines künstlichen Nilarms, aufgebaut mitten im römischen Italien.

Wie am originalen Erechtheion trugen die Koren auch hier in Tivoli ein Gebälk, das aber zu keinem Gebäude gehörte, sondern allein eine bildhaft-dekorative Funktion besaß. Verbunden waren sie in dieser Formation mit dickbäuchigen alten Satyrn, dionysischen Gestalten also, die auf ihren Köpfen mit Trauben gefüllte Körbe trugen. Die Vorbilder dieser Satyrn stammen aus einer sehr viel späteren Epoche als die Erechtheion-Koren. In größerer Entfernung, am Ende des Kanopos, waren weitere Zitate der älteren und jüngeren Vergangenheit in Statuenform versammelt, Kopien klassischer und hellenistischer Skulpturen ebenso wie freie Nachschöpfungen im Stil der alten Zeit. So scheint hier die Botschaft der Kopien der Erechtheion-Koren weniger in ihrer Individualität als in dem Gesamtzusammenhang, in der Agglomeration von Plastiken, zu liegen: Akropolis-Kunst bildete einen wichtigen und verehrungswürdigen, aber keineswegs den einzigen Teilbereich der Hadrianischen Kulturwelt.

Das Hauptinteresse der Kopisten und ihrer Auftraggeber richtete sich indessen nicht auf die marmorne Bauskulptur der Akropolis, sondern auf die dort frei aufgestellten klassischen Bronzestatuen und Statuengruppen. Ihrer inhaltlichen Bedeutung wegen, aber auch als Meisterwerke berühmter Künstler wurden sie immer wieder aufs neue kopiert und als Marmorreplikate in alle Provinzen des Römischen Reichs verschickt. Fast alle der oben betrachteten berühmten Bildhauerwerke klassischer Plastik wie die Athena-Marsyas-Gruppe des Myron

oder die Athena Lemnia des Phidias sind in ihrer Gestalt nur durch römische Kopien überliefert.

Ringsum zugängliche Skulpturen bis zu einer Größe von etwa 2 m konnten mit Hilfe der
damals ausgebildeten Techniken sehr exakt kopiert werden. Dies mußte nicht unbedingt vor
Ort geschehen. Reste antiker Gipsabgüsse von klassischen Originalstatuen, die sich im süd-
italienischen Baiae gefunden haben, zeigen, daß man berühmte Statuen zunächst einmal in
diesem Material abformte, aus den Negativformen dann neue Positivformen gewann und erst
diese mit Hilfe einer ausgeklügelten Meßtechnik in Marmor umsetzte. So konnten Kopien eines
athenischen Werkes, die in Algerien oder in Trier gefertigt wurden, ebenso exakt sein wie
solche, die in Athen selbst entstanden.

Besondere Schwierigkeiten boten hingegen Werke, die ihres Riesenformats, ihres besonde-
ren Materials oder ihrer schwer zugänglichen Aufstellung wegen nicht ohne weiteres in Gips
abgeformt werden konnten. Hier mußte zuweilen vor Ort das gute Auge oder über weitere
Distanzen hinweg eine Zeichnung genügen. So erklärt sich, warum etwa von den Erechtheion-
Koren oder von der Athena-Marsyas-Gruppe des Myron viele recht exakte Marmorkopien in
Umlauf kamen, während die Athena Parthenos als ganze Figur trotz ihrer außerordentlichen
Berühmtheit in nur relativ wenigen, ungenauen und in den Abmessungen jeweils unterschied-
lichen, immer jedoch stark verkleinerten Nachbildungen überliefert ist. Verständlicherweise
haben die Kopisten bei ihrer Reduktion dieses Riesenmonuments von dessen überreichem
Detailschmuck immer nur Ausschnitte wiedergegeben: mal das Basisrelief oder den Schild-
schmuck in groben Umrissen, mal den Helmdekor, mal die Säule mit der Nike darauf.

Besonderes Interesse erweckten die auf der Außenseite des Schildes der Parthenos angebrachten Kampfszenen zwischen Griechen und Amazonen (s. S. 185). Sie wurden insgesamt als Rund-
komposition auf Marmorschilden nachgebildet, stark verkleinert im Maßstab, variiert in der
Anordnung der Kämpfenden und skizzenhaft in der Wiedergabe von Details. Doch hat man
beim Schild der Parthenos, offenbar mit Hilfe von Gerüsten, auch Abformungen einzelner
Kampfgruppen hergestellt, die dann in rechteckige Reliefplatten aus Marmor umgesetzt wurden. So hat sich von den Amazonenkämpfen auf dem Parthenos-Schild eine ganze Reihe maß-
gleicher und dem Original offenbar treu nachgebildeter Kopien erhalten. Ein ganzer Satz solcher Reliefkopien fand sich 1930 in einem vor dem Piräus gesunkenen antiken Schiff, dessen
gesamte Fracht aus Originalen und Nachbildungen griechischer Werke bestand, die ihren
Bestimmungsort in Italien oder in einer anderen Reichsprovinz nicht mehr erreichten.

Ein ganzes Heer von Kopisten muß man sich in der frühen und mittleren römischen Kaiserzeit auf der Akropolis vorstellen. Gerüstbauer, Bildhauer, Gipsformer, Transporteure und
zweifellos auch ihre Auftraggeber und Vermittlungsagenten waren hier zwischen Priestern,
Opfernden, Schaulustigen und aus der Ferne angereisten Touristen beschäftigt. Ließen sich
Statuen noch relativ schnell abformen und die weitere Arbeit an einem anderen Ort erledigen,
so zwang das ebenfalls bezeugte Kopieren von Gemälden, zum Beispiel im Nordflügel der
Propyläen (s. S. 197f.), die Arbeiter zu längerem Verweilen am Ort. Dieser Betrieb muß nicht
einmal von allen Besuchern als störend empfunden worden sein, zeigte doch gerade die emsige
Beschäftigung mit den alten Werken deren scheinbar ewige Bedeutung. Auch heute sind viele

141 Römische Teilkopie aus Marmor von der Außenseite des Schildes der Athena Parthenos: Grieche und Amazone. Piräus, Archäologisches Museum.

Besucher der Akropolis von den Kränen und Baugerüsten, die für die Restaurierung eingesetzt werden, keineswegs nur gestört, sondern beobachten voller Faszination, was mit diesen offenbar ganz unbeschreiblich wertvollen Gegenständen alles geschieht.

Bis weit in das 2. Jh. n. Chr. hinein riß die Flut von Kopien, die sich über das ganze Römische Reich ergoß, nicht ab. Erst seit dem Ende des 2. Jh. nahm die Zahl der Kopien ab, zum einen, weil eine Fülle haltbarer, noch intakter Bauten mit solchem Kopienschmuck nun vorhanden war und weiter genutzt wurde, zum andern, weil jetzt radikale gesellschaftliche Veränderungen und neue kulturelle Bedürfnisse das jahrhundertelange ständige Zurückblicken auf Alt-Griechenland ablösten.

Die Akropolis zwischen Orient und Okzident

Religionsverbot: Schließung der heidnischen Tempel

Das 3. Jh. brachte für das Römische Reich eine Zeit der Zerrissenheit und des Umbruchs. Rivalisierende Militärs und die Bedrohung von außen durch sogenannte barbarische Stämme, besonders an den Nord- und Ostgrenzen, brachten ständige Kriege mit sich. Gewaltige Summen wurden für Verteidigungszwecke eingesetzt, während sowohl die Landwirtschaft als auch der städtische und überregionale Handel zurückgingen. Von Athen ist in dieser ökonomischen und politischen Krisenzeit in den Quellen fast nur die Rede, wenn es um die verzweifelte Verteidigung der Stadt geht.

Ein germanischer Stamm machte sich, von seinen Wohnsitzen in Skandinavien durch Dänen vertrieben, auf den Weg nach Süden. Diese Heruler teilten ihr Schicksal mit vielen anderen Gruppen, die in jenen Jahrhunderten auf der Suche nach einer neuen Bleibe beutemachend umherzogen. Von antiken Schriftstellern wurden diese Völker immer wieder als vagabundierende, plündernde und mordende Banden dargestellt, bar jeglicher Ethik und Kultur – eine Ansicht, die sich bei Besitzenden leicht gegenüber denen, die zum Überleben rauben müssen, bildet. Sprichwörtlich zu wahren Zivilisationsschändern machte die antike Überlieferung die Vandalen, von denen moderne Geschichtswissenschaftler und Prähistoriker allerdings inzwischen ein gänzlich anderes Bild zeichnen.

Die Heruler also fallen in Griechenland ein und verbreiten sofort auch in Athen Angst und Schrecken. Die Stadtmauern werden hastig für eine Verteidigung instandgesetzt, wobei alles mögliche alte Baumaterial, das sich nur irgend verwenden läßt, in die Verteidigungsanlagen wandert. Die Akropolis wird eigens befestigt, die hohen Umfassungsmauern werden verstärkt und die für eine Verteidigung gänzlich unbrauchbaren Propyläen durch eine vorgeschobene massive Toranlage gesichert. Diese Toranlage unterhalb der Propyläen ist noch heute zu sehen und trägt nach dem Architekten Beulé, der sie im 19. Jh. ausgrub, den Namen ›Beulé'sches Tor‹. Wie hastig dieser Schutzbau errichtet wurde, zeigt sich darin, daß er fast gänzlich aus Steinblöcken älterer Bauten besteht, die hierfür offenbar abgerissen wurden (s. S. 221).

Alle Verteidigungsmaßnahmen halfen nichts: Die Stadt wurde 267 von den Herulern gestürmt und geplündert. Wie gravierend die Verwüstungen tatsächlich waren, ist im einzelnen schwer festzustellen, aber es scheint, daß die Stadt sich von diesem Schlag jahrzehntelang nicht mehr erholte. In den Augen der damaligen Weltöffentlichkeit muß Athen mit seiner Akropolis schon zuvor an Bedeutung verloren haben. Jedenfalls gab es keinen Aufschrei der Entrüstung, und kein antiker Schriftsteller befand es für nötig zu berichten, ob auch die Akropolis damals gestürmt wurde und welche Bauten und Skulpturen zerstört wurden.

142   Das Beulé'sche Tor am Fuße der klassischen Propyläen, um 250 aus älteren Bauteilen zusammen-
gesetzte Schutzanlage.

Andere Umstände, die den Niedergang Athens beschleunigten, kamen hinzu. Mit Kaiser
Konstantins Alleinherrschaft (324–337) begann das Christentum seinen Siegeszug. Während die
frühen Christengemeinden sich in der Hauptsache aus der sozialen Mittel- und Unterschicht
zusammengesetzt hatten, entstand unter Konstantin und seinen Nachfolgern eine Reichskirche, die allen Prunk für sich in Anspruch nahm, eine gewaltige wirtschaftliche Macht
erlangte und sich keineswegs als eine unter vielen der damals existierenden Religionen begriff,
sondern als die allein wahre. War schon jahrhundertelang Athen nicht mehr das Zentrum der
Macht gewesen, sondern Rom, so änderte sich dies in der ersten Hälfte des 4. Jh. noch einmal.
Konstantin verlegte den Regierungssitz aus dem von Barbareneinfällen immer wieder bedroh-
ten Rom nach Osten und gründete an dem bis dahin unbedeutenden Ort Byzantion am
Bosporus eine ›Nea Roma‹, ein neues Rom, das später nach ihm den Namen Konstantinopolis
(Konstantin-Stadt) tragen sollte.

Nicht allein militärische Gründe gaben den Ausschlag für diese zunächst vielleicht nicht einmal für die Dauer geplante Verlegung der Hauptstadt. Der Ortswechsel bot auch die echte
Chance eines Neuanfangs. Byzantion war geschichtlich ein fast unbeschriebenes Blatt. Hier
herrschten Konstantins Nachfolger zwar nicht gänzlich losgelöst, aber doch geographisch fern
von der alten römischen Senatsaristokratie, die weiterhin an den überkommenen heidnischen

Kulten öffentlich festhielt, mit Wehmut die klassischen Schriftsteller las und die alten visuellen Wahrzeichen griechisch-römischer Tradition verehrte. Daß unter diesen Umständen für Konstantin und seine Nachfolger die einstige Weltstadt Athen mit ihren noch stärkeren kulturellen Traditionen und ihrem betont heidnischen Bildungsbürgertum in gar keinem Falle als geeignete neue Hauptstadt in Frage kam, liegt auf der Hand.

Schon der Apostel Paulus hatte die Stärke und Lebendigkeit der heidnisch-religiösen Ideale Athens erfahren müssen, als er die Stadt auf seiner Missionsreise durch Griechenland besuchte. Während er an anderen Orten wie Korinth zahlreiche Anhänger fand und Gemeinden ins Leben rufen konnte, blieb die Resonanz in Athen offenbar minimal. Er konnte zwar einige wenige Personen für seine Lehre gewinnen, hier aber keine Gemeinde begründen. Die ihm in der Apostelgeschichte Kap. 17 in den Mund gelegte Rede vor dem Areopag ist literarische Fiktion.

Schon mit den unmittelbaren Nachfolgern Konstantins begann, nur für kurze Zeit unterbrochen durch die Regentschaft des heidnischen Kaisers Julian Apostata (der Glaubensabtrünnige), eine Heidenverfolgung, die alles, was zuvor Christen widerfahren war, in ihren Ausmaßen weit in den Schatten stellte. Priester und Anhänger aller heidnischen Kulte wurden sowohl durch staatliche Dekrete wirtschaftlich geschädigt und an ihrer Kultausübung gehindert als auch in regelrechten Pogromen massenweise ermordet. Unermeßlicher Landbesitz und bewegliche Reichtümer gelangten durch Enteignung heidnischer Heiligtümer in die Hände des Staates und der christlichen Institutionen. Viele heidnische Bildwerke wurden dabei vernichtet, andere als Raubtrophäen oder auch als Relikte einer akademischen Bildung in den Palästen christlicher Machthaber, ja sogar in Kirchen aufgestellt. In der ersten Sophienkirche in Konstantinopel, die später abbrannte, sollen 427 antike Statuen, darunter eine ganze Reihe heidnischer Götterbilder, wie in einer Galerie ausgestellt worden sein.

Inwieweit die überlieferten antiheidnischen Dekrete befolgt wurden, ist in den meisten Einzelfällen nicht mehr festzustellen. So weiß man nicht, ob im 4. und frühen 5. Jh. auf der Athener Akropolis die alten Kulte im Erechtheion-Bezirk, dem Nike-Heiligtum und dem der Artemis Brauronia noch ausgeübt wurden. Auch von Verwüstungen der Gebäude und einer Demolierung ihrer Kultbilder in dieser Zeit ist nichts bekannt. Die Athena Parthenos muß im späten 4. Jh. noch an ihrem Ort gestanden haben, denn der byzantinische Schriftsteller Zosimos berichtet (Historia Nova IV 18), daß im Jahr 375 bei einem Erdbeben der Oberpriester des eleusinischen Mysterienkultes eine Zauberpuppe des Achill unter die Athena Parthenos legte, um durch diese Zeremonie einen magischen Schutz gegen die drohenden Naturgewalten zu erreichen. Bezeichnend ist die Tat selbst, bezeichnend ist aber auch, daß die Behörden den greisen Priester festnahmen und für irrsinnig erklärten, war doch der Parthenon als Nicht-Tempel auch nach heidnischer Auffassung der ungeeignetste Ort für ein solches Ritual. Jedem, der heute, ausgerüstet mit Gebetbuch und Kerze, in einer Sparkasse oder einem Museum zur Andacht niederkniet, könnte schnell Vergleichbares widerfahren.

Besonders Kaiser Theodosius I. (Regierungszeit 379–395) war ein überzeugter und fanatischer Unterdrücker des Heidentums ebenso wie von der Reichskirche abweichender christlicher Glaubensrichtungen. Dies hinderte ihn jedoch nicht daran, die Hauptstadt Konstantinopel mit

143   Silberplatte des Kaisers Theodosius I., 388. Madrid, Museo Archeologico.

Siegesmonumenten zu schmücken und Kirchen mit Bildern und Skulpturen zu verzieren, die
einen deutlich klassizistischen Stil aufweisen und Bildmotive enthalten, die gänzlich der heidnischen Antike entnommen sind. Auf einem großen Silberteller, der als kaiserliches Geschenk
einem hohen Würdenträger überreicht wurde, ließ sich Theodosius zusammen mit seinen Mit-
regenten, beschützt von Leibwächtern, in einer Art Herrscherloge darstellen. Ein gebückter
Beamter mit verhüllten Händen empfängt aus der Hand des Kaisers eine Urkunde. Strengstes
Zeremoniell am Hof des christlichen Kaisers ist das Thema des Bildes. Im unteren Segment des

Tellers aber erscheint zwischen Ähren und nackten, geflügelten Putten eine nur halbbekleidete lagernde Frau mit Füllhorn: Tellus oder Terra als heidnische Personifikation der Fruchtbarkeit der Natur, die die Regentschaft des Kaisers gewährleisten soll.

Die Zwiespältigkeit der hinter solchen Bildern liegenden Vorstellungen sollte über Jahrhunderte andauern. Nackte Putten, heidnische Heroen und sogar die alten Götter blieben weiter in der Bilder- und Literaturwelt lebendig, doch wie in ein Reservat gesperrt als Dekor staatlicher und individueller Repräsentation. So konnte noch im 6. Jh. der ägyptische Präfekt und lyrische Dilettant Julianos, sicherlich ohne den Parthenon je betrachtet zu haben, ein Ziergedicht mit Anspielung auf Athena und Poseidon, wie sie im Westgiebel dargestellt waren, verfassen (Anthologia Graeca XVI 157).

Theodosius war kein grundsätzlicher Verächter antiker Bildwerke, aber sie dienten für ihn allein als Versatzstücke in den oben geschilderten neuen Verwendungszusammenhängen. So ist wahrscheinlich, daß schon unter seiner Herrschaft auch von der Akropolis viele der berühmten Statuen und gewiß manches der ebenfalls dort aufbewahrten wertvollen Edelmetallgeräte nach Konstantinopel gebracht wurden. Auch die Athena Parthenos teilte wahrscheinlich dieses Schicksal kurze Zeit danach.

Spätestens unter Justinian (Regierungszeit 527–565) war jedes heidnische Leben auf der Akropolis erloschen, die Tempel ebenso wie die Philosophenschulen in der Stadt für immer geschlossen. Parthenon und Erechtheion wurden in christliche Kirchen umgewandelt, wobei die Orientierung der Gebäude umgekehrt werden mußte, da die Kirchenapsis im Osten und damit der Eingang auf der gegenüberliegenden Seite im Westen zu liegen hatte. Besonders der Parthenon mit seiner im Inneren umlaufenden zweistöckigen Säulengalerie, die einst das Standbild der Athena Parthenos umfaßt hatte, bot für Kirchenbaumeister des 5. und 6. Jh. einen geradezu idealen Rahmen, um hier eine Kirche einzurichten, denn eben solche Galerien waren bei Neubauten von Basiliken in dieser Zeit üblich. Man mußte also nur den ursprünglichen östlichen Eingang mit einer Apsis verschließen und die Trennwand zwischen Hauptraum und Schatzkammer in der Cella durchbrechen, und schon gewann man im Parthenon einen nach den damaligen Anschauungen fast perfekten Kirchenraum mit äußerer und innerer Vorhalle und einem durch Galerien dreigeteilten Kirchenschiff. In der Apsis saß die Priesterschaft, die eigentliche Liturgie wurde in dem von den Galerien umschlossenen freien Mittelraum vollzogen. Im Obergeschoß der Galerien wohnten die Frauen dem Gottesdienst bei, in den seitlichen Hallen unten, die durch Vorhänge vom Mittelschiff abgetrennt waren, versammelten sich die Männer der Gemeinde.

Ein Problem allerdings blieb bestehen, und es ist unbekannt, ob und wie es gelöst wurde. Die byzantinischen Basiliken des 5. und 6. Jh. waren lichtdurchflutete Räume mit großen Fenstern sowohl im unteren als auch im oberen Geschoß. Der Parthenon aber muß einen recht dunklen Innenraum besessen haben, jedenfalls ist von Fensterdurchbrüchen an den Seitenwänden nichts bekannt. Möglicherweise wurde jedoch das Dach erneuert und höher gesetzt, so daß sich eine zusätzliche Wandzone mit Fenstern ganz oben einfügen ließ. Schließlich verschloß man den äußeren Säulenkranz des Parthenon mit Ausnahme des Eingangs im Westen durch hohe Trennwände.

Wann exakt alle diese Umbaumaßnahmen stattfanden, ist nicht überliefert, aber die Form der außen eckig ummantelten Apsiden bei Parthenon und Erechtheion legt eine Datierung in das 5. oder 6. Jh. nahe. Die Namengebung der Kirchen ist für diese frühe Zeit unbekannt. In den folgenden Jahrhunderten aber war der Parthenon eine Marienkirche, und es spricht nichts dagegen, daß diese Umwidmung des Baues von der jungfräulichen Athena auf die jungfräuliche Gottesgebärerin Maria bereits im 5. oder 6. Jh. vollzogen wurde. Athena und Alt-Athen mit seiner Religion und seiner philosophischen Rationalität waren überwunden. Nun konnten Priesterschaft und Gemeinde den berühmten, noch heute in der griechisch-orthodoxen Kirche gesungenen Akathistos-Hymnos auf Maria anstimmen, der unter anderem die folgenden Verse enthält:

>Sei gegrüßt, die Du zeigst, daß die Philosophen unweise sind!
Sei gegrüßt, die Du lehrst, daß die Technologen [= Redner] sprach- und gedankenlos sind!
Sei gegrüßt, die Du die Gespinste der Athener zerrissen hast!
Sei gegrüßt, die Du den Trug der Götzenbilder entlarvt hast!«

Daß der neue Kult wie hier auf der Akropolis in die Bauten des alten Heidentums schlüpfte, war nicht die Regel, sondern bildete eher eine Ausnahme, die zeigt, als wie wenig bedeutend dieses einstige Zentrum der Antike nun galt. Riesige christliche Basiliken waren schon unter Konstantin in Rom, Konstantinopel und Palästina entstanden, und auch in Griechenland schossen seit dem Ende des 4. Jh. mit einem Schlag eine ganze Reihe großer und prächtiger Kirchenbauten förmlich aus dem Boden, doch nicht an den altehrwürdigen religiösen Zentren, sondern an neuen Orten. Zu diesen Basiliken gehörten weite Vorhöfe, wo sich die Gemeinden und Pilger sammelten und wo auch zeremonielle Handlungen stattfanden. Dem Parthenon und dem Erechtheion wurden solche Hofanlagen anscheinend nicht zugefügt; jedenfalls sind keine Reste davon beobachtet worden. So zeigt sich auch hieran, daß die Akropolis wohl nicht zu einem wirklich bedeutenden Gemeinde- oder Pilgerzentrum wurde.

Der Bildschmuck des Parthenon war bei dieser christlichen Verwendung des Baues obsolet, ja in den Augen der neuen Rechtgläubigen wohl ein Ärgernis. Ob die offenbar gezielte Beschädigung von Metopen und Giebelskulpturen auf behördliche Anordnung geschah oder dem Mutwillen Einzelner überlassen blieb und nur geduldet wurde, ist unbekannt. In keinem Falle aber sind solche bilderstürmerischen Aktivitäten als schlichte Dummheit oder gar als Irrsinn abzutun. Bilderstürmer haben Bilder ernst genommen und verstanden. Nach heidnischer ebenso wie nach altchristlicher Auffassung waren Bilder – und ganz besonders religiöse Bilder – Stellvertreter dessen, was sie ausdrückten. Darin lag ihre Macht, und wer diese Macht brechen wollte, mußte in einem magischen Akt psychischer Verschiebung das Bild schädigen.

Bestimmte Skulpturen am Parthenon blieben von dieser Zerstörung verschont, so der gesamte Fries wohl deshalb, weil er an wenig exponierter Stelle lag und schon insofern zu keinen Aktionen herausforderte. Von den Giebeln wurde lediglich die Mittelgruppe im Osten entfernt, von den Metopen der Nordseite blieb indessen nur eine einzige unbeschädigt, wohl deshalb, weil die auf ihr abgebildeten Frauen Hera und Athena in Maria mit dem Verkündigungsengel umgedeutet wurden. Auch die Kentaurenmetopen auf der Südseite des Parthenon

144 Nordwestecke des Parthenon mit einer Metope, die von der mittelalterlichen Zerstörung verschont blieb.

sind erhalten geblieben. Hier fällt eine Erklärung schwerer. Möglicherweise wurden die Kentauren als Sternzeichen Zentaur umgedeutet, wie es in so vielen Buchillustrationen und anderen Bildern im christlichen Mittelalter verbreitet war. Beschädigt oder zerstört wurden am Parthenon also nur solche Bildwerke, die in allzugroßer Eindeutigkeit heidnisch-mythologische Inhalte versinnbildlichten.

Byzanz regiert, Athen wird zur Kleinstadt und verfällt

Bereits im Jahre 395 war das Römische Reich in eine westliche und eine östliche Hälfte geteilt worden. Griechenland gehörte fortan zum Ostreich. Während Westrom als staatliche Einheit im 5. Jh. unterging und durch neue Staatsbildungen abgelöst wurde, konnte das Oströmische Reich mit seiner Hauptstadt Byzanz sich über die Völkerwanderungszeit bis ins Mittelalter in ungebrochener Tradition behaupten.

In seiner klassischen Epoche hatte sich Athen als westlicher Pol gegenüber einem feindlichen Orient begriffen und dabei Ideen entwickelt, die bis heute als Ost-West-Vorstellungen in Begriffspaaren wie ›abendländisch/orientalisch‹, ›europäisch/asiatisch‹ und ›zivilisiert/barbarisch‹ nachwirken. Doch nun gehörte Athen selbst zu einer ›östlichen‹ Welt, und es war innerhalb dieser Welt nicht einmal Zentrum, sondern Peripherie: eine unbedeutende Kleinstadt im Byzantinischen Reich, abseits des höfischen Lebens von Konstantinopel und auch fern aller Pilgerwege vom Westen ins Heilige Land.

Kein einziger aus der langen Reihe der byzantinischen Kaiser kam aus Athen oder stammte überhaupt aus Griechenland. Einige vornehme Familien müssen aber in Athen ansässig gewesen sein, denn immerhin fanden dreimal im Laufe der Geschichte Brautsucher der Kaiser hier passende Gattinnen für ihre Herrscher. Eine dieser Kaisergattinnen verbannte 797 einige ihrer Verwandten nach Athen, wo sie offenbar auf der Akropolis gefangengehalten wurden. Auch erfahren wir aus der schriftlichen Überlieferung, daß im 9. Jh. ein byzantinischer Würdenträger als Exponent der bedrückenden und ausbeuterischen Reichsverwaltung bei einem Volksaufstand im Parthenon zu Tode gesteinigt wurde.

Nur einmal rückt im frühen Mittelalter die Akropolis ins Licht der politischen Geschichte, als im Jahre 1018 der byzantinische Kaiser Basileos II., der in Griechenland bis heute ›Bulgaren-Töter‹ genannt wird, Athen besuchte. Schon im 7. Jh. waren slavische Stämme nach Griechenland eingewandert, und im 8. Jh. war in Bulgarien ein Reich entstanden – über längere Zeit eine regelrechte Großmacht –, das Byzanz die Herrschaft streitig machte und auch auf Griechenland einen erheblichen Einfluß ausübte. 1014 wurde dieses erste bulgarische Reich von den Byzantinern zerschlagen. Nach der Entscheidungsschlacht ließ der siegreiche Kaiser 15 000 gefangenen Bulgaren die Augen ausstechen und schickte sie als Hohn dem unterlegenen bulgarischen Zaren zurück. Basileos eroberte alle festen Städte des Bulgaren-Reiches und zog von dort weiter nach Griechenland, wo inzwischen die bulgarischen Volksgruppen ebenfalls niedergemetzelt worden waren.

Auf der Akropolis von Athen ließ er sich von den dort versammelten hohen Militärs, Bischöfen, Richtern und Abgesandten der griechischen Städte in einer Festzeremonie mit prunkvollen Gedichten und Liedern standesgemäß feiern. Die antike Vergangenheit des Platzes war diesem Herrscher völlig gleichgültig. Der Marienkirche im Parthenon schenkte er – in seinen Bulgaren-Feldzügen zu unermeßlichen Reichtümern gekommen – wertvolles Edelmetallgerät, darunter das Wunderwerk einer goldenen ›Ewigen Lampe‹, die scheinbar ohne Nachschub von Brennstoff funktionierte. Diese Lampe wurde im Mittelalter weltberühmt. Der Isländer Säwulf zum Beispiel, der zu Beginn des 12. Jh. nach Jerusalem pilgerte, wußte in seinem Reisebericht über Athen nichts weiter zu sagen, als daß es dort eine Kirche der Jungfrau Maria gebe »mit einer Lampe, in welcher immerfort unversiegbares Öl brennt«. Ein weiterer kunstvoller Automat, den der ›Bulgaren-Töter‹ der Marienkirche spendete, war eine goldene Taube, die als Symbol des Heiligen Geistes das Kreuz über dem Altar in einem Kreis ständig umzog.

Insgesamt jedoch ist und bleibt es still um die Stadt. Die Antike wächst immer weiter zu. Auf dem Plateau der Akropolis und an ihren Abhängen entstehen zahllose kleine Kapellen. Der antike offene Kultbezirk im Westen des Erechtheion (s. S. 211) wird nun als Friedhof genutzt. Auch in den Propyläen und im Nike-Tempel hat man kleine Kirchen eingerichtet. An den Bergabhängen von Mistra bei Sparta kann man sich noch heute eine ungefähre Vor-

145 Christliche Malereireste in der Cella des Parthenon. Umzeichnung.

stellung machen, wie im Mittelalter die Akropolis mit ihren im Verhältnis zur Bewohnerzahl der Stadt so vielen Kirchen gewirkt haben muß: Einsiedler verbrachten zu Füßen der Akropolis ihr Leben auf antiken Säulen, die noch aufrecht standen, und unterhielten mit den Gläubigen und Schaulustigen ihre eigenartige Kommunikation. Erechtheion und Parthenon waren mit Wandmalereien geschmückt worden, und an Säulen und Mauern des Parthenon wurden Namenlisten von kirchlichen Würdenträgern eingeritzt.

Immerhin war Athen Bischofsstadt, und dieser Tatsache verdankt sie noch einmal eine eindringliche und bewegende literarische Schilderung aus der Zeit unmittelbar vor ihrer Eroberung durch westliche Heere. Wohl im Jahr 1174 wurde der hochgebildete, in allen antiken Schriften bewanderte Geistliche Michael Choniates aus Konstantinopel zum Bischof von Athen berufen. Mit den höchsten Erwartungen reiste er zur Stadt seiner glühenden Verehrung. Die Athener empfingen ihn enthusiastisch, doch der gelehrte Bischof traute seinen Augen nicht. Statt glänzender Marmorbauten fand er zerfallene Mauern und hüttengleiche Häuser zu seiten armseliger Gassen. Wie auf Schutthaufen hausten nach seinem Eindruck die Menschen.

Michael bezog seinen Amtssitz auf der Akropolis und hielt eine Begrüßungsrede an seine neue Gemeinde. In panegyrischer Übertreibung nannte er die Parthenon-Kirche einen »... wunderschönen hellstrahlenden Tempel und anmutsvollen Königspalast, die heilige Wohnung des aus der Gottesmutter leuchtenden wahren Lichts ...« (op. I p. 105). Er rühmte die Wunderwerke, die der ›Bulgaren-Töter‹ Basileos im Parthenon aufgestellt hatte, verherrlichte Athen als Stadt der Redekunst, der Philosophen und der antiken Feste und bezeichnete seine Gläubigen als die christlichen Nachfahren der glorreichen alten Athener. Als Christen sollten sie die Tugenden eines Themistokles, Perikles und der Marathon-Kämpfer noch übertreffen: Ja, Athen sei dazu berufen, die ganze Welt zu erleuchten.

In byzantinischer Manier erklärt Michael Choniates in seinen Schriften, daß seine anspielungsreiche Begrüßungsrede an die Athener ein wahres Muster an Einfachheit gewesen sei, bekennt aber, daß die Zuhörer schon seine byzantinisch-hochgriechische Sprache nicht verstanden, geschweige denn den Inhalt seiner kunstvollen Darbietung erfaßten. Als literarisch bewanderter Mann erwartete ihn übrigens eine Bibliothek, die ganze zwei Schränke umfaßte und neben dem Altar im Parthenon stand. Über 30 lange Jahre verbrachte der desillusionierte Bischof, ständig den Verfall der alten Größe Athens beklagend, in seinem Amtssitz auf der Akropolis, bis er auf seine dringenden Bitten hin 1204 endlich aus der Stadt abberufen wurde, die nun einen weiteren schweren Schicksalsschlag erleiden sollte.

Elegie des Michael Choniates auf Athen (12. Jh.)

»Die Liebe zu Athen, deß Ruhm einst weit erscholl,
Schrieb dieses nieder. Doch mit Wolken spielt sie nur,
Und kühlt an Schatten ihrer Sehnsucht heiße Glut.
Denn nimmer, ach, und nirgend mehr erschaut mein Blick
Hier jene einst im Lied so hochgepries'ne Stadt.
In der Aeonen Lauf hat ungemess'ne Zeit
Sie tief begraben unter Steingeröll und Schutt,
Und so erduld' ich hoffnungsloser Sehnsucht Qual.
. . .
Weh mir! was leid' und sag' ich, und was schreib' ich hier!
Athen bewohn' ich und doch schau' ich nicht Athen,
Nur öde Herrlichkeit bedeckt mit grausem Schutt.
O Stadt des Jammers, wo sind deine Tempel hin?
Wie ward zunicht hier alles, schwand zur Sage fort
Gericht und Richter, Rednerbühne, Abstimmung,
Gesetze, Volksversammlung und des Redners Kraft,
Der Rat, der Feste heil'ger Pomp und der Strategen
Kriegsherrlichkeit im Kampf zu Lande wie zur See,
Die formenreiche Muse, und der Denker Macht.
Ein Untergang verschlang den ganzen Ruhm Athens,
Kein Pulsschlag lebt davon, kein kleinstes Merkmal mehr.«

(Übersetzung von F. Gregorovius aus ›Geschichte der Stadt Athen im Mittelalter‹)

Die Akropolis – Beute des Abendlands

Schon seit dem 11. Jh. wurde das Byzantinische Reich von Turkvölkern im Osten und von Normannen im Westen bedrängt. Auch Venedig begann, ein Netz von Handelsstützpunkten in der Ägäis aufzubauen. Nicht die Türken jedoch, sondern westliche Machtinteressen trieben unter dem Vorwand des Kreuzzuggedankens Byzanz und damit auch Griechenland als erste in den Zusammenbruch. Kreuzfahrerheere aus Venetianern, Franzosen, Lombarden und Deutschen eroberten 1203 und 1204 zweimal Konstantinopel. Die Weltstadt mit ihren Kirchen, Palästen und Kunstschätzen wurde von den marodierenden Söldnerhaufen geplündert und teilweise in Brand gesetzt, die Bevölkerung in einem Massaker niedergemetzelt. Viele antike Monumente müssen der Feuersbrunst zum Opfer gefallen sein; andere wurden als Siegestrophäen mitgeschleppt, so etwa von den Venetianern die vier antiken Bronzepferde, die heute an der Fassade des Markus-Doms stehen (s. S. 25). Wieder anderes wurde an Ort und Stelle zu Münzgeld eingeschmolzen und für die Bezahlung der Truppen verwandt. Eine jahrhundertealte Bildungstradition von der Antike bis ins Mittelalter wird mit dem Fall Konstantinopels durch westliche Freibeuter schlagartig unterbrochen.

Auch Griechenland wird zur Beute des Westens und ist in den folgenden Jahrhunderten der Kriegswut und Abenteuerlust des fahrenden Adels Europas ausgeliefert. Immer wieder wechselt von nun an die Akropolis ihren Besitzer. 1204 übergibt der Bischof Michael Choniates, von dem im letzten Kapitel schon die Rede war, die Akropolis an die Franken. Die Parthenon-Kirche wird von den christlichen Soldaten geplündert, die geweihten Geräte eingeschmolzen, die karge Bibliothek geraubt, die Akropolis als Nebenresidenz eines burgundischen Herren de la Roche-sur-Ougnon hergerichtet, der seinen Hauptsitz in Theben bezieht. Die bis dahin byzantinisch-orthodoxe Parthenon-Kirche unterstellt der neue Herrscher dem römischen Papsttum; ein eigens eingesetzter römisch-katholischer Klerus hält Einzug auf der Akropolis. Unter Otto de la Roche, dem neuen ›Sire d'Athènes‹, wird in Attika ein militärisch gestütztes feudales Lehnssystem eingeführt, in dem die ehemaligen Bauern nun als besitzlose Landarbeiter und Pächter für ihre lateinischen Grundherren arbeiten. Niketas, ein Bruder des emigrierten orthodoxen Bischofs Michael, charakterisiert die fränkischen Raubritter und ihre gemieteten Soldaten mit den folgenden Worten: »Jede Grazie und Muse ist ihnen fremd; Wildheit ist ihre Natur, und Zorn übermannt bei ihnen die Vernunft.« (Niketas, urbs capta p. 791)

1311 kam die Akropolis in katalanische Hand. Ein Söldnerheer, das ein späterer Herzog aus dem Hause de la Roche in Dienst genommen hatte, kehrte sich gegen seinen Herrn, tötete ihn in einem Kampf und nahm Attika in Besitz. Offenbar unfähig und unwillens, ohne einen spendablen auswärtigen Herrn auszukommen, erkoren die Soldaten einen spanischen Herzog aragonischen Geschlechts zum neuen Burgherrn und unterstellten sich darüber hinaus in einem förmlichen Vertrag dem sizilischen König Friedrich III. 1387 schließlich besetzte der florentinische Kaufmann und Bankier Rainerio Acciajoli, der schon vorher in Korinth residiert hatte, mit einer gemieteten Truppe Athen und die Akropolis. Bis zum Jahre 1458, als Athen in türkische Hand fiel, stand nun – mit einer kurzen Unterbrechung – Athen unter florentinischer Herrschaft.

Die Machtausübung der florentinischen Adelsfamilie der Acciajoli unterschied sich wohltuend von der ihrer Vorgänger. Das von den Franken dem Land aufoktroyierte Feudalsystem verschwand. Unter der militärisch und kaufmännisch orientierten Herrschaft der Acciajoli wird Attika zu einem gewinnbringenden Exporteur von Feigen und Rosinen. Auch in Kirchensachen zeigen sich die Acciajoli liberaler als ihre Vorgänger. Der Parthenon auf der Akropolis bleibt der römisch-katholischen Kirche überlassen, in der Unterstadt aber setzen die florentinischen Herrscher zur Befriedung der Bevölkerung und mit Rücksicht auf Byzanz einen griechisch-orthodoxen Metropoliten ein. Trotz dieser auf Ausgleich bedachten Politik hat die Herrschaft der Florentiner in Athen nichts hervorgebracht, was sich auch nur entfernt mit Florenz oder selbst irgendeiner kleinen oberitalienischen Stadt vergleichen ließe. Ständig in gefährlicher Konkurrenz zu Venedig und allein auf diplomatisches Geschick und eine Handvoll Söldnertruppen angewiesen, sind doch auch die Acciajoli Desperados, die, fern ihrer Heimat und ohne die dortigen sozialen Kontrollen, ihre Gewinngier befriedigen.

Auch während der Herrschaft der Florentiner auf der Akropolis rissen die Kriegswirren nicht ab. Mehrmals wurde die Stadt von verschiedenen Heeren heimgesucht und die Akropolis belagert. 1394 kam die Burg für kurze Zeit in die Hand der Venetianer, seit 1403 aber herrschten wieder die Acciajoli auf der Akropolis. Unter diesen Umständen wundert es nicht, daß die Akropolis mit ihren immer noch vorhandenen großen antiken und byzantinischen Bauresten sich immer mehr zu einer reinen Wehrburg mit starken Mauern, hohen Türmen und Zinnen entwickelte. Während die Stadt selbst fast gänzlich verschwand, hielt sich die Burg wie ein Felsennest, dem letztlich nicht einmal mehr große strategische Bedeutung zukam. Zwar haben nach Ausweis der historischen Quellen die Acciajoli auf der Akropolis versucht, eine prunkvolle Hofhaltung zu betreiben. Obwohl ihr ›Palast‹ durch die Jahrhunderte stand – möglicherweise in die Propyläen eingebaut –, weiß man heute fast nichts über seine Ausdehnung und über seine Gestalt, denn seine Reste wurden 1835 im Befreiungstaumel nach dem Sieg über die Türken unter der nun bayerischen Regierung von Archäologen abgerissen und rückstandslos beseitigt.

Während die Florentiner auf der Akropolis noch bis 1458 residierten, waren ihr Handel und ihre diplomatische Bewegungsfreiheit doch längst schon vom Vorrücken des Osmanischen Reiches eingeengt, ja das florentinische Athen war zu einem regelrechten Vasall geworden, der an den türkischen Sultan Tribute zahlte. Nur noch einzelne Stützpunkte wie die Akropolis konnten von westlichen Kaufleuten in Griechenland unterhalten werden. Sie suchte man mit immer höheren Mauern und Türmen gegen die türkischen Heere ebenso wie gegen umherziehende rivalisierende westliche Truppen zu sichern. Verzweifelt und immer mehr abgeschnitten baute und lebte man in den Burgen gegen das Verrinnen einer Epoche an.

Die zähe Verteidigung Griechenlands und seine schließliche Eroberung durch die Türken (zu den historischen Ereignissen s. S. 17) wurde später oft als grundsätzlicher Kampf zwischen Abendland und Orient, zwischen Christentum und Islam hingestellt. Tatsächlich verliefen die Fronten anders, waren die Interessenverflechtungen komplizierter. Waren es abendländische Christen gewesen, die zu Beginn des 13. Jh. ihre orthodoxen Glaubensbrüder in Konstantinopel ausgerottet hatten, so unterstützten nun manche griechisch-orthodoxe Geistliche Athens

146   Die Akropolis als Festung, Zustand 1819–1823. Kupferstich nach einer Zeichnung des Architekten
H. Hübsch.

in ihrem verständlichen Haß gegen die westlichen Lateiner türkische Machtbestrebungen. Umgekehrt gingen auch die florentinischen und venetianischen Herzöge auf wechselnde griechisch-orthodoxe wie auch auf türkische Geldforderungen zur Erhaltung ihrer Präsenz ein. Athens Eroberung durch Sultan Mehmet war am Ende keine Katastrophe, sondern nur der vorläufige Schlußpunkt einer jahrhundertelangen, für Athen meist leidvollen Geschichte. Es ist bezeichnend für den Eroberer Mehmet, daß er den letzten Acciajoli vertragsgemäß von der Akropolis abziehen ließ und ihm sogar gnadenhalber ein Stück Land bei Theben als Lehen gewährte.

Griechen und Türken. Oder: Archäologie und kein Ende?

Die zu Anfang dieses Buches geschilderte Fremdherrschaft der Türken in Griechenland (s. S. 17 ff.) hat die Beherrschten wie nie zuvor suchend auf ihre Vergangenheit zurückblicken lassen. Diese Vergangenheit verlief, wie wir gesehen haben, verwickelt und oft leidvoll. So viele Umwälzungen waren geschehen, so vielfältige auswärtige Einflüsse wirksam geworden, daß

255

kaum mehr auszumachen war, was man überhaupt als griechische Identität ansehen konnte. Schon im 6. und 5. Jh. v. Chr. war Athen nie ›rein‹ griechisch gewesen; dort lebten neben vielen Griechen aus fremden Städten auch zahlreiche ›Ausländer‹, die durchaus das mitgeprägt haben, was später als griechische Klassik galt. Erst recht der griechische Hellenismus war eine Epoche regelrechter Vielvölkerstaaten.

In der langen Zeit, in der Griechenland und Athen zum Römischen Reich gehörten, blieb griechisch dort zwar immer Amtssprache, aber die Vermischung kultureller und ethnischer Gruppen zeichnet sich besonders in der späten Kaiserzeit überdeutlich ab. Auch Byzanz, unter dessen Regierung Athen jahrhundertelang stand, war trotz seiner griechischen Amtssprache alles andere als ein griechischer Staat, sondern vielmehr ein Weltreich, in dem sich viele verschiedene Völkerschaften mit unterschiedlichen Traditionen verbanden und im Laufe der Zeit auch mischten. Schließlich können auch viele der sogenannten Barbareneinfälle in Griechenland nicht allein als kriegerische Episoden angesehen werden, sondern auch hier handelte es sich, etwa bei den Slaven und Albanern, zuweilen um regelrechte Einwanderungsbewegungen, die bleibende Spuren hinterlassen haben. Normannen, Franken, Katalanen, Florentiner und Venetianer zogen durch Griechenland, und nur ein vom Leben abgehobener Geschichtsblick könnte übersehen, daß auch ihre Anwesenheit zu dem beigetragen hat, was uns heute vor Augen steht.

Endlich die türkische Besatzungszeit: Es mag sein, daß hier aufgrund der politischen und religiösen Feindschaft kaum eine ethnische Vermischung stattfand. Um so größer aber war doch der Einfluß des Osmanischen Reiches gerade auf das kulturelle Alltagsverhalten seiner Untertanen. Wechselseitige Prägungen haben hier in der Ägäis einen Lebenshabitus hervorgebracht, der heute seinen durchaus eigenen Charakter besitzt und den man nur mit Einschränkungen griechisch oder türkisch nennen kann. Bis in viele sprachliche Ausdrücke täglicher Verrichtungen – zum Beispiel in der Fischerei – läßt sich diese Herausbildung einer gemeinsamen, nicht an Volk oder Nation gebundenen Kultur zeigen.

Wo also lag die Identität des neuzeitlichen Griechentums? Fand doch ein Reisender wie Fürst Pückler-Muskau in den Jahren nach dem Befreiungskrieg speziell in Athen eine Bevölkerung, die die Gassen mit »sechs bis sieben Sprachen erfüllte«. Auch bemerkte er voll Ironie: »Die armen Griechen müssen jetzt auch sogar ihren türkischen Fes abnehmen, weil die Regentschaft dies ... so befohlen hat.« (Südöstlicher Bildersaal, 1840)

Gewiß gab es im frühen 19. Jh. eine neugriechische Sprachgemeinschaft und, mit Einschränkungen, auch die Tradition der griechisch-orthodoxen Kirche. Für viele Griechen mag dies neben wirtschaftlichen Gründen bereits Motiv genug gewesen sein für eine Auflehnung gegen die türkische Herrschaft. Gerade diese im Mittelalter und in der frühen Neuzeit gewachsenen Traditionen aber lagen den modernen ausländischen Mächten, die den griechischen Befreiungskrieg militärisch bestimmten, völlig fern. Von ökonomischen und politischen Interessen einmal abgesehen, war es für sie Alt-Griechenland oder das, was man davon auf der Balkan-Halbinsel noch als lebendig vermutete, was vom ›orientalischen Joch‹ befreit werden sollte.

Diese auf Alt-Griechenland gerichteten klassizistischen Träume des westeuropäischen Bürgertums aber wurden den neuzeitlichen Griechen im Befreiungskrieg aufgedrängt und mit

147 Türkische Dame. Stich von Le Hay 1712/13.

148 Griechische Dame, Athenerin. Stich des 18. Jh.

den echten vorhandenen, aus dem Mittelalter herrührenden Traditionen zu einem irrealen
Geschichtsbild verwoben: zu einer Tradition, die scheinbar ungebrochen von der Gegenwart
zurück bis in die Antike reichte, ja deren jüngere Zwischenstadien sogar als unerheblich abge-
wertet werden konnten. Nur so konnte ein unmittelbarer Zusammenhang von Kulturtraditio-
nen der Neuzeit mit einer von aller gegenwärtigen Lebenspraxis abgetrennten Antike konstruiert werden. Und nur so konnten sich nationalbewußte Griechen, gleich dem mittelalterlichen Traumbild eines Michael Choniates, als echte Nachfahren der alten Hellenen sehen.
Selbst die altgriechische Bezeichnung ›Hellenen‹, die lediglich im Volksmärchen als Name
eines mythischen Volkes kraftstrotzender und unsterblicher Riesen weitergelebt hatte, wurde
nun in den 20er Jahren des 19. Jh. wieder neu an Stelle von ›Griechen‹ eingeführt – zunächst
nur als Bezeichnung für die griechischen Freiheitskämpfer und erst in der Folgezeit als Bezeichnung der Griechen schlechthin.

Wie immer bei der Bildung eines Nationalbewußtseins, mußte alles ›andere‹ ausgegrenzt
werden: Bulgarisches, Türkisches, Serbisches, Lateinisches. Jedes Nationalbewußtsein enthält
nun einmal notwendig in sich die Abwertung des jeweils vermeintlich anderen, sucht seine
Identität immer nur im ›Eigenen‹. Im griechischen Befreiungskrieg wurde diese Ausgrenzung
zusätzlich zu einem welthistorischen Gegensatz hochstilisiert, dem angeblich so klaren und

149   Albaner. Stich aus J. Cartwright, Costume Plates, 1822.

ewigen Dualismus zwischen West und Ost, Kultur und Barbarei, Christentum und Islam, Rationalität und Irrationalität. In diesem konstruierten Gegensatz aber konnte sich das gesamte westeuropäische Bürgertum als auf der richtigen Seite stehend definieren, als Hüter ewiger Werte der altgriechischen Kultur. Und ganz besonders der deutsche Humanismus beanspruchte bis in die 50er Jahre unseres Jahrhunderts hinein mit immer neuen Begründungen das ›geistige Erbe‹ Alt-Griechenlands speziell für sich, indem er eine besonders tiefe Wesensverwandtschaft zwischen ›Griechentum‹ und ›Deutschtum‹ beschwor.

Schon die alten Athener hatten, wie bereits beschrieben, nach den Perser-Kriegen Ansätze eines solch dualistischen Weltbildes mit den Gegensätzen ›europäisch-kulturell‹ einerseits und ›asiatisch-barbarisch‹ andererseits entwickelt (s. S. 158 ff.), eine Vorstellung, die weiter ausgebaut in der Neuzeit so viel Unglück verursachen sollte. Die alten Athener hatten zudem auf der Akropolis mit ihren Bauten und Bildern Denkmäler geschaffen, die für sie selbst ein Siegessymbol in diesem Konflikt darstellten und die auch in der Neuzeit immer wieder als ein solches Symbol verstanden wurden. Was lag nach dem griechischen Befreiungskrieg also näher, als die Akropolis zum Wahrzeichen des Griechentums schlechthin zu erklären?

Was nationalbewußte Griechen und Westeuropäer, namentlich Deutsche, nach Abschluß des Befreiungskrieges jedoch vorfanden, war nicht dieses Wahrzeichen, sondern ein unregelmäßiges, buntes, verwirrendes und trümmerhaftes Gebilde – Ablagerung und Spur eines jahrtausendelangen Zusammentreffens unterschiedlichster Kulturen. Viele der Überreste erschienen bei der Schaffung eines nationalen Denkmals nicht nur überflüssig, sondern sogar schädlich. So wurde die Akropolis – nicht anders als unsere in Büchern mitgeteilte Geschichte – ›gereinigt‹, mit all den Konsequenzen und Wirkungen, die wir eingangs dargestellt und die das hervorgebracht haben, was der Reisende heute bei seinem Besuch Athens vorfindet.

Archäologen haben damals mit ihrer Wissenschaft, Schreibtischgelehrtheit und praktischen Tätigkeit das ausgeführt, was ihnen von außen aufgetragen war und wovon sie auch selbst überzeugt waren. Sie haben dabei in Leugnung der vielfältigen historischen, religiösen, künstlerischen, politisch-wirtschaftlichen und auch ethnischen Verflechtungen die klassische Akropolis unmittelbar und pur wiederherzustellen versucht. Doch nicht nur im 19. Jh. wurde die Aufgabe der Herauspräparation ›sinnstiftender‹ Monumente und ihre wissenschaftlich untermauerte Deutung an die Archäologie herangetragen. Auch heute, und gerade in allerjüngster Zeit wieder, soll Geschichte und insbesondere die Archäologie mit ihren scheinbar so sicheren, handgreiflichen Beweisen Identität sichern – fast immer den Mythos nationaler Identität, ob in Bulgarien, Rumänien, Albanien oder in Griechenland oder der Türkei, mal in offener, mal in verdeckter Form.

150   Der Basar von Athen mit Griechen, Türken und Albanern. Aquatintatafel aus E. Dodwell,
Views in Greece (1821).

Unsere im Vorangegangenen vielfach angeklungene Kritik zielt nicht auf eine Befreiung von Geschichte, aber sie zielt auf eine Lösung von Pseudotraditionen, die unbefragt unser Hier und Heute immer wieder in ihre jeweiligen Behauptungen einbinden. Wenn heute die Forderung der griechischen Regierung nach einer Rückführung der Elgin Marbles (s. S. 37ff.) von London nach Athen erhoben wird, so ist dies an sich verständlich und plausibel. Doch die Parthenon-Skulpturen sind auch in London inzwischen zu einem Stück Weltgeschichte geworden. Ihre Rückführung wäre nur ein weiterer Mosaikstein in einer langen Reihe von Tilgungen geschichtlicher Ereignisse, durchgeführt zum Zweck der möglichst vollständigen Wiederherstellung eines Nationalheiligtums, ist es doch der Hinweis auf nationale Identität, mit dem derzeit die griechische Regierung die Zurückgabe der Elgin Marbles fordert. Und gerade dieses Argument macht unserer Meinung nach diese Forderung so zwiespältig.

Wo sollte für einen modernen Griechen und eine moderne Griechin der unmittelbare Anknüpfungspunkt liegen, wenn er oder sie auf dem Parthenon-Fries einen nackten jungen Mann zu Pferd sieht – aus einer längst vergangenen Epoche und einer ebenso lange vergangenen gesellschaftlichen Realität? Sollten also die Elgin Marbles nicht nach Athen zurückgegeben werden? Wir meinen, daß eine Rückführung heute sehr wohl möglich und sinnvoll wäre, nur eben nicht aus Gründen, wie sie zur Zeit von der griechischen Regierung vorgetragen werden, sondern als eine endlich fällige Geste des deutlichen Abrückens von einer jahrhundertelangen öffentlichen und privaten Sammeltätigkeit, die die Objekte aus ihrem Kontext isoliert und die bis heute in aller Welt Kunstraub überhaupt erst möglich und lohnend macht.

Anschaulichkeit, wie sie die Archäologie bietet, scheint eines der besten Mittel der Vergegenwärtigung und Versicherung. Was wir hören oder lesen, mögen wir bezweifeln; was wir dagegen sehen und anfassen können, wie die Ruinen der Akropolis, erscheint uns als unbezweifelbare Realität. An welchen Punkten gerade diese Realität trügt, haben wir im ersten Teil dieses Buches zu zeigen versucht.

Ein beliebtes weiteres Vehikel, sowohl den Laien als auch den Fachmann in den Glauben zu versetzen, Altes könne exakt rekonstruiert, im Wortsinne also ›wiederhergestellt‹ werden, ist der Einsatz modernster Technologie. Ob es die Computer sind, die angeblich die Steine ordnen, ob naturwissenschaftliche Verfahren, die geschichtliche Zusammenhänge aufhellen sollen, oder gewaltige Präzisionskräne, die höchste Baugenauigkeit gewährleisten, all dies soll uns nahelegen, daß die Wissenschaft objektiv und exakt Vergangenheit wiederherstellt, daß sie tatsächlich einen nicht mehr vorhandenen Zustand authentisch restauriert.

Wie wenig auch dies für die Akropolis zutrifft, wird dem Leser dieses Buches deutlich geworden sein. Was entstand, war vielmehr die Verwirklichung eines Traums, ein Konstrukt, das es in dieser Gestalt in der Geschichte nie gegeben hatte. Das bezeichnete Ziel ist nun einmal nicht erreichbar, Vergangenheit immer unwiederbringlich; sie kann nie zurückgeholt werden, auch nicht in Teilen, und sie kann nicht einmal beschrieben werden, wie sie einmal war. So stellt sich die Frage, ob Restauration, ob die Wiederherstellung eines vergangenen Zustandes überhaupt Aufgabe der Archäologie sein kann oder soll. Dem Wort Restauration haftet ja heute auch sonst nichts unbedingt Positives an. Steht nicht hinter der Restaurierung von Gebäuden der weitergreifende Gedanke der Restaurierung einer Epoche?

Auf der Akropolis hat die Archäologie eine gereinigte Ruinenlandschaft als Symbol einer vergangenen, aber angeblich immer noch lebendigen Klassik geschaffen. Wir haben demgegenüber in unserer historischen Schilderung des Burgbergs versucht, eine ›ungereinigte‹, vielfältige und über-nationale Vergangenheit darzustellen. Auch diese Schilderung nimmt nicht den Charakter des allein Wahren oder Richtigen für sich in Anspruch. Sie ist von *unseren* Lebensanschauungen und Werturteilen geprägt. Das Netz, das der Historiker und Archäologe auswirft, ist immer sein eigenes, modernes. Die Fragen sind die unserer heutigen Zeit.

Die Öffentlichkeit war es, die in der Vergangenheit die Ziele der Archäologie bestimmt hat, und die Öffentlichkeit ist es auch heute, die legitimerweise auf die Zielsetzungen der Archäologie maßgeblich Einfluß nimmt. Die Akropolis von Athen wird jährlich von vielen Millionen Menschen besucht; es wäre absurd sich vorzustellen, daß diese Tatsache nicht auf wissenschaftliche Erforschung, Dokumentation und Restaurierung der Denkmäler einwirken sollte. Anders als das alte Bildungsbürgertum sind heute viele Touristen nicht mehr belastet von dem Zwang, durch Geschichte Identität finden zu müssen, und sie gehen deshalb auch unbefangener mit dem Phänomen Akropolis um. Die Archäologie hat gegenüber diesem veränderten Verhalten unterschiedliche Standpunkte eingenommen, die von Verachtung des Massentourismus bis zu vorteilsuchender Anbiederung reichen – mal wird der Tourist für unbelehrbar, mal für belehrbar gehalten. In jedem Fall aber gilt als ausgemacht, daß der Archäologe die Fragen der Geschichte und des Umgangs mit Geschichte grundsätzlich besser beurteilt als der Nicht-Fachmann. Wir haben uns diese Auffassung nicht zu eigen gemacht und deshalb unsere Argumentation in keinem wichtigen Punkt verkürzt oder vereinfacht. Auch haben wir unser eigenes Fach nicht als einen sicheren Hort objektiven Wissens dargestellt, das es zu vermitteln gilt, sondern als eine interessante, aber auch problematische Wissenschaft, die auf die kritische Auseinandersetzung mit einer interessierten Öffentlichkeit angewiesen ist.

Hinweise auf Fachliteratur

Abkürzungen

AA	Archäologischer Anzeiger
AJA	American Journal of Archaeology
AM	Mitteilungen des Deutschen Archäologischen Instituts, Athenische Abteilung
AntK	Antike Kunst
BCH	Bulletin de Correspondance hellénique
DAI	Deutsches Archäologisches Institut
JdI	Jahrbuch des Deutschen Archäologischen Instituts
JHS	Journal of Hellenic Studies
RA	Revue archéologique

Allgemeines

E. Beulé, L'Acropole d'Athènes (Paris 1853/54).

A. Boetticher, Die Akropolis von Athen (Berlin 1888).

W. Miller, A History of the Acropolis. In: AJA 8, 1893, S. 473–554.

Ch. Picard, L'Acropole (Paris o. J.).

M. Schede, Die Burg von Athen (Berlin 1922).

G. Busolt, Griechische Staatskunde. Handbuch der Altertumswiss. IV 1, 1 (München 1926).

O. Walter, Athen, Akropolis (Wien 1929).

W. Judeich, Topographie von Athen. Handbuch der Altertumswiss. III 2, 2 (München 1931).

J. Travlos, Bildlexikon zur Topographie des antiken Athen (Tübingen 1971).

R. J. Hopper, The Acropolis (London 1971).

J. Travlos, Athènes au fil du temps. Atlas historique d'urbanisme et d'architecture (Paris 1972).

M. S. Brouskari, Musée de l'Acropole (Athen 1974).

H. Bengtson, Griechische Geschichte von den Anfängen bis in die römische Kaiserzeit. Handbuch der Altertumswiss. III 4 (München 1977).

E. Melas, Athen (Köln 1977).

G. Gruben, Die Tempel der Griechen (München 1980).

E. Berger (Hrsg.), Parthenon-Kongreß Basel 1982 (Mainz 1984).

Athens in Prehistory and Antiquity. Exhibition on Architecture and City Planning. 15th century BC – 6th century AD (Athen 1985).

U. Muss – Ch. Schubert, Die Akropolis von Athen (Graz 1988).

J. Travlos, Bildlexikon zur Topographie des antiken Attika (Tübingen 1988).

J. Onians, Bearers of Meaning. The Classical Orders in Antiquity, the Middle Ages and the Renaissance (Princeton, NJ. 1988).

Entstehung einer modernen Ruine

J. Baelen, La chronique du Parthénon (Paris 1956).

L. R. Matton, Athènes et ses monuments du XVIIᵉ siècle à nos jours (Athen 1963).

C. W. J. Elliot, Gennadeion Notes – Athens in the Time of Lord Byron. In: Hesperia 37, 1968, S. 134–158.

Katalogos Ektheseos. Taxidiotes stin Hellada apo toun 15 ai hos to 1821 = Reisende vom 15. Jh. bis 1821. Bibliographie. Ethniki Pinakothiki (Athen 1975).

N. Himmelmann, Utopische Vergangenheit. Archäologie und moderne Kultur (Berlin 1976).

M. Pavan, Antichità classica e pensiero moderno (Florenz 1977).

V. Bracco, L' archeologia classica nella cultura occidentale (Rom 1979).

J. Irmscher (Hrsg.), Antikenrezeption, deutsche Klassik und sozialistische Gegenwart (Berlin 1979).

I. Meletopoulos, Athinai 1650–1870 (Athen 1979).

G. Lohse – H. Ohde, Mitteilungen aus dem Land der Lotophagen. Zum Verhältnis von Antike und deutscher Nachkriegsliteratur. In: Hephaistos 4, 1982, S. 139–169.

H. Hiller, – J. Cobet, Die Akropolis von Athen. Verwandlungen eines klassischen Monuments. Ausst. Regionalmuseum Xanten (Köln 1983).

M. Pavan, L' avventura del Partenone (Florenz 1983).

D. Willers, Die gar nicht spontane Begegnung – Oder jeder hat den Parthenon, den er verdient. In: Antike und Europäische Welt. Universität Bern, Kulturhist. Vorlesungen 1983/84 (Bern, Frankfurt u. New York 1984).

Athens from the End of the Ancient Era to Greek Independence. Goulandris-Horn Foundation (Ausst. Athen 1985).

J. Cobet, Bilder der Akropolis von Athen. In: Jahrbuch für Ästhetik: Das Fremde (Aachen 1985) S. 281–306.

L. Schneider, Der Vergangenheit auf der Spur? Überlegungen zur Klassischen Archäologie. In: Hephaistos 7/8, 1985/86, S. 7–37.

W. Hautumm, Akropolis adieu. In: Pan, 1986, Heft 4, S. 24–32.

D. Willers, Antike in der Belletristik des 20. Jahrhunderts. In: Hefte des Archäolog. Seminars Bern 12, 1987, S. 21–39.

Wiederentdeckung der Akropolis in der Neuzeit

H. Schedel, Liber Chronicarum (Nürnberg 1493; Nachdruck Grünwald 1975).

J. Spon, Voyage d' Italie, de Dalmatie, de Grèce et du Levant (1687).

J. D. Le Roy, Les ruines des plus beaux monuments de la Grèce (1758).

R. Sayer, Ruins of Athens (London 1759. Nachdr. London 1969).

J. Stuart – N. Revett, The Antiquities of Athens (London 1762–1816).

R. Chandler, Travels in Greece (Oxford 1776).

M. G. Comte de Choiseul-Gouffier, Voyage pittoresque de la Grèce (1782–1822).

W. M. Leake, The Topography of Athens with some Remarks on its Antiquity (London 1821).

H. W. Inwood, The Erechtheion at Athens (London 1827. Nachdr. Westmead 1972).

Leake's Topographie von Athen – nebst einigen Bemerkungen über die Altertümer desselben (Halle 1829).

L. Comte de Laborde, Athènes aux XVᵉ, XVIᵉ et XVIIᵉ siècles (Paris 1854).

A. Michaelis, Der Parthenon (Leipzig 1871).

A. Michaelis, Die Gesellschaft der Dilettanti in London. In: Zeitschr. für Bildende Kunst 14, 1879, S. 65 ff.

A. Michaelis, Eine Originalzeichnung des Parthenon von Cyriacus von Ancona. In: Archäologische Zeitung 40, 1882, S. 367 ff.

F. Gregorovius, Geschichte der Stadt Athen im Mittelalter von der Zeit Justinians bis zur türkischen Eroberung (Stuttgart 1889. Nachdr. München 1980).

W. Judeich, Athen im Jahre 1395 nach der Beschreibung des Niccolo da Martoni. In: AM 22, 1897, S. 423–438.

H. Omont, Athènes au XVIIᵉ siècle (Paris 1898).

J. Paton, Chapters on Mediaeval and Renaissance Visitors to Greek Lands (Princeton 1951).

J. Colin, Cyriaque d'Ancône. Le voyageur, le marchand, l' humaniste (Paris o. J.).

E. W. Bodnar, Cyriacus of Ancona and Athens (Brüssel 1960).

E. Rücker, Die Schedelsche Weltchronik. Das größte Buchunternehmen der Dürerzeit (München 1973).

W. B. Stanford – E. J. Finopoulos, Lord Charlemont in Greece and Turkey 1749 (London 1984).

M. Vickers, ›New‹ Parthenon Fragments in Venice. In: Antiquity 62, 1988, S. 718–726.

D. Mertens, Jakob Spons Parthenonbild. In: M. Schmidt (Hrsg.), Kanon. Festschr. E. Berger, 15. Beih. AntK (Basel 1988) S. 46–53.

Wirkungen in Europa und Amerika

T. Hamlin, The Greek Revival in America and some of its Critics. In: The Art Bulletin 1942, S. 244–258.

H. H. Russack, Deutsche bauen in Athen (Berlin 1942).

R. G. Osterweis, Three Centuries of New Haven (1953).

H. R. Hitchcock, Architecture. Nineteenth and Twentieth Centuries (Harmondsworth 1958).

J. Burchard – A. Bush-Brown, The Architecture of America (Boston u. Toronto 1961).

D. L. Wiebensen, Sources of Greek Revival Architecture (London 1969).

W. H. Pierson, American Buildings and their Architects (New York 1970).

J. M. Crook, The Greek Revival. Neo Classical Attitudes in British Architecture (London 1972).

S. Sinos, Die Gründung der neuen Stadt Athen. In: Architectura 4, 1974, S. 41–52.

G. E. Kidder-Smith, A Pictorial History of Architecture in America (New York 1974).

H. Hitchcock – W. Seale, Temples of Democracy. The State Capitols of the USA (New York u. London 1976).

K. Döhmer, »In welchem Style sollen wir bauen?« Architekturtheorie zwischen Klassizismus und Jugendstil (München 1976).

R. W. Hammett, Architecture in the United States (New York 1976).

A. Bammer, Architektur als Erinnerung (Wien 1977).

H. Honour, Neo-Classicism (New York 1977).

R. Middleton – D. J. Watkin, Architektur der Neuzeit (Mailand u. Stuttgart 1977).

H. Klotz, Die röhrenden Hirsche der Architektur. Kitsch in der modernen Baukunst (Luzern und Frankfurt/M. 1977).

M. Bushart – S. Hänsel – M. Scholz, Karyatiden an Berliner Bauten des 19. Jhs. In: Berlin und die Antike, hrsg. von W. Arenhövel und Chr. Schreiber. Ausst. Berlin 1979 (Berlin 1979) S. 531–555.

H. Schmidt, Das »Wilhelminische« Athen. In: Architectura 9, 1979, S. 30–44.

H. Wischermann, Canovas Parthenon. Überlegungen zum Tempio Canoviano von Possagno. In: Architectura 10, 1980, S. 134–163.

R. Jenkins, The Victorians and Ancient Greece (Oxford 1980).

H. Oehler, Foto und Skulptur – Römische Antiken in englischen Schlössern. Ausst. (Köln 1980).

H. Oehler, Das Zustandekommen einiger englischer Antikensammlungen im 18. Jh. In: H. Beck (Hrsg.), Antikensammlungen im 18. Jh. (Berlin 1981) S. 295–331.

F. M. Turner, The Greek Heritage in Victorian Britain (New Haven 1981).

A. Bammer, Zum ›Inwoodkapitell‹. In: Boreas. Münsterische Beitr. zur Archäologie 5, 1982, S. 255–258.

D. L. Wiebenson, Stuart and Revett's Antiquities of Athens: The Influence of Archaeological Publications on the Neoclassical Concept of Hellenism. Diss. New York (Ann Arbor 1983).

J. Irmscher, Schinkels Vorschlag der Akropolisrestauration. In: K. F. Schinkel und die Antike = Beitr. d. Winckelmannges. Stendal 12, 1985, S. 40–45.

A. v. Buttlar, Leo von Klenzes Entwürfe zur Bayerischen Ruhmeshalle. In: Architectura 15, 1985, S. 13–32.

Der Königsplatz 1812–1988. Ausst. Staatl. Antikensammlung (München 1988).

Antikenraub

A. H. Smith, Lord Elgin and his Collection. In: JHS 36, 1916, S. 163–372.

J. Gennadios, O Lordos Elgin (Athen 1930).

W. St. Clair, Lord Elgin and the Marbles (New York 1967).

T. Vrettos, A Shadow on Magnitude: The Acquisition of the Elgin Marbles (New York 1974).

C. P. Bracken, Antiquities Acquired. The Spoliation of Greece (London u. Vancouver 1975).

J. Rothenberg, Decensus ad terram. The Acquisition and Reception of the Elgin Marbles (New York 1977).

M. Caygill, The Story of the British Museum (London 1981).

B. F. Cook, The Elgin Marbles (London 1984).

Ch. Hitchens, The Elgin Marbles. Should they be returned to Greece? (London 1987).

Hellenen-Begeisterung und griechischer Befreiungskampf – die Akropolis als Wunschtraum

J. G. Herder, Plastik (Riga 1778. Nachdruck hrsg. v. L. Schneider, Köln 1969).

E. Dodwell, A Classical and Topographical Tour through Greece during the Years 1801, 1805 and 1806 (London 1819).

E. Dodwell, Views in Greece from Drawings (London 1821).

J. Thürmer, Ansichten von Athen (1823).

Fürst Hermann von Pückler-Muskau, Südöstlicher Bildersaal. Griechische Leiden (Stuttgart 1840. Nachdr. Stuttgart 1968).

F. Stademann, Panorama von Athen (München 1841. Nachdr. Mainz 1977).

M. Nonnenberg, Der französische Philhellenismus in den zwanziger Jahren des vorigen Jahrhunderts (Diss. Berlin 1909).

E. Reisinger, Griechenland. Landschaften und Bauten (Leipzig 1916).

J. Ponten, Griechische Landschaften (Berlin u. Leipzig 1924).

G. Rodenwaldt, Otto Magnus von Stackelberg. Der Entdecker der griechischen Landschaft (München u. Berlin o. J.).

G. Daux, L'Athènes antique en 1851: Photographies d'Alfred Normand. In: BCH 80, 1956, S. 619–624.

W. Barth – M. Kehrig-Korn, Die Philhellenenzeit (München 1960).

In Griechenland um 1800. Das Tagebuch des Grafen Rechberg. Ausst. Folkwang-Museum (Essen 1964).

H. B. Jessen, Griechenlandbilder aus dem frühen 19. Jh. In: AA 1965, S. 914–935.

E. Wolf-Crome, Zwischen Olymp und Acheron. Berichte und Dokumente aus der griechischen Welt von deutschen Reisenden des 19. Jhs. (Zürich 1971).

K. H. Ditlevsen, Rejsen til Athen. Danske i Graekenland i 1800–tallet (Kopenhagen 1978).

U. Sinn (Hrsg.), E. Dodwell: Klassische Stätten und Landschaften in Griechenland (Dortmund 1982).

Paris – Rome – Athènes. Le voyage en Grèce des architects français aux XIXe et XX siècles. Ausst. Paris, Athen, Houston (Paris 1982).

W. Hautumm (Hrsg.), Hellas. Die Wiederentdeckung des klassischen Griechenland (Köln 1983).

W. Schuller, Antike in der Moderne. Xenia, Heft 15 (Konstanz 1985).

J. Skene, Monuments and Views of Greece 1838–1845 (Athen 1985).

Ein griechischer Traum: Leo von Klenze. Der Archäologe. Ausst. Glyptothek München (München 1985/86).

G. Berger-Doer, Parthenonbilder von Basler Malern des 19. Jhs. In: M. Schmidt (Hrsg.), Kanon. Festschr. E. Berger, 15. Beih. AntK (Basel 1988) S. 54–59.

Archäologische Ausgrabung und Zerstörung: Die Akropolis wird zum modernen Konstrukt

K. S. Pittakis, L'Ancienne Athènes (1835).

K. S. Pittakis, (Jährliche Ausgrabungsnotizen). In: Ephemeris Archaeologiki 1337–1842.

L. Ross – E. Schaubert – Ch. Hansen, Die Akropolis von Athen nach den neuesten Ausgrabungen 1: Der Tempel der Nike Apteros (Berlin 1839).

R. Bohn, Die Propyläen der Akropolis von Athen (Berlin 1882).

P. (Cavvadias) Kavvadias – G. Kawerau, Die Ausgrabung der Akropolis im Jahre 1885 bis zum Jahre 1895 (Athen 1906/07).

N. Balanos, Zum Tempel der Athena Nike. In: AM 40, 1915, S. 27–44.

N. Balanos, Les monuments de l'Acropole. Relèvement et conservation (Paris 1938).

J. A. Bundgaard, The Excavation of the Athenian Acropolis 1820–1890 (Kopenhagen 1974).

J. Haugsted, The Architect Christian Hansen. Drawings, letters and articles referring to the excavations on the Acropolis 1835–37. In: Analecta Romana Instituti Danici 10, 1982, S. 56–96.

E. Touloupa, Die Arbeiten der Erhaltung der Akropolis 1834–1984. In: Hellenika Jahrbuch 1984, S. 112–119.

T. Tanoulas, The Propylaea of the Acropolis at Athens since the 17th Century. In: JdI 102, 1987, S. 413–483.

Pläne für das nächste Jahrzehnt

G. Dontas, Probleme der Restaurierung und Erhaltung der Akropolis. In: Archäologie und Denkmalpflege 2 (Berlin 1978) S. 111–118.

Working Group for the Preservation of the Acropolis Monuments. International Meeting on the Restauration of the Erechtheion (Athen 1977).

M. Korres – Ch. Bouras, Meleti Apokatastaseos tou Parthenonos (Athen 1983).

The Acropolis at Athens. Conservation, Restauration and Research 1975–1983. Ausst. Athen, Moskau, London, Amsterdam (Athen 1983).

C. Bouras, The Program for the Preservation of the Acropolis Monuments. In: Praktika 1983, S. 361–365.

H. Kienast, Der Wiederaufbau des Erechtheion. In: Architectura 13, 1983, S. 89–104.

R. A. Genovese (Hrsg.), L'Acropoli di Atene. Kongr. Neapel (1984).

Second International Meeting for the Restoration of the Acropolis Monuments. Parthenon. Athen 1983 (Athen 1985).

Frühe Besiedlung

Geologie, Klima und Vegetation als physische Voraussetzungen. Siedlungsreste aus der Steinzeit

D. Levi, Abitazioni preistoriche sulle pendici meridionali dell' Acropoli. In: Annuario della Regia Scuola Archeologica di Atene 13/14, 1930/31, S. 411–491.

O. Broneer, Excavations on the North Slope of the Acropolis. In: Hesperia 2, 1933, S. 356–363.

H. D. Hansen, The Prehistoric Pottery on the North Slope of the Acropolis, 1937. In: Hesperia 6, 1937, S. 539–570.

S. A. Immerwahr, The Neolithic and Bronze Ages. The Athenian Agora XII. (Princeton NJ. 1971).

C. Renfrew, The Emergence of Civilization. The Cyclades and the Aegean in the third Millenium BC (London 1972).

F. Schachermeyr, Die ägäische Frühzeit Bd. 1: Die vormykenischen Perioden des griechischen Festlandes und der Kykladen (Wien 1976).

L. Hempel, Karge Böden in Griechenland als Erbe der Eiszeit? Neue Erkenntnisse zum Ökohaushalt des Mittelmeerraums. In: Forschung. Mitteilungen der DFG 4, 1988, S. 11–16.

Die mykenische Burg- und Palastanlage im 2. Jt. v. Chr.

O. Broneer, Athens in the Late Bronze Age. In: Antiquity 30, 1956, S. 9 ff.

C. Nylander, Die sog. mykenischen Säulenbasen auf der Akropolis. In: Opuscula Atheniensia 4, 1962, S. 31–77.

S. E. Iakovides, Die mykenische Akropolis von Athen (Athen 1962, griech.).

M. Pantelidou, Das prähistorische Athen (Diss. Athen 1975, griech.).

J. A. Bundgaard, Parthenon and the Mycenaean City on the Heights (Kopenhagen 1976).

P. A. Mountjoy, Four Early Mycenaean Wells from the South Slope of the Acropolis at Athens. Miscellanea Graeca 4 (Gent 1981).

H. G. Buchholz, Ägäische Frühzeit (Darmstadt 1987) S. 5–6 und 473–498.

Zusammenbruch der frühen Hochkultur:
Die ›Dunkle Zeit‹ vom Ende des 2. Jt. bis zum 7. Jh. v. Chr.

O. Broneer, The Dorian Invasion. What happened at Athens? In: AJA 52, 1948, S. 111–114.

A. M. Snodgrass, The Dark Age of Greece (Edinburgh 1971).

F. Schachermeyr, Die ägäische Frühzeit Bd. 4: Griechenland im Zeitalter der Wanderungen. Myken. Stud. Bd. 8 (Wien 1980).

W. D. Heilmeyer, Frühgriechische Kunst. Kunst und Siedlung im geometrischen Griechenland (Berlin 1982).

R. Drews, The Evidence for Kingship in Geometric Greece (New Haven u. London 1983).

J. Morris, Tomb Cult and the ›Greek Renaissance‹. The past in the present in the 8th century BC. In: Antiquity 62, 1988, S. 750–761.

Das archaische Heiligtum im Konflikt zwischen Aristokratie und Volk

Allgemein

W. H. Plommer, The Archaic Acropolis. In: JHS 80, 1960, S. 127–159.

B. Bergquist, The Archaic Greek Temenos. A study of structure and function (Lund 1967).

A. E. Kalpaxis, Früharchaische Baukunst in Griechenland und Kleinasien (Athen 1976).

R. A. Tomlinson, Greek Sanctuaries (London 1978).

F. Preißhofen, Zur Topographie der Akropolis. In: AA 1977, S. 74–84.

S. Bancroft, Problems Concerning the Archaic Acropolis at Athens (Diss. Princeton, Ann Arbor 1979).

V. Scully, The Earth, the Temple and the Gods (New Haven 1979).

Religion im Freien: Opfergabe und Weihgeschenk als Medium adeliger Selbstdarstellung

A. G. Bather, The Bronze Fragments of the Acropolis. In: JHS 13, 1892/93, S. 124–130; 232–271.

Th. Wiegand, Die archaische Porosarchitektur der Akropolis zu Athen (Kassel u. Leipzig 1904).

G. Dickins, Catalogue of the Acropolis Museum 1: Archaic Sculpture (Cambridge 1912).

R. Heberdey, Altattische Porosskulptur (Wien 1919) S. 10–46.

H. Payne – G. M. Young, Archaic Marble Sculpture from the Acropolis (London 1936. Nachdr. 1950).

H. Schrader (Hrsg.), Die archaischen Marmorbildwerke der Akropolis (Frankfurt/M. 1939).

A. E. Raubitschek, Dedications from the Athenian Acropolis (Cambridge, Mass. 1949).

W.-H. Schuchhardt, Archaische Bauten auf der Akropolis von Athen. In: AA 1963, S. 797–823.

E. Touloupa, Une Gorgone en bronze de l'Acropole. In: BCH 93, 1969, S. 862–884.

V. Zinserling, Zum Bedeutungsgehalt des archaischen Kuros. In: Eirene 13, 1975, S. 19–33.

L. Schneider, Zur sozialen Bedeutung der archaischen Korenstatuen. Hamburger Beitr. zur Archäologie, Beih. 2 (Hamburg 1975).

H. v. Steuben, Kopf eines Kouros. Liebieghaus Monographie 7 (Frankfurt/M. 1980).

R. A. Stucky, Überlegungen zum ›Perserreiter‹. In: AntK 25, 1982, S. 97–101.

L. Schneider, Neue Denkansätze: Semiotik, Kommunikationsforschung, Strukturalismus. In: H. G. Niemeyer und R. Pörtner (Hrsg.), Die großen Abenteuer der Archäologie, Bd. 10 (Salzburg 1987) S. 3701–3719.

A. Lebessi, Der Berliner Widderträger – Hirt oder hervorragender Bürger? In: H.-U. Sinn u. a. (Hrsg.), Festschr. für N. Himmelmann = Beih. der Bonner Jahrbücher 47 (Mainz 1989) S. 59–64.

D. Steuernagel, Der gute Staatsbürger. Zur Bedeutung des Kouros. In: Hephaistos 10, 1990.

Umbauter Kult: Erste monumentale Architektur auf der Akropolis

W. Dörpfeld, Der alte Athena-Tempel auf der Akropolis zu Athen. In: AM 10, 1885, S. 275–277; AM 11, 1886, S. 337–351; AM 12, 1887, S. 25–61 und 190–211; AM 15, 1890, S. 420–439; AM 22, 1897, S. 159–178.

Th. Wiegand, Die archaische Porosarchitektur der Akropolis zu Athen (Kassel u. Leipzig 1904) S. 1–147.

R. Heberdey, Altattische Porosskulptur (Wien 1919) S. 77–115.

W.-H. Schuchhardt, Die Sima des alten Athenatempels der Akropolis. In: AM 60/61, 1935/36, S. 1–111.

H. Schrader (Hrsg.), Die archaischen Marmorbildwerke der Akropolis (Frankfurt/M. 1939) S. 345–387.

W. B. Dinsmoor, The Hekatompedon on the Athenian Acropolis. In: AJA 51, 1947, S. 109–140.

H. Riemann, Der peisistratidische Athenatempel auf der Akropolis zu Athen. In: Mitteilungen des Deutschen Archäologischen Instituts 3, 1950, S. 7–39.

K. Stähler, Zur Rekonstruktion und Deutung des Gigantomachiegiebels von der Akropolis. In: Festschr. E. Stier (Münster 1972) S. 88–112.

I. Beyer, Die Deutung der großen Reliefgiebel des Alten Athenatempels der Akropolis. In: AA 1977, S. 44–74.

J. Dörig, Der Dreileibige. In: AM 99, 1984, S. 89–95.

Die Akropolis zwischen Putschversuch und Sozialreform: Kylon, Solon und Peisistratos

C. Deubner, Attische Feste (Berlin 1932).

H. G. Niemeyer, Das Kultbild der Eupatriden? In: Festschr. E. v. Mercklin (Waldsassen 1964) S. 106–111.

E. Kluwe, Peisistratos und die Akropolis von Athen. In: Wiss. Veröffentl. der Friedrich-Schiller-Universität Jena, Gesellschafts- u. sprachwiss. Reihe 14, 1965, S. 9–15.

E. Kluwe, Die Tyrannis der Peisistratiden und ihr Niederschlag in der Kunst (Diss. Jena 1966).

A. Pickard-Cambridge, The Dramatic Festivals of Athens (Oxford 1968).

J. Boardman, Heracles, Peisistratos and Sons. In: RA 1972, S. 57–72.

I. Kontis, Artemis Brauronia. In: Archaiologikon Deltion 22, 1976, S. 156–206.

F. Kolb, Die Bau-, Religions- und Kulturpolitik der Peisistratiden. In: JdI 92, 1977, S. 99–138.

L. Kahil, L'Artémis de Bauron. Rites et Mystère. In: AntK 20, 1977, S. 86–98.

H. W. Parke, Festivals of the Athenians (London 1977).

K. H. Kinzl (Hrsg.), Die ältere Tyrannis bis zu den Perserkriegen (Darmstadt 1979).

R. F. Rhodes – J. J. Dobbins, The Sanctuary of Artemis Brauronia on the Athenian Acropolis. In: Hesperia 48, 1979, S. 352–341.

P. H. Young, Building Projects and Archaic Greek Tyrants (Ann Arbor 1981)

E. Simon, Festivals of Attica (Madison 1983).

S. Angiolillo, Pisistrato e Artemide Brauronia. In: La parola del passato 38, 1983, S. 351–354.

R. Osborne, The Myth of Propaganda and the Propaganda of Myth. In: Hephaistos 5/6, 1983/84, S. 61–70.

M. P. Nielsson, Cults, Myths, Oracles and Politics in Ancient Greece (Göteborg 1986).

H. A. Shapiro, Art and Cult under the Tyrants in Athens (Mainz 1989).

Erste bürgerliche Weihungen auf dem Burgberg. Die Errichtung der Demokratie in Athen

H. Schrader (Hrsg.), Die archaischen Marmorbildwerke der Akropolis (Frankfurt/M. 1939).

A. E. Raubitschek, Dedications from the Athenian Acropolis (Cambridge, Mass. 1949).

H. Philip, Tektonon Daidala. Der bildende Künstler und sein Werk im vorplatonischen Schrifttum (Berlin 1968) S. 113–115.

L. Schneider, Zur sozialen Bedeutung der archaischen Korenstatuen. Hamburger Beitr. zur Archäologie, Beih. 2 (Hamburg 1975).

Zerstörung des archaischen Heiligtums im Perser-Krieg und Versuch eines Neubeginns: Ruinen als Mahnmale

W. Kolbe, Die Neugestaltung der Akropolis nach den Perserkriegen. In: JdI 51, 1936, S. 1–64.

R. Hampe, Ein Denkmal für die Schlacht von Marathon. In: Die Antike 15, 1939, S. 168–174.

A. Tschira, Die unfertigen Säulentrommeln auf der Akropolis von Athen. In: JdI 55, 1940, S. 242–261.

G. Beckel, Akropolisfragen. In: Festschr. A. K. Orlandos Bd. 4 (Athen 1968) S. 329–362.

W. Gauer, Weihgeschenke aus den Perserkriegen. 2. Beih. Istanbuler Mitteilungen (1968).

R. Carpenter, Die Erbauer des Parthenon (München 1970) S. 15–62.

A. Tschira, Untersuchungen im Süden des Parthenon. In: JdI 87, 1972, S. 158–231.

P. Sievert, Der Eid von Plataiai (München 1972).

E. Kluwe, Parthenonprobleme. Zu den Vorgängerbauten des Parthenon. In: Beitr. d. Winckelmannges. Stendal 8, 1977, S. 43–67.

H. Drerup, Parthenon und Vorparthenon. Zum Stand der Kontroverse. In: AntK 24, 1981, S. 21–37.

Religion im Dienst der Politik: Die Klassik

Allgemein zu Athen im 5. Jh. v. Chr.

H. Büsing, Vermutungen über die Akropolis in Athen. In: Marburger Winckelmann-Programm 1969/70, S. 1–30.
J. S. Boersma, Athenian Building Policy from 561/60 to 405/4 BC (Groningen 1970).
R. Meiggs, The Athenian Empire (Oxford 1972).
T. Hölscher, Griechische Historienbilder des 5. und 4. Jahrhunderts v. Chr. (Würzburg 1973).
C. W. Webster, Athen. Aufstieg und Größe des antiken Stadtstaates (Düsseldorf 1978).
W. Schuller, Die Stadt als Tyrann. Athens Herrschaft über seine Bundesgenossen. Konstanzer Universitätsreden 101 (Konstanz 1978).
B. Fehr, Bewegungsweisen und Verhaltensideale (Bad Bramstedt 1979).
P. Musiolek – W. Schindler, Klassisches Athen (Leipzig 1980).
Ch. Meier, Die Entstehung des Politischen bei den Griechen (Frankfurt 1980).
G. Zinserling, Das Akropolisbauprogramm des Perikles. Politische Voraussetzungen und ideologischer Kontext. In: E. Kluwe (Hrsg.), Kultur und Fortschritt. Schriften zur Geschichte und Kultur der Antike 24 (Berlin 1985).
T. Hölscher, Die unheimliche Klassik der Griechen. Thyssen-Vorträge 8 (Bamberg 1989).
W. Raeck, Der Barbar – Das Feindbild des Klassischen Altertums. In: Feindbilder im Wandel. Ausstellung Stadtmuseum Erlangen 1989 (Bielefeld 1989) S. 16–21.

Allgemein zum Parthenon

A. Michaelis, Der Parthenon (Leipzig 1871).
M. Collignon, Le Parthenon. L'histoire, l'architecture et la sculpture (Paris 1914).
R. Carpenter, Die Erbauer des Parthenon (München 1970).
V. J. Bruno (Hrsg.), The Parthenon (New York 1974).
H. Knell, Perikleische Baukunst (Darmstadt 1979).
S. Woodford, The Parthenon (Cambridge, Mass. 1981).
E. Berger (Hrsg.), Parthenon-Kongreß Basel 1982 (Mainz 1984).
B. Fehr, Parthenon-Kongreß Basel. Rezension in: Gnomon 60, 1988, S. 624–631.

Der Parthenon: Architektur, Bauplanung und Bauvorgang

J. Durm, Constructive und polychrome Details der griechischen Baukunst (Berlin 1880).
L. Fenger, Die dorische Polychromie (Berlin 1886).

F. C. Penrose, An Investigation of the Principles of Athenian Architecture (London 1888).

W. H. Goodyear, Greek Refinements (London 1912).

L. V. Solon, Polychromy, Architectural and Structural (New York 1924).

H. Riemann, Der griechische Peripteraltempel. Seine Planidee und ihre Entwicklung bis zum Ende des 5. Jhs. (Düren 1935).

G. P. Stevens, The Setting of the Periclean Parthenon. In: Hesperia Suppl. 3, 1940, S. 4–78.

L. T. Shoe, Dark Stone in Greek Architecture. In: Hesperia Suppl. 8, 1949, S. 341–352.

R. S. Stanier, The Costs of the Parthenon. In: JHS 73, 1953, S. 68–76.

R. Martin, Manuel d'architecture grèque I. Materiaux et techniques (Paris 1965).

A. Petronotis, Bauritzlinien und andere Aufschnürungen am Unterbau griechischer Bauwerke in der Archaik und Klassik (Diss. München 1968).

H. Eiteljorg, The Greek Architect of the 4th Century BC: Master Craftsman or Master Planner? (Ann Arbor 1973).

S. Sinos, Zur Kurvatur des Parthenonstereobats. In: AA 1974, S. 157–168.

H. Lauter, Zur gesellschaftlichen Stellung des bildenden Künstlers in der griechischen Klassik (Erlangen 1974).

A. K. Orlandos, He Architektoniki tou Parthenonos (Athen 1976–1978).

J. J. Coulton, Greek Architects at Work (London 1977).

N. Himmelmann, Phidias und die Parthenonskulpturen. In: Bonner Festgabe J. Straub, 39. Beih. Bonner Jahrbücher (Bonn 1977) S. 67–90.

A. Wittenburg, Griechische Baukommissionen (Diss. München 1978).

N. Himmelmann, Zur Entlohnung künstlerischer Tätigkeit in klassischen Bauinschriften. In: JdI 94, 1979, S. 127–142.

J. R. McCredie, The Architects of the Parthenon. In: Studies in Classical Art and Archeology, Festschr. P. v. Blanckenhagen (Locust Valley u. New York 1979) S. 69–73.

E. Berger, Das Basler Parthenon-Modell. Bemerkungen zur Architektur des Tempels. In: AntK 23, 1980, S. 66–98.

B. Wesenberg, Wer erbaute den Parthenon? In: AM 97, 1982, S. 99–125.

B. Wesenberg, Parthenongebälk und Südmetopenproblem. In: JdI 98, 1983, S. 57–86.

H.-G. Bankel, Zum Fußmaß attischer Bauten des 5. Jhs. v. Chr. In: AM 98, 1983, S. 82–89.

B. Wesenberg, Der Fuß des Kallikrates. In: AA 1984, S. 547–554.

H. Büsing: Optische Korrekturen und Propyläen-Fronten. In: JdI 99, 1984, S. 27–73.

B. Wesenberg, Parthenosgold für den Parthenonbau? In: AA 1985, S. 49–53.

G. Gruben, Weitgespannte Marmordecken in der griechischen Architektur. In: Architectura 15, 1985, S. 105–115.

Ch. Höcker, Die klassischen Ringhallentempel von Agrigent. Überlegungen zu Bauplanung und Arbeitsorganisation bei der Errichtung dorischer Tempel. In: Hephaistos 7/8, 1985/86, S. 233–247.

K. Hecht, Der Parthenon im philetairischen Fuß. In: Architectura 16, 1986, S. 1–21.

D. Mertens, Zur Entstehung der Entasis griechischer Säulen. In: H. Büsing – F. Hiller (Hrsg.), Bathron. Festschr. H. Drerup (Saarbrücken 1988) S. 307–318.

H. Büsing, Einheitsjoch und Triglyphon am Parthenon. In: 15. Beih. AntK, Basel 1988, S. 2–3.

Der Parthenon: Skulptur

Allgemein

A. H. Smith, The Sculptures of the Parthenon (London 1910).

K. Jeppesen, Bild und Mythos an dem Parthenon. In: Acta Archeologica 34, 1963, S. 1–96.

F. Brommer, Die Parthenonskulpturen (Mainz 1979).

J. Boardman, The Parthenon and its Sculptures (London 1985).

N. Himmelmann, Planung und Verdingung der Parthenon-Skulpturen. In: H. Büsing – F. Hiller (Hrsg.), Bathron. Festschr. H. Drerup (Saarbrücken 1988) S. 213–224.

A. Borbein, Phidias-Fragen. In: H.-U. Sinn (Hrsg.), Festschr. für N. Himmelmann = Beih. der Bonner Jahrbücher 47 (Mainz 1989), S. 99–107.

Giebel

F. Brommer, Die Skulpturen der Parthenon-Giebel (Mainz 1963).

E. B. Harrison, Athena and Athens in the East Pediment of the Parthenon. In: AJA 71, 1967, S. 27–58.

E. Berger, Die Geburt der Athena im Ostgiebel des Parthenon (Basel 1974).

E. Simon, Die Mittelgruppe im Westgiebel des Parthenon. In: Tainia. Festschr. R. Hampe (Berlin 1980) S. 233–255.

Metopen

F. Brommer, Die Metopen des Parthenon (Mainz 1967).

E. Simon, Versuch einer Deutung der Südmetopen des Parthenon. In: JdI 90, 1975, S. 100–120.

N. Himmelmann, Die zeitliche Stellung der Südmetopen am Parthenon. In: Stele. Festschr. N. Kontoleon (Athen 1980) S. 161–171.

B. Fehr, Die ›gute‹ und die ›schlechte‹ Ehefrau: Alkestis und Phaidra auf den Südmetopen des Parthenon. In: Hephaistos 4, 1982, S. 37–66.

B. Wesenberg, Perser oder Amazonen? Zu den Westmetopen des Parthenon. In: AA 1983, S. 203–208.

Fries

W.-H. Schuchhardt, Die Entstehung des Parthenonfrieses. In: JdI 45, 1930, S. 218–280.

M. Robertson – A. Frantz, The Parthenon Frieze (London 1975).

E. G. Pemberton, The Gods of the East Frieze of the Parthenon. In: AJA 80, 1976, S. 113–124.

F. Brommer, Der Parthenonfries (Mainz 1977).

R. Tölle-Kastenbein, Längenbestimmungen der Parthenonfriese. In: Österreichische Jahreshefte 54, 1983, S. 103–111.

I. S. Mark, The Gods on the East Frieze of the Parthenon. In: Hesperia 53, 1984, S. 289–342.

T. Schäfer, Diphroi und Peplos auf dem Ostfries des Parthenon: Zur Kultpraxis bei den Panathenäen in klassischer Zeit. In: AM 102, 1987, S. 185–212.

R. Osborne, The Viewing and Obscuring of the Parthenon Frieze. In: JHS 107, 1987, S. 98–105.

Athena Parthenos

C. J. Herington, Athena Parthenos and Athena Polias (Manchester 1955).

W.-H. Schuchhardt, Athena Parthenos. In: Antike Plastik Bd. 2 (Berlin 1963) S. 31–53.

V. M. Strocka, Piräusreliefs und Parthenosschild (Diss. Bochum 1967).

N. Leipen, Athena Parthenos. A Reconstruction (Toronto 1971).

F. Preißhofen, ›Phidias‹ und ›Perikles‹ auf dem Schild der Athena Parthenos. In: JdI 89, 1974, S. 50–69.

B. Fehr, Zur religionspolitischen Funktion der Athena Parthenos im Rahmen des delisch-attischen Seebundes. Teil 1. In: Hephaistos 1, 1979, S. 71–91; Teil 2. In: Hephaistos 2, 1980, S. 113–125; Teil 3. In: Hephaistos 3, 1981, S. 55–93.

E. B. Harrison, Motifs of the City-Siege on the Shield of Athena Parthenos. In: AJA 85, 1981, S. 281–317.

Staatsweihungen auf der Akropolis

Athena Promachos

A. E. Raubitschek – G. P. Stevens, The Pedestal of the Athena Promachos. In: Hesperia 15, 1946, S. 107–114.

E. Mathiopoulos, Zur Typologie der Göttin Athena im 5. Jh. v. Chr. (Diss. Bonn 1968) S. 7–47.

A. Linfert, Athenen des Phidias. In: AM 97, 1982, S. 66–71.

Athena Lemnia

A. Furtwängler, Meisterwerke der griechischen Plastik (Leipzig u. Berlin 1893) S. 3–45.

K. J. Hartswick, The Athena Lemnia Reconsidered. In: AJA 87, 1983, S. 335–346.

O. Palagia, In Defense of Furtwängler's Athena Lemnia. In: AJA 91, 1987, S. 81–84.

E. B. Harrison, Lemnia and Lemnos: Sidelights on a Phidian Athena. In: M. Schmidt (Hrsg.), Kanon. Festschr. E. Berger, 15. Beih. AntK (Basel 1988) S. 101–107.

Athena-Marsyas-Gruppe

B. und K. Schauenburg, Torso der myronischen Athena Hamburg, Museum für Kunst und Gewerbe. In: Antike Plastik Bd. 12 (Berlin 1973) S. 47–67.

G. Daltrop, Il gruppo mironiano die Atene e Marsia nei Musei Vaticani (Città del Vaticano 1980).

G. Daltrop – P. C. Bol, Athena des Myron. Liebieghaus Monographie Bd. 8 (Frankfurt/M. 1983).

›Trauernde‹ Athena

J. Chamoux, L'Athéna Mélancolique. In: BCH 81, 1957, S. 141–159.

F. Chamoux, L'Athena au »Terma«. In: RA 1977, S. 263–266.

M. Meyer, Zur ›sinnenden‹ Athena. In: H.-U. Sinn (Hrsg.) u. a., Festschr. Nikolaus Himmelmann = Beih. der Bonner Jahrbücher 47 (Mainz 1989) S. 161–168.

Anakreon

D. Metzler, Porträt und Gesellschaft. Über die Entstehung des griechischen Porträts in der Klassik (Diss. Münster 1974) S. 264–268.

E. Voutiras, Studien zu Interpretation und Stil griechischer Porträts des 5. und frühen 4. Jhs. (Diss. Bonn 1980) S. 77–91.

Prokne und Itys-Gruppe

H. Knell, Die Gruppe von Prokne und Itys. In: Antike Plastik Bd. 17 (Berlin 1978) S. 9–19.

E. la Rocca, Prokne ed Itys sull' Acropoli: Una motivazione per la dedica. In: AM 101, 1986, S. 153–166.

Die Propyläen – Ein Bauprojekt im Parteienstreit

R. Bohn, Die Propyläen der Akropolis zu Athen (Berlin u. Stuttgart 1882).

G. P. Stevens, Architectural Studies concerning the Acropolis at Athens. In: Hesperia 15, 1946, S. 73–92.

J. A. Bundgaard, Mnesikles. A Greek Architect at Work (Kopenhagen 1957).

T. Kalpaxis, Hemiteles. Akzidentelle Unfertigkeit und »Bossen-Stil« in der griechischen Baukunst (Mainz 1986) S. 127–133.

P. Hellström, The Planned Function of the Mnesiclean Propylaia. In: Opuscula Atheniensia 17, 1988, S. 107–122.

Die konservative Antwort: Neue Bauten für alte Kulte

Der Nike-Tempel

L. Ross – E. Schaubert – Ch. Hansen, Der Tempel der Nike Apteros (Berlin 1839).

A. K. Orlandos, Zum Tempel der Athena Nike. In: AM 40, 1915, S. 27–44.

R. Carpenter, The Sculpture of the Nike Temple Parapet (Cambridge, Mass. 1929).

T. Hölscher, Griechische Historienbilder des 5. und 4. Jhs. v. Chr. (Würzburg 1973) S. 91–93.

B. Wesenberg, Zur Baugeschichte des Niketempels. In: JdI 96, 1981, S. 28–54.

H. B. Mattingly, The Athena Nike Temple Reconsidered. In: AJA 86, 1982, S. 381–385.

F. Felten, Griechische tektonische Friese archaischer und klassischer Zeit (Waldsassen 1984) S. 118–136.

E. Simon, Zur Sandalenlöserin der Nikebalustrade. In: M. Schmidt (Hrsg.), Kanon. Festschr. E. Berger, 15. Beih. AntK (Basel 1988) S. 69–75.

M. Brouskari, Aus dem Giebelschmuck des Athena-Nike-Tempels. In: H.-U. Sinn (Hrsg.), Festschr. für N. Himmelmann = Beih. der Bonner Jahrbücher 47 (Mainz 1989) S. 115–118.

W. Erhardt, Der Torso Wien I 328 und der Westgiebel des Athena-Nike-Tempels auf der Akropolis in Athen. In: Festschr. N. Himmelmann (s. o.), S. 119–127.

Das Erechtheion: Architektur und Kulte

L. D. Caskey – N. H. Fowler – J. M. Paton – G. P. Stevens, The Erechtheum (Cambridge, Mass. 1927).

G. W. Elderkin, The Cults of the Erechtheion. In: Hesperia 10, 1941, S. 113–124.

M. N. Kontoleon, Das Erechtheion als Heiligtum chthonischer Kulte (Athen 1949, griech.).

E. M. Stern, Die Kapitele der Nordhalle des Erechtheion. In: AM 100, 1985, S. 405–426.

K. Jeppesen, The Theory of the Alternative Erechtheion (Aarhus 1987).

Das Erechtheion: Bauschmuck und Inschriften

R. H. Randall, The Erechtheum Workmen. In: AJA 57, 1953, S. 199–210.

P. N. Boulter, The Frieze of the Erechtheion. In: Antike Plastik Bd. 10 (Berlin 1970) S. 7–30.

H. Lauter, Zur gesellschaftlichen Stellung des bildenden Künstlers in der griechischen Klassik (Erlangen 1974).

H. Lauter, Die Koren des Erechtheion. In: Antike Plastik Bd. 16 (Berlin 1976) S. 7–52.

N. Himmelmann, Zur Entlohnung künstlerischer Tätigkeit in klassischen Bauinschriften. In: JdI 94, 1979, S. 127–142.

F. Felten, Griechische tektonische Friese archaischer und klassischer Zeit (Waldsassen 1984) S. 110–117.

B. Wesenberg, Kunst und Lohn am Erechtheion. In: AA 1985, S. 55–65.

M. Vickers, Persepolis, Vitruvius and the Erechtheum Caryatids. The Iconography of Medism and Servitude. In: RA 1985, S. 3–28.

M. Mangold, Zur Frisur der Erechtheionkoren. In: Hefte des Archäolog. Seminars der Univ. Bern 12, 1987, S. 5–7.

M. Brouskari, Nouvelles Figures de la Friese de l'Erechtheion. In: M. Schmidt (Hrsg.), Kanon. Festschr. E. Berger, 15. Beih. AntK (Basel 1988) S. 60–68.

Vom Leben zum Museum

Traditionspflege: Die Akropolis wird ›klassisch‹

Allgemein zur nachklassischen Zeit
C. Mossé, Der Zerfall der Athenischen Demokratie (Zürich u. München 1979).
T. L. Shear jr., Athens: From City-State to Provincial Town. In: Hesperia 50, 1981, S. 356–377.

Dionysos-Theater
H. Schleif, Die Baugeschichte des Dionysostheaters in Athen. In: AA 1937, S. 26–51.
A. W. Pickard-Cambridge, The Theatre of Dionysos in Athens (Oxford 1946).
W. B. Dinsmoor, The Athenian Theatre of the Fifth Century. In: Studies presented to D. M. Robinson Bd. 1 (Saint Louis 1951) S. 309–330.
M. Maass, Die Prohedrie des Dionysostheaters in Athen (München 1972).
H. Hoffmann, Hahnenkampf in Athen. Zur Ikonographie einer attischen Bildformel. In: RA 1974, S. 195–220.
W. W. Wurster, Die neuen Untersuchungen am Dionysostheater in Athen. In: Architectura 9, 1979, S. 58–76.
R. F. Townsend, The Fourth-century Skene of the Theatre of Dionysos at Athens. In: Hesperia 55, 1987, S. 421–438.
H. Kenner, Zur Archäologie des Dionysostheaters in Athen. In: Österreichische Jahreshefte 57, 1986/87, S. 55–91.

Chalkothek
G. P. Stevens, The Setting of the Periclean Parthenon. In: Hesperia Suppl. 3, 1940, S. 7–19.
L. la Follette, The Chalkotheke on the Athenian Acropolis. In: Hesperia 55, 1986, S. 75–87.

Konon – Timotheos-Denkmal
G. P. Stevens, The Northeast Corner of the Parthenon. In: Hesperia 15, 1946, S. 1–10.

Theaterdenkmäler
W. B. Dinsmoor, The Choragic Monument of Nicias. In: AJA 14, 1910, S. 459–484.
G. Welter, Das choregische Denkmal des Thrasyllos. In: AA 1938, S. 33–68.
H. Bauer, Lysikratesdenkmal. Baubestand und Rekonstruktion. In: AM 92, 1977, S. 197–227.

Hellenistische und römische Herrscher nutzen ein Kultursymbol

Alexander, Demetrios und Lachares
A. Michaelis, Der Parthenon (Leipzig 1871) S. 42–45.
M. Pavan, L'Avventura del Partenone (Florenz 1983) S. 15–18.

Pergamenische Weihungen

A. Schober, Zu dem Weihgeschenk eines Attalos in Athen. In: Römische Mitteilungen 54, 1939, S. 82–98.

G. P. Stevens, Architectural Studies Concerning the Acropolis of Athens. In: Hesperia 15, 1946, S. 89–92.

J. J. Coulton, The Architectural Development of the Greek Stoa (Oxford 1976) S. 66–70, 225.

M. Korres, Vorfertigung und Ferntransport eines athenischen Großbaus und zur Proportionierung von Säulen in der hellenistischen Architektur. In: Diskussionen zur archäologischen Bauforschung Bd. 4 (Berlin 1984) S. 201–207.

T. Hölscher, Römische Bildsprache als semantisches System (Heidelberg 1987) S. 20–29.

H.-J. Schalles, Untersuchungen zur Kulturpolitik der pergamenischen Herrscher im dritten Jahrhundert vor Christus. Istanbuler Forschungen Bd. 36 (Tübingen 1985) S. 22–26; 68–104; 124–126.

W. Radt, Pergamon. Geschichte und Bauten, Funde und Erforschung einer antiken Metropole (Köln 1988) S. 179–206.

Athen in der römischen Kaiserzeit

P. Graindor, Athènes sous Auguste (Kairo 1927).

P. Graindor, Un milliardaire antique. Hérode Atticus et sa famille (Kairo 1930).

P. Graindor, Athènes de Tibère (Kairo 1931).

P. Graindor, Athènes sous Hadrien (Kairo 1934).

M. Pape, Griechische Kunstwerke aus Kriegsbeute und ihre öffentliche Aufstellung in Rom von der Eroberung von Syrakus bis in augusteische Zeit (Diss. Hamburg 1975).

R. Trummer, Die Denkmäler des Kaiserkults in der römischen Provinz Achaia (Diss. Graz 1980) S. 53–119.

Roma-Augustus-Tempel

G. Kawerau, Der Tempel der Roma und des Augustus auf der Akropolis von Athen (Berlin 1888).

G. A. S. Snijder, De Tempel van Roma en Augustus en het Erechtheum op de Acropolis te Athen. In: Mededelingen van het Nederlands Historisch Instituut te Rom 3, 1923, S. 73–113.

W. Binder, Der Roma-Augustus Monopteros auf der Akropolis in Athen und sein typologischer Ort (Stuttgart 1969).

Nero-Inschrift am Parthenon-Gebälk

E. Andrews, Archeology in Greece. In: JHS 16, 1896, S. 339.

K. K. Caroll, The Parthenon Inscription (Durham 1982).

Vervielfältigung von Kunst: Römische Kopisten bevölkern die Akropolis

Römisches Kopistenwesen

G. Lippold, Zur Arbeitsweise römischer Kopisten. In: Römische Mitteilungen 32, 1917, S. 95–117.

G. Lippold, Kopien und Umbildungen griechischer Statuen (München 1923).

H. Lauter, Zur Chronologie römischer Kopien nach Originalen des 5. Jhs. v. Chr. (Nürnberg 1969).

B. S. Ridgeway, Roman Copies of Greek Sculpture (Michigan 1984).

Ch. Landwehr, Die antiken Gipsabgüsse aus Baiae. Griechische Bronzestatuen in Abgüssen römischer Zeit (Berlin 1985).

P. Zanker, Nachahmung als kulturelles Schicksal. Zum Phänomen des Kopierens in der römischen Kaiserzeit. In: Neue Zürcher Zeitung, 17. 6. 1988, S. 45–46.

Kopien von Akropolis-Skulpturen

W. Fuchs, Die Vorbilder der Neuattischen Reliefs. JdI Ergänzungsheft 20, 1959, S. 6–20 (Umbildungen der Nike-Balustrade).

W.-H. Schuchardt, Athena Parthenos. In: Antike Plastik Bd. 2 (Berlin 1963) S. 31–53.

V. M. Strocka, Piräusreliefs und Parthenosschild (Bochum 1967).

E. Schmidt, Die Kopien der Erechtheionkoren. In: Antike Plastik Bd. 13 (Berlin 1973).

R. Lindner, Die Giebelgruppe von Eleusis mit dem Raub der Persephone. In: JdI 97, 1982, S. 303–400 (Umbildungen der Parthenon-Giebel).

H.-J. Schalles, Untersuchungen zur Kulturpolitik pergamenischer Herrscher im dritten Jahrhundert v. Chr. Istanbuler Forschungen Bd. 36 (Tübingen 1985) S. 53–56 (pergamenische Kopie der Athena Promachos).

Augustus-Forum in Rom

P. Zanker, Forum Augustum (Tübingen o. J.).

B. Wesenberg, Akropolis und Augustusforum. In: JdI 99, 1984, S. 161–185.

P. Zanker, Augustus und die Macht der Bilder (München 1987) S. 255–259.

Hadriansvilla in Tivoli

S. Aurigemma, Villa Adriana (Rom 1961).

J. Raeder, Die statuarische Ausstattung der Villa Hadriana bei Tivoli (Frankfurt/M. 1983).

Die Akropolis zwischen Orient und Okzident

Religionsverbot: Schließung der heidnischen Tempel

F. Gregorovius, Geschichte der Stadt Athen im Mittelalter von der Zeit Justinians bis zur türkischen Eroberung (Stuttgart 1889. Nachdr. München 1980).

G. Rodenwald, Interpretatio Christiana. In: AA 1933, S. 401–405.

F. W. Deichmann, Die Basilika im Parthenon. In: AM 63/64, 1938/39, S. 127–139.

J. S. Creagham – A. E. Raubitscheck, Early Christian Epitaphs from Athens. In: Hesperia 16, 1947, S. 1–54.

A. Frantz, From Paganism to Christianity in the Temples of Athens. In: Dumberton Oaks Papers 19, 1965, S. 187–212.

A. Frantz, Pagan Philosophers in Christian Athens. In: Proceedings of the American Philosophical Society 119, 1979, S. 29–41.

A. Frantz, Did Julian Apostata Rebuild the Parthenon? In: AJA 83, 1979, S. 395–401.

D. Metzler, Ökonomische Aspekte des Religionswandels in der Spätantike: Die Enteignung der heidnischen Tempel seit Konstantin. In: Hephaistos 3, 1981, S. 27–40.

Byzanz regiert, Athen wird zur Kleinstadt und verfällt

J. Strzygowski, Die Akropolis in altbyzantinischer Zeit. In: AM 14, 1889, S. 271–296.

H. Krumbacher, Geschichte der byzantinischen Literatur. Handbuch d. klass. Altertumswiss. IX 1 (München 1897) S. 468–470; 671–673.

G. Stadtmüller, Michael Choniates, Metropolit von Athen. In: Orient. Christ. 33,2, 1934, S. 127–325.

G. Ostrogorsky, Geschichte des Byzantinischen Staates. Handbuch d. klass. Altertumswiss. XII 1.2 (München 1952).

F. G. Maier (Hrsg.), Byzanz. Fischer Weltgeschichte Bd. 13 (Frankfurt/M. 1973) S. 139–175.

P. Anderson, Von der Antike zum Feudalismus. Spuren der Übergangsgesellschaft (Frankfurt/M. 1978) S. 323–358.

S. Kryonis jr., The Evolution of Slavic Society and the Slavic Invasions in Greece. In: Hesperia 50, 1981, S. 378–390.

Die Akropolis – Beute des Abendlands

Rubio Y Lluch, Los Catalanes en Grecia (Madrid 1927).

Rubio Y Lluch, Setge i conquesta de l'Acropolis d'Athenes per Rainer Acciajuoli. In: Miscellanea Crexelles (Barcelona 1929) S. 191–204.

K. M. Setton, Athens in the Middle Age (London 1975).

K. M. Setton, Catalan Domination of Athens 1311–1388 (London 1975).

Die Pferde von San Marco. Ausstellungskatalog d. Staatlichen Museen Preußischer Kulturbesitz (Berlin 1982) S. 11–33.

P. Loch, The Frankish Towers of Central Greece. In: Annual of the British School at Athens 81, 1986, S. 101–123.

P. Loch, The Frankish Tower on the Acropolis, Athens. In: Annual of the British School at Athens 82, 1987, S. 131–133.

Griechen und Türken oder: Archäologie und kein Ende?
(s. auch Literatur zum Kapitel ›Entstehung einer modernen Ruine‹)

Fürst Hermann von Pückler-Muskau, Südöstlicher Bildersaal. Griechische Leiden (Stuttgart 1840, Nachdruck Stuttgart 1968).

J. Ph. Fallmereyer, Fragmente aus dem Orient (Stuttgart u. Tübingen 1845).

L. Ross, Griechenland und seine Widersacher in Gegenwart, Vergangenheit und Zukunft. In: Archäologische Aufsätze von L. Ross, 2. Sammlung (Leipzig 1861) S. 123–142.

L. Ross, Über die Albanesen. In: Archäologische Aufsätze von L. Ross, 2. Sammlung (Leipzig 1861) S. 161–177.

E. Martini, Philhellenismus und Turkophilie. Ein Wort zur Aufklärung (Leipzig 1910).

J. Th. Kakridis, Alte Hellenen und Hellenen der Befreiungskriege. In: Gymnasium 68, 1961, S. 315–328.

J. Th. Kakridis, Die alten Hellenen im neugriechischen Volksglauben (München 1967).

H. v. Steuben, Erscheinungsformen und Motive des Publikumsinteresses an Archäologie. In: R. Kurzrock (Hrsg.), Archäologie. Schriftenreihe der RIAS-Funkuniversität (Berlin 1977) S. 9–17.

A. Kerndl, Archäologische Forschung und nationales Selbstverständnis. In: R. Kurzrock (Hrsg.), Archäologie. Schriftenreihe der RIAS-Funkuniversität (Berlin 1977) S. 162–172.

M. Herzfeld, Ours once more: Folklore, Ideology and the Making of Modern Greece (Austin 1978).

J. Travlos, Athens after the Liberation. Planning the New City and Exploring the Old. In: Hesperia 50, 1981, S. 391–407.

A. H. Borbein, Archäologie und historisches Bewußtsein. In: B. Andreae (Hrsg.), Archäologie und Gesellschaft. Forschung und öffentliches Interesse. Marburger Forum Philippinum (Frankfurt/M. 1981) S. 45–76.

I. Scheibler, Das Angebot der Archäologie an die Gesellschaft. In: B. Andreae (Hrsg.), Archäologie und Gesellschaft. Forschung und öffentliches Interesse. Marburger Forum Philippinum (Frankfurt/M. 1981) S. 93–108.

S. A. Williams, Recent Developments in Restitution and Return of Cultural Property. In: International Journal of Museum Management and Curatorship 3, 1984, S. 117–129.

D. Lowenthal, The Past is a Foreign Country (Cambridge 1985).

G. Ulbert – G. Weber (Hrsg.), Konservierte Geschichte – Antike Bauten und ihre Erhaltung (Stuttgart 1985).

M. Bernal, Black Athena: The Aphrodisiac Roots of Classical Civilisation 1. The Fabrication of Ancient Greece (London 1987).

Ch. Hitchens, The Elgin Marbles. Should they be returned to Greece? (London 1987).

Feindbilder im Wandel. Von der Antike bis zum Feindbild der Sowjetunion. Ausstellung (Kulturwissenschaftler für Frieden und Abrüstung) im Stadtmuseum Erlangen 1989 (Bielefeld 1989).

Glossar und Personenverzeichnis

Erklärung von Fachausdrücken und Hinweise zu antiken und modernen Namen

Abacus	quadratische Deckplatte des dorischen → Kapitells
Acciajoli, Raniero (Nerio I.)	florentinischer Herzog in Athen, reg. seit 1385, † nach 1394
Achäer	im 2. Jt. v. Chr. nach Griechenland eingewanderter Volksstamm, Träger der ›mykenischen Kultur‹
Achsweite	Abstand zwischen den Mittelpunkten der Ecksäulen eines Tempels
Ägis	mit Schlangen besetzte Brustwehr (Ziegenfell) der Athena
Agalma	griech. Schmuckstück, Zierde: wertvolles, den Göttern geweihtes Objekt, → Anathem
Agora	Marktplatz und Zentrum des politischen Lebens in griechischen Städten
Agrippa, Marcus Vipsanius	römischer Politiker und Feldherr, Schwiegersohn des Augustus, * 64/3, † 12 v. Chr.
Aischylos	griechischer Tragödiendichter, * 525/24, † 456 v. Chr.
Ajax	sagenhafter Held aus Salamis; nimmt am Kampf um Troja teil; begeht Selbstmord
Akathistos-Hymnus	byzantinischer Kirchengesang: Lobpreis auf die Mutter Gotttes
Alexander d. Gr.	makedonischer König, * 356, reg. seit 336, † 323 v. Chr.
Alkaios	griechischer Lyriker aus Lesbos, um 600 v. Chr.
Alkestis	griechische Sagenfigur; opfert sich für ihren Mann, den König Admetos
Alkman	griechischer Lyriker, * um 650, † um 600 v. Chr.
Amazonen	im griechischen Mythos kriegerisches Frauenvolk in Vorderasien
American Corn Order	→ Kapitell
Anakreon	griechischer Lyriker, 2. Hälfte 6. Jh. v. Chr.
Anathem	griech. das Aufgestellte: Weihgeschenk an die Götter. → auch Agalma
Antenor	athenischer Bildhauer, spätes 6. Jh. v. Chr.
Antinoos	Geliebter des Kaisers → Hadrian, * 110, † 130
Antiochos IV. Epiphanes	König über das Seleukiden-Reich (Asien), reg. 175–164 v. Chr.

Antoninus Pius	römischer Kaiser, *86, reg. seit 138, †161
Apadana-Reliefs	Reliefs mit Darstellung tributentrichtender Völkerschaften an der Audienzhalle (Apadana) des persischen Großkönigs → Dareios in Persepolis
Aphrodite	griechische Göttin der Liebe
Apollon	griechischer Gott des Lichtes, der Weissagung, der Dichtung und Musik
Apsis	nischenartige, meist halbrunde oder eckige Erweiterung eines Baues, bei christlichen Kirchen gewöhnlich im Osten
Archilochos	griechischer Lyriker aus Paros, 7. Jh. v. Chr.
Architrav	rechteckiger Balken (besonders über Türen, Säulen und Fenstern) aus Holz oder Stein
Areopag	ältester Gerichtshof in Athen auf gleichnamigem Hügel westlich der Akropolis, auch: alter attischer Adelsrat
Aristion	athenischer Politiker, 86 v. Chr. von → Sulla hingerichtet
Aristogeiton	Athener, verübte zusammen mit seinem Freund → Harmodios 514 v. Chr. ein Attentat auf die → Peisistratiden; wurde in der Folgezeit als Held der Demokratie verstanden
Aristophanes	athenischer Komödiendichter, *um 445, † um 386 v. Chr.
Aristoteles	griechischer Philosoph, *384, †322 v. Chr.
Arrian (Arrianos Flavius)	griechischer Historiker, *um 95, †175
Artemis	griechische Göttin der Jagd, Herrin der Tiere, Schwester des Apollon
Arundel, Thomas Howard, Earl of	englischer Politiker und Kunstsammler, *1585, †1646
Asebie	Gottlosigkeit, Verstoß gegen die Gebote der Religion
Asklepios	griechischer Gott der Heilkunst
Astyanax	griechische Sagenfigur: Trojaner, Sohn des Hektor und der Andromache, wird bei der Eroberung Trojas getötet
Athena	griechische Kriegsgöttin und Stadtgöttin Athens, Tochter des Zeus
Athenaios	griechischer Schriftsteller, 3. Jh. n. Chr.
Attalos I.	König von Pergamon, reg. 241–197 v. Chr.
Attalos II.	König von Pergamon, *220, reg. seit 159, †138 v. Chr.
Attischer Seebund	Militärbund unter Führung Athens (Erster 478–412 v. Chr., Zweiter 378–355 v. Chr.)
Augustus (Gaius Octavius)	römischer Kaiser, *63 v. Chr., reg. seit 31 v. Chr., †14 n. Chr.
Auloi	griechische Doppeloboe (Blasinstrument)
Babin, Jacques Paul	französischer Jesuit, †1699
Basileios II.	Kaiser des Byzantinischen Reichs, reg. 976–1025
Basilika	längsgerichteter, mehrschiffiger Kirchenbau

Baukommission	für die Errichtung staatlicher Bauvorhaben eingesetzte Bürgerkommission, verantwortlich insbesondere für Organisation und Abrechnung
Beethoven, Ludwig van	deutscher Komponist, *1770, †1827
Bismarck, Otto Fürst von	preußisch-deutscher Politiker, *1815, †1898
Boetticher, Adolf	deutscher Archäologe, *1842, †1901
Boulé	griechische Ratsversammlung
Broenstedt, Peter Oluf	dänischer Theologe und Altertumsforscher, *1780, †1812
Butes	im griechischen Mythos Sohn des → Poseidon, galt als Ahnherr des athenischen Adels- und Priestergeschlechts der Eteobutaden
Byron, George Gordon Noel	englischer Dichter,*1788, †1824
Cameo	in Relieftechnik erhaben geschnittener Halbedelstein, durch Schichtung des Materials häufig mit farbiger Bildwirkung
Canova, Antonio	italienischer Bildhauer, *1757, †1822
Carrey, Jacques	französischer Zeichner, *1646, †1726
Cartwright, Joseph	englischer Marine- und Landschaftsmaler, *1789, †1829
Cassas, Louis François	französischer Landschafts- und Architekturmaler, *1756, †1827
Cella	aus durchgehenden Mauern gebildeter Hauptraum eines Tempels
Chandler, Richard	englischer Aristokrat und Griechenland-Reisender, *1738, †1810
Chariten	im griechischen Mythos drei schöne Töchter des → Zeus: Aglaia (Glanz), Euphrosyne (guter Sinn) und Thalia (Blüte)
Choiseul-Gouffier, M. G. A. J. Comte de	französischer Politiker, Sammler und Bibliothekar, *1752, †1817
Choniates, Michael (Akominatos)	griechisch-byzantinischer Theologe und Dichter, *um 1138, †1222
Choniates, Niketas	byzantinischer Grammatiker und Historiker, Bruder des → Choniates, Michael, um 1200
Chorege	Organisator und Mäzen von Theaterveranstaltungen
Claudius	römischer Kaiser, *10 v. Chr., reg. seit 41, †54 (ermordet)
Cleveland, Henry R.	amerikanischer Literat und Kunstkritiker, *1808, †1843
Cole, William	englischer Architekt und Zeichner, *1800, †1892
Constantinus	→ Konstantin
Constantius	→ Konstantius
Cyriacus von Ancona (Ciriaco de Piccicolle)	italienischer Kaufmann und Altertumsforscher, *um 1393, †1453
Dalton, Richard	irischer Maler und Zeichner, *1720, †1791
Dandolo, Enrico	Doge von Venedig, *1107, reg. seit 1192, eroberte Konstantinopel, †1205

Dareios	persischer Großkönig, reg. 522–486 v. Chr.
Dashwood, Sir Francis	englischer Antikensammler, Mitglied der Society of Dilettanti, *1701, †1781
Delisch-Attischer Seebund	→ Attischer Seebund
Demagogen	im 5. und 4. Jh. v. Chr. in Athen politisch einflußreiche Persönlichkeiten ohne besonderes Amt
Demeter	griechische Göttin der Erde und der Fruchtbarkeit
Demetrios Poliorketes	König von Makedonien, *um 336, eroberte Athen 307, reg. 294–287, †283 v. Chr.
Demos	die wahlfähige männliche Bürgerschaft eines Stadtstaates (ohne Sklaven und → Metöken)
Devotionalien	Gegenstände der persönlichen Frömmigkeit, die in Heiligtümern benutzt und aufgestellt werden
Didrachmon	altgriechische Münze: Doppeldrachme
Dione	griechische Göttin, galt neben Hera als Gemahlin des Zeus
Dionysos	griechischer Gott des Weines; in seinem Gefolge → Satyrn und Mänaden
Dodwell, Edward	englischer Zeichner und Altertumsforscher, *1767, †1832
Dörpfeld, Wilhelm	deutscher Archäologe, *1853, †1940
Doge	Staatsoberhaupt der ehemaligen Republik Venedig; das Amt bestand von 697–1802
Dorer	im 12. Jh. v. Chr. aus dem Norden nach Griechenland eingewanderter Volksstamm
dorische Ordnung	→ Fries, → Kannelur, → Kapitell
Drakon	athenischer Gesetzgeber, frühes 6. Jh. v. Chr.
Dürer, Albrecht	deutscher Maler und Zeichner, *1471, †1528
Dupré, Louis	französischer Hofmaler beim König von Westphalen, *1789, †1837
Eastcourt, Sir Giles	englischer Griechenland-Reisender im 17. Jh.
Echinus	›Polster‹ des dorischen → Kapitells
Elgin, Thomas Bruce, 7th Earl of	englischer Diplomat und Antikensammler, *1766, †1841
Entasis	leichte Schwellung des dorischen Säulenschaftes
Epistaten	griechische Vorsteher bzw. Verwalter von staatlichen oder privaten Institutionen, insbesondere von → Baukommissionen
Erechtheus	sagenhafter König von Athen, Sohn des → Pandion, Bruder der → Prokne und des → Butes
Eumenes II.	pergamenischer König, reg. 197–160/59 v. Chr.
Euripides	griechischer Tragödiendichter, *481, †406 v. Chr.
Faszien	treppenartig vorspringende Streifen eines →ionischen → Architravs

Fauvel, Louis François Sebastien	französischer Politiker und Antikensammler, *1753, † 1838
Finden, William	englischer Kupfer- und Stahlstecher, *1787, † 1852
Flaxman, John	englischer Zeichner und Bildhauer, *1755, † 1826
Fresko	Malerei, die unmittelbar auf eine Steinwand oder auf den frischen Verputz aufgetragen ist
Friedrich III.	sizilischer König aus dem Hause Aragon, reg. 1296–1337
Fries	dorisch: über dem → Architrav umlaufende Abfolge von → Triglyphen und → Metopen
	ionisch: skulptierter oder mit plastischen Ornamenten bedeckter Schmuckstreifen, über dem → Architrav angeordnet
Gallier	ein Stamm der Kelten, seit dem 7. Jh. v. Chr. in Frankreich, später auch im Mittelmeergebiet
Gaucherel, Léon	französischer Zeichner und Radierer, *1816, † 1886
Gebälk	Zone waagerechter Architekturglieder, meist über Säulen oder Pfeilern
Geison	vorkragendes Gesims über dem → Fries (Schräggeison über dem Giebel)
Giganten	im griechischen Mythos wilde Riesen, Gegner der → olympischen Götter
Goethe, Johann Wolfgang v.	deutscher Dichter, *1749, † 1832
Granville, Augustus Bozzi	italienischer Arzt, *1783, † 1872
Greek Revival	von England ausgehende Wiederentdeckung und -belebung altgriechischer Ideen, Kunststile und -motive
Gregorovius, Ferdinand	deutscher Schriftsteller und Historiker, *1821, † 1891
Greif	Fabeltier des Alten Orients, der Antike und des Mittelalters mit dem Leib eines Löwen, Adlerkopf, Flügeln und Krallen
Guillet, de Saint-Georges	französischer Historiker, *um 1625, † 1705
Gymnasion	Platz oder Gebäude für sportliches Training
Hadrian	römischer Kaiser, *76, reg. seit 117, † 138
Hamilton, Sir William	englischer Altertumsforscher, Sammler und Diplomat, *1730, † 1803
Hansen, Christian	dänischer Architekt, Bruder des berühmteren Architekten Th. Hansen, *1803, † 1883
Harmodios	→ Aristogeiton
Haydon, Benjamin Robert	englischer Maler und Schriftsteller, *1786, † 1846
Hayes, Louis de, Duc de Courmenin	Botschafter Ludwigs XIII. in Konstantinopel und Reiseschriftsteller, 17. Jh.
Hebebosse	an einem Werkstück nicht abgemeißelte, vorstehende Steinmasse, um die ein Seil zum Anheben geschlungen werden kann

Heine, Heinrich	deutscher Dichter, *1797, †1856
Hekatompedon	100 Fuß langer Bau oder Bezirk
Helena	im griechischen Mythos Tochter des → Zeus und der Leda, Gattin des Menelaos, wird vom Trojaner-Prinzen → Paris aus Mykene nach Troja entführt
Helios	griechischer Sonnengott
Hephaistos	griechischer Gott des Erdfeuers und des Handwerks, besonders der Schmiedekunst
Herakles	der berühmteste Held des griechischen Mythos, Sohn des → Zeus und der Alkmene
Heraklit	griechischer Philosoph und Naturforscher, 6./5. Jh. v. Chr.
Herder, Johann Gottfried v.	deutscher Dichter und Prediger, *1744, †1803
Herme	pfeilerförmiger Schaft, ursprünglich mit dem Kopf des Gottes → Hermes, später mit Porträts von Philosophen, Dichtern u. a.
Hermes	griechischer Gott der Herden, der Wanderer, des Handels (auch der Diebe und Betrüger), Götterbote und Geleiter der Seelen in die Unterwelt
Herodes Atticus	griechischer Redner und Mäzen, *101, †177
Herodot	griechischer Historiker, *nach 490, †430 v. Chr.
Heroen	mythische Halbgötter und Helden
Heruler	germanischer Stamm
Hestia	griechische Göttin des Herdes und des Herdfeuers
Hipparchos	Sohn des → Peisistratos, Tyrann in Athen, 514 v. Chr. ermordet
Hippias	Sohn des → Peisistratos, zusammen mit → Hipparchos Tyrann in Athen, 510 v. Chr. aus Athen vertrieben
Hippolytos	im griechischen Mythos Held aus Troizen, Sohn des → Theseus und der Amazone Antiope, Stiefsohn der → Phaidra, wird von → Poseidon getötet
Hohe Pforte	Palast der osmanischen Regierung in Istanbul
Homer	Dichter der Ilias und der Odyssee, 8. Jh. v. Chr.
Hone, Philip	amerikanischer Auktionator und Politiker, *1780, Bürgermeister von New York 1825, †1851
Humann, Carl	deutscher Architekt und Archäologe, *1839, †1896
Hübsch, Heinrich	deutscher Architekt und Zeichner, *1795, †1863
Hunt, Philip	englischer Geistlicher und Diplomat, *1771, † nach 1820
Hydria	altgriechischer Wasserkrug
Iktinos	griechischer Architekt (Parthenon, Telesterion in Eleusis), 5. Jh. v. Chr.
Inwood, Henry William	englischer Architekt, *1794, †1843
Inwood, William	englischer Architekt, Bruder des vorigen, *um 1771, †1843

ionische Ordnung	→ Fries, → Kannelur, → Kapitell
Isonomie	politisch-rechtliche Gleichstellung der freien Bürger (unterschiedlicher sozialer Schichten) im 5. Jh. v. Chr. in Athen
Itys	im griechischen Mythos Sohn des thrakischen Königs → Tereus und der attischen Königstochter → Prokne
Jean de Courcy	Verfasser der ›Chronique Universelle‹, Mitte des 15. Jh. in Frankreich
Joch	Säulenabstand von Achse zu Achse
Julia	Tochter des Kaisers → Augustus, *39 v. Chr., seit 25 v. Chr. Frau des → Agrippa, später des Tiberius, † 14 n. Chr.
Julia Domna	römische Kaiserin, Frau des → Septimius Severus, † 217
Julian Apostata	Neffe → Konstantins d. Gr., römischer Kaiser, *321, reg. seit 361, † 363
Julius II.	Papst, *1443, reg. seit 1503, † 1513
Justinian I.	byzantinischer Kaiser, *482, reg. seit 527, † 565
Kallikrates	griechischer Architekt, 5. Jh. v. Chr.
Kallimachos	athenischer Feldherr, † 490/89 v. Chr. in der Schlacht von Marathon
Kandelaber	Aufsatz für Kerzen und Lampen
Kanopos	kanalförmiges Wasserbecken in Ziergärten römischer Villen, benannt nach einem ägyptischen Gewässer dieses Namens
Kanneluren	senkrechte Auskehlungen an Säulen und Pfeilern dorisch: spitz zulaufend ionisch und korinthisch: mit abgeflachtem Steg
Kapitell	oberer Aufsatz eines Pfeilers oder einer Säule, der das → Gebälk oder die Wand darüber trägt dorisch: ein nach außen gewölbtes Polster ionisch: Voluten an den Seiten, dazwischen Eierstab korinthisch: Kapitell von Akanthusblättern überzogen, Eck- und Binnenvoluten Neuzeit: auch durch weitere Ornamente und Pflanzenmotive (z. B. Mais, Weizen, Tabak) variiert, z. B. → American Corn Order
Karyatide	architektonische Stütze in Gestalt einer Frauenfigur
Kassandra	griechische Seherin, Tochter des Trojaner-Königs → Priamos, wurde nach dem Fall Trojas nach Mykene verschleppt
Kassettendecke	Decke mit vertieften, meist quadratischen Feldern
Kekrops	sagenhafter Urkönig der Athener
Kentauren	im griechischen Mythos Mischwesen aus Pferd und Mensch (Oberkörper)
Kitharode	Sänger mit Kithara (Saiteninstrument)

Klein, Roman I.	russischer Architekt, *1858, † 1924
Kleisthenes	athenischer Politiker, spätes 6. Jh. v. Chr.
Klenze, Leo von	deutscher Architekt, Bildhauer und Maler, *1784, † 1864
Klepsydra	griech. verborgene Quelle, am Fuß der Athener Akropolis
Kleruchie	Besatzung aus athenischen Bürgern in von Athen abhängigen Gebieten
Koberger, Anton	Nürnberger Buchdrucker, Verleger und Buchhändler (u. a. Luthers Bibel), *1445, † 1513
Königsmarck, Hans Christopher, Graf	General in schwedischen Diensten, später Generalgouverneur von Bremen-Verden, *1600, † 1663
Konon	athenischer Flottenadmiral und Politiker, *um 444, † nach 392 v. Chr.
Konstantin I.	römischer Kaiser, *um 280, reg. seit 306, † 337
Konstantius II.	römischer Kaiser, *317, reg. seit 337, † 361
Kore	griech. Mädchen, junge Frau, auch Bezeichnung für die archaischen Statuen junger Frauen
korinthische Ordnung	→ Kapitel
Kotzebue, August von	deutscher Dramatiker und Politiker, *1761, † 1819 (ermordet)
Kritios	athenischer Bildhauer des späten 6. und frühen 5. Jh. v. Chr.
Kouros	griech. Jüngling, auch Bezeichnung für die archaischen Jünglingsstatuen
Kurvatur	leichte, zur Mitte hin steigende Krümmung eines Gebäudes
Kylon	athenischer Politiker, 7. Jh. v. Chr.
Kymation	kleinteilige Schmuckform an der Architektur, angebracht auf wellenartigem Profil
Lachares	athenischer Politiker, *340/30, † 278 v. Chr.
Langhans, Carl Gotthard	deutscher Architekt, *1732, † 1808
Lateiner	die (lateinisch-romanischen) Herren des von westlichen Kreuzfahrerheeren 1204 gegründeten Reiches auf byzantinisch-griechischem Gebiet
Ledoux, Claude-Nicolas	französischer Architekt und Theoretiker der Revolutionsarchitektur, *1736, † 1806
Le Hay, Elisabeth Sophie (Chéron)	französische Kupferstecherin, *1646, † 1711
Leonardo da Vinci	italienischer Maler, Bildhauer, Architekt und Naturforscher, *1452, † 1519
Leto	griechische Göttin, Mutter von → Apollon und → Artemis
Livia (Drusilla)	Frau des Kaisers → Augustus, *58 v. Chr., † 29 n. Chr.
Ludwig I.	König von Bayern, Sohn König Maximilians I., *1786, reg. 1825–1848, † 1868

Lusieri, Giovanni Battista	italienischer Maler am sizilischen Hof, † 1821
Lysikrates	athenischer → Chorege des 4. Jh. v. Chr.
Marc Aurel (Marcus Aurelius Antonius)	römischer Kaiser, *121, reg. seit 161, † 180
Marsyas	im griechischen Mythos phrygischer → Silen
Medismos	Perser- (= Meder-)Freundschaft von Griechen; griechischer Vorwurf, im Krisenfall auf der Seite der Perser zu stehen oder gar mit ihnen zu kollaborieren
Megaron	rechteckiger Hauptraum eines → achäischen Palastes, später auch Bezeichnung für geschlossenen Kultraum
Mehmet II.	Sultan des Osmanischen Reiches, reg. 1451–1481
Metöken	gewerbetreibende Fremde in einer Stadt: Freie ohne Bürgerrecht
Metope	mit den → Triglyphen abwechselndes glattes oder skulpiertes, etwa quadratisches Feld über dem → Architrav eines dorischen → Gebälks
Metternich, Klemens Wenzel, Fürst	österreichischer Politiker, *1773, † 1859
Michaelis, Adolf	deutscher Archäologe, *1835, † 1910
Michelangelo Buonarotti	italienischer Maler und Bildhauer, *1475, † 1564
Mihrab	nach Mekka ausgerichtete Gebetsnische in der Moschee
Miltiades	im späten 6. Jh. v. Chr. Tyrann auf der Chersonnes, dann im frühen 5. Jh. Feldherr und Politiker in Athen
Minbar	in Moscheen eine Art Kanzel aus Holz oder Stein
Mitterand, François	französischer Politiker, *1916
Mnesikles	Athener, Architekt der klassischen Propyläen auf der Akropolis, 5. Jh. v. Chr.
Modul	Grundlängenmaß: jeweils festgelegte Maßeinheit als Vorgabe für die Bauhandwerker
Morosini, Francesco	→ Doge von Venedig, reg. 1688–1694
Mummius, Lucius	römischer Consul 146 v. Chr.
Murad II.	osmanischer Sultan und Feldherr, *1404, reg. seit 1421, † 1451
Mussolini, Benito	italienischer Politiker und Diktator, *1883, † 1945 (erschossen)
Napoleon I. Bonaparte	französischer Kaiser, *1769, Kaiser 1804–1814/15, † 1821
Myron	griechischer Bildhauer, 5. Jh. v. Chr.
Mysterien (von Eleusis)	antiker Geheimkult mit Einweihung der Gläubigen
Neoptolemos	griechische Sagenfigur: Sohn des Achill, nimmt am Trojanischen Krieg teil, wird später in Delphi ermordet
Nereiden	im griechischen Mythos die meerbewohnenden Töchter des Nereus
Nero	römischer Kaiser, *37, reg. seit 54, † 68

Nike	griechische Göttin des Sieges
Nikias	athenischer Feldherr und Politiker, *vor 469, † 413 v. Chr.
Nointel, Marquis de	französischer Diplomat, † 1685
Nymphen	griechische weibliche Naturgottheiten, mit Quellen und allgemein mit Wasser verbunden, → Nereiden
Obelisk	ursprünglich ägyptischer, drei- oder vierkantiger, nach oben spitz zulaufender Pfeiler
Odeion	Gebäude für musikalische und dichterische Veranstaltungen
Odysseus	im griechischen Mythos Held, der am Trojanischen Krieg teilnimmt. Seine Heimkehr nach Ithaka in → Homers Odyssee besungen
Oikos	griech. Haus, auch die an das Haus gebundene Wirtschaftsform
olympische Götter	die griechischen, auf dem Berg Olymp residierenden Götter
Omar Pasha	osmanischer General unter den Sultanen → Murad II. und → Mehmet II.
Ostrakismos	›Scherbengericht‹ in Athen, Abstimmung über die Verbannung politischer Persönlichkeiten durch Aufritzen ihres Namens auf Tonscherben (Ostraka) in der Volksversammlung
Otto I.	König von Griechenland, *1815 als Sohn König Ludwigs I. von Bayern, reg. 1832–1862, † 1867
Otto de la Roche-sur-Ougnon	fränkischer Herzog von Athen, reg. 1205–1225
Page, William	englischer Maler und Stecher, arbeitete 1816–1860
Pan	bocksfüßiger, gehörnter Schutzgott der Hirten
Panathenäen	Hauptfest der Athener zu Ehren der Stadtgöttin, jährlich begangen, besonders feierlich alle vier Jahre
Pandion	sagenhafter König von Athen
Pandora	im griechischen Mythos von → Hephaistos geschaffene Frauengestalt, die den Menschen Unheil bringt
Pandrosos	im griechischen Mythos Tochter des → Kekrops
Paris	trojanischer Prinz, Sohn des Königs → Priamos und der Hekabe, Entführer von → Helena
Peisistratiden	die Söhne des Tyrannen → Peisistratos: → Hippias und → Hipparchos
Peisistratos	attischer Adeliger, *um 600, seit 540 Tyrann von Athen, † 528/7 v. Chr.
Peplos	altgriechische Frauenkleidung aus Wolle
Perikles	athenischer Stratege (Heerführer) und Politiker, *um 500, † 429 v. Chr.
Persephone	griechische Erd- und Vegetationsgöttin, Tochter des → Zeus und der → Demeter

Perserschutt	bei der Zerstörung der Athener Akropolis durch die Perser 480/79 v. Chr. beschädigtes Baumaterial und andere Objekte, die anschließend in die Planierungen für die Neubebauung wanderten; Datierungsfixpunkt für die griechische Kunstgeschichte
Phaidra	im griechischen Mythos Frau des → Theseus und Stiefmutter des → Hippolytos
Phalanx	griechische Schlachtreihe
Phidias	athenischer Bildhauer und Erzgießer, *um 490 (?), † um 430 v. Chr.
Philipp II.	König von Makedonien, *um 382, reg. seit 356, † 336
Philostrat	griechischer Schriftsteller des 3. Jh.
Phrynichos	griechischer Tragödiendichter, schrieb um 490 v. Chr.
Phylen	Stammes- bzw. Gebietseinheiten in Attika
Pinakothek	griechischer Verwahrort für Bilder
Plutarch (Mestrius Plutarchus)	griechischer Philosoph und Schriftsteller, *46, † um 125
Polis	selbstverwalteter griechischer Stadtstaat, bestehend aus städtischer Siedlung und landwirtschaftlich genutztem Umland
Polygonalmauerwerk	aus vielkantigen, unregelmäßigen Blöcken gefügte Mauer
Portikus	offene Säulenhalle
Poseidon	griechischer Gott des Meeres
Poseidonios	griechischer Philosoph und Historiker, *135, † 51 v. Chr.
Priamos	griechische Sagenfigur: König von Troja
Prokne	griechische Sagenfigur: Tochter des attischen Königs → Pandion
Propyläen	Torbau, Eingangshalle
Pteron	Umgang zwischen → Ringhalle und → Cella an einem griechischen Tempel
Ptolemäer	griechische Herrscherdynastie in Ägypten seit dem Ende des 4. Jh. v. Chr.
Pückler-Muskau, Hermann Fürst von	deutscher Militärexperte, Reiseschriftsteller und Theoretiker des Landschaftsgartens, *1785, † 1871
Putten	kleine, oft geflügelte, nackte Knaben; in der Antike kleine → Eros-Figuren, im Mittelalter und in der Neuzeit u. a. Engel
Raphael (Raffaello Santi)	italienischer Maler, *1483 (?), † 1520
Revett, Nicholas	englischer Architekt, *1721, † 1804
Reynolds, Joshua	englischer Maler, *1723, † 1792
Riedesel, Johann Hermann Baron von	deutscher Diplomat und Schriftsteller, *1740, † 1785
Rigas Velestinlis (Fereos)	neugriechischer Freiheitsdichter und Freiheitskämpfer, *1757, † 1798 (hingerichtet)

Ringhalle	um die → Cella eines Tempels umlaufende Säulenstellung
Rørbye, Martinus Christian W.	dänischer Maler, *1803, †1848
Roma	Stadtgöttin Roms
Ross, Ludwig	deutscher Archäologe, *1806, Oberkustos in Griechenland 1834–43, †1859
Roxane	Frau → Alexanders d. Gr., ermordet 310 v. Chr.
Säwulf	isländischer Pilger, reiste 1102/03 nach Jerusalem
Sandwich, John Montagu, 4th Earl of	englischer Diplomat und Politiker, *1718, †1792
Sappho	griechische Lyrikerin aus Lesbos, *um 620, †um 580 v. Chr.
Satyr	männliches Mischwesen aus Mensch und Pferd (Ohren, Schweif, manchmal Hufe), meist sexuell erregt und betrunken, → Silen
Schaubert, Eduard	deutscher Architekt, tätig seit 1830
Schedel, Hartmann	deutscher Humanist, Geograph und Chronist, *1440, †1514
Schinkel, Karl Friedrich	deutscher Architekt, Maler und Bildhauer, *1781, †1841
Schliemann, Heinrich	deutscher Archäologe, *1822, †1890
Selene	griechische Göttin des Mondes
Seleukiden	griechisches Herrschergeschlecht, regierte seit dem Ende des 4. Jh. v. Chr. Teile des Vorderen Orients
Senat	Beratungs- und Regierungsgremium des römischen Staates
Septimius Severus	römischer Kaiser, *146, reg. seit 193, †211
Silen	mythologische Dämonengestalt: menschliche Figur mit Pferdemerkmalen (Ohren, Hufe, Fell, Phallos), → Satyr
Sima	an griechischen Bauten Dachrand über dem → Geison
Skirophorien	athenisches Fest für verschiedene Gottheiten, im 12. Monat des attischen Kalenders gefeiert
Smirke, Sir Robert	englischer Architekt (u. a. Britisches Museum), *1781, †1864
Society of Dilettanti	englische Vereinigung (seit 1732), u. a. zur Förderung des Antikenstudiums
Solon	griechischer Politiker, Gesetzgeber und Dichter, einer der ›Sieben Weisen‹, *um 640, †um 560 v. Chr.
Sophokles	griechischer Tragödiendichter, *497, †406 v. Chr.
Sphinx	geflügeltes Mischwesen mit Löwenleib und Kopf einer Frau
Spon, Jacob	französischer Arzt, Archäologe und Münzhändler, *1647, †1685
Stackelberg, Otto Magnus v.	deutscher Zeichner und Maler, *1786, Griechenland-Reise 1810/14, †1837
Stassow, Wassilij Petrowitsch	russischer Architekt, *1796, †1848
Strickland, William	amerikanischer Architekt, *1787, †1854

Stuart, James	englischer Architekt, Archäologe und Maler, *1713, † 1788
Stufenbau	Stufen und → Stylobat eines griechischen Bauwerks
Stylobat	Standfläche der Säulen
Substruktion	Fundamentierung eines Bauwerks
Sueton	römischer Historiker, *um 75, † um 150
Sulla	römischer Politiker und Feldherr, *138, † 78 v. Chr.
summi viri	Reihe der verdienten Männer Roms, eine Art politische Ahnengalerie
Techné	professionell ausgebildete, praxisorientierte Technik oder Kunstfertigkeit
Tellus	römische Göttin der Erde, Schutzherrin der Landwirtschaft
Tereus	mythischer König der Thraker, Ehemann der → Prokne
Terra	römische Erdgöttin, ähnlich der → Tellus
Terrakotta	gebrannter Ton; Figur aus diesem Material
Themistokles	athenischer Politiker, *um 525, † kurz nach 460 v. Chr.
Theodosius I.	Kaiser des Römisch-Byzantinischen Reiches, *347, reg. seit 379, † 395
Theodosius II.	Kaiser des Römisch-Byzantinischen Reiches, *401, reg. seit 408, † 450
Theseus	mythischer Gründer des Staates Attika, in Athen als Staatsheros verehrt
Theten	in Athen die grundbesitzlose, sozial niedrigste Schicht der freien Bürger: Lohnarbeiter und Handwerker
Thrasyllos	athenischer → Chorege des späten 4. Jh. v. Chr.
Thürmer, Joseph	deutscher Architekt, Zeichner und Radierer, *1789, † 1833
Thukydides	athenischer Historiker, *460/55, † um 400 v. Chr.
Timotheos	athenischer Flottenkommandant und Politiker, 2. Viertel 4. Jh. v. Chr.
Triglyphe	mit den → Metopen abwechselndes dreigliedriges Feld über dem → Architrav eines dorischen → Gebälks
Triumphbogen	Monument mit einem oder mehreren Bogen, oft aus Anlaß eines militärischen Sieges errichtet
Turner, William	englischer Maler, *1775, † 1851
Tympanon	senkrechte Rückwand in einem Bogen oder Giebel
Tyrannis	altgriechische Regierungsform der unumschränkten Herrschaft eines adeligen Tyrannen, gestützt auf Teile der Bevölkerung
UNESCO	United Nations Educational, Scientific and Cultural Organization: Bildungs-, Wissenschafts- und Kulturorganisation der Vereinten Nationen
Vandalen	germanischer Stamm

Vernon, Francis	französischer Diplomat, Astronom, Mathematiker und Sprachforscher, *um 1637, † 1677
Vischer, Friedrich Theodor	Professor für Ästhetik in Tübingen, *1807, † 1887
Visconti, Ennio Quirino	Altertumsforscher, Bibliothekar am Vatikan, später Konservator der Museen in Paris, *1751, † 1818
Volute	schneckenartige Ornamentform, besonders am ionischen → Kapitell
Wheeler, Sir George	englischer Griechenland-Reisender und Schriftsteller, *1650, † 1723
Winckelmann, Johann Joachim	deutscher Archäologe und Kunstgelehrter, *1717, † 1768 (ermordet)
Wolf, Christa	deutsche Schriftstellerin, *1929
Xerxes	persischer Großkönig, *um 520, reg. 486–465 v. Chr.
Zangli-Keramik	benannt nach Fundort dieses Namens in Thessalien: spätneolithisch, Ende des 4. Jt. v. Chr.
Zeus	die zentrale und oberste Gottheit, der Göttervater in der griechischen Mythologie
Zisterne	Brunnenschacht für Regenwasser
Zolnay, George Julian	amerikanischer Bildhauer und Architekt, *1863, † 1949
Zosimos	griechisch-byzantinischer Historiker des 5. Jh.
Zyklopenmauerwerk	aus riesigen, unregelmäßigen, → polygonal behauenen Blöcken mörtellos gefügte Mauer

Abbildungsnachweis

Alle im Nachweis nicht einzeln aufgeführten Abbildungen stammen von L. Schneider, Hamburg.

Farbabbildungen

Umschlagrückseite: Mit freundlicher Genehmigung Benaki-Museum, Athen.

Frontispiz: L. Ross – E. Schaubert – Ch. Hansen, Der Tempel der Nike Apteros (1839), Frontispiz.

1   Inge + Arved v. d. Ropp, Köln.
2   J. Blauel, Artothek, Peissenberg.
3   L. Dupré, Voyage à Atènes et Constantinople (Paris 1825).
4   Mit freundlicher Genehmigung Royal Institute of British Architects, London.
5   Punch (1929) S. 2.
6   Mit freundlicher Genehmigung Eastern National Park & Monuments Association, Pennsylvania.
8   R. Struß, Hamburg.
9   Inge + Arved v. d. Ropp, Köln.
10 Mit freundlicher Genehmigung Royal Ontario Museum, Toronto.
12 Ifa-Bilderteam, München.
14 R. Heberdey, Altattische Porosskulptur (Wien 1919) Taf. 1.
15 H. Schrader (Hrsg.), Die archaischen Marmorbildwerke der Akropolis (Frankfurt/M. 1939) Taf. II–V.
16 J. Durm, Die Baukunst der Griechen (Leipzig 1910) Taf. I.
17 Nach Marcel Lambert 1877.
18–21 A. K. Orlandos, He Architektonike tou Parthenonos III (Athen 1978) S. 644 ff.; mit freundlicher Genehmigung Archaiologiki Hetairia, Athen.
22 u. 31 Ifa-Bilderteam, München.

Schwarzweißabbildungen

1   U. Sinn, E. Dodwell. Klassische Stätten und Landschaften in Griechenland (Dortmund 1982) S. 25; mit freundlicher Genehmigung Harenberg Kommunikation, Dortmund.
2   Archäolog. Institut Universität Hamburg.
3   A. Struck, Griechenland I. Athen und Attika (1911) Abb. 61.
4   Nach Originalblatt L. Schneider.
5   H. Omont, Athènes au XVIIᵉ siècle (Paris 1898).
6   H. Roger-Viollet, Paris.
7   W. E. Suida, Raphael (London 1948) Abb. 51.
8   H. H. Russack, Deutsche bauen in Athen (Berlin 1942) S. 52.
9   Bildarchiv Foto Marburg.
10 H. Omont, Athènes au XVIIᵉ siècle (Paris 1898).
11 DAI Athen 75/583.
12 H. Omont, Athènes au XVIIᵉ siècle (Paris 1898).
13 K. H. Ditlevsen, Rejsen til Athen (Kopenhagen 1978) S. 87; mit freundlicher Genehmigung Verlag G. E. C. Gads, Kopenhagen.
14 u. 15 J. M. Crook, The Greek Revival (London 1972) Fig. 1B u. 8; mit freundlicher Genehmigung Society of Dilettanti, London.
16 Nach Original Archäolog. Inst. Universität Hamburg.

21 R. W. Hammett, Architecture in the United States (1976) S. 43 Fig. 1.19; nachgedruckt mit freundlicher Genehmigung des Verlags John Wiley & Sons, Inc., New York; all rights reserved.

23 Mit freundlicher Genehmigung The Board of Parks and Recreation, Nashville.

27 Ch. Höcker, Hamburg.

28 G. Rodenwaldt, Otto Magnus von Stakkelberg (München/Berlin o. J.) Abb. 4.

29 Nach Originalstich L. Schneider.

30 Nach Original Archäolog. Inst. Universität Göttingen durch freundliche Vermittlung von E. Boehringer und H. G. Döhl.

31 Nach Original Archäolog. Inst. Universität Hamburg.

32 DAI Athen AK 67.

33 Raymond V. Schoder, S. J., Ancient Greece from the Air (London 1974) S. 33 unten; © Loyola University of Chicago.

34 K.H. Ditlevsen, Rejsen til Athen (Kopenhagen 1978) S. 47; mit freundlicher Genehmigung Verlag G. E. C. Gads, Kopenhagen.

35 DAI Athen AK 60.

36 G. P. Stevens (Hrsg.), The Erechtheum (Cambridge, Mass. 1927) Taf. 53,3.

37 N. Balanos, Les Monuments de l'Acropole (Paris 1938) Taf. 35 b.

38 DAI Athen AK 49.

40 u. 41 N. Balanos, Les Monuments de l'Acropole (Paris 1938) Taf. 147.

43 Akademisches Kunstmuseum, Bonn.

44 M. Korres, Athen.

45 S. A. Immerwahr, The Neolithic and Bronze Ages. The Athenian Agora, Bd. 13 (Princeton, NJ. 1971) Frontispiz; mit freundlicher Genehmigung American School of Classical Studies at Athens, Princeton.

47 Zeichnung D. L. Bürkel u. S. Toussaint nach Ergebnissen von S. E. Iakovides.

49 W. Blegen – M. Rawson, The Palace of Nestor at Pylos, Bd. 1 (Princeton, NJ. 1966) Frontispiz; mit freundlicher Genehmigung Princeton University Press, Princeton.

50 Hirmer Fotoarchiv, München.

51 B. Graef – E. Langlotz, Die antiken Vasen der Akropolis zu Athen, Bd. I (Berlin 1925) Nr. 1220 Taf. 67.

52 a A. de Ridder, Catalogue de bronzes sur l'Acropole d'Athènes (Athen 1896) S. 91 Abb. 59.
   b–e DAI Athen NM 3970, AK 2183, AK 2184, NM 4156.
   f Rekonstruktion M. Maaß.
   g Archaiologiki Ephemeris 1952, Taf. 3 nach S. 148.
   h H. Schrader (Hrsg.), Die archaischen Marmorbildwerke der Akropolis (Frankfurt/M. 1939) Abb. 375.

53 a–g DAI Athen NM 2762, AK 558, AK 1033, NM 4113, NM 2152, 72/2387, 72/1652.
   h–k A. de Ridder, Catalogue de bronzes sur l'Acropole d'Athènes (Athen 1896) Abb. 125, 128, 138.

54 Bildarchiv Foto Marburg.

55 DAI Athen Var. 41.

56 H. Payne – G. M. Young, Archaic Marble Sculpture from the Acropolis (London 1936) Taf. 51.

57 Archäolog. Institut Universität Hamburg.

58 H. Payne – G. M. Young, Archaic Marble Sculpture from the Acropolis (London 1936) Taf. 140,1.

60 Archäolog. Inst. Universität Hamburg.

61 Hirmer Fotoarchiv, München.

62 Zeichnung D. L. Bürkel u. S. Toussaint nach Angaben der Verfasser.

64 u. 65 J. Travlos, Bildlexikon zur Topographie des antiken Athen (Tübingen 1971) Abb. 196; mit freundlicher Genehmigung Verlag Ernst Wasmuth, Tübingen.

66 u. 67   T. Wiegand, Die archaische Poros-architektur der Akropolis zu Athen (Kassel u. Leipzig 1904) Taf. 1 u. 4.

68   Archäologischer Anzeiger 1974, S. 650 Abb. 10 oben; mit freundlicher Genehmigung DAI, Berlin.

69   W. B. Dinsmoor jr., The Propylaia to the Athenian Acropolis I (Princeton NJ. 1980) Taf. 3; mit freundlicher Genehmigung American School of Classical Studies at Athens, Princeton.

70   Archäolog. Inst. Universität Hamburg.

71   Hirmer Fotoarchiv, München.

72   Archäolog. Inst. Universität Hamburg.

73   W. B. Dinsmoor jr., The Propylaia to the Athenian Acropolis I (Princeton NJ. 1980) Taf. 15/16; mit freundlicher Genehmigung American School of Classical Studies at Athens, Princeton.

75   Bildarchiv Foto Marburg.

76   H. Payne – G. M. Young, Archaic Marble Sculpture from the Acropolis (London 1936) Taf. 115,1.

77   H. Schrader (Hrsg.), Die archaischen Marmorbildwerke der Akropolis (Frankfurt/M. 1939) Taf. 120.

78 u. 79   A. Furtwängler – K. Reichhold, Griechische Vasenmalerei (1904 ff.) Taf. 34 u. 88.

80 u. 81   Bildarchiv Foto Marburg.

82   Olympia: Die Funde von Olympia II (1892).
Parthenon: A. K. Orlandos, He Architektonike tou Parthenonos III (Athen 1978) Taf. 5; mit freundlicher Genehmigung Archaiologiki Hetairia, Athen.

83   Olympia: E. Gardiner, Olympia (1925) Abb. 80.
Parthenon: J. Travlos, Bildlexikon zur Topographie des antiken Athen (Tübingen 1971) Abb. 564 Mitte; mit freundlicher Genehmigung Verlag Ernst Wasmuth, Tübingen.

84   Mit freundlicher Genehmigung Royal Ontario Museum, Toronto.

85–87   R. Martin, Manuel d'Architecture Grèque I (Paris 1965) Abb. 86, 90, 97, 66, 68; mit freundlicher Genehmigung Editions A. et J. Picard, Paris.

88   A. K. Orlandos, He Architektonike tou Parthenonos II (Athen 1977) S. 41 Abb. 26; mit freundlicher Genehmigung Archaiologiki Hetairia, Athen.

89   DAI Athen AK 112.

90   G. Fougères, Le Parthenon (Paris 1910) Taf. 14,1.

92   A. K. Orlandos, Les Matériaux de Construction et la Technique Architecturale des Anciens Grecs (1968) Abb. 128; mit freundlicher Genehmigung Diffusion De Boccard, Paris.

94   R. Martin, Manuel d'Architecture Greque I (Paris 1965) Abb. 110; mit freundlicher Genehmigung Editions A. et J. Picard, Paris.

95 u. 96   G. Fougères, Le Parthenon (Paris 1910) Taf. 133,2 u. 14,2.

97 u. 101   A. K. Orlandos, He Architektonike tou Parthenonos II (Athen 1977) Abb. 88 u. III (Athen 1978) Abb. 314; mit freundlicher Genehmigung Archaiologiki Hetairia, Athen.

102   Nach Zeichnung G. Niemann.

103   E. Berger (Hrsg.), Parthenon-Kongreß Basel (Mainz 1984) S. 249 Abb. 2; mit freundlicher Genehmigung Prof. Berger und Verlag Philipp von Zabern, Mainz.

104   Mit freundlicher Genehmigung Britisches Museum, London.

105   DAI Athen Hege 2042.

106   G. Fougères, Le Parthenon (Paris 1910) Taf. 99.

107   DAI Athen Hege 9120.

109 u. 110   E. Berger (Hrsg.), Parthenon-Kongreß Basel (Mainz 1984) S. 251 Abb. 4 u. S. 192 Abb. 4; mit freundlicher Genehmigung Prof. Berger und Verlag Philipp von Zabern, Mainz.

111   G. P. Stevens, Hesperia 5, 1936, S. 494 Abb. 44.

112 Mit freundlicher Genehmigung Staatl. Kunstsammlungen Dresden, Foto 2277.
115 M. Treister, Moskau.
116 DAI Athen 75/420.
117 Ch. Höcker, München.
119 Zeichnung D.L. Bürkel nach Teilplänen von J. Travlos.
120 T. Tanoulas, JdI 102, 1987, S. 415 Abb. 2/3; mit freundlicher Genehmigung DAI, Berlin.
124 DAI Athen 72/2977 u. AK 1734.
126 J. Travlos, Bildlexikon zur Topographie des antiken Athen (Tübingen 1971) Abb. 281; mit freundlicher Genehmigung Verlag Ernst Wasmuth, Tübingen.
127 G. P. Stevens (Hrsg.) The Erechtheum (Cambridge Mass. 1927) Taf. 25.
128 H. Lauter, Antike Plastik XVI (Berlin 1976) Taf. 26; mit freundlicher Genehmigung DAI, Berlin.
129 G. P. Stevens, Hesperia 15, 1946, S. 7 Abb. 9.
134 Zeichnung D. L. Bürkel u. S. Toussaint nach Ergebnissen von G. P. Stevens.

136 Foto Kaufmann, Glyptothek München.
137 Archäolog. Inst. Universität Hamburg.
138 Dal Maso, Rom der Cäsaren, Abb. 61.
139 DAI Rom 61.1062.
140 R. Struß, Hamburg.
143 R. Delbrück, Die Consulardiptychen und verwandte Denkmäler (Berlin u. Leipzig 1929) Taf. 62.
145 A.K. Orlandos, He Architektonike tou Parthenonos III (Athen 1978) Abb. 299; mit freundlicher Genehmigung Archaiologiki Hetairia, Athen.
146 DAI Athen AK 483.
147 J.B. Van Mour, Recueil de cent estampes représentant différentes nations du Levant, ... gravées en 1712 et 1713 par les soins de Mr. Le Hay, Pl. 45.
149 J. Cartwright, Costume Plates, London 1822.
150 U. Sinn – E. Dodwell, Klassische Stätten und Landschaften in Griechenland (Dortmund 1982) S. 35; mit freundlicher Genehmigung Harenberg Kommunikation, Dortmund.

Register

Personen

Orte

Pergamon

Geschichte und Bauten, Funde und Erforschung einer antiken Metropole

Von Wolfgang Radt. 408 Seiten mit 34 farbigen und 187 einfarbigen Abbildungen, Plänen und Grundrissen, Bibliographie, Glossar und Register, kartoniert (DuMont Dokumente)

»Kaum einer könnte kompetenter über Pergamon schreiben als Wolfgang Radt, der seit nunmehr achtzehn Jahren die dortigen Ausgrabungen leitet. Mit seinem Buch ist es ihm gelungen, das in zahlreichen Fachpublikationen Veröffentlichte zusammenfassend für ein breites Publikum aufzubereiten, kurz: Pergamon in seinem Facettenreichtum zu erschließen, dem interessierten Laien ebenso wie dem angehenden Altertumswissenschaftler. Fotos, Zeichnungen, Rekonstruktionen und Grundrisse illustrieren den Text, helfen, den teilweise unübersichtlichen Zustand der Ruinen vor dem geistigen Auge zu einem Ganzen zusammenzufügen.
Ein ausgezeichnetes Literaturverzeichnis, ein Glossar zu den Fachausdrücken sowie ein Register zu Personen, Orten und Sachen runden den Band ab.«
Frankfurter Allgemeine Zeitung

Bitte beachten Sie auch folgende Veröffentlichungen aus unserem Verlag:

Die griechische Skulptur

Von Wolfgang Hautumm. 317 Seiten mit 144 einfarbigen Abbildungen und Zeichnungen im Text, Literaturverzeichnis, Glossar, Verzeichnis der abgebildeten Skulpturen nach Standorten, kartoniert (DuMont Taschenbücher, Band 195)

»Eine gründliche Einführung zum Verständnis griechischer Kunst, speziell der Skulptur, bietet Wolfgang Hautumms Buch.« *Fuldaer Zeitung*

»Eine stilgeschichtliche Dokumentation von vorbildlicher Anschaulichkeit.« *Westfälische Nachrichten*

»Über acht Jahrhunderte spannt sich der Bogen antiker griechischer Bildhauerkunst. Wolfgang Hautumm führt uns in seinem Buch an Wesen und Entwicklung der griechischen Skulptur heran. In ausgewählten Beispielen läßt er ein Stück griechischer Sitten- und Geistesgeschichte lebendig werden.« *Salzburger Volkszeitung*

Licht über Hellas

Von Inge und Arved von der Ropp und Evi Melas. 204 Seiten mit 163 farbigen und 12 einfarbigen Abbildungen, Leinen

»Selbst wenn man Griechenland überhaupt nicht mag, dem Reiz der Photographien in dem Bildband »Licht über Hellas« kann man sich nur schwer entziehen. Das Buch präsentiert Land und Leute, Bauwerke und Kunst, begleitet von Zitaten antiker Autoren und versehen mit einer Einleitung, die durch griechische Historie und Kunstgeschichte streift und auch die Hellas-Rezeption mit einschließt. Griechenland strahlt in stiller Größe und präsentiert sich in zeitloser, der Wirklichkeit fast entrückter Schönheit.« *Die Zeit*

Athen

Geschichte, Kunst und Leben der ältesten Großstadt von der Antike bis zur Gegenwart

Von Evi Melas. 320 Seiten mit 10 farbigen und 220 einfarbigen Abbildungen, 37 Zeichnungen, Karten und Plänen, 18 Seiten praktischen Reisehinweisen, Register (DuMont Kunst-Reiseführer)

»Die Autorin führt den Leser auf ganz besondere Weise durch die Stadt, auf 14 Spaziergängen. Ihr kommt es darauf an, das historische Athen, so wie es sich heute dem Betrachter darbietet, lebendig werden zu lassen. Der vorzügliche Bildteil, schon immer hervorstechendes Merkmal dieser Reihe, ergänzt den Textteil sinnvoll.« *Die Zeit*

Tempel und Stätten der Götter Griechenlands

Ein Begleiter zu den antiken Kultzentren der Griechen

Von Evi Melas. 225 Seiten mit 4 farbigen und 86 einfarbigen Abbildungen, 25 Zeichnungen, Karten und Plänen, 3 Seiten praktischen Reisehinweisen, Register (DuMont Kunst-Reiseführer)

»Die Verfasser der einzelnen Beiträge gelten als zuverlässige Fachleute und sind zum Teil auf dem Gebiet der Archäologie über ihr Land hinaus bekannt. In erster Linie kommen in dem Buch Vertreter der jüngeren Forschergeneration zu Wort. Urlaubsreisenden ist ein guter Führer, ein angenehm lesbares Studienbuch der antiken griechischen Kultur und Mythologie in die Hand gegeben.« *Wiener Zeitung*

Plan der Akropolis

1 Beulé'sches Tor
2 Pfeilermonument des Eumenes, später des Agrippa
3 Kultbezirk der Athena Nike
4 Propyläen
5 Mykenische Burgmauer
6 Bezirk der Artemis Brauronia
7 Chalkothek
8 Athena Promachos
9 Fundament des Alten Athena-Tempels
10 Erechtheion
11 Altar der Athena
12 Gebälkteile des Alten Athena-Tempels in der Nordmauer
13 Unfertige Säulentrommeln des ›Vorparthenon‹ in der Nordmauer
14 Bezirk des Zeus Polieus
15 Moderne Aussichtsplattform
16 Bezirk des Pandion
17 Rundtempel für Roma und Augustus
18 Parthenon
19 Odeion des Herodes Atticus
20 Stoa des Eumenes
21 Bezirk des Asklepios
22 Monument des Nikias
23 Monument des Thrasyllos
24 Dionysos-Theater
25 Tempel des Dionysos
26 Odeion des Perikles
27 Heiligtum der Aphrodite
28 Höhle (des Aglauros?)
29 Höhle des Pan
30 Heiligtum des Apollon
31 Klepsydra-Quelle